Was der Instandhalter vom Recht wissen muß

Das zukunftssichere Unternehmen

Hrsg.: RA Dr.-Ing. Heinz W. Adams
Dr. Adams und Partner
Unternehmensberatung GmbH, Duisburg

RA Dr.-Ing. Heinz W. Adams
Herbert Slaghuis

Was der Instandhalter vom Recht wissen muß

Mit 25 Beispielen aus der Rechtspraxis

3., völlig überarbeitete Auflage

Verlag TÜV Rheinland

Die Deutsche Bibliothek – CIP-Einheitsaufnahme

Adams, Heinz W.:
Was der Instandhalter vom Recht wissen muß:
mit 25 Beispielen aus der Rechtspraxis / Heinz W. Adams;
Herbert Slaghuis. – 3., völlig überarb. Aufl. –
Köln: Verl. TÜV Rheinland, 1997
   (Das zukunftssichere Unternehmen)
   ISBN 3-8249-0405-5

Gedruckt auf chlorfrei gebleichtem Papier.

ISBN 3-8249-0405-5
3., völlig überarbeitete Auflage
© by Verlag TÜV Rheinland GmbH, Köln 1997
Gesamtherstellung: Verlag TÜV Rheinland GmbH; Köln
Printed in Germany 1997

Vorwort des Herausgebers

Die erste Auflage des vorliegenden Buches erschien im Jahre 1990. Die damaligen Verfasser Adams/Krieshammer hatten den Eindruck, daß bei den Instandhaltern ein großes Informationsbedürfnis bezüglich der bei der Instandhaltung auftretenden Rechtsprobleme besteht, vor allen Dingen hergeleitet aus den AÜG-Problemen und dem damals beginnenden Outsourcen von Instandhaltungsleistungen, wozu man Grundkenntnisse des Vertragsrechts haben muß.

So wurde die erste Auflage entsprechend den damaligen erkennbaren Bedürfnissen der Instandhalter erstellt; bald folgte die zweite Auflage.

Parallel zu positiven Äußerungen zum Buch gab es auch sehr viele Änderungs-, Korrektur- und Ergänzungswünsche. Es war daher notwendig, erst einmal eine gewisse Zeit alle Änderungs- und Ergänzungswünsche zu sammeln, um mit einer dritten neuen Auflage dann ein Buch zu erstellen, das noch näher an den Bedürfnissen der Instandhalter orientiert ist.

Die Arbeiten an einer neuen Konzeption des vorliegenden Buches wurden unterbrochen durch den Tod von Herrn Rechtsanwalt Gerd Krieshammer, Co-Autor der ersten und zweiten Auflage. Daher folgt die dringend erforderliche Neubearbeitung erst jetzt, nachdem Herr Slaghuis, Geschäftsführer des REFA-Fachausschusses Instandhaltung, als Mitautor gewonnen werden konnte.

In die vorliegende dritte Auflage, die völlig neu konzipiert und bearbeitet wurde, gingen die vielen Anregungen und Ergänzungen der Leser ein; ebenfalls die vielen Erfahrungen der Autoren aus der Instandhaltung und der Beratung.

Nach wie vor gilt, daß die Schnittstelle Recht/Technik für die Instandhalter relevant ist. Die Techniker/Ingenieure haben die Anlagenverfügbarkeit sicherzustellen, denn die Produktionsergebnisse hängen von der Verfügbarkeit der Anlagen ab, und damit von ihrer Instandhaltung. Gerade hier besteht die Gefahr, daß externe Anforderungen, zum Beispiel aus Gesetzen und Verordnungen zu Arbeitsschutz oder Umweltschutz, nicht beachtet werden - hier droht ein Ermittlungsverfahren mit Konsequenzen im persönlichen Bereich der handelnden Instandhalter. Daher mußten vor allem die neuen Anforderungen zum Arbeitsschutz gemäß Arbeitsschutzgesetz und entsprechend zum Umweltschutz beziehungsweise zum Umweltmanagement mitbeachtet werden.

Ein juristisches Lehrbuch verbot sich; es sollte ein Buch entstehen, das sich empfängerorientiert an die Instandhalter richtet. Es soll vor allen Dingen bei den Instandhaltern Akzeptanz gewonnen werden für die Denkweise im System Jurisprudenz. Hier prüft man anhand gesetzlich vorgegebener Stellgrößen, ob man sich in der Instandhaltung unter Wirtschaftlichkeitszeitdruck und Erfolgsdruck ordentlich verhalten hat und prüft gegebenenfalls mit Hilfe von Gutachten, wobei der später umfangreich zu prüfende Sachverhalt vom Instandhalter in wenigen Sekunden geprüft und entschieden werden muß.

Vor allen Dingen aber gibt es einen unterschiedlichen Denkansatz im System Technik und im System Jurisprudenz. Der Ingenieur/Techniker berechnet, er geht von bestimmten Größen aus und erhält entsprechende Ergebnisse.

Der Jurist wägt ab. Seine erste Äußerung wird oft sein: "... es kommt drauf an!" Damit will der Jurist sagen, daß es keinen eindeutig zu beurteilenden Sachverhalt und kein eindeutig vorliegendes Recht gibt. Dies wird dadurch überlagert, daß Recht und Gerechtigkeit vor allen Dingen im Empfinden von Rechtslaien immer noch stark auseinanderfallen.

Dieses Buch soll helfen, für das schmale Gebiet der Instandhaltung Verständnis für das System Recht zu wecken. Wenn es umgekehrt auch gelingen würde, im System Recht Akzeptanz sowohl für den wirtschaftlichen als auch für den Zeitdruck des Instandhalters zu erzeugen, wäre ein Ziel erreicht, das man aber besser nicht definieren sollte, weil es unerreichbar ist.

Für Ergänzungen und Änderungen, Anregungen und Kritik sind Herausgeber und Verfasser dankbar.

Duisburg, im Mai 1997

Heinz W. Adams

Inhaltsverzeichnis

Einleitung

Für das Instandhaltungsgeschehen der Industrie in der Bundesrepublik Deutschland werden nach Schätzungen von Fachleuten für Instandhaltung jährlich ca. 240 Milliarden DM von den Unternehmen ausgegeben. Die Instandhaltung im privaten Bereich wird in der gleichen Größenordnung liegen, zum Beispiel Häuser, PKW, Haushaltsgeräte etc. Diese sollen an dieser Stelle aber nicht betrachtet werden.

In den letzten Jahren wurde bei der Produktion in den Unternehmen immer wieder überlegt, inwieweit man die Fertigungstiefe verändern kann. Der ständig steigende Wettbewerb, die Globalisierung der Märkte und der Europäische Binnenmarkt führen dazu, daß durch Analyse der Wertschöpfungsketten geprüft wird, ob es möglich ist, auf Eigenfertigung zu verzichten. Dies bedeutet natürlich nicht völligen Verzicht, sondern Konzentration auf die jeweiligen Kernkompetenzen. Die entsprechenden Diskussionen und Entscheidungen gehören dem Problembereich "Make or Buy" an, man kann fremde Auftragnehmer in die eigene Instandhaltung einbinden oder die Instandhaltung an Fremdfirmen vergeben.

Der unstreitige wirtschaftliche Erfolg dieser Überlegungen führt dazu, daß auch bei Dienstleistungen, wie zum Beispiel Software-Erstellung und Beratungsleistungen aller Art, immer wieder verstärkt auf dritte Firmen als Auftragnehmer zurückgegriffen wird. Sinnvoll ist es daher, sämtliche Unternehmensfunktionen zu überprüfen, ob sie nach dem Prinzip "Make or Buy" ausgegliedert werden können oder ob es sinnvoll ist, den eigenen Mitarbeiterstamm durch Fremdmitarbeiter zu ergänzen.

Dieselben Überlegungen müssen auch für die Instandhaltung gelten. Immer mehr Unternehmen bieten sich an, um für Produktionsunternehmen die Aufgabe Instandhaltung zu übernehmen. Das Wachsen dieses Marktes spricht für die Bereitschaft der Unternehmen, immer mehr Fremdauftragnehmer für die Instandhaltung einzusetzen. Vor einigen Jahren hat ein Mitarbeiter eines bekannten Automobilwerkes eine Prämie in Millionenhöhe für den Vorschlag erhalten, die Instandhaltung von bestimmten Fertigungsstraßen an Fremdunternehmen - zumindest in bestimmten Teilbereichen - zu vergeben. Manchmal bleibt einem Unternehmen auch nichts anderes übrig, als Fremdunternehmer für die Instandhaltung einzusetzen. Man denke zum Beispiel an die Stillstände, Revisionen, Turn-arounds von Großanlagen wie Raffinerien, Kraftwerken, Chemieanlagen, bei denen für die kurze Zeit des Großstillstandes die Instandhaltungskapazität von einigen 100 Mitarbeitern durch Fremdunternehmen auf mehr als 1000 Mitarbeiter aufgestockt werden muß.

Aus all diesem folgt, daß die Instandhaltung immer stärker fremdvergeben wird. Fremdvergabe bedeutet den Abschluß eines entsprechenden Instandhaltungsvertrages mit dem Auftragnehmer. Damit tritt die Instandhaltung in eine völlig neue und auch andere Gedankenwelt ein, nämlich in das System Jurisprudenz. Wie aufzuzeigen sein wird, sind die gedanklichen Ansätze der Systeme Technik und der Systeme Jurisprudenz äußerst unterschiedlich, Schnittstellenprobleme sind daher vorprogrammiert. Zumeist erfahren die Instandhalter erst nach schmerzvollem Aufbruch einer nicht ordnungsgemäß überbrückten Schnittstelle, wie schwierig das Instandhaltungsgeschehen aus der Systemsicht der Jurisprudenz zu beurteilen ist. Hierher kommt auch der Satz: "Die Erfolgserlebnisse der Juristen sind die Pannen der Ingenieure."

Zum Grundwissen des Instandhalters gehört daher auch Rechtswissen. So hat beispielsweise der REFA e.V. in seinem Instandhalterpaß-Ausbildungsprogramm die Rechtsgrundlagen der Instandhaltung als ein wichtiges Modul der Ausbildung aufgenommen. Das steigende Interesse der Instandhalter an Rechtsproblemen der Instandhaltung in Vorträgen, Seminaren und Referaten führt zur Notwendigkeit, dem Instandhalter eine kurze und leicht verständliche Zusammenfassung der Aspekte anzubieten, die ihn mit dem System Jurisprudenz vertraut machen können.

Dieses Buch ist kein Buch für Juristen. Vereinfachte Darstellungen sind nicht aus Oberflächlichkeit entstanden, sondern aus der Überlegung, dem Instandhalter schnell und prägnant die für ihn notwendigen Informationen zu übermitteln. In diesem Buch ist daher zum Beispiel dem Problem des Rechtsbindungswillens höchstens ein Satz gewidmet, während das gleiche Problem in der entsprechenden Literatur der Rechtswissenschaften zu Monographien oder zu umfangreichen Kapiteln dicker Lehrbücher führt.

Insoweit verstehen sich die Autoren als Dolmetscher zwischen zwei Welten.

Die Rechtsgrundlagen der Instandhaltung müssen auch andere moderne gesellschaftliche Systeme beachten, die in vergleichbaren Situationen zu Lösungsansätzen führen. Dies sind zum Beispiel die Aspekte der Qualitätsmanagementsysteme bei der Lösung von Produkthaftungsfällen, der dokumentierten Organisation in Betriebshandbüchern bei Organisationsverschuldensfällen, die Beachtung der unbestimmten Rechtsbegriffe durch Erfüllen von Normen.

So haben die Autoren, die seit über 30 Jahren in der Praxis beziehungsweise seit über 17 Jahren in der Unternehmensberatung in den entsprechenden Bereichen tätig sind, versucht, ihre vielen Erfahrungen aus Instandhaltung, Referaten, Beratungsaufträgen, Diskussionen und vielen Fachgesprächen einzubringen.

Letztendlich soll eines erreicht werden: das Beachten des Systems Jurisprudenz mit seiner Rechtsgüterabwägung im System der Ingenieurtechnik. Dieses basiert nicht auf Güterabwägung, sondern auf Algorithmen zur Berechnung von Ergebnissen aufgrund bestimmter Eingangsgrößen, also völlig anders als das System Jurisprudenz.

Ein Buch über die Schnittstelle Instandhaltung einerseits und Recht andererseits muß zunächst den Gegenstand der Instandhaltung aufzeigen und dessen Bedeutung im System Recht klären. Daher sollen die wichtigsten Begriffe der "Instandhaltung" die einleitenden Bestandteile dieses

Buches sein. Danach werden die Begriffe der "Instandhaltung" mit den wichtigsten Einzelfunktionen sowie die Integration der Instandhaltung in die Unternehmensprozesse erläutert. Erst dann werden die Grundlagen des Vertragsrechts aufgezeigt, soweit es für die Instandhaltung von Bedeutung ist. Erst nachdem man sich über den Begriff "Vertrag" und über die rechtliche Gestaltung solcher Verträge im klaren ist, kann man sich über Verträge in der Instandhaltung unterhalten. Nur wenn man sich Klarheit über den Umfang des zu vergebenden Auftrages zur Instandhaltung verschafft, kann man an die vertragliche Gestaltung des Instandhaltungsauftrages gehen.

Der Vertrag muß eindeutig die zu vergebenden Aufgaben definieren, ob es sich zum Beispiel um Wartung, Inspektion oder Instandsetzung handelt, wer verantwortlich ist für die Materialbereitstellung, inwieweit zum Beispiel die bestehende Ablauforganisation des Auftraggebers in Anspruch genommen werden kann oder muß. Die Vertragsgestaltung gewinnt immer mehr an Bedeutung, vor allem vor dem Hintergrund der Diskussion über Outsourcing der Instandhaltung, zunehmender Fremdvergabe von Instandhaltungsleistungen und Einsatz von Fremdfirmenhandwerkern nach dem Arbeitnehmerüberlassungsgesetz.

Darüber hinaus gibt es weitere Aspekte in der Schnittstelle Instandhaltung/Recht, über die der Instandhalter genügend Information haben sollte, zum Beispiel Arbeitssicherheit oder Umweltschutz.

Letztlich müssen alle gesellschaftlichen Anforderungen zur Organisation der Technik beachtet werden, dies führt zur "gerichtsfesten" Organisation der Instandhaltung. Die dazu notwendige dokumentierte Aufbau- und Ablauforganisation muß sich einbinden in Managementsysteme, die schon aus anderen Gründen im Unternehmen existieren, zum Beispiel Qualitätsmanagement, Umweltmanagement. Also müssen auch die so entstehenden Integrierten Managementsysteme beachtet und in ihrer juristischen Bedeutung erläutert werden. Insgesamt wird eine Übersicht über die Schnittstelle Instandhaltung/Recht dargestellt, die nach Meinung der Verfasser dieses Buches angemessen der Problemstellung ist. Für Rückmeldungen sind die Verfasser dankbar.

Die Verfasser danken Frau Rechtsanwältin Silke Turk für unermüdliche Diskussionsbereitschaft und fachliche Unterstützung.

Besonderer Dank gilt den Schreibdamen der Dr. Adams und Partner Unternehmensberatung GmbH, die teilweise verzweifelten angesichts der Kontinuität der Änderungswünsche, dennoch aber freundlich und hilfsbereit das Buch erstellten.

Duisburg, im Mai 1997   Weinheim, im Mai 1997

Heinz W. Adams   Herbert Slaghuis

1. Definition des Arbeitsgebietes "Instandhaltung"

Bevor man an die rechtliche Bedeutung der Instandhaltung geht, ist es erforderlich, die Terminologie der Instandhaltung zu klären.

Dabei ist zu bedenken, daß der Instandhaltungsprozeß als ein Sekundärprozeß der Anlagennutzung zu sehen ist, der dafür sorgt, daß die Produktion (Primärprozeß) tätig sein kann.

Dieser Sekundärprozeß beginnt beim Eintritt des Schadensereignisses und endet mit der Auswertung der Dokumentation. Der Prozeß hat drei wesentliche Schritte:

- Planung
- Durchführung
- Kontrolle

und hat weitere, diesen Sekundärprozeß stützende Nebenprozesse, zum Beispiel Personalwirtschaft, Materialwirtschaft etc.

Es ist offensichtlich, daß die Instandhaltung an Dritte delegiert werden kann. Vorher muß aber analysiert werden, über welche Einzelfunktionen der Instandhaltung zwecks Fremdvergabe entschieden wird. Denn nur dann ist es möglich, über die rechtliche Bewertung und die Vertragsgestaltung zur Instandhaltung zu befinden.

Als Beispiel sei hier genannt: es ist zu prüfen und festzulegen, ob die Schadensstatistik vom Auftraggeber oder vom Auftragnehmer geführt wird.

1.1 Begriffe und Definitionen

Die Begriffe der Instandhaltung sind in der DIN 31051 genormt und folgendermaßen definiert (Bild 1):

Instandhaltung: Maßnahmen zur Bewahrung und Wiederherstellung des Soll-Zustandes sowie zur Feststellung und Beurteilung des Ist-Zustandes von technischen Mitteln eines Systems.

Die Instandhaltung untergliedert sich nach der Norm in drei Einzelfunktionen:

- Wartung
- Inspektion
- Instandsetzung

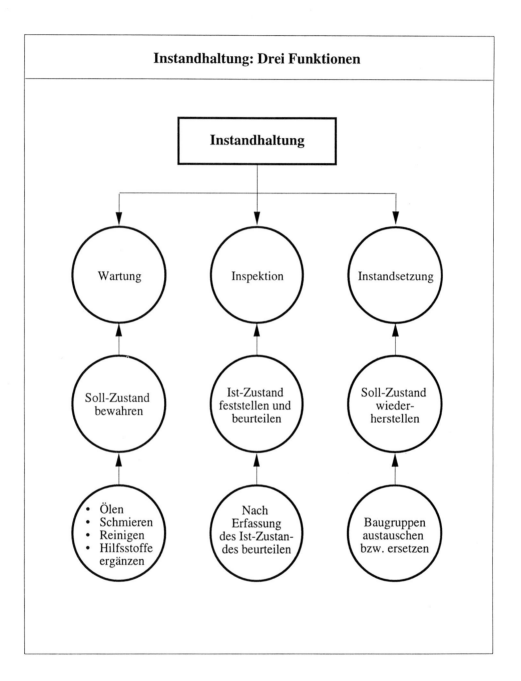

Instandhaltung: Drei Funktionen

Instandhaltung

Wartung — Inspektion — Instandsetzung

Soll-Zustand bewahren — Ist-Zustand feststellen und beurteilen — Soll-Zustand wieder-herstellen

- Ölen
- Schmieren
- Reinigen
- Hilfsstoffe ergänzen

Nach Erfassung des Ist-Zustandes beurteilen

Baugruppen austauschen bzw. ersetzen

Bild 1

Die Definition dieser drei Einzelfunktionen sind:

- mit Hilfe der Wartung soll der Soll-Zustand von technischen Mitteln bewahrt werden

- mit Hilfe der Inspektion soll der Ist-Zustand von technischen Mitteln festgestellt und beurteilt werden

- mit Hilfe der Instandsetzung soll der Soll-Zustand von technischen Mitteln wiederhergestellt werden

In Ergänzung zu den dargestellten Begriffen gemäß DIN 31051 kennt man in der betrieblichen Praxis noch den Begriff der geplanten Instandhaltung. Dazu zählen die Wartung und die Inspektion. Sie haben wiederholenden Charakter und sind daher auch planbar. Auch im Bereich der Instandsetzung gibt es einen nicht unerheblichen Anteil an wiederkehrenden Aufgaben. Wiederkehrende Aufgaben sind planbar. Alleine aus wirtschaftlichen Gründen lohnt es sich, diese Aufgaben soweit wie möglich vorzuplanen, also den Anteil der geplanten Instandhaltung auf möglichst über 80 Prozent zu steigern und den Anteil der nicht-planbaren Instandhaltung auf unter 20 Prozent zu senken. Damit kann die Instandhaltung direkt zum wirtschaftlichen Erfolg eines Unternehmens beitragen.

Jedoch wird es nie gelingen, alle anfallenden Aufgaben in der Instandhaltung vorzuplanen, so daß es immer einen Anteil störungs- beziehungsweise ausfallbedingter Instandsetzungen geben wird.

Die Unterscheidung in Wartung, Inspektion und Instandsetzung wird später eine erhebliche Bedeutung für die rechtliche Bewertung dieser Bereiche zeigen.

1.2 Instandhaltungsstrategien

Zunächst muß man sich über die Bedeutung und über die Ziele der Instandhaltung im klaren sein, um daraus Strategien ableiten zu können, wobei nicht nur die eigenen Ziele die Strategien beeinflussen, sondern auch Gesetze und Verordnungen.

Die Auswahl und Festlegung der einzelnen Strategien beeinflußt auch das Vorgehen bei der Einschaltung von Fremdauftragnehmern beziehungsweise auch die Bedeutung des rechtlichen Aspekts der Instandhaltung im Unternehmen.

Instandhaltungsstrategien sind grundsätzliche Vorgehensweisen zur Lösung von Instandhaltungsproblemen. Dabei werden alle auftretenden Probleme in der Instandhaltung in die Strategiebetrachtungen miteinbezogen. Bei der Auswahl der Instandhaltungsstrategie sind folgende Betrachtungen entscheidend:

Kann durch unterlassene Instandhaltung:

- die Produktion durch Störungen gefährdet, verhindert und damit die "Produktionskette" unterbrochen oder die Maschinenverfügbarkeit beeinträchtigt werden

- die Qualität der Produkte leiden

- der Ausfall von Teilen zu Folgeschäden bei den Maschinen selbst führen

- die Arbeits- und/oder Anlagensicherheit beeinträchtigt werden

- die Umwelt gefährdet werden

- gegen die Gesetze beziehungsweise Verordnungen oder behördliche Auflagen verstoßen werden

Unterschieden werden in der Theorie die drei klassischen Instandhaltungsstrategien:

- bedarfsweise Instandsetzung nach Auftreten einer Störung

- vorbeugende Instandsetzung nach festen Intervallen

- vorbeugende Instandsetzung nach vorausgegangener Inspektion (zustandsabhängige Instandhaltung)

Bedarfsweise Instandsetzungen nach Auftreten einer Störung werden erst dann vorgenommen, wenn es zum Anlagenstillstand durch zum Beispiel Bruch oder Verschleiß kommt (Feuerwehrstrategie).

Bei der vorbeugenden Instandsetzung nach festen Intervallen werden, unabhängig von einer Inspektion, besonders anfällige Maschinenteile ausgetauscht oder zu festgesetzten Zeitpunkten instandgesetzt.

Bei der vorbeugenden Instandsetzung nach vorausgegangener Inspektion wird die Instandsetzung im voraus geplant, und bei einer Verschlechterung des Nutzungsvorrates über das zulässige Maß hinaus werden Teile ausgetauscht oder instandgesetzt.

Die Instandhaltungsstrategie legt fest, welche Maßnahmen

- inhaltlich (was),
- methodisch (wie),

- umfangmäßig (wieviel),
- zu welchen Terminen (wie oft, wann),
- durch wen (wer),
- an welchem Bauteil oder welcher Anlage (wo),
- mit welchen Arbeitsmitteln (womit),

durchzuführen sind.

Zu den bisher dargestellten klassischen Instandhaltungsstrategien müssen noch folgende Maßnahmen in die Betrachtung miteinbezogen werden:

- Strukturierung der Anlagendaten
- Schadensstatistik
- Schadensanalyse
- Schwachstellenbeseitigung
- Verschleißfolgenbeurteilung
- Eigen- und Fremdinstandhaltung
- Vorbereitungsgrad von Instandhaltungsarbeiten
- Personalqualifikation
- Personalbemessung
- Auswahl geeigneter Arbeitsverfahren, -mittel und -methoden
- Betriebswirtschaftliche Beurteilung des Instandhaltungsaufwandes
- Abrechnung von Instandhaltungsleistungen
- Auswahl einer geeigneten Aufbauorganisation

Die heutigen Produktionsstrukturen verlangen von der Instandhaltung unterschiedliche Instandhaltungsstrategien, die den jeweiligen Bedürfnissen angepaßt werden.

Die ausgewählten Strategien müssen flexibel sein, um den Forderungen des aktuellen Produktionsprozesses gerecht zu werden und um sie möglichst schnell neuen Situationen anpassen zu können.

Ziel bei der Auswahl der Instandhaltungsstrategien muß sein, ein Maximum an Zuverlässigkeit der Anlagen bei gleichzeitiger Kostenminimierung des Instandhaltungsaufwandes zu erreichen, unter Berücksichtigung aller gesetzlichen Regelungen.

Neben diesen Kriterien sind rechtliche, behördliche oder berufsgenossenschaftliche Auflagen mitbestimmend bei der Auswahl der Instandhaltungsstrategie. Weiterhin wird die Auswahl beeinflußt von der Gefahrenklasse der zu betreibenden Anlagen oder von der Verarbeitung gesundheitsgefährdender Stoffe.

Aus Sicht der Produktion kann, je nach hoher Auslastung der zur Verfügung stehenden Anlagen oder bei freien Kapazitäten jeweils eine andere Strategie angewendet werden.

1.3 Anlagenbeschreibung und Strukturierung

An welchem Objekt ist welche Instandhaltungsmaßnahme durchzuführen? Dazu muß zunächst das Objekt der Instandhaltung identifiziert werden. Es bedarf also der Anlagenbeschreibung. Eine Anlage muß in einzelne, überschaubare Einzelstücke strukturiert werden.

Um in der Instandhaltung

- nach planerischen Gesichtspunkten vorgehen zu können,
- die richtige Strategie auszuwählen,
- der Dokumentationspflicht Genüge zu leisten,
- die Konzessionierungen durchzuführen,
- Organisations- und Controllingaufgaben wahrzunehmen,

im Prinzip alle Aufgaben der Instandhaltung erfüllen zu können, ist es zunächst notwendig, die Anlagen, Maschinen, Baugruppen und Elemente der Betriebsmittel, die in die Instandhaltung einbezogen werden sollen, zu

- erfassen in einer Maschinendatei,
- strukturieren,
- katalogisieren.

Warum es so wichtig ist, vor der Einführung einer geplanten Instandhaltung Daten zu erfassen und zu strukturieren, kann mit dem "formalistischen" Zwang, den die EDV ausübt, erklärt werden. Die Auswertung von "Mengendaten" bringt für die Auswahl der richtigen Strategien, richtig angewandt, großen Nutzen.

Die Anlagen- oder Maschinendatei ist die Grundlage eines DV-unterstützten Systems für die Instandhaltung, da sie Auskunft über alle Daten gibt, die der Instandhalter für seine tägliche Arbeit benötigt.

Die Fachleute der Instandhaltung können solche Aussagen schwerpunktartig gelegentlich im Kopf oder im Notizbuch den Anlagen zuordnen. Eine EDV kann nur vorgegebene, zum Beispiel Stammdaten, verwalten.

Um die für die Instandhaltung notwendige Information zu erhalten, ist als nächster Schritt eine Strukturierung, teilweise bis zum Einzelteil beziehungsweise Element, notwendig.

Die Strukturierung der Anlagen, das heißt das Auflösen der Gesamtanlage in einzelne Anlagenteile oder Baugruppen, ist Voraussetzung für den gezielten Einsatz eines DV-Systems.

Aus der Sicht der Instandhaltung soll eine Strukturierung immer dann vorgenommen werden, wenn pauschale Zuordnungen oder Beurteilungen nicht ausreichen.

So sind zum Beispiel Kostenzuordnungen für eine Gesamtanlage nicht aussagefähig und auswertbar.

Die Strukturierung geht davon aus, daß Betrachtungsebenen gebildet werden, die eine Möglichkeit der Zuordnung des Instandhaltungsgeschehens auf Anlagenteile oder Baugruppen zulassen.

Sie wird immer dann vorgenommen,

- wenn für diese Baugruppe eine gezielte individuelle Kostenzuordnung erforderlich ist,

- wenn für diese Baugruppe eine Historie vorhanden sein soll,

- wenn für diese Baugruppe Schwachstellenermittlung betrieben werden soll,

- wenn für diese Baugruppe ein Nachweis über Wartung, Inspektion und Instandsetzung geführt werden muß.

In Bild 2 ist am Beispiel einer Verpackungsanlage aufgezeigt, wie eine Strukturierung sinnvoll vorgenommen werden kann.

Im Sinne einer für die Instandhaltung notwendigen ganzheitlichen Betrachtung lassen sich diese Gliederungsprinzipien bis hin zur Fabrikstrukturierung erweitern beziehungsweise ausbauen.

Als "Anlage" wird die Gesamtheit betriebstechnischer Einrichtungen verstanden, die für die Durchführung eines Verfahrens notwendig sind (DIN 28004). Eine Anlage kann aus mehreren Teilanlagen mit jeweils verschiedenen Anlagenkomponenten, Baugruppen, Bauelementen bestehen, sie kann folglich in einem Teil eines Produktionsgebäudes untergebracht sein, sie kann sich aber ebenso auf mehrere Gebäude erstrecken. Aus der Sicht eines funktional geschlossenen Betriebszweckes heraus gilt der Begriff der "Anlage" in gleicher Weise für zum Beispiel eine Produktionseinheit, wie für ein Kesselhaus, eine Werkstatt oder ein Forschungslabor.

1.4 Bedeutung der Instandhaltung

Die technologische Entwicklung und die organisatorischen Veränderungen der Unternehmensstrukturen beeinflussen immer mehr die Instandhaltung. Hinzu kommen immer mehr Vor-

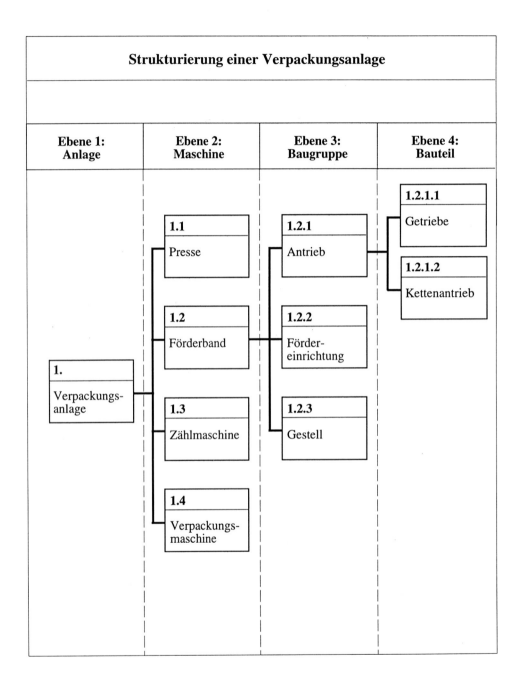

Strukturierung einer Verpackungsanlage

Ebene 1: Anlage	Ebene 2: Maschine	Ebene 3: Baugruppe	Ebene 4: Bauteil

Bild 2

schriften für Sicherheit und Umweltschutz. Ein verschärfter Marktwettbewerb zwingt die Unternehmen zu einer immer höher werdenden Nutzungszeit der Maschinen und Anlagen. Immer kürzer werdende Produktionslebenszeiten erfordern Anlagen mit einem hohen Technisierungsgrad, um schnell auf andere oder zumindest ähnliche Produkte übergehen zu können.

Steigende Instandhaltungskosten führen dazu, daß der Kostenblock Instandhaltung zu einem nicht mehr übersehbaren Kostenfaktor für die Unternehmen wird.

Zusammengefaßt stellt sich die Situation folgendermaßen dar:

- steigende Komplexität der Erzeugnisse und deren Produktionsverfahren
- wachsende Anzahl komplexer Maschinen
- zunehmende Anlagenwerte
- überproportionales Ansteigen des Integrationsgrades der Produktionseinrichtungen
- Zwang zu einer hohen Auslastung des Maschinenparks
- überproportional steigende Instandhaltungskosten
- zunehmende Bedeutung der Sicherheit und Umwelt

Das alles führt dazu, daß es auch in der Instandhaltung zu einem Umdenkungsprozeß und zu einem ausgeprägten Kosten-/Nutzendenken kommen muß. Neue Organisationsformen müssen diskutiert und eingeführt werden. Jedoch kommen auf die Instandhaltung auch Aufgaben zu, die durch organisatorische Überlegungen und Zuordnungen allein nicht gelöst werden können.

Neben den organisatorischen Maßnahmen werden Fragen nach den zukünftigen Strategien immer wichtiger. Gezielte planmäßige Wartung und Inspektion als vorbeugende Maßnahmen werden immer bedeutsamer und verhindern Maschinenausfälle. Vorbeugender Teileaustausch kann nach eingehender wirtschaftlicher Betrachtung eine weitere Methode sein. Konsequente Schwachstellenermittlung und -beseitigung sind unumgänglich. Geplante Instandhaltung führt zur Reduzierung der Nebenzeiten für Handwerker und dadurch zu einer höheren Nutzung der Maschinen und Anlagen.

Um die anfallenden Aufgaben wahrnehmen zu können, ist eine höhere Qualifikation notwendig, die nur durch zusätzliche Ausbildung erworben werden kann. Dieses gilt nicht nur für die Technik innerhalb der Anlagen, sondern auch für das Umfeld. Systemdenken, zum Beispiel bei Einsatz der Datenverarbeitung im organisatorischen Bereich, ist erforderlich. Mitarbeiterführung und -information sind Kriterien, die in der Zukunft immer wichtiger werden.

Besonders im Handwerkerbereich macht sich die Entwicklung bemerkbar. Gefragt ist nicht mehr der Schlosser oder Elektriker, sondern der Handwerkertyp, der beides beherrscht oder zumindest zu seiner normalen Ausbildung noch eine Zusatzausbildung hat, um die täglich anfallenden Arbeiten ausführen zu können. Selbstverständlich sind hier Grenzen durch die Fachkunde des Bereiches gesetzt, es können nicht alle Teilbereiche abdeckt werden.

Die Folgen der zunehmenden Bedeutung und der strukturellen Veränderungen der Instandhaltung

- erzwingen ein nahtloses Funktionieren zwischen Produktion und Instandhaltung,

- erfordern Arbeitsverschiebungen zwischen Produktion und Instandhaltung,

- erweitern das Tätigkeitsfeld der Instandhaltung von der Planung bis zum Mitspracherecht beim Maschinenkauf,

- erfordern Änderungen in Richtung Fachwissen und Systembeherrschung sowohl für den Handwerker als auch für den Ingenieur.

Aufgrund der vorhandenen Situation und der zunehmenden Bedeutung der Instandhaltung stellen sich den Instandhaltern unabdingbare Aufgaben, die der Erreichung folgender Ziele dienen:

- Minimierung der Leerlaufzeiten von Maschinen und Anlagen

- Erhöhung der Verfügbarkeit der Maschinen und Anlagen

- Minimierung der Instandhaltungskosten

- Ermittlung der Schwachstellen aus technologischer und organisatorischer Sicht
  - Verhinderung von Unfallrisiken
  - Erhöhung der Arbeits- und Anlagensicherheit
  - Vermeiden von Umweltbelastungen oder -schäden
  - Einhaltung gesetzlicher Vorschriften

Die Verwirklichung dieser Ziele erfordert folgende Aufgaben:

- Wahl der optimalen Instandhaltungsstrategie
- planmäßige Wartung und Inspektion
- Planung der Instandsetzungen zur Vermeidung von Nebenzeiten
- geeignete Organisationsformen
- Bereitstellung von qualifiziertem Personal
- bedarfsentsprechende Ersatzteilhaftung
- Installation instandhaltungsgerechter Betriebseinrichtungen
- Einflußnahme bei Beschaffung von Anlagen

- systematische Rationalisierung
- Entscheidung, ob Eigen- oder Fremdinstandhaltung

Die Instandhaltung selbst ist im Zyklus der Anlagenwirtschaft insgesamt als eine von mehreren Funktionen zu betrachten (Bild 3).

Die Einzelfunktionen der Instandhaltung können wie folgt untergliedert sein:

- Aus- und Durchführen mit:
  • Wartung
  • Inspektion
  • Instandsetzung

- Planen und Steuern mit:
  • Arbeiten vorbereiten
  • Kapazitäten steuern
  • Material bewirtschaften
  • Schwachstellen ermitteln und analysieren

1.4.1   Geplante Maßnahmen

Die optimale Nutzung der Produktionsanlagen hängt von ihrem störungsfreien Betrieb ab. Ein weitgehend störungsfreies Arbeiten der Produktionsanlagen ist aber nur über die geplante Instandhaltung zu erreichen.

Überall dort, wo sich Wellen drehen, wo Gleitbahnen sich gegeneinander bewegen, wo Zahnräder ineinander greifen, tritt Reibung auf. Reibung bedeutet aber Verschleiß an Maschinenelementen und ergibt im Laufe der Zeit eine Schwächung. Die Schwächung führt zum Bruch oder zur Verminderung der Arbeitsgenauigkeit.

Beide Vorgänge erzwingen den Stillstand der Maschine und die Durchführung einer Instandsetzung.

Korrosion und sonstige Einflüsse sind weitere Kriterien, die einen Stillstand verursachen.

Vor allem in hochmechanisierten oder automatisierten Anlagen verursachen Stillstände hohen Produktionsausfall und dadurch Umsatz- und Erlöseinbußen. Darüber hinaus bilden unsachgemäß oder nicht systematisch instandgehaltene Anlagen eine erhöhte Gefahr für die hier arbeitenden Menschen.

Zyklus Anlagenwirtschaft

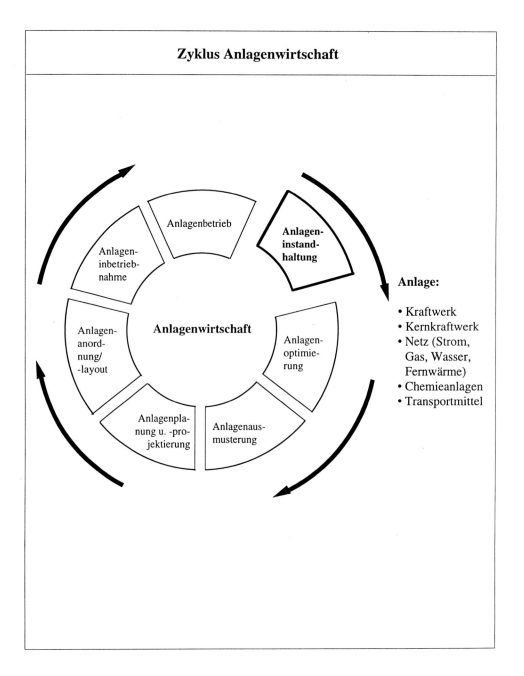

Bild 3

Die hierfür erforderlichen Maßnahmen müssen geplant sein, sie müssen in Intervallen ablaufen, die der Eigenart der Maschine, den Betriebsbedingungen und der Auslastung der Maschine entsprechen. Es muß erreicht werden, daß Schwachstellen so rechtzeitig erkannt werden, daß ihre Beseitigung möglich ist. Als Mittel bieten sich hier die Wartung und Inspektion an.

Wartung und Inspektion sind nur dann sinnvoll, wenn sie periodisch wiederkehrend in festgelegten Intervallen durchgeführt werden. Die Wartung als verschleißhemmende Maßnahme ist mit besonderer Sorgfalt vorzunehmen, weil sie die Nutzungsdauer und somit die Intervalle der Instandsetzung erheblich beeinflussen kann.

Zuverlässigkeit und Funktionsfähigkeit der wertvollen Maschinen und Produktionsanlagen hängen oft von der Verminderung des Verschleißes und der Korrosion ab.

Ausgehend von den Aufgaben der Wartung,

- Putzen, Reinigen, Pflegen,
- Schmieren und Schmierstoffwechsel,
- Kühlmittelversorgung,

ergeben sich folgende Ziele:

- durch gezielte, planmäßige Wartung Betrachtungseinheiten vor Verschleiß und Korrosion bewahren

- die Lebensdauer von Betrachtungseinheiten zu verlängern

- durch geplanten Personal-, Betriebsmittel- und Schmierstoffeinsatz die Kosten der Instandhaltung senken

- die Verfügbarkeit und Zuverlässigkeit der Betriebsmittel zu erhöhen

- die Gesamtkosten für die zu lagernden Schmierstoffe zu minimieren

Der erzielbare Nutzen der Wartungsmaßnahmen ist die Verringerung der Verschleiß- und Korrosionsgeschwindigkeit und dadurch die Sicherstellung der Funktionsfähigkeit,

- insbesondere im Produktionsbereich bei den Sachanlagen, die ständig und/oder zeitweise einen Engpaß darstellen, sowie

- bei den Sachanlagen, Grundstücken und Gebäuden sowie bei Prozessen, die unter dem Gesichtspunkten Arbeitssicherheit und Umweltschutz vom Instandhaltungsbereich mitbetreut werden,

und damit die Reduzierung der technischen Störungs- und Ausfallzeit, was nicht nur die Einhaltung der geplanten Fertigungsdurchlaufzeit, sondern auch die Reduzierung dieser Zeit ermöglicht.

Der Nutzen der Inspektion liegt darin,

- daß das frühzeitige Erkennen der Abweichung Soll-und Ist-Zustand eine größere Zeitspanne schafft, um die Ursache der sich anbahnenden Störungen zu bestimmen und dann entsprechende Maßnahmen zu ergreifen und um den Störungseintritt in der Betriebsarbeitszeit zu verhindern. Die Anzahl der instandhaltungsbedingten Unterbrechungen in der Betriebsarbeitszeit wird verringert. Die geplante Verfügbarkeit, Fertigungsdurchlaufzeit sowie die Produktivität können eingehalten werden, und damit ist eine Voraussetzung geschaffen, um das geplante Betriebsergebnis zu realisieren.

Das frühzeitige Erkennen hat darüber hinaus zur Folge, daß die notwendigen Maßnahmen geplant werden können, und somit besteht die Möglichkeit, die Instandsetzungsarbeiten zu minimieren;

- daß nach dem Störungseintritt die Unterbrechungszeiten (Fehlerlokalisierung, Schadensursachenbestimmung) so gering wie möglich gehalten werden können.

Darüber hinaus ist der Nutzen der Inspektion im Sinne einer Informationsbereitstellung darin zu sehen, daß Inspektionsergebnisse als Zusatzinformationen strategische Unternehmensentscheidungen mit beeinflussen:

- Ersatz einer Sachanlage oder Instandhaltung?
- Fremdleistung oder Eigenleistung?
- Ersatzteillagerung oder Beschaffung bei Bedarf?

Die Inspektion hat in der Instandhaltung eine zentrale Bedeutung. Ihr Ziel ist die Bereitstellung von Daten über den Zustand und den Restabnutzungsvorrat der jeweiligen Betrachtungseinheit.

Ziele der Inspektion sind Bereitstellung von Daten zur

- Planung, Durchführung und Kontrolle weiterer Instandhaltungsmaßnahmen,
- Schwachstellenermittlung,
- Darstellung des Betriebsverhaltens,

- Verbesserung der Betriebsweise durch den Betreiber,
- konstruktiven Verbesserung bestehender und neuer Anlagen.

Aufgabe der Inspektion ist es, Ist- und Soll-Zustand einer Anlage oder Maschine miteinander zu vergleichen, um

- präzisere Prognosen des voraussichtlichen Zeitpunktes von Anlagenausfällen zu bekommen,
  - zur Senkung der Instandsetzungs- beziehungsweise Erneuerungskosten,
  - zur Senkung der aus Anlagenausfällen resultierenden wirtschaftlichen Nachteile,
  - zur Senkung der Kosten für Maßnahmen, die der Reduzierung der aus Anlagenausfällen resultierenden wirtschaftlichen Nachteile dienen.

- präzisere Prognosen unzulässiger Beeinträchtigungen der Funktionsfähigkeit zu bekommen,
  - zur Erzielung höherer Erlöse aus dem Einsatz der Anlagen,
  - zur Erzielung niedrigerer Betriebskosten für die Bereithaltung und den Einsatz der Anlagen,
  - zur Erzielung gleichbleibender Qualität.

Um Wartung und Inspektion planmäßig und wirtschaftlich durchführen zu können, bedarf es einer vorgegebenen Organisation und eines geplanten Ablaufs (Bild 4/1 und 4/2).

Nachdem der Handwerker die in der Planungsphase erstellten Wartungspläne für seinen täglichen Rundgang erhalten hat, besteht für ihn seine erste Aufgabe darin, zu prüfen, ob die erforderlichen Arbeitsmittel vorhanden und einsatzbereit sind.

Bei einem Rundgang festgestellte Mängel an den Arbeitsmitteln oder nicht vorhandene Arbeitsmittel führen zu zusätzlichen Wegezeiten, die den vorher geplanten Ablauf stören.

Stellt der Handwerker während des Rundgangs Abweichungen vom Ist-Zustand oder Mängel fest, hat er zu entscheiden, ob er die Mängelbeseitigung im Rahmen seiner Tätigkeit durchführen kann.

Ist dies nicht der Fall, sind die vorgefundenen Mängel an die Werkstatt zu melden, welche weitere Maßnahmen veranlaßt.

Wichtig ist, daß grundsätzlich alle vorgefundenen Schäden und Mängel zur Schwachstellenermittlung gemeldet und erfaßt werden.

Vergleichbares gilt für den Ablauf einer planmäßigen Inspektion.

Ablauf Wartung

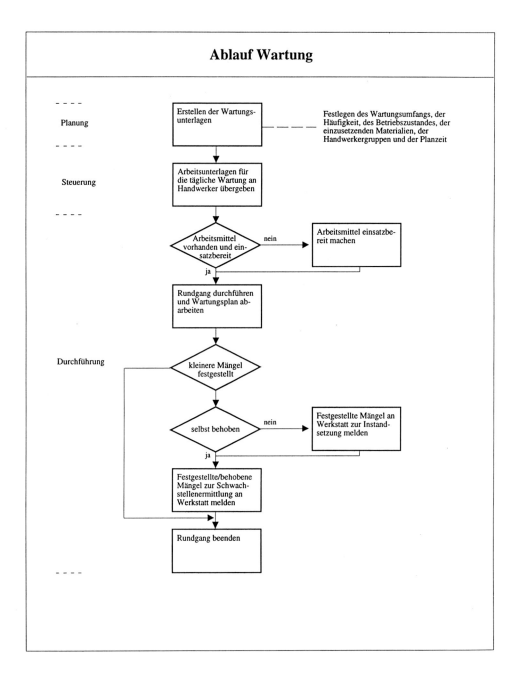

Planung

Erstellen der Wartungs-unterlagen

Festlegen des Wartungsumfangs, der Häufigkeit, des Betriebszustandes, der einzusetzenden Materialien, der Handwerkergruppen und der Planzeit

Steuerung

Arbeitsunterlagen für die tägliche Wartung an Handwerker übergeben

Arbeitsmittel vorhanden und ein-satzbereit

nein → Arbeitsmittel einsatzbe-reit machen

ja

Rundgang durchführen und Wartungsplan ab-arbeiten

Durchführung

kleinere Mängel festgestellt

selbst behoben

nein → Festgestellte Mängel an Werkstatt zur Instand-setzung melden

ja

Festgestellte/behobene Mängel zur Schwach-stellenermittlung an Werkstatt melden

Rundgang beenden

Bild 4/1

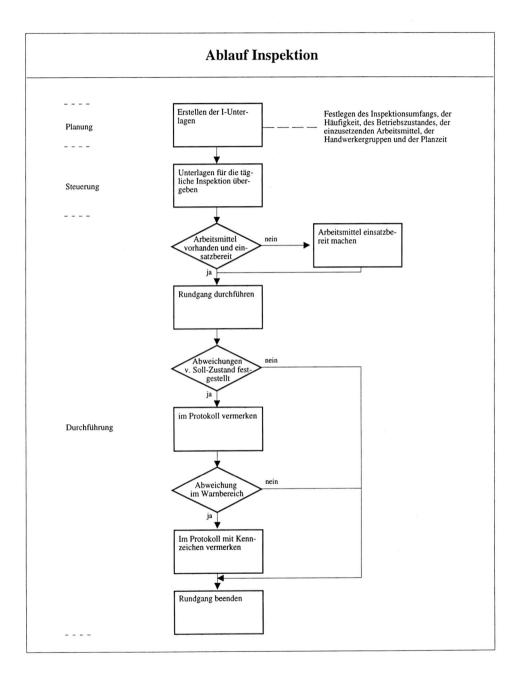

Ablauf Inspektion

Planung

Erstellen der I-Unter-lagen

Festlegen des Inspektionsumfangs, der Häufigkeit, des Betriebszustandes, der einzusetzenden Arbeitsmittel, der Handwerkergruppen und der Planzeit

Steuerung

Unterlagen für die täg-liche Inspektion über-geben

Arbeitsmittel vorhanden und ein-satzbereit — nein → Arbeitsmittel einsatzbe-reit machen

ja

Rundgang durchführen

Abweichungen v. Soll-Zustand fest-gestellt — nein

ja

im Protokoll vermerken

Durchführung

Abweichung im Warnbereich — nein

ja

Im Protokoll mit Kenn-zeichen vermerken

Rundgang beenden

Bild 4/2

1.4.2   Ungeplante Maßnahmen

Grundsätzlich ist es möglich, alle Maßnahmen zu planen, jedoch unterliegt der Eintritt eines Schadensereignisses von der Ursache her bestimmten Randbedingungen, die eben nicht insgesamt voraussehbar sind. Der Ausfallzeitpunkt ist also schwer vorherzubestimmen.

Ganz gleich, wie gut ein Instandhaltungsbereich auch organisiert ist, es wird immer einen Teil der Instandsetzungsaufgaben geben, der ungeplant abläuft.

Die Höhe der Anteile der ungeplanten Maßnahmen ist in sehr starkem Maße abhängig vom Organisationsgrad innerhalb der Instandhaltung und von der Art und Anzahl gleicher Maschinen und Anlagen.

Weiterhin wird der Anteil der ungeplanten Maßnahmen dadurch beeinflußt, daß der Instandhalter das Betriebsgeschehen nicht dokumentiert und vorhandene Dokumentationen nicht pflegt. Würde der Instandhalter dokumentieren, um daraus Schlüsse ziehen zu können, wäre der Planungsgrad automatisch um einiges höher.

Sicher wäre sinnvoll, schon die während der Inbetriebnahme anfallenden Störungen zu erfassen und mit Arbeitsplänen zu belegen. Dieses würde zur Folge haben, daß gleiche Arbeiten nicht immer wieder ungeplant durchgeführt werden.

Analysen in verschiedenen Unternehmen haben ergeben, daß der Anteil der ungeplanten Maßnahmen zwischen 20 und 60 Prozent liegt.

So ist zum Beispiel in einer Presserei mit mehreren gleichartigen Pressen der Anteil der ungeplanten Maßnahmen bedeutend geringer als in einer Fertigung mit verschiedenen Einzelmaschinen.

Ziel sollte es natürlich sein, den Anteil der ungeplanten Maßnahmen so klein wie möglich zu halten.

Jedoch unterliegt das Verhältnis geplant zu ungeplant wirtschaftlichen Betrachtungen, sollte aber auf keinen Fall abhängig sein von den Beteiligten.

Die wirtschaftliche Grenze ist dort, wo der Planungsaufwand den Zeitgewinn der Nebenzeiten und Zusatzzeiten übersteigt.

1.4.3 Arbeitsvorbereitung

Ziel der Arbeitsvorbereitung der Instandhaltung ist es, mit Planung und Steuerung zu gewährleisten, daß wirtschaftliche und humane Arbeitsmethoden in der Instandhaltung angewendet und nicht notwendige Arbeiten vermieden werden. Dabei ist die Arbeitssicherheit zu gewährleisten, und Umweltbelastungen sind zu vermeiden.

Die zwei Hauptkomponenten der Arbeitsvorbereitung sind Planung und Steuerung der Instandhaltungsarbeiten. Durch die Planung sollen die Standzeiten von Maschinen und Anlagen auf ein Minimum begrenzt werden, um damit auch die Kosten zu senken und um die Qualität der Produkte sicherzustellen.

Weiterhin sollen Umweltbelastungen vermieden und die Unfallrisiken verringert werden. Diese Ziele werden erreicht durch die technische Festlegung der Arbeit, der Material- und Hilfsmittelplanung sowie Festlegung der Arbeitsschutzmittel.

Die Steuerung der Instandhaltungsarbeiten stellt die Realisierung der vorgegebenen Soll-Daten sicher, sorgt für die Einhaltung der Termine und soll Kapazität auslasten.

Das wird erreicht durch eine termin- und lastengerechte Bereitstellung von Menschen, Betriebsmitteln und Material.

1.4.4 Schwachstellenermittlung, Schadensanalyse

Ein weiterer wesentlicher Baustein einer optimalen Instandhaltung ist die Schwachstellenermittlung, die Schadensanalyse. Es ist aus der Sicht der Instandhaltung von grundsätzlicher Wichtigkeit zu wissen, aufgrund welcher Ursache ein Schaden entstanden ist. Eine grobe Unterteilung läßt in erster Annäherung eine Unterteilung nach abnutzungsabhängigen oder mängelabhängigen Schäden zu.

In erster Näherung sollte deshalb eine Schadensanalyse so angelegt sein, daß sie, sofern dies mit einfachen Mitteln möglich ist, diese grobe Unterscheidung ermöglicht. Der Effekt besteht darin, daß nachgeordnete Instandhaltungsmaßnahmen bereits richtig gestaltet werden können.

Das Analysieren von Schäden erfordert ein sehr breites und zugleich tiefes Fachwissen sowie vielseitig ausgebildete Fachleute mit analytischem Denkvermögen, die darüber hinaus bereit sind, ihre Kenntnisse im Team zur Anwendung zu bringen. Da Schäden, wie wissenschaftliche Untersuchungen nachweisen, in der Regel nicht nur eine, sondern im Schnitt fünf, in der Spitze bis zu zehn Ursachen haben können, ist es in jedem Fall sinnvoll, das vorhandene technische Know-how in einem Unternehmen möglichst breit zu nutzen. Erfolgreiche Schadensanalyse kann somit im Normalfall nur vom Schadensanalysen-Team beziehungsweise von Gruppen auf längere Zeit effektiv geleistet werden.

Der erste Schritt einer Schadensuntersuchung ist die Beschreibung des Schadens. Bei jedem Schadensfall müssen der Schadensablauf (zeitliche Entwicklung) und das Schadensbild (äußerer Zustand) in allen Einzelheiten erfaßt und dokumentiert werden. Dabei ist oft auch eine Dokumentation des Schadens durch Fotografie oder Skizze zweckmäßig. In der Sache momentan völlig verschieden erscheinende Schäden können durch Dokumentation miteinander in Vergleich gesetzt werden.

- Dokumentieren des Schadensbildes

Das Schadensbild muß aufgrund seines Aussehens, Lage und Ausgangspunkt sowie der Verformung, Risse, Brücken, Korrosions- und Verschleißerscheinungen dokumentiert werden. Außerdem können u.a. folgende Angaben von Bedeutung sein: Oberflächenbeschaffenheit, Anlaßfarben, Beläge, Korrosionsprodukte, Schmierstoffreste, Brandspuren etc.

- Bestandsaufnahme

Durch eine Bestandsaufnahme sollen Hintergrundinformationen zum Schadensfall ermittelt werden, deren Fehlen die Schadensanalyse erschweren.

Zur Zielerreichung ist erforderlich:

- Schaffung einer Funktion "Schadensüberwachung und -analyse" im Bereich der technischen Anlagenbetreuung beziehungsweise der Arbeitsvorbereitung

- systematische Erfassung aller Schadens- beziehungsweise Störungsdaten aus der Rückmeldung aller abgewickelten Aufträge und Störbehebungseinsätze in der Instandhaltung sowie den Produktionsbereichen

- Zuordnung von Störungs- und Schadensinformationen (zum Beispiel Kosten, Störungszeit) zum Objekt/Baugruppe

- Führung eines Objektlebenslaufes (Schadensdokumentation)

- Festlegung von Auswertungskriterien

- Codierung von Schadensmerkmal und -ursache

- Schulung der Handwerker zur qualitativen Verbesserung der Informationserfassung

- Einsatz der Datenverarbeitung, damit hohe Flexibilität bei der Informationsauswertung erreicht werden kann

1.5 Fremdinstandhaltung

Der Einsatz von Fremdfirmen oder Fremdfirmenmitarbeitern gehört in der Instandhaltung zu den Selbstverständlichkeiten. Diese scheinbar standardisierte und problemlose Dienstleistung birgt jedoch eine Vielzahl rechtlicher Risiken, die den betroffenen Fachleuten und Ingenieuren in der Regel nicht in vollem Umfang bewußt sind.

Die Einschaltung von Auftragnehmern in der Instandhaltung ist nicht nur ein betriebswirtschaftliches, sondern auch ein rechtliches Problem.

Grundlage des Tätigwerdens eines Fremdinstandhalters ist immer ein sogenannter Instandhaltungsauftrag. Dieser Auftrag regelt den Einsatz fremder Mitarbeiter eines Auftragnehmers im Betriebsbereich des Auftraggebers entweder als überlassene Fremdinstandhalter oder Fremdunternehmen. Zum einen gilt es, zunächst die Rechtsnatur dieses Instandhaltungsvertrages (Werk- oder Dienstvertrag) genau zu prüfen und abzugrenzen (Kapitel 2.3 ff.), zum anderen ist zu beachten, in welchen Fällen das Arbeitnehmerüberlassungsgesetz zur Anwendung kommt (Kapitel 4).

Bei der Auftragsvergabe beziehungsweise für die Leistungsverrechnung stehen die vier bekanntesten Möglichkeiten zur Bemessung von Fremdfirmenleistungen zur Auswahl:

- Lohnstunden (Regie)
- Aufmaß
- Leistungsverzeichnis
- Festpreis

1.6 Das Recht folgt dem Lebenssachverhalt

Im Recht wird ein durchgeführter beziehungsweise geplanter Lebenssachverhalt bewertet. Sinnvoll ist es daher, vor der Gestaltung von Lebenssachverhalten die spätere rechtliche Bedeutung vorauszudenken und zu dokumentieren.

Davor muß der Lebenssachverhalt jedoch genau beschrieben werden. Hier bietet sich die Möglichkeit, anhand der DIN 31051 über die Instandhaltung und ihren Definitionsbereich für die rechtliche Gestaltung nachzudenken. Die strenge Systematik eines DV-Systems zur Instandhaltung kann man nutzen, um den Vertragsgegenstand der Instandhaltung zu beschreiben. Soll zum Beispiel der Auftragnehmer Schadensbilder beschreiben, um die Erfahrungen aus der Instandhaltung in die eigene Planung einfließen lassen zu können?

Der modulare Aufbau dieser DV-Systeme ist daher als Checkliste eine Möglichkeit, den Vertragsumfang der Instandhaltungsverträge wertend zu betrachten und zu definieren.

Wenn man alle Module und Untermodule eines solchen DV-gestützten Systems als Prüfaspekte für die rechtliche Gestaltung der Instandhaltungsverträge heranzieht, wird man sicher sein, alle Aspekte der rechtlichen Würdigung eines Instandhaltungsvertrages vorab beachtet und berücksichtigt zu haben. Die Gliederung eines der bekannten Software-Pakete zur Instandhaltung kann dabei als Checkliste dienen, ob alle Belange im Vertrag beachtet werden (Anhang).

1.7   Organisationspflicht in der Instandhaltung

Nachdem der Vertragsgegenstand der Instandhaltung definiert wurde, ist eine rechtliche Beurteilung des Instandhaltungsgeschehens möglich: Einige Gerichtsverfahren aus der letzten Zeit zeigen auf, daß sich das Interesse der Öffentlichkeit, der Judikative, der Exekutive und der Legislative auch organisatorischen Fragestellungen zuwendet. Stichworte seien hier Umweltdelikte, Umwelthaftung, Beauftragtenwesen, Organisationsverschulden. Unternehmen tun gut daran, im Hinblick auf eventuelle Verfahren vorbeugend zu prüfen, ob ihre Organisation einer Prüfung durch Gerichte beziehungsweise eines zugezogenen Sachverständigen in einem Verfahren standhalten würde. Organisationsfehler können zur Haftung und zum Imageverlust führen. Eine Strategie zur Zukunftsbewältigung muß daher auch Organisationsfragen beachten. Die Organisation der Instandhaltung ist daher wichtig.

In diesem Zusammenhang ist zudem darauf hinzuweisen, daß der Grenznutzen von Maßnahmen zur Erhöhung der Sicherheit durch Organisation erheblich höher ist als der Grenznutzen durch technische Maßnahmen, da auf diesem Gebiet schon gute Erfolge erzielt wurden (Bild 5). Hier gilt das Gesetz von abnehmenden Grenznutzen.

In vielen Gesprächen mit Führungskräften kann man immer wieder hören, daß sie sich mit einem Fuß oder einem Bein im Gefängnis ("temporäre Freigänger") fühlen. Sie haben keine deliktsrechtlichen beziehungsweise strafbaren Handlungen oder Ordnungswidrigkeiten begangen - es ist die Unsicherheit, ob man sich richtig organisiert hat, um in Normal- und Ausnahmesituationen allen zivilrechtlichen und strafrechtlichen Ansprüchen Genüge zu tun. Dies vor dem Hintergrund, daß jede Führungskraft pro Tag Dutzende von Entscheidungen trifft, von denen jede später über viele Wochen hinweg Gegenstand einer richterlichen oder Sachverständigen-Würdigung sein kann.

Diese Unsicherheit kann nur ausgeräumt werden, wenn man die von der Rechtsprechung und juristischen Literatur entwickelten Grundsätze des Organisationsverschuldens, ihre zivilrechtlichen beziehungsweise strafrechtlichen Prämissen und Auswirkungen kennt und vorbeugend beachtet. Es gilt, Problembewußtsein zu schaffen und zu sensibilisieren, um Führungskräfte zur

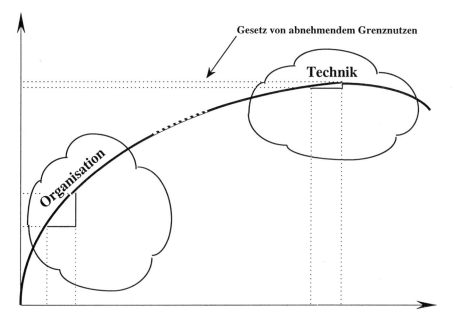

Grenznutzen organisatorischer und technischer Maßnahmen

Nutzen einer Investition in Sicherheit

Gesetz von abnehmendem Grenznutzen

Technik

Organisation

Reifegrad Sicherheit

Bild 5

Überprüfung der eigenen Situation sowie der Situation des Unternehmens und der Angestellten zu veranlassen.

Einzelheiten zu dieser Betrachtung des Instandhaltungsgeschehens, das heißt nicht nur der vertragsgemäßen Betrachtung der Instandhaltung, werden später dargestellt (Kapitel 6.1 ff.).

1.8 Instandhaltung: Modul der Sicherheitskonzepte für Unternehmen

Im Unternehmen bestehen zur Sicherheit oft "Insellösungen", die genau das Gegenteil dessen darstellen, was jedes Unternehmen haben sollte: Ein Sicherheitskonzept zur Integration der verschiedensten Sicherheitsaspekte dieses Unternehmens. Dabei sind Umweltschutz, Qualitätssicherung, Gewässerschutz, Katastrophenschutz etc. Untersysteme eines übergeordneten Sicherheitskonzeptes. Die einzelnen Untersysteme werden unter dem gemeinsamen Dach optimiert (Bild 6).

In den vielen Seminaren, Vorträgen etc. werden die Verfasser von den Instandhaltern immer wieder gefragt, wie man diese Probleme alle gleichzeitig in den Griff bekommen könne. Die Lösungen sind Integrierte Managementsysteme zur Sicherheit (Freisein von Risiken aller Art über einem Restrisiko/einem Grenzrisiko), die alle einzelnen Probleme als ein integrales System betrachten. Die Instandhaltung ist eingebunden in ein integriertes Organisationssystem im Unternehmen, die Sicherheit der Instandhaltung muß daher ebenfalls eingebunden sein in ein integriertes Sicherheitskonzept.

Eine Inselsicherheit "Instandhaltung" schützt das Unternehmen, sein Organ und die Mitarbeiter des Unternehmens nicht. Daher gilt es, Insellösungen zu verhindern. Dadurch ist auch gewährleistet, daß gegebenenfalls das Organ des Unternehmens sich vom Vorwurf des Organisationsverschuldens exkulpieren kann (Kapitel 6.1 und 6.2).

Die Instandhaltung ist also eingebunden in eine Gesamtbetriebsorganisation mit der Folge, daß man die Instandhaltung nicht allein, sondern nur als integralen Bestandteil des gesamten Betriebsgeschehen sehen kann.

Dies führt später zur Integration des Instandhaltungsmanagements in ein Integriertes Managementsystem, das zur Zeit in immer mehr Unternehmen eingeführt wird (Bild 7). Instandhaltung ist kein stand-alone-System, sondern verknüpft mit allen anderen Unternehmensfunktionen.

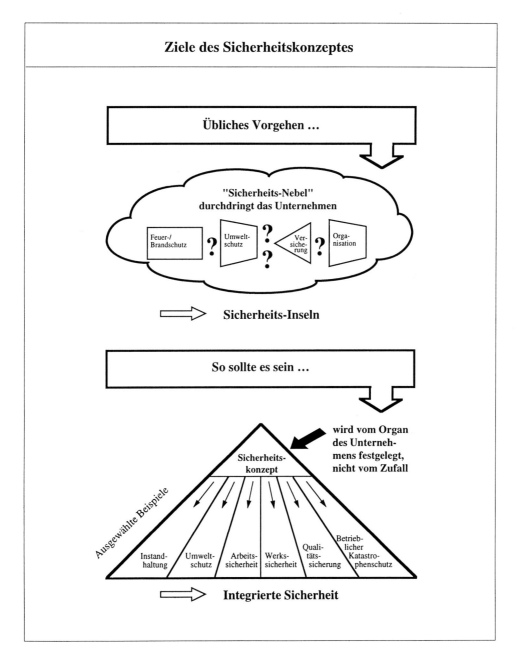

Ziele des Sicherheitskonzeptes

Übliches Vorgehen ...

"Sicherheits-Nebel"
durchdringt das Unternehmen

Feuer-/
Brandschutz

? Umwelt-
schutz

?
?

Ver-
siche-
rung

? Orga-
nisation

⟹ **Sicherheits-Inseln**

So sollte es sein ...

Sicherheits-
konzept

**wird vom Organ
des Unterneh-
mens festgelegt,
nicht vom Zufall**

Ausgewählte Beispiele

Instand-
haltung

Umwelt-
schutz

Arbeits-
sicherheit

Werks-
sicherheit

Quali-
täts-
sicherung

Betrieb-
licher
Katastro-
phenschutz

⟹ **Integrierte Sicherheit**

Bild 6

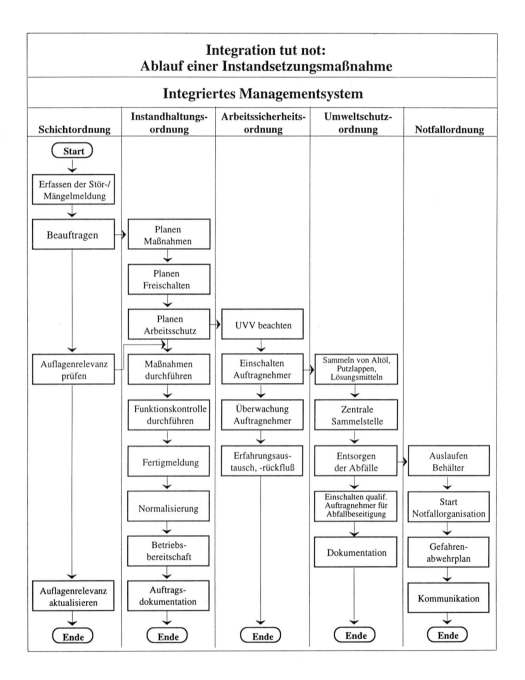

Integration tut not:
Ablauf einer Instandsetzungsmaßnahme

Integriertes Managementsystem

Schichtordnung	Instandhaltungs-ordnung	Arbeitssicherheits-ordnung	Umweltschutz-ordnung	Notfallordnung
Start				
Erfassen der Stör-/ Mängelmeldung				
Beauftragen	Planen Maßnahmen			
	Planen Freischalten			
	Planen Arbeitsschutz	UVV beachten		
Auflagenrelevanz prüfen	Maßnahmen durchführen	Einschalten Auftragnehmer	Sammeln von Altöl, Putzlappen, Lösungsmitteln	
	Funktionskontrolle durchführen	Überwachung Auftragnehmer	Zentrale Sammelstelle	
	Fertigmeldung	Erfahrungsaus-tausch, -rückfluß	Entsorgen der Abfälle	Auslaufen Behälter
	Normalisierung		Einschalten qualif. Auftragnehmer für Abfallbeseitigung	Start Notfallorganisation
	Betriebs-bereitschaft		Dokumentation	Gefahren-abwehrplan
Auflagenrelevanz aktualisieren	Auftrags-dokumentation			Kommunikation
Ende	Ende	Ende	Ende	Ende

Bild 7

2. Rechtsnatur der Instandhaltungsverträge

Nachdem geklärt wurde, was in einem Instandhaltungsvertrag für fremd zu vergebende Instandhaltungsleistungen als zu vereinbarender Vertragsgegenstand geregelt sein muß, muß geprüft werden, wie ein Vertrag über den definierten Vertragsgegenstand zustande kommt. Der Instandhaltungsvertrag ist ein völlig normaler Vertrag, so daß zunächst ein Überblick über das allgemeine Vertragsrecht gegeben werden muß.

2.1 Zustandekommen von Verträgen

Vereinbarungen über die Erbringung von Wartungs-, Inspektions- und Instandsetzungsmaßnahmen stellen gegenseitige Verträge dar, durch die sich der eine Vertragspartner zur Erbringung einer Leistung (Wartung, Inspektion oder Instandsetzung) verpflichtet und der andere Teil die Vergütung der geschuldeten Leistung verspricht.

Von den gegenseitigen Verträgen (es müssen mehrere Vertragspartner einen Leistungsaustausch vereinbaren: Ware gegen Geld, Instandhaltung gegen Geld) zu unterscheiden sind einseitige und sogenannte unvollkommen zweiseitige Verträge, bei denen sich entweder nur der eine Vertragsteil zu einer Leistung verpflichtet (typischer Fall des einseitigen Vertrages ist der Schenkungsvertrag) oder die beidseitigen Leistungsverpflichtungen nicht im Gegenseitigkeitsverhältnis stehen. Als Beispiel sei hier auf den Leihvertrag verwiesen, bei dem sich Überlassungspflicht des Verleihers und Rückgabeverpflichtung des Entleihers nicht gleichwertig gegenüberstehen.

Während das Zustandekommen eines Vertrages im Regelfall zwei übereinstimmende Willenserklärungen voraussetzt, gibt es Rechtsgeschäfte, bei denen der Eintritt der beabsichtigten Rechtsfolge allein von der Erklärung einer Person abhängt. So tritt beispielsweise die Rechtsfolge einer Kündigung, das heißt die Auflösung des Vertragsverhältnisses, unabhängig davon ein, ob der andere Vertragsteil eine entsprechende Zustimmungserklärung abgegeben hat.

Es ist darauf hinzuweisen, daß alle diese Rechtsgeschäfte die Abgabe von Willenserklärungen voraussetzen, die dem anderen Vertragsteil zugehen müssen (empfangsbedürftige Willenserklärungen). Davon zu unterscheiden sind einseitige Rechtsgeschäfte, bei denen die beabsichtigte Rechtsfolge schon mit der bloßen Abgabe der Willenserklärung eintritt: Im Falle der Auslobung (§ 657 BGB) ist derjenige, der die Belohnung ausgesetzt hat, zur Leistungserbringung verpflichtet, wenn die gewünschte Handlung erbracht wird. Darauf, ob der Handelnde von der Auslobung Kenntnis hatte, kommt es nicht an.

Demgegenüber setzt das Zustandekommen von Verträgen zwei mit Bezug aufeinander abgegebene Willenserklärungen voraus - hier heißen sie "Angebot" und "Annahme" - die dem jeweils anderen Vertragsteil zugehen müssen. Zentraler Bestandteil von Verträgen sind demnach die Willenserklärungen als Äußerung eines auf Herbeiführung einer Rechtswirkung gerichteten Willens. Sie bringen einen Rechtsfolgewillen zum Ausdruck, das heißt einen Willen, der auf Begründung, Änderung etc. eines Rechtsverhältnisses abzielt.

Wirksam ist die Willenserklärung jedoch nur dann, wenn ihr ein Rechtsbindungswille zugrunde liegt. Die rechtliche Bindung ist beispielsweise nicht gewollt, wenn es sich um reine "Gefälligkeitserklärungen" handelt. (Ehre, Freundschaft, Anstand begründen zumeist keine schuldrechtlichen Leistungspflichten, zum Beispiel: "Besorge mir bitte eine Eintrittskarte; Bring mir eine Flasche Bier mit; Kannst Du den Gartenzaun reparieren?") Dies bedeutet jedoch nicht, daß sich der Erklärende allein deshalb seiner Leistungserbringung entziehen kann, weil er angibt, es handele sich um eine bloße Gefälligkeit. Ausschlaggebend für die Annahme eines Rechtsbindungswillens ist nämlich nicht, was der Erklärende tatsächlich gewollt hat, sondern wie der Empfänger der Erklärung diese verstehen mußte (Auslegung vom Empfängerhorizont). Für die Rechtswirksamkeit der Erklärung reicht es demnach aus, daß der Erklärende hätte erkennen können, daß seine Äußerung den Rückschluß des Vertragspartners auf einen Rechtsbindungswillen zuläßt.

Weitere notwendige Voraussetzung einer wirksamen Willenserklärung ist das Vorhandensein eines bestimmten Geschäftswillens. So muß die Erklärung die wesentlichen Vertragsbestandteile enthalten. Will demnach eine Vertragspartei ein Angebot zum Abschluß eines Instandhaltungsvertrages abgeben, so muß die Erklärung zumindest eine Aussage zum Gegenstand der zu erbringenden Leistung (Instandhaltung) sowie zur Gegenleistung (Höhe der Vergütung) enthalten. Diese Voraussetzung ergibt sich schon aus der Definition eines Angebotes als eine Willenserklärung, durch die der Vertragsabschluß einem anderen in der Form angetragen wird, daß der Vertrag allein durch die bloße Zustimmung des anderen Teiles zustandekommen kann.

Die Willenserklärung, mittels derer dem Vertragspartner der Vertragsschluß angetragen wird (Angebot), ist gemäß § 145 BGB bindend, wenn die Gebundenheit nicht ausdrücklich ausgeschlossen wurde. Die Bindungswirkung erlischt mit Ablehnung durch den Empfänger oder durch rechtzeitige (das heißt: Widerruf vor Zugang des Angebotes beim Vertragspartner, § 130 Abs. 1 BGB) Zurücknahme des Angebots. Gemäß § 147 Abs. 2 BGB kann das einem Abwesenden gemachte Angebot nur bis zu dem Zeitpunkt angenommen werden, in dem der Antragende den Eingang der Antwort unter regelmäßigen Umständen erwarten darf. Dieser Zeitraum bestimmt sich nach einer angemessenen Überlegungsfrist und der üblichen Laufzeit der Antwort. Außergewöhnliche Erschwernisse verlängern die Frist nur dann, wenn der Antragende mit ihnen rechnen mußte.

Mit einer dem Angebot gleichlautenden Willenserklärung nimmt der Vertragspartner das Angebot an (Bild 8). Weicht die Annahme jedoch inhaltlich vom Angebot ab, liegt keine Einigung vor, und ein wirksamer Vertrag ist nicht zustandegekommen. Allerdings gilt diese "geänderte"

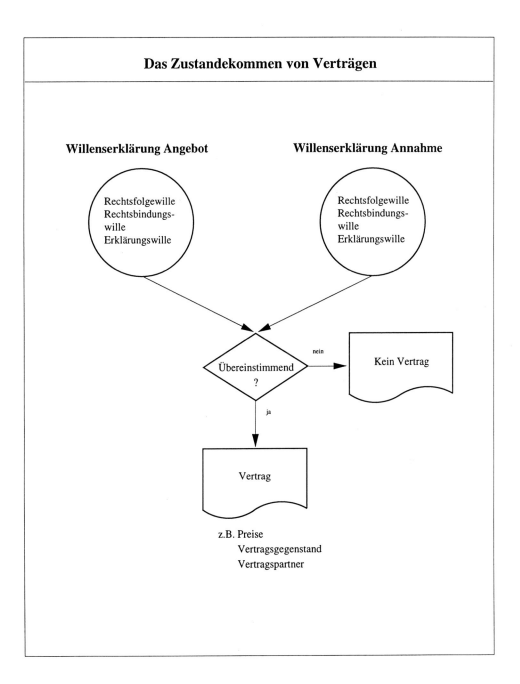

Das Zustandekommen von Verträgen

Willenserklärung Angebot

Rechtsfolgewille
Rechtsbindungs-
wille
Erklärungswille

Willenserklärung Annahme

Rechtsfolgewille
Rechtsbindungs-
wille
Erklärungswille

Übereinstimmend
?

nein

Kein Vertrag

ja

Vertrag

z.B. Preise
Vertragsgegenstand
Vertragspartner

Bild 8

Annahme, wie auch die verspätete Annahme, als ein neues Angebot. Erklärt sich der andere Vertragspartner mit diesem neuen Angebot einverstanden, kommt nunmehr ein Vertrag zustande.

Wirksam werden die empfangsbedürftigen Willenserklärungen jeweils im Zeitpunkt ihres Zuganges. Sowohl das Angebot als auch die Annahme müssen daher in den Verfügungsbereich des jeweiligen Antragsgegners gelangen.

Ausnahmsweise bedarf es einer ausdrücklichen Annahme dann nicht, wenn eine solche Erklärung nach der Verkehrssitte nicht zu erwarten ist oder der Antragende auf sie verzichtet hat (§ 151 BGB).

Mit Zugang der Annahmeerklärung ist ein wirksamer Vertrag zustande gekommen, gegenseitige Rechte und Pflichten sind zwischen den Parteien verbindlich vereinbart.

Stellt sich nunmehr heraus, daß sich eine der Vertragsparteien über den Inhalt ihrer Erklärung geirrt hat (Auseinanderfallen von Wille und Erklärung), besteht die Möglichkeit, durch Anfechtung die Wirkung der Willenserklärung rückwirkend wieder zu beseitigen (§§ 119, 142 BGB). Die gleiche Möglichkeit besteht im Falle einer arglistigen Täuschung durch den Vertragspartner (§ 123 BGB) oder bei falscher Übermittlung der Willenserklärung durch eine zur Übermittlung eingesetzte Person.

Folge einer solchen Anfechtung sind in der Regel Schadensersatzansprüche des Anfechtungsgegners gegen den Anfechtenden (§ 122 BGB, negatives Interesse).

Das "negative Interesse" begrenzt den Umfang der Schadensersatzpflicht auf den sogenannten Vertrauensschaden, das heißt diejenigen Nachteile, die durch Vertrauen auf die Gültigkeit des Rechtsgeschäftes veranlaßt wurden (aufgewandte Kosten, Unterlassen eines anderweitigen Geschäftsabschlusses).

Verträge können, abgesehen von gesetzlich vorgegebenen Ausnahmen, wie zum Beispiel beim Grundstückskauf (nur durch notarielle Beurkundung), grundsätzlich formfrei, das heißt mündlich oder schriftlich, geschlossen werden. Der zulässigerweise formfrei geschlossene Vertrag hat demzufolge die gleiche Rechtsverbindlichkeit wie ein schriftlicher oder sogar notariell beurkundeter Vertrag gleichen Inhalts.

Gegen den Abschluß mündlicher Verträge, die im Bereich des täglichen Lebens durchaus ihre Funktion erfüllen, spricht jedoch, daß im Falle von Meinungsverschiedenheiten oftmals der Beweis, welche Regelungen im Einzelfall zwischen den Vertragsparteien mündlich vereinbart worden sind, nicht geführt werden kann. Die wesentliche Funktion des schriftlichen Vertrages ist daher die leichtere Beweisbarkeit im Falle späterer, zum Beispiel gerichtlicher Auseinandersetzungen zwischen den Vertragsparteien. Daher sollten Instandhaltungsverträge grundsätzlich schriftlich vereinbart werden.

Es besteht auch die Möglichkeit, die erforderlichen Willenserklärungen eines Vertrages durch tatsächliches Verhalten, aus dem sich konkludent ein Erklärungsinhalt ergibt, abzugeben.

Ein solcher Sachverhalt kann zum Beispiel vorliegen, wenn ein Angebot zwar nicht ausdrücklich angenommen wird, aber statt dessen die verlangte Leistung tatsächlich erbracht und entgegengenommen wird. In einem solchen Vollzug der Leistung liegt in der Regel die konkludente Annahme eines Angebotes, zum Beispiel: wortloses Einkaufen, Besteigen der Straßenbahn ohne Kommentar.

An dieser Stelle ist klarstellend darauf hinzuweisen, daß das Zurschaustellen von Ware oder Werbeanzeigen eines Kaufmanns nicht die Qualität eines Angebotes im Rechtssinne hat. Wäre dies nämlich der Fall, dann könnte der Kunde durch seine Annahmeerklärung einen Vertragsabschluß herbeiführen, mit der Folge, daß der Verkäufer zur Erfüllung verpflichtet ist (gleichgültig, ob das ausgestellte Stück noch vorrätig ist). Vor diesem Hintergrund ist verständlich, daß derartige Sachverhalte allgemein als eine Aufforderung des Kaufmanns an den potentiellen Käufer angesehen werden, selber - als Käufer - ein Angebot abzugeben. Der Vertrag kommt hier also erst durch die Annahmeerklärung des Verkäufers zustande. Insofern ist die Straßenbahn (Angebot zum Mitfahren) anders zu bewerten als zum Beispiel das Schaufenster (Einladung zur Abgabe der Angebote). Konsequenz: Der Kaufmann kann dem Kunden den Vertragsabschluß verneinen: "Den Anzug verkaufe ich Ihnen nicht!" Anders die Straßenbahn: Selbst ein Schild "Wir befördern Sie nicht!" würde dem konkludent geäußerten Angebot auf Transportbereitschaft nicht entgegenstehen. Der Fahrgast tritt in die geöffnete Tür, der Vertrag ist geschlossen. Dies auch dann, wenn der Fahrgast ein Schild hochhält: "Ich schließe keinen Vertrag mit der Verkehrsgesellschaft!"

Dem schlichten Schweigen auf ein Angebot kommt demgegenüber grundsätzlich kein Erklärungswert im Sinne einer Willenserklärung zu. Das "Schweigen" bedeutet juristisch weder Annahme noch Ablehnung und ist demzufolge, von wenigen Ausnahmen abgesehen, bedeutungslos.

Eine Besonderheit in diesem Zusammenhang stellt das sogenannte "kaufmännische Bestätigungsschreiben" dar.

Im Verkehr unter Kaufleuten ist es oftmals üblich, mündliche Vertragsverhandlungen zu führen. Die so erzielte formlose Einigung wird dann zumeist von einem Vertragsteil dem anderen Teil schriftlich bestätigt. Das bedeutet nicht, daß erst durch das Bestätigungsschreiben ein Vertrag zustande kommen soll; der Bestätigende muß vielmehr - begründet - davon ausgehen, daß eine Einigung bei den Vertragsverhandlungen und damit ein Vertrag schon vorher geschlossen worden ist.

Die eigentliche Wirkung des "kaufmännischen Bestätigungsschreibens" liegt also darin, daß die widerspruchslose Hinnahme eines solchen Schreibens dazu führt, daß der Vertragspartner den Inhalt des Schreibens gegen sich gelten lassen muß. Das unwidersprochene Bestätigungsschreiben hat in einem etwaigen Gerichtsverfahren die Vermutung der Vollständigkeit und Richtigkeit für sich. Der Beweis, daß die Parteien sich über andere oder zusätzliche Punkte einig waren, kann in der Praxis in der Regel nicht erbracht werden, so daß der Bestätigende grundsätzlich in der günstigeren Beweissituation ist. Ist entgegen der berechtigten Annahme des Bestätigenden ein Vertragsabschluß bei den Vertragsverhandlungen noch nicht zustande gekommen, hat das Schweigen auf das kaufmännische Bestätigungsschreiben zudem sogar die Bedeutung der Annahme eines Angebotes, welches in dem Fall im Bestätigungsschreiben zu sehen ist. Es kann somit auch der Fall vorliegen, daß im Vertrag erst durch ein Bestätigungsschreiben beziehungsweise das Schweigen hierauf zustandekommt.

Die Voraussetzungen des kaufmännischen Bestätigungsschreibens sind:

- Die Vertragsparteien müssen grundsätzlich als Kaufmann am Rechtsverkehr teilnehmen.

- Es müssen Vertragsverhandlungen stattgefunden haben.

- Zeitlicher Zusammenhang des Schreibens mit Vertragsverhandlungen (ca. fünf Tage unbedenklich).

- Das Schreiben muß aus der Sicht des Empfängers einen (tatsächlichen oder vermeintlich) geschlossenen Vertrag bestätigen. Ohne Wirkung ist das Bestätigungsschreiben, wenn es inhaltlich so weit von den Vertragsverhandlungen abweicht, daß mit einer Billigung vernünftigerweise nicht gerechnet werden kann. Die Beweislast für eine derartige Abweichung liegt grundsätzlich beim Empfänger des Schreibens.

- Redlichkeit des Absenders, das heißt, der Absender muß davon ausgehen können, daß das Schreiben den Inhalt der Vertragsverhandlungen korrekt wiedergibt beziehungsweise nur solche Änderungen enthält, die der Empfänger billigt (in der Regel zulässig: Ergänzungen zu Nebenpunkten).

- Kein Widerspruch.

Mit der Einigung ist der Vertrag grundsätzlich wirksam. Es besteht jedoch die Möglichkeit, durch Bedingungen das Wirksamwerden des Vertrages von Umständen abhängig zu machen, die zum Zeitpunkt des Vertragsschlusses nicht als sicher vorhergesehen werden können, zum

Beispiel das Vorliegen einer Bankbürgschaft. Die Abhängigkeit der Wirksamkeit des Vertrages von einem zukünftigen ungewissen Ereignis läßt den Vertrag bis zum Eintritt der Bedingung in einem Schwebezustand. Wirkung entfaltet der Vertrag bei dieser aufschiebenden Bedingung erst dann, wenn die Bedingung erfüllt ist (§ 158 Abs. 1 BGB). Davon zu unterscheiden sind Verträge, die unter einer auflösenden Bedingung geschlossen wurden. Hier entfaltet der Vertrag zwar sofortige Wirkung, doch endet diese mit Eintritt der Bedingung, § 158 Abs. 2 BGB (Nichterbringung der 1. Teilzahlung bis zum Monatsende).

Gleiches gilt für Befristungen, das heißt Zeitbestimmungen, die in Verträge aufgenommen werden können ("Werden wir nur bis Ende des Jahres bereit sein, Ihren Auftrag entgegenzunehmen!").

Sie können zum einen das Wirksamwerden des Vertrages auf einen nach Vertragsschluß liegenden Zeitpunkt hinausschieben, zum anderen die Beendigung des Vertrages durch eine bestimmte Frist festlegen (§ 163 BGB).

Oftmals werden Verträge nicht durch die Vertragsparteien selbst, sondern durch die Einschaltung Dritter geschlossen.

Eine solche Vertretung der Vertragsparteien ist grundsätzlich zulässig. Sie führt zu einer wirksamen Verpflichtung des Vertretenen, wenn der Vertreter in fremdem Namen eine eigene Willenserklärung abgibt und hierbei mit Vertretungsmacht handelt.

Die Vertretungsmacht ist also die zentrale Voraussetzung einer wirksamen Stellvertretung. Sie kann zum einen auf einer rechtsgeschäftlich erteilten Vollmacht (Verkäufer, Prokurist) beruhen, zum anderen kann es sich um eine gesetzliche Vertretungsmacht handeln (Eltern, Organe einer juristischen Person).

Liegen die Voraussetzungen einer wirksamen Stellvertretung vor, handelt der Vertreter also insbesondere innerhalb der ihm erteilten beziehungsweise zustehenden Vertretungsmacht, so treffen die Rechtsfolgen der von ihm abgegebenen Willenserklärung allein den Vertretenen. So ist nicht etwa der Prokurist eines Unternehmens persönlich dazu verpflichtet, die versprochene Leistung (Instandhaltung oder Vergütung) zu erbringen. Allerdings bindet er sich selbst vertraglich, wenn er erkennbar in besonderem Maße persönliches Vertrauen in Anspruch nimmt oder ein erhebliches unmittelbares Eigeninteresse am Vertragsschluß hat. (Das Provisionsinteresse des Vertreters ist allerdings insoweit nicht ausreichend.)

Handelt der Vertreter demgegenüber ohne Vertretungsmacht, ist der Vertrag schwebend unwirksam, das heißt der Vertretene hat zunächst die Möglichkeit, den Vertrag zu genehmigen und sich somit wirksam zur Leistungserbringung zu verpflichten. Verweigert er jedoch die Genehmigung, ist der Vertrag nichtig, entfaltet also für ihn keine Wirkung. Der Vertragsgegner kann in einem solchen Fall vom Vertreter ohne Vertretungsmacht nach seiner Wahl Erfüllung oder Schadensersatz verlangen. Ob der Vertreter hierbei auf das Erfüllungsinteresse (gesamter Schaden, der dem Vertragspartner dadurch entstanden ist, daß mit dem Vertretenen kein gültiger Vertrag zustande gekommen ist) oder den Vertrauensschaden zu ersetzen hat, bestimmt sich danach, ob er von der fehlenden Vertretungsmacht Kenntnis hatte oder nicht. Im letzteren Fall hat er lediglich den - meist geringeren - Vertrauensschaden zu ersetzen.

Der Vertragspartner kann allerdings keinen Schadensersatzanspruch gegenüber dem Vertreter geltend machen, wenn ihm der Mangel der Vertretungsmacht bei Abschluß des Vertrages bekannt war.

Von der fehlenden Vollmacht zu unterscheiden ist der Fall, daß der Vertreter zwar im Rahmen einer erteilten Vollmacht im Außenverhältnis zu einem Dritten tätig wird und dabei für den Vertretenen ein Rechtsgeschäft abschließt, er jedoch im Innenverhältnis zum Vertretenen hierzu nicht befugt war, da das Geschäft über den Umfang der erteilten Vollmacht hinausging.

Vereinbaren nun zum Beispiel Inhaber eines Handelsgeschäftes (Vertretener) und sein von ihm bestellter Prokurist (Vertreter), daß dieser nur An- und Verkäufe bis zu einer bestimmten Höhe vornehmen darf, so hat diese Vereinbarung lediglich Wirkung im Innenverhältnis zwischen diesen beiden Personen, weil eine Vollmachtsbeschränkung Dritten gegenüber unwirksam ist (§ 50 HGB). Überschreitet also der Prokurist den vereinbarten Umfang der erteilten Geschäftsführungsbefugnis, so macht er sich zwar gegenüber dem Inhaber schadensersatzpflichtig, doch ist im Außenverhältnis der mit dem Vertragspartner geschlossene Vertrag wirksam und bindet den Inhaber, wenn nicht der Vertragspartner den Mißbrauch der Vertretungsmacht kannte oder kennen mußte. Der Prokurist handelte also im Außenverhältnis mit Vertretungsmacht, jedoch unter Überschreitung der sich aus den Innenverhältnis ergebenden Geschäftsführungsbefugnis.

Innen- und Außenverhältnis sind damit angesichts der unterschiedlichen Folgen bei Mängeln beziehungsweise Überschreitungen durch den Vertreter streng auseinanderzuhalten.

Vom Vertreter abzugrenzen ist dagegen der Bote, der keine eigene Willenserklärung äußert, sondern lediglich die des Beauftragenden überbringt und insofern keinen Handlungsspielraum hat. Die dargestellten Grundsätze zur Stellvertretung gelten daher hier nicht.

2.2   Mehrere Vertragspartner

Auf beiden Seiten des Vertrages können jeweils mehrere Beteiligte mitwirken. Praktische Bedeutung hat dies bei Instandhaltungsverträgen vor allem dann, wenn die Instandhaltung durch mehrere selbständige Firmen erbracht werden soll, zum Beispiel kann ein Hauptauftragnehmer ausgewählt werden (Bild 9), der sich mehrerer Unterauftragnehmer bedient.

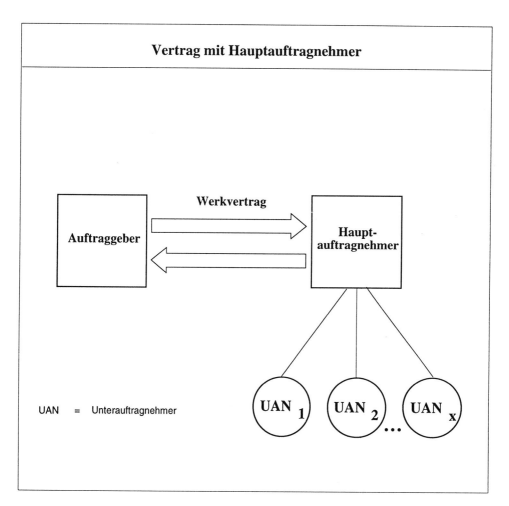

Bild 9

In dieser Konstellation verpflichtet sich der "Hauptauftragnehmer" gegenüber dem Auftraggeber allein, alle vertraglichen Verpflichtungen im Verhältnis zum Auftraggeber zu erfüllen. Beabsichtigt der Hauptauftragnehmer, bei der Vertragsabwicklung Unterauftragnehmer einzusetzen (dies kann sich auf Teile der versprochenen Leistung oder sogar auf die ganze Leistung beziehen), so hat der Hauptauftragnehmer seinerseits Verträge mit Unterauftragnehmern zu schließen. Diese Unterauftragnehmer sind zwar dem Hauptauftragnehmer vertraglich verpflichtet, vertragliche Beziehungen zum Auftraggeber bestehen jedoch nicht.

Im Verhältnis zu seinem Auftraggeber ist der Hauptauftragnehmer jedoch verpflichtet, für etwaige Fehlleistungen seiner Unterauftragnehmer gemäß § 278 BGB einzustehen. Er sollte daher seine Vertragspartner (die Unterauftragnehmer) sorgfältig auswählen, einsetzen und überwachen.

Die zu beobachtende Sorgfalt des Hauptauftragnehmers ist allerdings nicht nur im Hinblick auf mögliche (vertragliche) Schadensersatzansprüche des Auftraggebers von Bedeutung.

Gerade im Falle der Schädigung Dritter (zum Beispiel Körper- oder Eigentumsverletzung) durch die Unterauftragnehmer können deliktsrechtliche Schadensersatzansprüche der Geschädigten gegen den Hauptauftragnehmer nur abgewendet werden, wenn dieser gemäß § 831 BGB nachweisen kann, daß er die Unterauftragnehmer sorgfältig ausgewählt und überwacht hat.

Darüber hinaus kann die Beachtung von Sorgfaltspflichten maßgeblichen Einfluß darauf haben, ob ein Hauptauftragnehmer wegen eines bestimmten (letztlich von den Unterauftragnehmern tatsächlich begangenen) Deliktes strafrechtlich zur Verantwortung gezogen werden kann.

Vor allem im Abfallrecht gibt es hier schwerwiegende Entscheidungen. Als Beispiel sei hier auf die Falisan-Entscheidung des BGH von 1994 (NJW 1994, S. 1745 f.) hingewiesen. In dem dieser Entscheidung zugrundeliegenden Fall hatte ein Unternehmer sich gegenüber einer anderen Firma vertraglich verpflichtet, den von ihr produzierten Abfall (Falisan) ordnungsgemäß zu entsorgen beziehungsweise entsorgen zu lassen. Zur Erfüllung dieser Verpflichtung übergab der Unternehmer den Abfall an ein drittes Unternehmen. Ohne dieses näher zu kennen beziehungsweise zu überprüfen, vertraute der Unternehmer darauf, daß das eingeschaltete Drittunternehmen (Unterauftragnehmer) mit dem Abfall ordnungsgemäß verfahren werde. Als sich später herausstellte, daß der Abfall in unzulässiger Weise gelagert und behandelt wurde, erfolgte eine Anklage gegen den Unternehmer unter anderem wegen umweltgefährdender Abfallbeseitigung (§ 236 StGB).

Der BGH sah ein fahrlässiges und damit schuldhaftes Verhalten in dem Umstand, daß der Unternehmer (Hauptauftragnehmer) die von ihm eingeschaltete Firma (Unterauftragnehmer) nicht sorgfältig vor Vertragsabschluß ausgesucht und anschließend überwacht hat.

Da, wie aus Bild 9 ersichtlich, zwei voneinander völlig unabhängige Vertragssysteme vorliegen, folgt daraus weiter, daß der Hauptauftragnehmer gehalten ist, seine Verpflichtungen aus dem Verhältnis zum Auftraggeber auf seine Unterauftragnehmer zu übertragen, um in Haftungsfällen bei diesen Regreß nehmen zu können. Dies gilt insbesondere für die verbindliche Festlegung von Terminen sowie gegebenenfalls für andere Haftungsregelungen aus dem Vertrag zwischen dem Auftraggeber und Hauptauftragnehmer.

Verträge können jedoch auch unmittelbar mit mehreren Firmen geschlossen werden, die sich zur Erreichung eines gemeinsamen Zwecks zusammengeschlossen haben (Konsortium). Treten im Verhältnis zum Auftraggeber alle als Konsorten auf, so ist jeder der Konsorten dem Auftraggeber vertraglich verpflichtet. Alle Firmen des Konsortiums sind nach Wahl des Auftraggebers verpflichtet, den Vertrag vollständig zu erfüllen, auch hinsichtlich der Leistungen, die im Innenverhältnis des Konsortiums von einem anderen Konsorten erbracht werden müssen. Das Innenverhältnis (Verhältnis der Konsorten zueinander) und das Außenverhältnis (vertragliche Beziehung des Konsortiums zum Auftraggeber) sind streng voneinander zu trennen. Es besteht im Außenverhältnis daher eine gesamtschuldnerische Haftung jedes Konsorten zum Auftraggeber (Bild 10).

Im Innenverhältnis kann jeder Konsorte jedoch Ausgleichsansprüche gegen seine Mit-Konsorten geltend machen (§ 426 BGB).

Ähnlich der vertraglichen Gestaltung mit einem Hauptauftragnehmer besteht die Möglichkeit, daß im Verhältnis zum Auftraggeber nur ein Unternehmen vertraglich verpflichtet wird, im Innenverhältnis jedoch die Vertragsabwicklung auf mehrere Konsorten verteilt wird (Bild 11).

Im Außenverhältnis schließt der Hauptauftragnehmer mit dem Auftraggeber einen Vertrag im eigenen Namen, im Innenverhältnis jedoch für die Rechnung des Konsortiums. Vertragliche Beziehungen vom Auftraggeber bestehen damit nur zum Hauptauftragnehmer. In dem zwischen den Konsorten geschlossenen Konsortialvertrag ist geregelt, wer im Innenverhältnis welche Pflichten zu erfüllen hat.

Ihrer rechtlichen Natur nach bilden solche Konsortien in der Regel eine Gesellschaft bürgerlichen Rechts. Da diese Gesellschaft nicht rechtlich verselbständigt ist und im Rechtsverkehr nicht als solche handeln kann, können sich nur alle Gesellschafter gemeinschaftlich oder durch Bevollmächtigung eines Konsortialführers vertraglich verpflichten. Die Bildung eines Konsortiums setzt daher eine Vielzahl unterschiedlichster Regelungen und Verträge zwischen den Konsorten voraus.

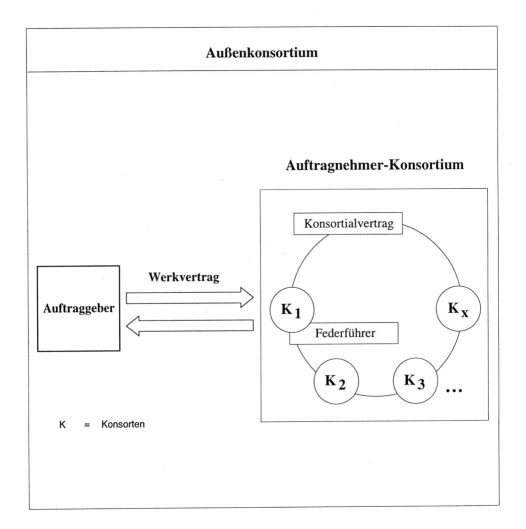

Bild 10

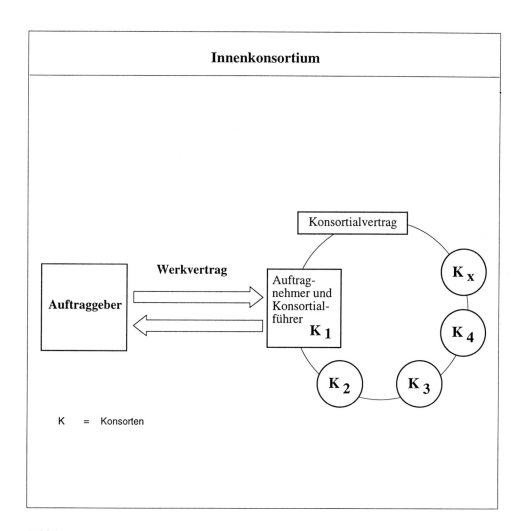

Bild 11

2.3 Allgemeine Rechtsgrundlagen der Dienst- und Werkverträge

Nachdem der Vertragsgegenstand definiert und der Vertragsinhalt ausgehandelt wurde, ist nun ein "Vertrag" zustande gekommen. Aber welcher? Bereits in Kapitel 1 wurde dargestellt, daß es keinen allgemeinen "Instandhaltungsvertrag" gibt. Wartung, Inspektion und Instandsetzung führen vielmehr zu unterschiedlichen Verträgen des BGB mit jeweils unterschiedlichen Konsequenzen.

Wesentlich für die Beurteilung eines Instandhaltungsvertrages ist die vorgelagerte Unterscheidung zwischen Dienst- und Werkverträgen. Diese Unterschiede sind nur auf den ersten Blick unwichtig. Denn nach der Art des Vertrages richten sich insbesondere die Ansprüche wegen mangelhafter Erfüllung des Vertrages: Beim Werkvertrag steht zur Regelung von fehlgeschlagenen Vertragsabwicklungen ein ganzes Bündel von zum Teil auch verschuldensunabhängigen Ansprüchen zur Verfügung, während bei Dienstverträgen das Gesetz keine eigenen Gewährleistungsansprüche vorsieht. Dem Geschädigten verbleibt hier allein ein verschuldensabhängiger Schadensersatzanspruch gemäß dem Rechtsinstitut der positiven Vertragsverletzung.

Vor allem kommt es nicht auf die Bezeichnung, sondern auf den Inhalt des geschlossenen Vertrages an. Der Richter bewertet also, welche Vertragsart vorliegt. Trotz Bezeichnung als Werkvertrag kann er den Vertrag zum Beispiel als Dienstvertrag oder aber auch als Arbeitnehmerüberlassungsvertrag mit den jeweils unterschiedlichsten Rechtsfolgen einstufen.

Zur ersten Unterscheidung, sowohl beim Dienst- als auch beim Werkvertrag, liegen Tätigkeiten vor, aber mit dem Unterschied:

- beim Dienstvertrag schuldet der Auftragnehmer die Tätigkeit als solche, also zum Beispiel das Abarbeiten von Stunden (20 Stunden Stäube entfernen)

- beim Werkvertrag schuldet der Auftragnehmer einen Erfolg (Motor läuft wieder)

2.3.1 Dienstvertrag § 611 BGB

Gegenstand des Dienstvertrages können Dienste jeder Art sein, § 611 Abs. 2 BGB. Gleichgültig ist es, ob der Dienstverpflichtete selbständig oder unselbständig tätig wird oder ob die Dienste höherer oder niedriger Art sind. Da aber Werk- wie Dienstvertrag auf eine Tätigkeit gerichtet ist, ergeben sich hier Abgrenzungsschwierigkeiten:

Grundsatz ist: Wird ein Erfolg einer Tätigkeit geschuldet, liegt ein Werkvertrag vor. Wird nur das Tätigwerden an sich geschuldet, liegt ein Dienstvertrag vor. Man kann daher vereinfachend sagen, der Dienstvertrag ist zeitbestimmt, der Werkvertrag erfolgsbestimmt. Entscheidend ist damit immer die Auslegung des Inhaltes der konkreten Leistungspflicht.

- Für die Abgrenzung hilfreich wird oft das Kriterium der Form der Entgeltzahlung sein. Gewöhnlich (aber nicht unbedingt zwingend) wird der Dienstverpflichtete entsprechend der Zeitdauer seiner Tätigkeit entlohnt; im Rahmen des Werkvertrages wird dagegen nur der herbeigeführte Erfolg bezahlt.

Einzelfälle zur Abgrenzung:

- Arzt: Dienstvertrag, weil der Arzt nur die sachgemäße Behandlung, nicht die Heilung verspricht.

- Architekt: Nach der früher herrschenden Meinung war der Architektenvertrag immer als Dienstvertrag einzustufen, weil das Schwergewicht der geschuldeten Leistung in dem Tätigwerden bei der Bauleitung und der örtlichen Aufsicht gesehen wurde.

Die heute herrschende Meinung nimmt dagegen der Werkvertrag an, weil das im Bauplan verkörperte geistige Werk - also der Erfolg der Leistung - das Wesentliche ist. Der Fall, daß der Architekt mit dem Bauplan nicht befaßt ist, sondern nur mit der Bauleitung, wird demgegenüber auch heute nicht einheitlich beurteilt. Der BGH hat allerdings entschieden, daß in diesem Fall ebenso Werkvertrag anzunehmen ist, weil auch der bauleitende Architekt einen Beitrag zur Verwirklichung des Bauwerkes zu erbringen hat und sich die Leistung letztlich im Werk niederschlägt. Das vom mit der Bauleitung beauftragten Architekten geschuldete Werk ist die Plangerechtigkeit und Mangelfreiheit des (Bau-)Werkes.

- Rechtsanwalt, Steuerberater: Steuerberatungs- und Anwaltsvertrag sind nach herrschender Meinung in aller Regel als Dienst- und nur in Ausnahmefällen als Werkvertrag anzusehen. Geschuldet wird in der Regel nur sachkundige Beratung. Ein Werkvertrag liegt vor, wenn zum Beispiel ein bestimmtes Gutachten erstellt werden soll.

- Bei unselbständigen Diensten treten Abgrenzungsschwierigkeiten zum Werkvertrag nicht auf. Man spricht hier von einem Arbeitsvertrag (Arbeitsverhältnis). Für den Arbeitsvertrag ist kennzeichnend, daß der Arbeitnehmer hinsichtlich der Art der Ausführung und, innerhalb gewisser Grenzen, auch der Art der von ihm zu verrichtenden Tätigkeit dem Weisungsrecht (Direktionsrecht) des Arbeitgebers unterliegt. Das BGB enthält wenige Vorschriften, die allein für unselbständige Dienste gelten (zum Beispiel §§ 617, 618 Abs. 2 BGB). Im übrigen befindet sich das Arbeitsrecht in zahlreichen Einzelgesetzen (Tarifvertrags-Gesetz, Betriebs-Verfassungs-Gesetz, Bundesurlaubs-Gesetz, Kündigungsschutz-Gesetz und so weiter).

- Der Dienstverschaffungsvertrag ist kein Dienstvertrag, sondern ein Vertrag eigener Art, §§ 305, 241 BGB. Durch ihn verpflichtet sich der Schuldner, dem Gläubiger die Dienste eines Dritten zur Verfügung zu stellen. Er haftet zwar für jedes Verschulden bei der Auswahl des Dritten, hat jedoch nicht dafür einzustehen, daß der Dritte ordnungsgemäß arbeitet. Denn der Dritte ist nicht sein Erfüllungsgehilfe, da er selbst keine Dienste schuldet.

Häufig sind Kombinationen von Miete und Dienstverschaffungsvertrag (zum Beispiel "Miete eines Wagens nebst Fahrer").

- Ein Auftrag liegt vor, wenn der Beauftragte sich gegenüber dem Vertragspartner (Auftraggeber) verpflichtet, ein ihm von diesem übertragenes Geschäft unentgeltlich zu besorgen (§ 662 BGB). Der Auftrag im Sinne des BGB hat demnach eine andere Bedeutung als ein Auftrag im Wirtschaftsleben.

Die Unentgeltlichkeit der zu erbringenden Leistung kann als wesentliches Abgrenzungskriterium des Auftrages zum reinen Dienst- oder Werkvertrag angesehen werden.

Ein Auftrag liegt allerdings nur dann vor, wenn die Unentgeltlichkeit ausdrücklich vereinbart wird. Der Grund dafür ist in der für den Dienstvertrag (§ 612 BGB) beziehungsweise auch für den Werkvertrag (§ 632 BGB) geltende Regelung zu sehen, daß eine Vergütung grundsätzlich als vereinbart gilt, wenn die Leistung den Umständen nach nur gegen eine Vergütung zu erwarten ist. Hierbei handelt es sich nicht um eine "Im-Zweifel-Regelung", sondern um eine gesetzliche Fiktion. Ist also die Unentgeltlichkeit nicht ausdrücklich vereinbart beziehungsweise kann der Auftraggeber eine entsprechende Vereinbarung nicht beweisen, so hat der Auftragnehmer lediglich darzulegen und gegebenenfalls zu beweisen, daß die erbrachte Leistung typischerweise nur gegen Entgelt erbracht wird. Es besteht also infolge der gesetzlichen Fiktion eine wesentliche Beweiserleichterung beziehungsweise Beweislastumkehr zugunsten des Leistenden, weil dieser nicht nachzuweisen hat, daß eine Vereinbarung über die Entgeltlichkeit getroffen worden ist. Gelangt das Gericht (auf der Grundlage der Darlegungen des Leistenden) zu der Ansicht, daß es sich um eine Leistung handelt, die typischerweise nur gegen Entgelt erbracht wird, so wird ein Dienst- beziehungsweise Werkvertrag anstelle eines Auftrages angenommen. Der Auftraggeber ist zur Vergütung verpflichtet, wenn er nicht eine ausdrückliche Absprache über die Unentgeltlichkeit nachweisen kann. Eine Anfechtung nach § 119 BGB wegen Inhaltsirrtum über die Entgeltlichkeit ist nicht möglich, weil das Gesetz in § 612 Abs. 1 BGB eine stillschweigende Vereinbarung über die Entgeltlichkeit auch ohne eine entsprechende Erklärung fingiert.

- Geschäftsbesorgungsvertrag: Er ist ein gegenseitiger, entgeltlicher Dienst- oder Werkvertrag, der, weil in seinem Rahmen wie beim Auftrag fremde Interessen wahrgenommen werden sollen, weitgehend unter Auftragsrecht gestellt ist.

2.3.2 Werkvertrag § 631 BGB

Beim Werkvertrag (§§ 631 ff. BGB) bestehen gegenüber dem Kauf- und Dienstvertrag im wesentlichen folgende Besonderheiten:

- Der Besteller muß das vertragsmäßig hergestellte Werk abnehmen, § 640 BGB. Vertragsmäßig ist das Werk nur hergestellt, wenn es mangelfrei ist; ein mangelhaftes Werk braucht der Besteller also nicht abzunehmen. Anders als im Kaufrecht ist die Abnahmepflicht hier eine vertragliche Hauptpflicht. Verweigert der Besteller die Abnahme, so kann nach allgemeiner Ansicht der Unternehmer sofort auf Zahlung der Vergütung klagen, obwohl eine Fälligkeit an sich noch nicht eingetreten ist.

Anders als beim Kauf ist unter dem Begriff der Abnahme im Werkvertragsrecht nicht nur die körperliche Entgegennahme zu verstehen. Vielmehr setzt eine Abnahme im Sinne des § 640 BGB nach herrschender Meinung außerdem die Billigung des hergestellten Werkes als im wesentlichen vertragsgemäße Leistung voraus. Allerdings kann die Billigung auch konkludent und damit auch schon dadurch zum Ausdruck gebracht werden, daß der Besteller das Werk tatsächlich entgegennimmt. Bei nicht-körperlichen Werken ist allerdings insoweit eine Einschränkung zu machen, als hier auf eine Billigung des Werkes erst nach Ablauf einer Prüfungszeit geschlossen werden kann (Beispiel: Sachverständigengutachten).

An die Abnahme (beziehungsweise die Vollendung) knüpft das Gesetz eine Vielzahl von unterschiedlichen Rechtsfolgen. Neben dem Beginn der Verjährungsfrist (§ 638 BGB) und der Fälligkeit der Vergütung (§ 641 BGB) ist insbesondere die Vorschrift des § 640 Abs. 2 BGB von Bedeutung (Rügeverzicht): Danach verliert ein Besteller die in §§ 633, 634 BGB festgelegten (Gewährleistungs-)ansprüche, wenn er in Kenntnis der Mängel ein mangelhaftes Werk abnimmt und sich die genannten Rechte bei der Abnahme nicht ausdrücklich vorbehält.

Darüber hinaus führt die Abnahme zu einer für den Besteller ungünstigeren Beweislastverteilung bei der Geltendmachung der aus § 633 BGB folgenden Ansprüche. Hat nämlich zunächst der Unternehmer für die Mangelfreiheit des erstellten Werkes Beweis zu erbringen, so muß vom Zeitpunkt der Abnahme an der Besteller das Vorhandensein eines Mangels nachweisen.

Im übrigen ist mit der Abnahme regelmäßig der Übergang von Leistungs- und Gegenleistungsgefahr verbunden. Unter diesen Begriffen ist folgendes zu verstehen: Nach der Preisgefahr (= Gegenleistungsgefahr) bestimmt sich, ob der Besteller im Falle des zufälligen Unterganges des Werkes (zum Beispiel eine vom Maurermeister erbaute Scheune brennt vor Abnahme ab; ein bestelltes Werk, zum Beispiel ein Anzug, wird beim Besteller abgegeben und verbrennt dort, bevor der Besteller das Werk abnehmen konnte) beziehungsweise der Verschlechterung dennoch die vollständige Vergütung zu entrichten hat oder nicht.

Dementsprechend richtet sich die Beantwortung der Frage, ob der Unternehmer in einem solchen Fall zur Neuherstellung/Ausbesserung verpflichtet ist, nach der Regelung der Leistungsgefahr.

Grundsätzlich trägt der Unternehmer bis zur Abnahme des Werkes die Leistungs- und Vergütungsgefahr (§§ 633, 644 BGB). Dies bedeutet, daß er beispielsweise bei zufälligem Untergang des Werkes (siehe oben) das Werk nochmals erstellen muß, ohne für das zunächst erstellte (und vernichtete) eine Vergütung vom Besteller verlangen zu können.

Ausnahmen ergeben sich jedoch aus der Regelung des § 645 BGB sowie der hierzu entwickelten Rechtsprechung, wenn der Untergang des Werkes (siehe oben) auf bestimmte Weisungen des Bestellers oder einen von ihm zur Werkherstellung gelieferten Stoff zurückzuführen ist, auch wenn den Besteller letztlich kein Verschulden trifft. Beispiel: Ein Besteller beauftragt einen Unternehmer mit der Durchführung von Bauarbeiten. Nachdem bereits ein Großteil der Arbeiten durchgeführt worden ist, beauftragt der Besteller einen weiteren Unternehmer mit der Durchführung feuergefährlicher Schweißarbeiten. Es kommt zu einem Brand, bei dem das gesamte Gebäude zerstört wird. Obgleich der Unternehmer nunmehr nicht mehr dazu in der Lage ist, das Werk vollständig zu erbringen, hat er einen Vergütungsanspruch entsprechend den von ihm bereits geleisteten Arbeiten. (Obgleich keine Abnahme oder Vollendung erfolgt ist!)

- Im Unterschied zum Dienstvertrag kann der Besteller beim Werkvertrag jederzeit kündigen, § 649 Abs. 1 BGB. Er ist dann allerdings verpflichtet, dem Unternehmer die vereinbarte Vergütung, unter Abzug der ersparten Aufwendungen, zu zahlen, § 649 Satz 2 BGB. Der Vergütungsanspruch ist allerdings dann nach herrschender Meinung nicht gegeben, wenn der Besteller zur Kündigung durch ein den Vertragszweck gefährdendes Verhalten des Unternehmers veranlaßt worden ist. § 649 BGB unterscheidet sich von der vergleichbaren Vergütungspflicht beim Dienstvertrag. Sie besteht nach § 628 Abs. 1 Satz 1 BGB nur zu einem, den bisherigen Leistungen entsprechenden Teil.

- Beim Werkvertrag gilt das Werkunternehmerpfandrecht des § 647 BGB.

2.3.3   Werklieferungsvertrag § 651 BGB

Besorgt der Unternehmer die Stoffe zur Herstellung eines Werkes selbst (zum Beispiel beim Bau eines Schiffes auf einer Werft), liegt kein Werkvertrag, sondern ein Werklieferungsvertrag vor. § 651 BGB unterscheidet zwischen:

- Dem Werklieferungsvertrag über vertretbare Sachen, § 91 BGB: Als vertretbare Sachen sind solche anzusehen, die sich von vergleichbaren Sachen nicht durch besondere Individualisierungsmerkmale abheben und daher ohne weiteres austauschbar sind (Stichwort: Massenanfertigung). Für diesen Vertrag gilt ausschließlich Kaufrecht. Grund: Ein solcher Vertrag ist praktisch ein Gattungskauf mit der einzigen (unerheblichen) Besonderheit, daß der Verkäufer die Sache selbst herstellt, also nicht von einem anderen Hersteller bezieht. Zu beachten ist, daß für diesen Vertrag nicht der Nachbesserungsanspruch aus § 633 Abs. 2 BGB besteht, da eben nur Kaufrecht gilt. Der Käufer kann bei Mängeln jedoch Lieferung einer mangelfreien Sache gemäß § 480 BGB verlangen.

- Dem Werklieferungsvertrag über unvertretbare Sachen als Werklieferungsvertrag im eigentlichen Sinn: Kennzeichnend für den Begriff der unvertretbaren Sache ist, daß der Vertragsgegenstand speziell auf den Wunsch des Kunden ausgerichtete Merkmale aufweist und insofern anderweitig schwerlich absetzbar ist (Stichwort: Einzelfertigung). Für diesen Werklieferungsvertrag gilt eine Mischung aus Kaufvertrags- und Werkvertragsrecht (vergleiche im einzelnen § 651 Abs. 1 BGB).

2.4 Verträge in der Instandhaltung

Diese dargestellten Unterscheidungen sind auch für Instandhaltungsverträge von großer Wichtigkeit und bestimmen die Rechtsfolge der einzelnen Instandhaltungsverträge.

Bei vielen Unternehmen läßt sich in letzter Zeit verstärkt ein Trend zur Fremdinstandhaltung feststellen, entweder durch den Einsatz von Fremdmitarbeitern oder durch komplette Vergabe von Instandhaltungsaufträgen an Dritte. Man spricht im zweiten Fall von Outsourcing, wenngleich mittlerweile einige Unternehmen schon wieder dazu übergehen, "outgesourcte" Leistung wieder in den Betrieb einzugliedern - insofern wird schon von Insourcing gesprochen. Der Einkauf von Leistungen zur Instandhaltung birgt Risiken, die bereits bei Vertragsabschluß zu berücksichtigen und möglichst auszuschalten sind. Dazu gilt es zunächst, den Vertragsgegenstand (Kapitel 1) zu definieren und daraus eine rechtliche Einordnung des Vertragsgegenstandes vorzunehmen, denn die Rechtsnatur des Vertrages ist entscheidend für seine rechtliche Beurteilung.

Unter dem Oberbegriff "Instandhaltung" lassen sich in Anlehnung an die DIN 31051 Wartungs-, Inspektions- und Instandsetzungsverträge unterscheiden, die nach den dargestellten Kriterien entsprechend zu bewerten sind.

2.4.1 Unterschiedliche Vertragsarten

Während "Wartung" auf die Bewahrung des Soll-Zustandes gerichtet ist, dient die "Inspektion" der Feststellung und Beurteilung des Ist-Zustandes einer Anlage oder Maschine. Demgegenüber ist die "Instandsetzung" auf die Wiederherstellung des Soll-Zustandes gerichtet. Es besteht aber auch die Möglichkeit, von diesen Leistungsbeschreibungen abzuweichen und zum Beispiel kombinierte Verträge zu schließen oder aber von den obengenannten Definitionen abweichende Leistungspflichten mit dem Vertragspartner zu vereinbaren. Der Vertragsfreiheit (Privatautonomie) sind durch die Existenz der in der DIN-Norm enthaltenen Definitionen keine Grenzen gesetzt. Dies ist einer der Gründe dafür, warum in der täglichen Praxis oftmals Vertragsbezeichnungen, wie zum Beispiel "Vollwartungsvertrag", "Service-Vertrag" oder "Vertrag über die Pflege von DV-Programmen", anzutreffen sind. Ob es sich bei solchen Verträgen um Wartungs-, Inspektions- oder Instandsetzungsverträge im Sinne der DIN 31051 handelt, bestimmt sich nach dem jeweils im Vertrag festgelegten Leistungsumfang.

Sinn einer solchen terminologischen Unterscheidung ist die Festlegung der Rechtsnatur des Instandhaltungsvertrages, die ihrerseits maßgeblich für die rechtliche Beurteilung und Behandlung solcher Verträge ist. Die Bezeichnung eines Instandhaltungsvertrages als Wartungs-, Inspektions- oder Instandsetzungsvertrag ist dabei nur ein Indiz für die rechtliche Einordnung. Maßgeblich ist jedoch in erster Linie statt der Bezeichnung der tatsächliche Inhalt des Vertrages, für dessen Auslegung allerdings die Benennung als Indiz verwertet werden kann.

Grundsätzlich lassen sich zwei große Gruppen von Vertragstypen unterscheiden: Instandhaltungsverträge können zumeist entweder als Dienstverträge (§§ 611 ff. BGB) oder als Werkverträge (§§ 631 ff. BGB) ausgestaltet werden, sofern sie nicht als Arbeitnehmerüberlassung zu werten sind und dem Arbeitnehmerüberlassungsgesetz unterfallen. Gemeinsam ist beiden Vertragstypen, daß es sich jeweils um sogenannte gegenseitige Verträge handelt, durch die sich der eine Vertragspartner zur Erbringung einer Leistung (Wartung, Inspektion oder Instandsetzung) verpflichtet, während der andere Teil die Vergütung der geschuldeten Leistung verspricht. Die Verträge unterscheiden sich - wie bereits beschrieben - dadurch, daß im Rahmen eines Dienstvertrages allein eine Tätigkeit geschuldet wird, die der Auftraggeber zu vergüten verpflichtet ist, während beim Werkvertrag die Erbringung eines bestimmten Erfolges geschuldet wird, dem auf seiten des Auftraggebers die Vergütungspflicht gegenübersteht.

Subsumiert man nun die obengenannten drei Kategorien von Instandhaltungsarten unter die gesetzlichen Vorschriften, so ergibt sich für Inspektionsverträge, die der Feststellung und Beurteilung des Ist-Zustandes dienen, daß es den Parteien in der Regel auf die Durchführung der Inspektion, also auf die Tätigkeit des "Inspizierens" ankommt. Zwar sind die Ergebnisse von Inspektionen Vergleichsdaten von Ist- und Soll-Zustand, diese Daten sind jedoch eher Nebenprodukt der eigentlich geschuldeten Tätigkeit (Bild 12).

Zu erstellende Checklisten oder die vertraglich vereinbarte Erstellung eines Inspektionsberichtes können zwar als werkvertragliches Element charakterisiert werden; sie stellen jedoch nicht den eigentlichen Vertragszweck dar. Sachgerechter erscheint es, solchen Inspektionsberichten primär die Bedeutung eines Nachweises über die erbrachte Tätigkeit beizumessen. Da auch die Vergütungspflicht nicht an den Inspektionserfolg, sondern an die Tätigkeit geknüpft ist, wird

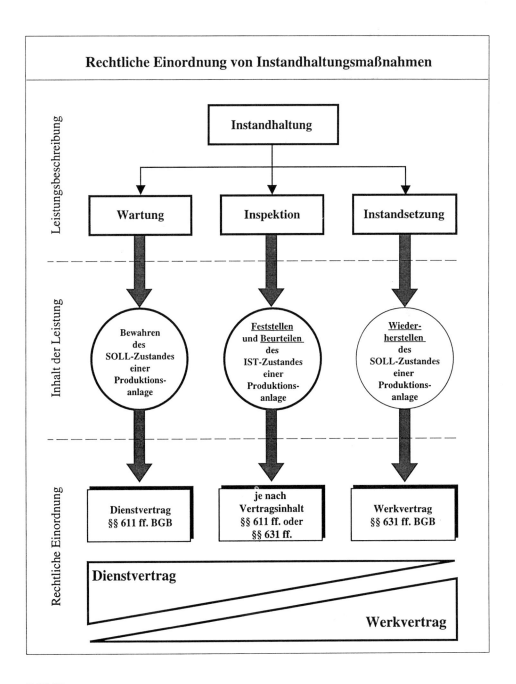

Bild 12

man in der Regel davon ausgehen können, daß Inspektionsverträge als Dienstverträge gemäß §§ 611 ff. BGB zu beurteilen sind.

Im Gegensatz dazu ist der Instandsetzungsvertrag auf Wiederherstellung des Soll-Zustandes gerichtet. Bei einer solchen Vertragsgestaltung kommt es den Vertragsparteien auf die Erreichung eines bestimmten Zieles - zum Beispiel die Funktionsfähigkeit einer Anlage - an. Der zur Instandsetzung Verpflichtete schuldet demgemäß nicht allein eine Tätigkeit, sondern statt dessen die Funktionsfähigkeit als Leistungserfolg. In Anbetracht dieser Interessenlage scheint es sachgerecht, Instandsetzungsverträge als Werkverträge einzustufen und an den Vorschriften der §§ 631 ff. BGB zu messen.

Schwierig und umstritten ist die Einordnung sogenannter "Wartungsverträge". Ausgehend von der obengenannten Definition der "Bewahrung des Soll-Zustandes" geht die juristische Lehre teilweise davon aus, daß der zur Wartung Verpflichtete in erster Linie die Erhaltung eines möglichst wenig störanfälligen Zustandes im Sinne eines Erfolges schuldet, somit also die werkvertraglichen Regelungen Anwendung finden. Andererseits läßt es sich mit guten Argumenten vertreten, daß "Wartung" nicht die Erhaltung eines störungsfreien Betriebes im Sinne eines Erfolges beinhaltet, sondern statt dessen die Tätigkeit "Warten" im Vordergrund der vertraglichen Vereinbarung steht. Nach der DIN 31051 schuldet der Auftragnehmer Maßnahmen zur Bewahrung des Soll-Zustandes; ausgehend vom Begriff des "Abnutzungsvorrates", hat der Verpflichtete den Abnutzungsvorgang zu erhalten. Bei Wartungsverträgen ist nach wie vor der Soll-Zustand der Anlage gegeben, bei Instandsetzung dagegen der Erfolg der Beseitigung als "negativen" Ist-Zustandes, das heißt die Wiederherstellung des Soll-Zustandes.

Diese Betrachtung macht deutlich, daß bei der Wartung in erster Linie nicht die Bewahrung des Soll-Zustandes als Erfolg, sondern die Durchführung von Maßnahmen im Sinne eines Tätigwerdens geschuldet wird, so daß dienstvertragliche Regelungen Anwendung finden müssen. Problematisch ist die Einordnung von Wartungsverträgen unter die Kategorie Werkverträge insbesondere deshalb, weil kaum nachprüfbar ist, wann der vermeintlich geschuldete Erfolg, also "die Erhaltung eines möglichst wenig störanfälligen Zustandes" erreicht ist. Mangels hinreichend klarer Kriterien der Erfolgserreichung sollten daher Wartungsverträge als Dienstverträge im Sinne der §§ 611 ff. BGB qualifiziert werden.

Dienst- und werkvertragliche Regelungen können auch in einem Vertrag miteinander kombiniert werden (sogenannte gemischte Verträge). Die rechtliche Behandlung solcher gemischter Verträge ist umstritten. Der Bundesgerichtshof vertritt seit längerer Zeit die Auffassung, daß - je nach Art der vertraglich geschuldeten Teilleistungen - bei der rechtlichen Behandlung jeweils auf die diese Teilleistung regelnden gesetzlichen Vorschriften zurückgegriffen werden muß.

Demgemäß sind dienstvertragliche Leistungen nach den §§ 611 ff. BGB, werkvertragliche nach den §§ 631 ff. BGB zu beurteilen, wobei bei der Beurteilung jedes Leistungsteils auf die obengenannte Unterscheidung zwischen Erfolgserbringung und Tätigkeit zurückgegriffen werden muß.

Der Schwerpunkt der rechtlichen Bewertung wird dort liegen, wo die Leistungsstörung entstanden ist, das heißt, wo die vertraglich vereinbarte Leistung und die tatsächlich erbrachte auseinanderfallen, zum Beispiel im Schwerpunkt Dienstvertrag bei Wartung und im Schwerpunkt Werkvertrag bei Instandsetzung.

Die dargestellten Grundsätze gelten auch für die sogenannten "Vollwartungsverträge". Mangels spezieller Festlegung des Leistungsumfanges richtet sich die rechtliche Einordnung des Vertrages nach den jeweils festgelegten Leistungspflichten im Einzelfall.

Es muß an dieser Stelle nochmal betont werden, daß auch im Bereich der Instandhaltungsverträge der Satz "falsa demonstratia non nocet" (die falsche Bezeichnung schadet nicht) gilt. Das bedeutet, daß für die Einordnung des Vertrages nicht die Bezeichnung durch die Parteien, sondern der im Vertrag festgelegte Leistungsumfang entscheidend ist. Die von den Parteien gewählte Bezeichnung ist daher nur ein Indiz für die Beurteilung der Rechtsnatur des Vertrages durch die Gerichte. Hier liegt sehr oft eine Fehlbewertung des Sachverhalts in der Praxis vor.

Ob ein Werk- oder Dienstvertrag vorliegt, kann daher jeweils nur am Einzelfall festgestellt werden. Dazu müssen die Verträge, wenn sie nicht hinreichend klar formuliert sind, interpretiert werden (§§ 133, 157 BGB).

2.5 Inhalt von Instandhaltungsverträgen

Angesichts der aufgezeigten Schwierigkeiten, die Rechtsnatur von Instandhaltungsverträgen zu bestimmen, sollte der Vertragsinhalt von den Vertragspartnern genau definiert weden, so daß im Streitfall von den Gerichten eine eindeutige Einordnung vorgenommen werden kann.

Dazu bedarf es umfangreicher Absprachen, die auf beiden Seiten vorbereitet werden müssen, um in den Vertragsverhandlungen ein tragfähiges Ergebnis, nämlich den Vertrag, zu erzielen.

2.5.1 Formaler Aufbau eines Instandhaltungsvertrages

Da in dem Vertrag möglichst alle wesentlichen Rechte und Pflichten der Vertragspartner festgelegt werden sollten, um die Risiken, die sich aus der vertraglichen Bindung ergeben, überschaubar und kalkulierbar zu machen, bedarf es einer Vielzahl von Einzelregelungen.

Schwachstellen der Vertragsgestaltung ergeben sich oftmals aus

- Unklarheiten beziehungsweise nicht eindeutigen Formulierungen,

- Widersprüchen im Vertragstext, Regelungsüberschneidungen,
- Lücken im Vertrag.

Solche Fehler gilt es zu vermeiden. Der Vertragstext darf nicht von vornherein die Basis für spätere Auseinandersetzungen mit dem Kunden/dem Auftraggeber sein. Durch klare, eindeutige und lückenlose Regelungen können überflüssige und zumeist teure und zeitaufwendige Streitigkeiten vermieden werden.

Um die Fülle der verschiedenen vertraglich zu regelnden Vereinbarungen überschaubar zu machen, hat es sich bewährt, die vertraglich festzulegenden Vereinbarungen in vier große Gruppen zu unterteilen (Die Einteilung läßt sich auf fünf Gruppen ausweiten, sofern eine Präambel als notwendig erachtet wird.) (Bild 13):

[- Präambel, soweit erforderlich]
- Definitionen
- technischer Teil
- kommerzieller und organisatorischer Teil
- juristischer Teil

Präambel

Eine Präambel empfiehlt sich bei umfangreichen beziehungsweise besonders bei Verträgen mit einer langen Laufzeit.

In der Präambel kann die Interessenlage der Vertragsparteien festgelegt und dokumentiert werden, die als Auslegungshilfe bei Streitigkeiten über Art und Umgang der vertraglichen Pflichten herangezogen werden kann.

Die so mögliche Festlegung der Absichten und Ziele der Vertragsparteien kann insbesondere dann hilfreich sein, wenn aufgrund der Veränderung der dem Vertrag zugrunde liegenden Randbedingungen (Veränderung der Geschäftsgrundlage) Anpassungen nötig sind. Diese Gefahr besteht insbesondere bei langfristigen Verträgen durch Faktoren wie Inflationsraten, Lohnsteigerungen, Preissteigerungen für Ersatzteile, aber auch Preisverfall für Ersatzteile durch billigere Substitutionsprodukte. Eine Anpassung des Vertrages an die veränderten Randbedingungen wird notwendig.

Der Inhalt der Präambel sollte sich jedoch nicht in allgemeinen, wenig aussagekräftigen Formulierungen erschöpfen. Sonst besteht die Gefahr, daß die Präambel nicht ihren Zweck erfüllt und eher das Gegenteil, nämlich die "Vernebelung" des Vertragszwecks bewirkt.

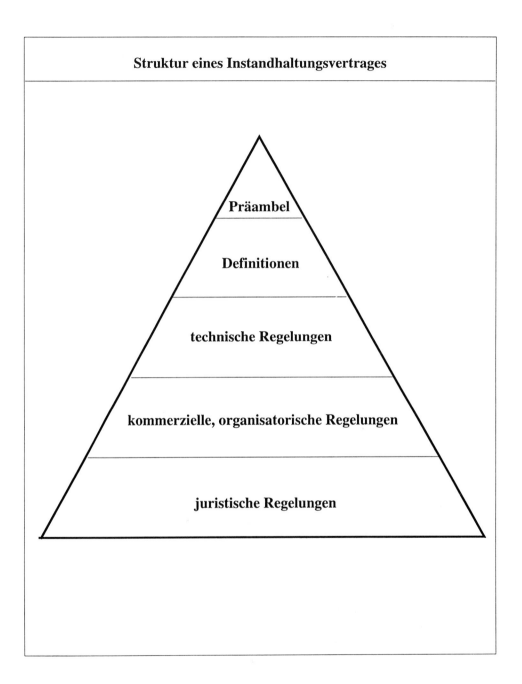

Bild 13

Definitionen

Mit Hilfe der dem eigentlichen Vertrag vorangestellten Definitionen können alle im Vertragstext gebrauchten Begriffe wie "Instandhaltung, Instandsetzung, Wartung, Inspektion, Abnahme etc." erläutert und ihr Inhalt zwischen den Vertragsparteien verbindlich festgelegt werden.

Es besteht entweder die Möglichkeit, die zu definierenden Begriffe zwischen den Parteien auszuhandeln und sie selbst verbindlich festzulegen, zum anderen können, gerade im Hinblick auf unbestimmte Rechtsbegriffe, statt eigener Definitionen technische Regeln durch Bezugnahme auf entsprechende DIN-Normen etc. verwendet werden. Auf diese Weise können technische Regeln durch die Bezugnahme (nur durch diese) selbst Vertragsbestandteil und somit verbindlich vereinbart werden.

Dies gilt in gleichem Maße für den oft zum Beispiel gebrauchten Begriff des "Standes von Wissenschaft und Technik". Es ist anzuraten, in einer Definition den Stand von Wissenschaft und Technik auf einen Stichtag festzulegen, um so Meinungsverschiedenheiten zwischen den Vertragsparteien vorzubeugen. Dabei scheint es angebracht, das Datum des Vertragsschlusses als Stichtag zu wählen, da bei längerer Laufzeit technische Entwicklungen nicht in allen Einzelheiten vorhergesehen werden können und gegebenenfalls bei Änderungen der technischen Regeln erheblich höhere Folgekosten als ursprünglich geplant auf den Auftragnehmer zukommen können.

Technische Regelungen

Im technischen Teil des Vertrages ist festzulegen,

- welche Anlagen(-teile),
- wo,
- wie,
- in welcher Reihenfolge,
- in welchen Abständen,

vom Auftragnehmer zum Beispiel instandgehalten (also gewartet, inspiziert oder instandgesetzt) werden müssen.

Hier gilt es, besonders sorgfältig darauf zu achten, daß die zu betreuenden Anlagenteile möglichst detailliert erfaßt werden. Dies sollte in Form einer Kombination von positiver und negativer Abgrenzung erfolgen: Während die positive Abgrenzung eine umfassende Beschreibung der zum Beispiel zu wartenden Anlagenteile beinhaltet, bedeutet negative Abgrenzung die Gegenüberstellung und ausdrückliche Festlegung der Anlagenteile, die nicht von der Wartung erfaßt werden sollen.

Ist in den Definitionen nicht spezifiziert festgelegt worden, welche einzelnen Arbeiten zur Durchführung der Instandhaltung vertraglich geschuldet werden, ist an dieser Stelle detailliert die Gesamtleistung in Teilarbeitsschritte aufzugliedern. So sollten zum Beispiel die Fragen, ob Sichtüberprüfungen, Dichtigkeitsüberprüfungen, Druckprüfungen, Funktionsprüfungen etc. durchgeführt werden müssen, im einzelnen geklärt werden.

Kommerzielle, organisatorische Regelungen

Im kommerziellen Teil des Vertrages sind die Preise für einzelne Leistungen, Zahlungsbedingungen, Preisgleitklauseln, Termine für Leistungen und Zahlungen etc. zu regeln. Wesentlich für die Festlegung der Preise ist, inwieweit Nebenleistungen (Fahrtkosten, gegebenenfalls Ersatzteile, kleinere Reparaturen) von der zu zahlenden Vergütung mit umfaßt sind oder ob - gegebenenfalls ab welcher Höhe - diese gesondert in Rechnung gestellt werden.

Die Vergütung für Sonderwünsche des Bestellers ist ebenso zu regeln wie der Umfang der Personalgestellung durch den Auftragnehmer. Gleiches gilt gegebenenfalls für die Beistellung von Ersatzteilen oder Betriebsstoffen.

Neben der Festlegung der Art des Nachweises (zum Beispiel Wartungsprotokoll) bedarf es insbesondere der möglichst detaillierten Regelung der Abnahmemodalitäten durch den Auftraggeber. Dies betrifft insbesondere Nachweise für Testläufe der Funktionsfähigkeit und für die Einhaltung von Soll-Daten als Test der Anlage zur Überprüfung der Erfüllung der technischen Daten. Unter Umständen müssen bei Instandsetzungsarbeiten im Hinblick auf Garantiezusagen besondere Festlegungen getroffen werden (Vereinbarung eines Probebetriebes etc.).

Überflüssig aus juristischer Sicht sind hingegen Regelungen betreffend der Qualifikation der vom Auftragnehmer eingeschalteten Arbeitskräfte. Für Schlechtleistungen der Monteure hat der Auftragnehmer ohne Rücksicht auf deren Qualifikation gemäß § 278 BGB einzustehen. Zum Zwecke der Beweissicherung ist es sinnvoll, die Wirksamkeit etwaiger Störungsmeldungen durch den Auftraggeber mit einer entsprechenden Dokumentationspflicht abzusichern. Darüber hinaus sollten Fristen, innerhalb derer der Auftragnehmer nach Störungsmeldungen durch den Auftraggeber mit den Arbeiten zu beginnen hat, festgelegt werden.

Besondere Aufmerksamkeit ist der Vertragsgestaltung zu widmen, wenn im Rahmen eines umfassenden "Instandhaltungsvertrages" die Leistungen des Auftragnehmers nicht nach tatsächlich erbrachter Leistung, sondern pauschal vergütet werden. Hier gilt es, eine Instandhaltungspflicht zumindest für solche Fallgestaltungen aus dem Vertrag auszuschließen, in denen ein Anlagenausfall auf ein schuldhaftes Verhalten des Auftraggebers oder seiner Angestellten, gegebenenfalls auch Dritter, zurückzuführen ist.

Darüber hinaus sollten Schäden, die durch höhere Gewalt, zum Beispiel Überschwemmung, innere Unruhen, Krieg etc. entstanden sind, ausgeschlossen werden. Dabei bedarf es einer möglichst genauen Festlegung, was unter dem Begriff "höhere Gewalt" zu verstehen ist. Anderenfalls droht die Gefahr, daß es zu existenzbedrohenden Verpflichtungen für den Auftragnehmer kommt, ohne daß dafür entsprechende Gegenleistungen vom Auftraggeber erbracht werden müssen.

Bei vereinbarter pauschaler Vergütung muß die Höhe der zu zahlenden Rate sowie die jeweilige Fälligkeit der einzelnen Raten festgelegt werden. Im Einzelfall kann vertraglich vereinbart werden, welche der Parteien die Kosten für Lieferungen von Ersatz- oder Verschleißteilen sowie der notwendigen Betriebsmittel trägt.

Letztlich sollte im organisatorischen Teil des Vertrages auch festgelegt werden, inwieweit Mitwirkungspflichten des Auftraggebers bei der Vertragsabwicklung bestehen, zum Beispiel Beistellung von Stoffen. Beginnend mit den Informationspflichten über Störungen im Betrieb sollte vereinbart werden, daß der Auftraggeber dem Personal des Auftragnehmers das Betreten der Geschäftsräume zu gestatten hat. Die Benutzung von sachlichen und gegebenenfalls personellen Betriebsmitteln des Auftraggebers durch den Auftragnehmer bedarf einer vertraglichen Regelung. Die Möglichkeit zur Einsichtnahme in Betriebsaufzeichnungen des Auftraggebers kann die Fehlersuche durch den Auftragnehmer erheblich beschleunigen. Andererseits ist es für den Auftraggeber angezeigt, dem Mißbrauch der zur Verfügung gestellten Unterlagen durch Vereinbarung entsprechender Verschwiegenheitspflichten für den Auftragnehmer vorzubeugen.

Teilweise findet sich bei Instandhaltungsverträgen darüber hinaus eine Regelung, daß während der Wartungsarbeiten das Personal des Auftraggebers auszubilden ist. Es sollte darauf geachtet werden, daß nicht der Erfolg, sondern die Tätigkeit des Ausbildens als geschuldete Leistung vereinbart wird.

Juristische Regelungen

Im juristischen Teil des Vertrages sind alle diejenigen Regelungen zu treffen, die die rechtliche Behandlung der Leistungen der Vertragsparteien betreffen.

In der Regel sind dies auf der einen Seite Grundlagenregelungen (das heißt Festlegungen, auf welcher rechtlichen Basis der Vertrag abgewickelt werden soll), auf der anderen Seite Vereinbarungen über die Folgen von Abweichungen von den Vorgaben des Vertrages (das heißt Vereinbarungen darüber, was geschehen soll, wenn der Vertrag nicht ordnungsgemäß erfüllt wird).

Zu den Grundlagen zählen Vereinbarungen über das anzuwendende Recht (bei Verträgen mit ausländischen Firmen bedeutsam), allgemeine Geschäftsbedingungen, anzuwendende Normen (VOB, DIN etc.), Inkrafttreten des Vertrages oder ähnliche. Bei umfangreichen Verträgen empfiehlt es sich, eine sogenannte "Rangfolge der Vertragsbestimmungen" festzulegen, um bei Unstimmigkeiten im Vertragstext selbst bestimmen zu können, welchen Regelungen im Einzelfall der Vorrang gebührt. Es ist daher zu bestimmen, in welchem Verhältnis technische, kommerzielle und juristische Regelungen zueinander stehen.

Die Festlegungen über die Behandlung von Abweichungen sollten sich auf Regelungen bei Verspätung oder Verzug, Unmöglichkeit der Erfüllung, Schlechtleistung, Haftung und Gewährleistung, Haftungsausschluß/-begrenzung auf Höchstsummen, Pönalien (Vertragsstrafen), höhere Gewalt, Verjährung, Kündigungsrechte/-fristen, Schiedsgerichtsvereinbarungen etc. erstrecken.

Bei Haftungs- und Gewährleistungsfragen ist schon aufgrund der entgegenstehenden Interessen von Auftraggeber und Auftragnehmer der Handlungsspielraum naturgemäß eng begrenzt. Oftmals sind berechtigte Vorstellungen des Auftragnehmers nicht durchsetzbar, weil der Auftraggeber die Regelung schlicht ablehnt. Der Auftragnehmer, der trotzdem an dem Vertragsschluß interessiert ist, wird deshalb oftmals gezwungen sein, für ihn unvorteilhafte Regelungen in Kauf zu nehmen. Dies darf aber gleichwohl nicht dazu führen, daß vage und nicht ausreichend spezifizierte Regelungen in den Vertrag aufgenommen werden.

"Schwachstellen" des Vertrages gilt es klar und eindeutig zu definieren, um so eine sachgerechte "Verwaltung des Mangels" zu ermöglichen.

2.5.2   Inhaltlicher Aufbau eines Instandhaltungsvertrages

Für die im Unternehmen abzuschließenden Instandhaltungsverträge sollte es eine jeweils spezifische Checkliste zur Überprüfung auf Vollständigkeit des Vertrages geben. Eine Basis-Checkliste ist in Bild 14/1 und 14/2 wiedergegeben. Sie ergänzt die Checkliste "Software/Instandhaltung" im Anhang zur Definition des Vertragsgegenstandes. Sie muß unternehmensspezifisch ergänzt und gepflegt werden.

Bei der Preisgestaltung ist zu berücksichtigen, um welche Vertragsform es sich im Einzelfall handelt. Während bei einem Dienstvertrag die Vergütung für die Arbeitszeit gezahlt wird, handelt es sich beim Werkvertrag um die Gegenleistung für das Arbeitsergebnis.

Unabhängig von der rechtlichen Einordnung sind in jedem Fall Regelungen darüber zu treffen, wer die Kosten für Betriebsmittel, Einzelteilbeschaffung oder gegebenenfalls Vorratshaltung von Ersatzteilen zu tragen hat.

Die Regelung der Kostentragungspflicht erübrigt sich lediglich in dem Fall, daß zwischen den Parteien ein Pauschalpreis vereinbart wird und dieser - nach dem erkennbaren Willen der Vertragspartner - alle mit der Leistungserbringung in Zusammenhang stehenden Kosten abdecken

Checkliste Überprüfung des Instandhaltungsvertrages   I

- **Art der Leistung**
  - Inspektion
  - Wartung
  - Instandsetzung

- **Wahl des Vertragstyps (Werk-/Dienstvertrag)**

- **Abgrenzung zur Arbeitnehmerüberlassung**
  - Laufzeit des Vertrages
  - Arbeitnehmerüberlassungsgesetz

- **Definitionen**
  - unbestimmte Rechtsbegriffe
  - sonstige Rechtsbegriffe

- **technische Regelungen**
  - Bezeichnung der Anlagen(-teile)
  - Arbeitsvorgaben
  - Intervalle

- **kommerzielle Regelungen**
  - Preise
  - Zahlungsbedingungen
  - Raten
  - Zahlungszeiten
  - Preisgleitklauseln

- **organisatorische Regelungen**
  - Abnahmebedingungen
  - Mitwirkungspflichten des Auftraggebers
  - Reaktionszeiten des Auftragnehmers

Bild 14/1

Checkliste Überprüfung des Instandhaltungsvertrages	II

- **juristische Regelungen**
  - anzuwendendes Recht
  - Inkrafttreten des Vertrages
  - Rangfolge externer Regelungen
  - Gewährleistung/Haftung
    * Verzug
    * Unmöglichkeit
    * Schlechterfüllung
    * Haftungsausschlüsse
    * Verjährung
    * Kündigung
    * Vertragsstrafen
    * Know-how-Schutz

- **Qualitätssicherungsvereinbarungen**
  - Allgemeine Geschäftsbedingungen (AGB-Gesetz)
  - Individualvereinbarungen (§§ 134, 138 BGB, § 14 ProdHaftG)

- **Deliktsrecht**
  - Verkehrssicherungspflichten
  - Auftragnehmerqualifikation

- **öffentlich-rechtliche Haftung**

- **versicherungstechnische Regelungen**
  - Arbeitsunfall
  - Haftpflicht
  - höhere Gewalt

- **Regelungen hinsichtlich des Vertragsendes**
  - Rückübertragung des Know-how
  - Schulung von neuem Personal

Bild 14/2

soll. Derartige Pauschalierungen sind angesichts der gegebenenfalls erheblichen Kosten sorgfältig und vorausschauend zu kalkulieren. Hierbei sollten Erfahrungswerte mit größter Zurückhaltung herangezogen werden, weil jeder Vertrag Besonderheiten aufweist und jede Anlage spezifische Eigenarten hat. Das Risiko einer Fehleinschätzung der Kostenentwicklung ist insoweit erheblich. Eine Eingrenzung dieses Risikos ist jedoch möglich, wenn Pauschalvergütungen lediglich für überschaubare Kostenfaktoren, wie zum Beispiel Anfahrtskosten, Personaleinsatz etc., vereinbart werden.

Bei vereinbarten Ratenzahlungen ist die Höhe, Zahl und Fälligkeit der Raten festzulegen. Darüber hinaus sollte eine Einigung erzielt werden, welche Rechtsfolgen beim Ausbleiben von Raten eintreten.

Vorsicht ist bei Preisgleitklauseln geboten. Viele dieser Klauseln bedürfen zu ihrer Wirksamkeit der Genehmigung der Deutschen Bundesbank (Landeszentralbank). Über die Genehmigungsfähigkeit solcher Klauseln sollte man sich daher vor Vertragsabschluß Gewißheit verschaffen. Schließlich gilt es auch, die Modalitäten der Zahlung bei der Formulierung des Vertrages zu berücksichtigen. So sind beispielsweise Voraussetzungen und Fälligkeit der Vergütung zu regeln, sofern hierzu nicht schon gesetzliche Regelungen existieren oder diese im Rahmen des rechtlich Zulässigen modifiziert werden sollen.

Ist eine Mitwirkungshandlung vertraglich vereinbart, so empfiehlt es sich, Regelungen in den Vertrag einzubauen, wonach die Voraussetzungen auch dann erfüllt werden können, wenn der Auftraggeber seine Mitwirkungspflicht verweigert. Üblich ist es, "Fiktionen" vertraglich festzulegen, wonach zum Beispiel eine Zustimmung als erteilt gilt, wenn sie nicht innerhalb einer bestimmten Frist ausdrücklich verweigert wird. So kann in Ergänzung zu den gegebenenfalls eingreifenden gesetzlichen Regelungen gesichert werden, daß der Auftraggeber die Mitwirkungspflicht nicht über Gebühr und vertragswidrig verletzt.

2.5.3 Die Anwendung von Allgemeinen Geschäftsbedingungen

Soweit ein Vertrag unter Einbeziehung von allgemeinen Geschäftsbedingungen (AGB) geschlossen werden soll, ist den Vertragsparteien eine vorherige Überprüfung der in den AGB getroffenen Regelungen anhand des Gesetzes zur Regelung des Rechtes der Allgemeinen Geschäftsbedingungen (AGBG) anzuraten. Denn dieses Gesetz enthält zahlreiche Bestimmungen zur Wirksamkeit bestimmter Vertragsbedingungen.

Nach der Legaldefinition des Gesetzes (§ 1 Abs.1 AGBG) sind Allgemeine Geschäftsbedingungen alle für eine Vielzahl von Verträgen vorformulierten Vertragsbedingungen, die eine Vertragspartei (Verwender) der anderen Vertragspartei bei Abschluß des Vertrages stellt.

Davon zu unterscheiden sind solche vorformulierten Vertragsbedingungen, die zwischen den Parteien ausgehandelt werden. Hierbei handelt es sich um sogenannte "Individualvereinbarungen" gemäß § 1 Abs. 2 AGBG, auf die das Gesetz keine Anwendung findet.

Wann im Einzelfall eine Individualvereinbarung vorliegt, ist nicht unumstritten. So hat der Bundesgerichtshof zum Beispiel entschieden, daß es für die Annahme des "Aushandelns" und damit für das Vorliegen einer Individualvereinbarung nicht unbedingt erforderlich ist, daß der Text der vorformulierten Vertragsbedingung(en) äußerlich geändert wird. Er hat es vielmehr als ausreichend angesehen, daß der Verwender (nachweisbar) bereit war, den Text der AGB zu ändern, und dies dem Vertragspartner bewußt war, er sich jedoch gleichwohl mit der Geltung der vorformulierten Vertragsbedingungen einverstanden erklärt hat.

Demgegenüber wurden in letzter Zeit oftmals solche Sachverhalte nach dem AGBG bewertet, in denen Vertreter eines Vertragschließenden keine festgelegten Vertragsbedingungen verwendeten, sondern statt dessen aus dem Gedächtnis bereits vorher festgelegte Geschäftsbedingungen erst beim Kunden schriftlich niederlegten und zum Vertragsinhalt machten.

Hier vertrat der Bundesgerichtshof die Auffassung, daß auch die aus dem Gedächtnis verwendeten Bedingungen vorformulierte Vertragsbedingungen im Sinne des § 1 Abs. 1 AGBG seien und daher dem Anwendungsbereich des Gesetzes unterliegen.

Der Anwendungsbereich des AGBG wird von den Gerichten also sehr extensiv ausgelegt. Dies hat seinen Grund darin, daß der Zweck des Gesetzes letztlich in einem Verbraucherschutz zu sehen ist. Die Regelungen des AGBG ermöglichen eine umfassende Inhaltskontrolle der verwendeten Geschäftsbedingungen, die oftmals dazu mißbraucht wurden, geschäftsunerfahrene Personen unangemessen zu benachteiligen.

Es ist keine Seltenheit, daß selbst geschäftserfahrene Personen (auch Juristen) oftmals unter dem Druck von Vertragsverhandlungen entweder nicht in der Lage oder aber nicht bereit sind, die zumeist umfangreichen und kleingedruckten Geschäftsbedingungen zu lesen, ihren Inhalt zu verstehen oder gar das Risiko bestimmter Regelungen richtig zu beurteilen. Deshalb hat der Gesetzgeber die Beurteilung der Angemessenheit bestimmter Regelungen durch das AGBG selbst übernommen und eine Vielzahl von Regelungen in Allgemeinen Geschäftsbedingungen für unwirksam erklärt.

Gemäß § 2 AGBG werden Allgemeine Geschäftsbedingungen Vertragsbestandteil, wenn der Verwender bei Vertragsschluß die andere Partei ausdrücklich oder durch deutlich sichtbaren Aushang auf die AGB hinweist und der anderen Partei die Möglichkeit verschafft, in zumutbarer Weise von ihrem Inhalt Kenntnis zu erlangen. Erforderlich ist zudem das Einverständnis der anderen Parteien mit der Geltung der Allgemeinen Geschäftsbedingungen.

Ausnahmen von dem Erfordernis der Kenntnisnahmemöglichkeit als Einbeziehungsvoraussetzung können dann bestehen, wenn es sich um einen Vertragspartner handelt, der häufig mit dem Vertragsmuster zu tun hat. Hier kann der Verwender davon ausgehen, daß der Vertragspartner sich selbst Kenntnis vom Inhalt der AGB verschafft (zum Beispiel Bauhandwerker und VOB).

Für den Handelsverkehr zwischen Kaufleuten gilt die Regelung des § 2 AGBG nicht (§ 24 Abs. 1 AGBG). Hier ist daher eine Einbeziehung von AGB bereits dann möglich, wenn der Kunde vom Vorhandensein der AGB weiß oder bei Anwendung gehöriger Sorgfalt hätte wissen müssen, es für ihn somit erkennbar war, daß der Unternehmer den Vertrag unter Zugrundelegung seiner AGB abschließen will. Dies gilt auch in dem Fall, daß in dem das Vertragsangebot enthaltenen Schreiben, in dem auf die AGB hingewiesen wird, die AGB nicht beigefügt sind und der Kunde von deren Inhalt keine Kenntnis hat. Allerdings hat der Verwender von AGB auch im kaufmännischen Verkehr dem Vertragspartner die Möglichkeit zur Kenntnisnahme zu geben und (wenn es sich nicht um allgemein zugängliche Werke handelt) die AGB auf Verlangen des Vertragspartners auszuhändigen beziehungsweise zu übersenden.

Eine konkludente (also schlüssige) Einbeziehung von AGB ist unter Kaufleuten möglich, wenn der Verwender erkennbar auf seine AGB verweist und der Kunde der Geltung nicht, auch nicht konkludent in Form der Bezugnahme auf eigene AGB, widerspricht. Allerdings gilt dies nur, sofern der Verwender den erforderlichen Hinweis während der Vertragsverhandlungen erbringt. Eine nachträgliche Einbeziehung ist grundsätzlich nicht möglich. Besonderheiten ergeben sich jedoch diesbezüglich aus der rechtserzeugenden Wirkung des kaufmännischen Bestätigungsschreibens. Erfolgt im Anschluß an Vertragsverhandlungen im Bestätigungsschreiben ein Hinweis auf AGB, so werden diese auch dann Vertragsbestandteil, wenn sie nicht zuvor Gegenstand der Vertragsverhandlungen waren. Dies gilt nur dann nicht, wenn es sich um erhebliche Abweichungen vom mündlich Vereinbarten handelt.

Verweisen beide Vertragsparteien auf ihre sich widersprechenden AGB, so ist zum einen fraglich, ob überhaupt ein Vertrag zustande gekommen ist, zum anderen, welche AGB für den Vertrag maßgeblich sind. Unstreitig ist, daß der bloße Streit über Allgemeine Geschäftsbedingungen die Wirksamkeit des Vertrages im übrigen unberührt läßt.

Bezüglich der zweiten Frage ging die frühere Rechtsprechung davon aus, daß die letzte Verweisung auf AGB verbindlich sein sollte. Nach heute herrschender Meinung haben die AGB, soweit sie sich widersprechen, keine Geltung. Die hierdurch entstandene Vertragslücke wird durch Gesetzesrecht geschlossen (vergleiche § 6 AGBG).

Von der wirksamen Vereinbarung von AGB ausgeschlossen sind gemäß § 3 AGBG überraschende Klauseln, das heißt Bestimmungen, die nach den Umständen, insbesondere dem äußeren Erscheinungsbild des Vertrages, so ungewöhnlich sind, daß der Vertragspartner mit ihnen nicht zu rechnen brauchte (Beispiel: weitgehende Risikoausschlüsse an ungewöhnlicher Stelle im Vertragstext).

Erwähnt werden muß an dieser Stelle auch die sogenannte "Unklarheitenregel" des § 5 AGBG, wonach Zweifel bei der Auslegung von Allgemeinen Geschäftsbedingungen zu Lasten des Verwenders gehen.

Der Verwender sollte daher auf die Formulierung von Allgemeinen Geschäftsbedingungen besondere Sorgfalt verwenden.

Einzelne Regelungen

Das AGBG enthält in den §§ 9 - 11 eine Reihe von Einzelvorschriften darüber, welche Klauseln in AGB nicht wirksam vereinbart werden können. Die wichtigsten dieser Vorschriften sollen im folgenden kurz dargestellt werden. Vorab ist jedoch darauf hinzuweisen, daß die Klauselverbote der §§ 10 und 11 auf Kaufleute keine direkte Anwendung finden. Allerdings ist eine Berücksichtigung der einzelnen Bestimmungen über die Generalklausel des § 9 AGBG möglich, wobei die Klauselverbote des § 10 AGBG regelmäßig auf den kaufmännischen Verkehr übertragen werden können. Hinsichtlich der Klauselverbote des § 11 AGBG gilt dies jedoch nicht uneingeschränkt, weil hier (infolge der fehlenden Wertungsmöglichkeit) eine Berücksichtigung der Besonderheiten des kaufmännischen Verkehrs nicht in jedem Fall möglich ist. Demzufolge ist im Rahmen des § 11 AGBG die Anwendbarkeit jeder einzelnen Bestimmung gesondert festzustellen.

2.5.3.1   § 11 AGBG: Klauselverbote ohne Wertungsmöglichkeit

§ 11 AGBG betrifft die Klauseln, die unabhängig von der sonst erforderlichen richterlichen Wertung unwirksam sind, da diese keine unbestimmten Rechtsbegriffe enthalten.

Danach können in AGB nicht wirksam vereinbart werden:

- gemäß § 11 Nr. 2 AGBG Einschränkungen des Leistungsverweigerungsrechtes aus § 320 BGB sowie des Zurückbehaltungsrechts gemäß § 273 BGB, wobei zu beachten ist, daß diese Vorschrift nicht auf Kaufleute Anwendung findet;

- gemäß § 11 Nr. 4 AGBG Bestimmungen, die Verwender von der gesetzlichen Mahnungspflicht oder der Pflicht zur Nachfristsetzung - beispielsweise als gesetzliche Voraussetzung für einen Schadensersatzanspruch nach § 326 oder § 634 BGB - befreien;

- gemäß § 11 Nr. 5 AGBG die Vereinbarung einer Schadensersatzpauschale, wenn die Pauschale den nach dem gewöhnlichen Verlauf der Dinge zu erwartenden Schaden übersteigt oder dem anderen Teil der Nachweis abgeschnitten wird, daß ein geringerer Schaden entstanden ist;

- gemäß § 11 Nr. 6 AGBG die Vereinbarung einer Vertragsstrafe für den Fall der Nichtabnahme, der verspäteten Abnahme, des Zahlungsverzugs oder Lösung vom Vertrag durch den anderen Vertragspartner (diese Vorschrift kann auf den kaufmännischen Verkehr nur sehr eingeschränkt übertragen werden);

- gemäß § 11 Nr. 7 AGBG Bestimmungen, durch die eine Haftung bei grobem Verschulden (grobe Fahrlässigkeit des Verwenders oder vorsätzliche beziehungsweise grobe Fahrlässigkeit eines gesetzlichen Vertreters oder Erfüllungsgehilfen des Verwenders) ausgeschlossen wird. Hier ist streitig, ob das Freizeichnungsverbot auch im kaufmännischen Verkehr Anwendung findet. Die herrschende Meinung bejaht dies, wobei der Bundesgerichtshof eine differenzierte Meinung vertritt;

- gemäß § 11 Nr. 8 AGBG Bestimmungen, durch die für den Fall des Leistungsverzuges des Verwenders oder der von ihm zu vertretenden Unmöglichkeit der Leistung das Recht des anderen Vertragsteils ausgeschlossen wird, sich vom Vertrag zu lösen oder Schadensersatz zu verlangen. Im Verkehr unter Kaufleuten kann die Schadensersatzpflicht für einfache Fahrlässigkeit grundsätzlich abgedungen werden, soweit davon nicht die Hauptpflichten des Verwenders betroffen sind;

- gemäß § 11 Nr. 10 AGBG:

b) Gewährleistungsregelungen, soweit darin Bestimmungen enthalten sind, wonach zum Beispiel Gewährleistungsansprüche gegen den Verwender insgesamt oder bezüglich einzelner Teile bei der Lieferung neu hergestellter Sachen und Leistungen auf ein Recht auf Nachbesserung oder Ersatzteillieferung beschränkt werden, sofern dem anderen Teil nicht ausdrücklich das Recht vorbehalten wird, bei fehlschlagender Nachbesserung oder Ersatzlieferung Herabsetzung der Vergütung oder nach seiner Wahl Rückgängigmachung des Vertrages zu verlangen,

c) Regelungen, durch die die Verpflichtung des Verwenders ausgeschlossen wird, die Aufwendungen zu tragen, die zum Zweck der Nachbesserung erforderlich werden, insbesondere Transport-, Wege-, Arbeits- und Materialkosten,

d) Regelungen, durch die der Verwender die Beseitigung eines Mangels von der vorherigen Zahlung des vollständigen Entgelts abhängig macht,

e) die Vereinbarung von Ausschlußfristen für Mängelanzeigen, die bei nicht offensichtlichen Mängeln kürzer als die gesetzlichen Verjährungsfristen sind,

f) die Verkürzung der gesetzlichen Gewährleistungsfristen.

Bis auf § 11 Nr. 10 e AGBG finden diese Vorschriften grundsätzlich auch im Verkehr unter Kaufleuten Anwendung.

- gemäß § 11 Nr. 11 AGBG Bestimmungen, wonach die Haftung für zugesicherte Eigenschaften ausgeschlossen oder eingeschränkt wird, wobei zu beachten ist, daß im kaufmännischen Bereich an die Bejahung einer konkludenten Zusicherung strengere Anforderungen zu stellen sind als bei Rechtsgeschäften mit Verbrauchern;

- gemäß § 11 Nr. 15 AGBG Bestimmungen, in denen die Beweislast zum Nachteil des anderen Vertragsteiles dahingehend geändert wird, daß ihm die Beweislast für im Verantwortungsbereich des Verwenders liegende Umstände auferlegt wird.

2.5.3.2 § 10 AGBG: Klauselverbote mit Wertungsmöglichkeit

In § 10 AGBG sind Klauseln enthalten, deren Wirksamkeit oder Unwirksamkeit wegen der dort enthaltenen unbestimmten Rechtsbegriffe von einer Wertung durch das Gericht abhängig ist:

- gemäß § 10 Nr. 1 AGBG Bestimmungen, durch die sich der Verwender unangemessen lange oder nicht hinreichend bestimmte Fristen für die Annahme und Ablehnung eines Angebotes oder die Erbringung einer Leistung vorbehält, wobei die Angemessenheit unter Bedeutung des Vertrages und unter Berücksichtigung der beiderseitigen Interessen zu entscheiden ist (im Kfz-Neuwagengeschäft ist zum Beispiel eine Leistungsfrist bis zu sechs Wochen nach vereinbartem Lieferungstermin zulässig). Im kaufmännischen Verkehr gelten allerdings großzügigere Maßstäbe;

- gemäß § 10 Nr. 2 AGBG Bestimmungen, durch die sich der Verwender entgegen § 326 Abs. 1 BGB unangemessen lange Nachfristen vorbehält (vier Wochen sind beim Möbelkauf vom Bundesgerichtshof als zu lang beurteilt worden);

- gemäß § 10 Nr. 3 AGBG Vereinbarungen, durch die ein Recht des Verwenders, sich ohne sachlich gerechtfertigten Grund von seiner Leistungspflicht zu lösen, vereinbart wird. Im kaufmännischen Verkehr sind auch hier großzügigere Maßstäbe anzulegen;

- gemäß § 10 Nr. 5 AGBG Bestimmungen, wonach eine Erklärung des Vertragspartners des Verwenders bei Vornahme einer bestimmten Handlung als von ihm abgegeben oder nicht abgegeben gilt, es sei denn, daß dem Vertragspartner eine angemessene Frist zur Abgabe einer ausdrücklichen Erklärung eingeräumt ist und der Verwender sich verpflichtet, den Vertragspartner bei Beginn der Frist auf die vorgesehene Bedeutung seines Verhaltens besonders hinzuweisen. Zu beachten ist, daß im kaufmännischen Verkehr die Grundsätze über das Schweigen auf ein kaufmännisches Bestätigungsschreiben unberührt bleiben;

- gemäß § 10 Nr. 7 AGBG Bestimmungen, nach denen der Verwender für den Fall des Rücktritts vom Vertrag oder der Kündigung des Vertrages eine unangemessen hohe Vergütung für Benutzung oder Gebrauch einer Sache oder eines Rechts oder für erbrachte Leistungen beziehungsweise einen unangemessen hohen Ersatz der Aufwendungen verlangen kann.

2.5.3.3   § 9 AGBG: Generalklausel

Letztlich sind die Bestimmungen in Allgemeinen Vertragsbedingungen gemäß § 9 AGBG (Auffangvorschrift) dann unwirksam, wenn sie den Vertragspartner des Verwenders entgegen den Geboten von Treu und Glauben unangemessen benachteiligen.

Danach liegt eine unangemessene Benachteiligung im Zweifel dann vor, wenn die Bestimmungen mit den wesentlichen Grundgedanken der gesetzlichen Regelungen nicht vereinbar sind oder wesentliche Pflichten, die sich aus der Natur des Vertrages ergeben, so eingeschränkt werden, daß die Erreichung des Vertragszwecks gefährdet ist.

Die Anwendung dieser Vorschrift setzt folglich eine umfassende Interessenabwägung voraus, die nicht abstrakt, sondern nur an den Umständen des Einzelfalles vorgenommen werden kann.

3. Ansprüche bei nicht ordnungsgemäßer Instandhaltung

Oft geht auch das mit den besten Absichten und mit den besten Vertragsvoraussetzungen angebahnte Vertragsverhältnis fehl: Eine Leistung wurde nicht, verspätet oder mangelhaft erbracht; hier bietet das Gesetz Regelungsmechanismen an, nämlich die Nichtleistungs-, Verzugs- und Gewährleistungsvorschriften.

3.1 Leistungsstörungen und anzuwendendes Recht

Die Rechtsfolgen einer nicht ordnungsgemäßen Vertragserfüllung werden maßgeblich von der rechtlichen Einordnung des zugrundeliegenden Vertrages mitbestimmt: Während nämlich der Gesetzgeber die "Nichtleistung" beziehungsweise die Unmöglichkeit sowie die verspätete Vertragserfüllung noch einheitlich für alle Vertragsarten geregelt hat, richten sich die Rechtsfolgen der mangelhaften Vertragserfüllung danach, ob ein Kauf-, Dienst-, Werk- oder sonstiger Vertrag vorliegt.

Im Hinblick darauf, daß sich Instandhaltungsverträge dem Dienst- oder Werkvertragsrecht zuordnen lassen, soll sich die folgende Darstellung auf die Bereiche der Dienst- und Werkverträge beschränken.

Vorweg ist anzumerken, daß sich sowohl beim Werk- als auch beim Dienstvertrag folgende Arten der Leistungsstörung unterscheiden lassen:

- Nichtleistung
- verspätete Leistung und
- Schlechterfüllung

3.1.1 Dienstvertrag

Erfüllt der Dienstverpflichtete seine Vertragspflichten nicht, kann der Dienstberechtigte gemäß § 320 BGB die Gegenleistung (Vergütung) verweigern. Bei beharrlicher Leistungsverweigerung kann der Berechtigte unter Umständen das Vertragsverhältnis gemäß § 626 BGB ohne Einhaltung einer Kündigungsfrist kündigen (Bild 15).

Umgekehrt hat auch der Dienstverpflichtete ein außerordentliches Kündigungsrecht gemäß § 626 BGB, wenn der Dienstberechtigte grundlos die Zahlung der vereinbarten Vergütung verweigert.

Von den dargestellten Fällen der Leistungsverweigerung zu unterscheiden ist der Fall, daß der Dienstverpflichtete die Leistung nicht erbringen kann, weil ihm dies nach Vertragsabschluß unmöglich geworden ist. In diesen Fällen der sogenannten nachträglichen Unmöglichkeit ist in

Gewährleistung und Haftung beim Dienstvertrag *

		Zu vertreten vom:	
Art der Leistungsstörung		**Dienstberechtigten (Auftraggeber)**	**Dienstverpflichteten (Auftragnehmer)**
Nicht-leistung	des Dienstverpflichteten (Dienste nicht erbracht)	= Annahmeverzug des Dienstberechtigten § 615 BGB: Vergütungsanspruch, ohne zur Nachleistung verpflichtet zu sein	§ 320 BGB: Leistungsverweigerungsrecht des Dienstberechtigten § 626 BGB: außerordentliches Kündigungsrecht (bei beharrlicher Leistungsverweigerung) § 628 Abs. 3 BGB: Schadensersatz
	des Dienstberechtigten (Vergütung nicht gezahlt)	§ 320 BGB: Leistungsverweigerungsrecht des Dienstverpflichteten § 626 BGB: außerordentliches Kündigungsrecht § 628 Abs. 3 BGB: Schadensersatzanspruch im Falle der Kündigung	nicht denkbar
verspätete Leistung	des Dienstverpflichteten		§§ 284, 286: Ersatz des Verzugsschadens § 626 BGB: gegebenenfalls Kündigungsrecht § 628 Abs. 3 BGB: Schadensersatz
	des Dienstberechtigten	§§ 284, 286 BGB: Ersatz des Verzugsschadens § 626 BGB: bei wiederholter Verspätung Kündigungsrecht § 628 Abs. 3 BGB: Schadensersatz	nicht denkbar
Unmöglichkeit	der Leistung des Dienstverpflichteten	§ 324 BGB: Vergütungspflicht des Dienstberechtigten	§ 325 BGB: Schadensersatzpflicht des Dienstverpflichteten
Schlechtleistung	durch den Dienstverpflichteten		pVV: Schadensersatz

* **Anmerkung:** vereinfachte Darstellung

Bild 15

bezug auf die Rechtsfolgen entscheidend, wer die Unmöglichkeit zu vertreten hat, wer also den zur Unmöglichkeit führenden Umstand vorsätzlich oder fahrlässig verursacht hat.

Haben weder Dienstberechtigter noch Dienstverpflichteter dafür eine Ursache gesetzt, so wird der Dienstverpflichtete von seiner Leistungspflicht befreit, er verliert jedoch im Gegenzug auch seinen Anspruch auf Vergütung, § 323 BGB.

Anders verhält es sich, wenn der Dienstberechtigte die Unmöglichkeit zu vertreten hat. Zwar wird auch hier der Dienstverpflichtete von seiner Leistungspflicht befreit, doch behält er seinen Vergütungsanspruch. Er muß sich allerdings diesbezüglich das anrechnen lassen, was er infolge der Befreiung von der Leistung erspart oder durch anderweitige Verwendung seiner Arbeitskraft erwirbt oder zu erwerben böswillig unterläßt, § 324 Abs. 1 BGB.

Hat demgegenüber der Dienstverpflichtete die Unmöglichkeit selbst verschuldet, so bestimmen sich die Rechtsfolgen nach Wahl des Dienstberechtigten: Er kann vom Vertrag zurücktreten (mit der Folge, daß die beiderseitigen Leistungspflichten erlöschen) oder aber Schadensersatz wegen Nichterfüllung des Vertrages verlangen, § 325 Abs. 1 BGB.

Diese Regelungen gelten unabhängig von der Frage, ob der Dienstverpflichtete die Leistung persönlich erbringt oder, nach vorheriger vertraglicher Vereinbarung, Hilfspersonen heranzieht, weil er für deren Verschulden gemäß § 278 BGB einzustehen hat.

Im übrigen findet die Vorschrift des § 325 BGB, unabhängig vom Vertretenmüssen des Dienstverpflichteten, auch dann Anwendung, wenn schon bei Vertragsabschluß die Erbringung der Leistung unmöglich war (anfängliche Unmöglichkeit). Darauf, ob der Dienstverpflichtete bei Vertragsabschluß Kenntnis davon hatte, kommt es nicht an (sogenannte Garantiehaftung).

Die vorgenannten Regelungen zur Unmöglichkeit lassen sich jedoch nicht auf den Fall übertragen, daß, ausgehend vom Vergütungspflichtigen, eine Unmöglichkeit der Leistungserbringung (Zahlung) angenommen wird. Selbst wenn der Vergütungspflichtige kein Geld hat, liegt keine Unmöglichkeit im Rechtssinne vor (Geld hat man zu haben!). Demzufolge kann der Vergütungspflichtige selbstverständlich nicht von seiner Leistungspflicht befreit sein, wenn er - auch dauerhaft - nicht zahlungsfähig ist.

Im Fall der verspäteten Leistung durch den Dienstverpflichteten kann der Dienstberechtigte neben dem bestehenbleibenden Erfüllungsanspruch gemäß §§ 286 Abs. 1, 284 BGB Ersatz des Verzugsschadens verlangen. Voraussetzung dafür ist allerdings, daß ein Verzug im Sinne des § 284 BGB (also eine schuldhafte Nichtleistung trotz Fälligkeit der Leistung und Mahnung) gegeben ist. In den gesetzlich bestimmten Einzelfällen kann eine Mahnung durch den Dienstberechtigten gegebenenfalls entbehrlich sein (vergleiche insoweit § 284 Abs. 2 BGB).

Während im Falle eines Prozesses die sonstigen Voraussetzungen des Verzuges (Fälligkeit, Mahnung) vom Anspruchssteller zu beweisen sind, gilt hinsichtlich des Tatbestandsmerkmals "Verschulden", daß dieses vermutet wird und demzufolge der Leistungsverpflichtete vollständigen Beweis dafür zu erbringen hat, daß ihn kein Verschulden trifft (vergleiche insoweit § 285 BGB).

Will der Dienstberechtigte dagegen Schadensersatz wegen Nichterfüllung vom Dienstverpflichteten erlangen, so kann er dies nicht über die soeben dargestellte Anspruchsgrundlage der §§ 286 Abs. 1, 284 BGB geltend machen. Schadensersatz wegen Nichterfüllung kann er vielmehr gemäß § 326 BGB nur dann verlangen, wenn er - über die Mahnung hinaus - den Dienstverpflichteten eine angemessene Frist zur Leistungserbringung mit der Erklärung gesetzt hat, daß er die im gegenseitigen Vertrag festgelegte Leistung nach Ablauf der Frist ablehne. Anstelle der Schadensersatzanforderung kann er jedoch - wie im Falle des § 325 BGB - auch vom Vertrag zurücktreten.

Kommt der Dienstberechtigte seinerseits mit der Zahlung der Vergütung in Verzug, so hat auch der Dienstverpflichtete die oben dargestellten Rechte. Hinsichtlich des Verzugsschadens gilt gemäß § 288 BGB, daß dieser (sofern nicht ein weitergehender Schaden nachgewiesen wird) mit vier Prozent (bei Kaufleuten fünf Prozent) pauschal bemessen wird.

Die Fälle der mangelhaften Vertragserfüllung sind (wie bereits angesprochen) nicht allgemein, sondern für jede Vertragsart gesondert geregelt. Allerdings ergibt sich gerade für das Dienstvertragsrecht die Besonderheit, daß diese Art der Leistungsstörung, anders als im Werkvertragsrecht, nicht speziell festgelegt ist. Die Rechtsfolgen der "Schlechterfüllung" bestimmen sich hier allein nach den durch Richterrecht entwickelten Grundsätzen der sogenannten positiven Vertragsverletzung (pVV). Danach kann der Dienstberechtigte im Regelfall Schadensersatz wegen Nichterfüllung verlangen, wenn der Vertragspartner seine Pflichten schuldhaft verletzt hat. In selteneren Fällen kann er auch (alternativ zum Schadensersatz) Rücktritt vom Vertrag als Rechtsfolge wählen.

Darüber hinaus kann sich unter Umständen ein Schadensersatzanspruch aus § 823 BGB ergeben (deliktische Haftung).

3.1.2 Werkvertrag

Im Werkvertragsrecht richten sich die Rechtsfolgen der Nichterfüllung beziehungsweise der nicht ordnungsgemäßen Erfüllung (Schlechtleistung, verspätete Leistung) entscheidend danach, ob bereits eine Abnahme des geschuldeten Werkes erfolgt ist oder nicht (Bild 16).

Wie noch näher darzustellen sein wird, hat die erfolgte Abnahme zum einen die Wirkung, daß der Neuherstellungsanspruch der §§ 631, 633 BGB spätestens zu diesem Zeitpunkt erlischt, mit

Gewährleistung und Haftung beim Werkvertrag *

	Vor der Abnahme	
	Zu vertreten vom:	
Art der Leistungsstörung	**Besteller Auftraggeber**	**Unternehmer Auftragnehmer**
Nichtleistung		§ 320 BGB: Einrede des nicht erfüllten Vertrages (keine Vergütungspflicht)
Verspätete Leistung	§ 285 BGB: Kein Verzug des Unternehmers § 642 BGB: Entschädigungsanspruch des Unternehmers § 643 BGB: Kündigungsrecht des Unternehmers	§ 326 BGB: Schadensersatz wegen Nichterfüllung oder Rücktritt (verschuldensabhängig) § 636 BGB: Rücktrittsrecht (verschuldensunabhängig) § 284, 286 Abs. 1 BGB: Ersatz des Verzugsschadens
Unmöglichkeit der Leistung	§ 324 BGB: Zahlungspflicht des Bestellers § 645 BGB: anteilige Vergütung	§ 325 BGB: Schadensersatz wegen Nichterfüllung oder Rücktritt
Schlechtleistung	§ 645 BGB: anteilige Vergütung	§§ 631, 633 BGB: Neuerstellung § 633 Abs. 2 BGB: Mängelbeseitigung § 634 BGB: Wandlung/Minderung pVV = (positive Vertragsverletzung): Schadensersatz

	Nach der Abnahme		
	Zu vertreten vom:		
Art der Leistungsstörung		**Besteller Auftraggeber**	**Unternehmer Auftragnehmer**
Nichtleistung		nicht denkbar	nicht denkbar
Verspätete Leistung			§ 284, 286 BGB: Verzugsschaden
Unmöglichkeit der Leistung		nicht denkbar	nicht denkbar
Schlecht-leistung	bei Abnahme Mangel nicht erkannt		§ 633 Abs. 2 BGB: Mängelbeseitigung § 634 BGB: Wandlung/Minderung § 635 BGB: Schadensersatz
	bei Abnahme Mangel erkannt, Rechte vorbehalten		§ 633 Abs. 2 BGB: Mängelbeseitigung § 634 BGB: Wandlung/Minderung § 635 BGB: Schadensersatz
	bei Abnahme Mangel erkannt, Rechte nicht vorbehalten		§ 640 Abs. 2 BGB: Rechte d. § 634 BGB können nicht geltend gemacht werden § 635 BGB: Schadensersatz pVV: Schadensersatz

* Anmerkung: Es handelt sich hier um eine stark verkürzte Darstellung, weil Haftung und Gewährleistung im Werkvertragsrecht sehr komplex sind und die Umstände des Einzelfalles maßgeblichen Einfluß auf die Rechtsfolgen haben.

Bild 16

der Folge, daß von da an die Vorschriften des Werkvertragsrechtes gemäß §§ 633 ff. BGB die allgemeinen Vorschriften der §§ 320 ff. BGB verdrängen.

Darüber hinaus kann die Abnahme gemäß § 640 Abs. 2 BGB gegebenenfalls den Ausschluß der Gewährleistungsansprüche bewirken, wenn sich der Besteller nicht im Zeitpunkt der Abnahme seine Rechte vorbehalten hat.

Im Hinblick darauf ist für die Darstellung der einzelnen Ansprüche und Rechtsfolgen der Leistungsstörungen im Werkvertragsrecht eine zeitliche Untergliederung vorzunehmen.

3.1.2.1 Ansprüche und Rechtsfolgen vor Abnahme

Bis zum Zeitpunkt der Abnahme gelten die bereits beim Dienstvertragsrecht dargestellten Regelungen der §§ 320 ff. BGB in bezug auf die Nichtleistung, die Unmöglichkeit und die verspätete Leistung.

Dies bedeutet, daß auch hier bei Nichtleistung des Unternehmers der Besteller das Recht hat, die Zahlung der vereinbarten Vergütung zu verweigern, § 320 BGB.

Ist die Herstellung des vertraglich geschuldeten Gegenstandes nach Vertragsabschluß unmöglich geworden (zum Beispiel, weil etwa die instandzusetzenden Maschinen durch ein Feuer auf dem Betriebsgelände vernichtet worden sind), so bestimmen sich die Rechtsfolgen wie auch sonst grundsätzlich danach, wer die Unmöglichkeit der Leistungserbringung zu vertreten hat: Bei Verschulden des Bestellers wird der Unternehmer von seiner Leistungspflicht frei (§ 275 BGB), behält jedoch seinen Vergütungsanspruch (§ 324 BGB). Ist demgegenüber der Unternehmer selbst für die Unmöglichkeit der Leistung verantwortlich, wird er zwar auch von seiner Leistungspflicht befreit (§ 275 BGB), hat jedoch nach Wahl des Bestellers Schadensersatz wegen Nichterfüllung zu leisten oder den Rücktritt des Vertragspartners vom Vertrag hinzunehmen, § 325 BGB.

Ist die Unmöglichkeit dagegen von keiner Seite verschuldet herbeigeführt worden, werden beide Vertragsparteien von ihrer Dienstleistungspflicht befreit. Der Besteller hat also danach regelmäßig auch keine Vergütung mehr zu zahlen. Hervorzuheben ist jedoch an dieser Stelle, daß die allgemeinen Regelungen der §§ 323 ff. BGB durch die Vorschriften der §§ 644, 645 BGB modifiziert werden, wonach der Besteller im Falle der unverschuldeten Unmöglichkeit dann nicht von seiner Zahlungspflicht befreit wird, wenn er die sogenannte Gegenleistungsgefahr trägt. Dieser Begriff besagt im Grunde nichts anderes, als daß der Besteller in den durch die §§ 644, 645 BGB bestimmten Fällen eine (Teil-)Vergütung zu erbringen hat, obwohl der Unternehmer das Werk (unverschuldet) nicht herstellen kann.

Im übrigen gelten bis zur Abnahme auch die bereits aufgeführten Verzugsregelungen: So kann der Besteller zum einen gemäß § 286 Abs. 1 BGB Ersatz des Verzugsschadens und (nach Fristsetzung mit Ablehnungsandrohung) gemäß § 326 BGB vom Unternehmer Schadensersatz wegen Nichterfüllung verlangen, beziehungsweise vom Vertrag zurücktreten.

Der Unternehmer seinerseits kann vom Besteller, der sich mit der Vergütung bei Verzug befindet, ebenfalls gemäß § 286 Abs. 1 BGB Ersatz des Verzugsschadens verlangen, der bei Geldschulden gemäß § 288 BGB mit vier Prozent pauschal beziffert werden kann (bei Kaufleuten fünf Prozent).

Im Unterschied zum Dienstvertrag hat hier der Unternehmer jedoch nicht die Möglichkeit, nach § 326 BGB vorzugehen und Schadensersatz wegen Nichterfüllung zu verlangen. Dies hat seine Ursache in dem Umstand, daß die Vergütungspflicht und damit auch der Eintritt des Verzuges regelmäßig erst mit Abnahme entsteht, ab diesem Zeitpunkt jedoch die Anwendbarkeit des § 326 BGB ausgeschlossen ist.

Neben diesen allgemeinen Regelungen zur Leistungsstörung können vor Abnahme auch bereits die in den §§ 633 ff. BGB festgelegten Ansprüche wegen mangelhafter Vertragserfüllung geltend gemacht werden. Voraussetzung dafür ist allerdings, daß ein Mangel vorliegt und das Werk bereits hergestellt ist. Das Werk ist mangelhaft, wenn ihm entweder Beschaffenheitsmerkmale fehlen, die nach dem Inhalt des Vertrages vorhanden sein sollen und dadurch die Gebrauchstauglichkeit beeinträchtigt wird oder aber ihm vom Unternehmer zugesicherte Eigenschaften fehlen.

Herstellung bedeutet, daß der Unternehmer das Werk fertigstellt und zu erkennen gegeben haben muß, daß er es für ablieferungsfähig hält.

Liegen diese Bedingungen vor, so sind verschiedene Ansprüche des Bestellers zu unterscheiden:

Gemäß §§ 631, 633 Abs. 1 BGB schuldet der Unternehmer die Herstellung eines mangelfreien Werkes. Der Besteller hat demgemäß zum einen den hierauf gerichteten Erfüllungsanspruch, der bei Herstellung eines mangelhaften Werkes fortbesteht bleibt als "Neuherstellungsanspruch".

Daneben besteht allerdings der Anspruch auf Mängelbeseitigung gemäß § 633 BGB. Kommt der Unternehmer mit der Beseitigung des Mangels in Verzug, so kann der Besteller auf Kosten des Unternehmers den Mangel beseitigen, § 633 Abs. 3 BGB. Grundsätzlich hat der Besteller zwischen diesen Ansprüchen ein Wahlrecht, welches allerdings durch den Grundsatz von Treu und Glauben (§ 242 BGB) eingeschränkt ist: So wird er bei Gleichwertigkeit von Nachbesserung und Neuherstellung regelmäßig nur die (kostengünstigere) Nachbesserung verlangen können. Erst wenn diese unmöglich, bereits einmal fehlgeschlagen oder sonst für den Besteller unzumutbar ist, kommt eine Neuherstellung in Betracht.

Natürlich kann sich der Unternehmer in den übrigen Fällen freiwillig (auch gegen den Willen des Bestellers) für eine Neuherstellung entscheiden, doch hat er dabei zu bedenken, daß er sich nunmehr bereits in Verzug befindet und dem Besteller den Verzugsschaden zu ersetzen hat, der sich mit fortschreitendem Zeitablauf grundsätzlich erhöht.

Neben diesen Möglichkeiten kann der Besteller auch Minderung des Werklohnes oder Wandlung (Rückgängigmachung) des Vertrages gemäß § 634 BGB verlangen, wenn er dem Unternehmer (entsprechend der Regelung des § 326 BGB) zuvor eine Frist zur Mängelbeseitigung gesetzt und gleichzeitig erklärt hat, daß er die Beseitigung nach Fristablauf ablehne.

In den von § 634 Abs. 2 BGB bezeichneten Fällen kann eine Fristsetzung im Einzelfall entbehrlich sein. Der Besteller kann sich dann unmittelbar für Minderung oder Wandlung entscheiden.

Ob der Besteller über diese Möglichkeiten hinaus gemäß § 635 BGB einen Schadensersatzanspruch geltend machen kann, ist umstritten. Die herrschende Meinung verneint dies, so daß dem Besteller nur die Möglichkeit verbleibt, bei Vorliegen der Voraussetzungen Schadensersatz nach den Grundsätzen zur positiven Vertragsverletzung zu verlangen.

Zusammengefaßt läßt sich somit feststellen, daß der Besteller auch bereits vor der Abnahme bei mangelhafter Vertragserfüllung verschiedene Möglichkeiten hat.

Allerdings ergeben sich in bezug auf diese Wahlmöglichkeit bestimmte Einschränkungen: So entfallen beispielsweise Neuherstellungs- wie auch Mängelbeseitigungsanspruch, wenn dem Unternehmer die vertragsgemäße Erfüllung unmöglich geworden ist, § 275 BGB. Dasselbe gilt gemäß § 633 Abs. 2 Satz 3 BGB, wenn der mit dem Anspruch verbundene erforderliche Aufwand für den Unternehmer im Vergleich zum Vorteil für den Besteller unverhältnismäßig ist.

Hat sich der Besteller für die Vorgehensweise nach § 634 BGB entschieden und dem Unternehmer eine Frist mit Ablehnungsandrohung gesetzt, so entfallen mit Fristablauf die Rechte aus § 633 Abs. 1 und 2 BGB. Der Unternehmer kann somit nur noch Wandlung oder Minderung verlangen.

Problematisch ist abschließend, ob § 306 BGB (Nichtigkeit des Vertrages bei objektiver Unmöglichkeit) eingreift, wenn die Herstellung des Werkes von vornherein objektiv unmöglich ist; so etwa, wenn eine zugesicherte Eigenschaft für eine Maschine nach der derzeitigen Technik nicht herstellbar ist. Nach herrschender Meinung greift § 306 BGB nicht ein, da der Unternehmer, der die Eigenschaft immerhin zugesichert hat, nicht von jeder vertraglichen Haftung freigestellt werden soll. Der Vertrag bleibt somit rechtswirksam mit der Folge bestehen, daß der Besteller (hier ausnahmsweise schon vor der Abnahme) gemäß § 635 BGB Schadensersatz wegen Nichterfüllung fordern kann.

3.1.2.2 Ansprüche und Rechtsfolgen nach Abnahme

Nach Abnahme kann der Besteller nur noch den Nachbesserungsanspruch gemäß § 633 Abs. 2 Satz 1 BGB sowie die Gewährleistungsansprüche aus §§ 634, 635 BGB geltend machen, weil der Neuherstellungsanspruch (spätestens) mit der Abnahme erlischt. Allerdings kann der Mangelbeseitigungsanspruch im Ergebnis auf einen Neuherstellungsanspruch hinauslaufen, wenn die bloße Nachbesserung unmöglich ist und nur durch eine Neuherstellung die Beseitigung des Mangels erreicht werden kann.

Die Anwendung der allgemeinen Vorschriften über Leistungsstörungen gemäß §§ 320 ff. BGB ist durch die ab Abnahme geltenden Regelungen der §§ 633 ff. BGB ausgeschlossen. Allein die den Verzugsschadensersatz regelnden Vorschriften der §§ 284 ff. BGB können neben den Gewährleistungsrechten zur Anwendung kommen.

Zwischen dem verbleibenden Anspruch auf Mängelbeseitigung einerseits und den Gewährleistungsrechten andererseits hat der Besteller kein Wahlrecht. Vielmehr hat er zunächst lediglich den Anspruch auf Mängelbeseitigung und erst nach erfolglosem Fristablauf die Rechte aus § 634 BGB (Wandlung, Minderung). Für die erfolgreiche Geltendmachung des Schadensersatzanspruches gemäß § 635 BGB ist über die Fristsetzung mit Ablehnungsandrohung hinaus auf seiten des Unternehmers erforderlich, daß diesen in bezug auf den Mangel ein Verschulden trifft. Da dieses jedoch nach den Grundsätzen der Beweislastverteilung nach Gefahrenbereichen vermutet wird, hat der Unternehmer sein mangelndes Verschulden zu beweisen.

Liegen die Voraussetzungen sowohl des Wandlungs- und Minderungsbegehrens als auch des Schadensersatzanspruches vor, so hat der Besteller zwischen diesen Ansprüchen ein Wahlrecht. Dieses entfällt erst dann, wenn Wandlung oder Minderung vollzogen, der Schadensersatzanspruch anerkannt oder einer der Ansprüche rechtskräftig zugesprochen worden ist.

Entscheidet sich der Besteller für die Geltendmachung des Schadensersatzanspruches aus § 635 BGB, so ist von Bedeutung und Interesse für den Besteller, welche Schäden der Unternehmer zu ersetzen hat.

Die Bestimmung des Umfanges der Schadensersatzpflicht aus § 635 BGB bereitet in der Praxis große Probleme. Umstritten ist nämlich, inwieweit nur Schäden am Werk selbst oder auch entferntere Schäden an anderen Rechtsgütern des Bestellers ersatzfähig sind. Bedeutsam ist diese Frage insoweit, als die Schadensersatzansprüche auch § 635 BGB (wie die anderen Gewährleistungsrechte auch!) in sechs Monaten, gerechnet vom Zeitpunkt der Abnahme an, verjähren

(§ 638 BGB). Bei Arbeiten an einem Grundstück erhöht sich diese Frist auf ein Jahr, bei Bauwerken auf fünf Jahre.

Beispiel (BGHZ 58, 305 ff.): U. verpflichtet sich, bei B. Schachtöfen von Gas- auf Ölfeuerung umzustellen. Jahre später bricht ein nicht sachgerecht verlegtes Ölzuleitungsrohr. Durch den entstandenen Brand des Brennofengebäudes entsteht ein Sachschaden am Gebäude von ca. 60.000 DM.

Stellt man sich nun auf den Standpunkt, daß es sich bei dem Brandschaden um einen grundsätzlich über § 635 BGB zu ersetzenden Schaden handelt, so führt dies infolge der mittlerweile eingetretenen Verjährung dazu, daß nunmehr von seiten des Unternehmers kein Ersatz mehr geleistet werden muß. (Selbstverständlich sind in diesem Falle auch die Ansprüche aus § 634 BGB verjährt!)

Der Bundesgerichtshof hat hier eine Anwendbarkeit des § 635 BGB mit der Folge verneint, daß der Unternehmer Schadensersatz aus positiver Vertragsverletzung zu leisten hatte. Der Grund ist darin zu sehen, daß die aus der positiven Vertragsverletzung folgenden Schadensersatzansprüche im Werkvertragsrecht (anders als im Kaufrecht) immer der allgemeinen, 30jährigen Verjährungsfrist unterliegen.

Angesichts dieser weitreichenden Folgen im Hinblick auf die unterschiedlichen Verjährungsfristen von § 635 BGB auf der einen Seite und (sekundär anwendbarer) positive Vertragsverletzung auf der anderen Seite, stellt sich die Frage, wonach eine Abgrenzung vorzunehmen ist beziehungsweise welche Schäden über § 635 BGB und welche über positive Vertragsverletzung ersetzt werden können (beziehungsweise müssen):

Die herrschende Meinung nimmt eine Abgrenzung danach vor, ob es sich im konkreten Fall um einen Mangelschaden beziehungsweise um einen unmittelbaren oder um einen mittelbaren Mangelfolgeschaden handelt. Während letzterer nach positiver Vertragsverletzung zu ersetzen ist, gilt für Mangelschäden und unmittelbare Mangelfolgeschäden § 635 BGB. Dabei ist als Mangelschaden der Schaden am Werk selbst sowie der dadurch entstandene Vermögensschaden (Minderwert, Gutachterkosten) zu verstehen.

Mangelfolgeschäden sind demgegenüber solche Schäden, die an anderen Rechtsgütern des Bestellers entstehen. Für die Unterscheidung zwischen unmittelbaren und mittelbaren Mangelfolgeschäden kommt es nach der überwiegenden und auch vom Bundesgerichtshof vertretenen Auffassung darauf an, ob zwischen dem Mangel (am Werk) und den geschädigten Rechtsgütern ein enger, unmittelbarer Zusammenhang besteht, wobei bei körperlichen Gegenständen darauf abgestellt wird, ob das erstellte Werk mit den anderen Sachen des Bestellers zu einer einheitlichen Sache zusammengefügt worden ist und zugleich ein enger räumlicher Zusammenhang besteht. Nur wenn dies der Fall ist, kann es sich überhaupt um unmittelbare Mangelfolgeschäden handeln. Dies bedeutet jedoch nicht im Umkehrschluß, daß dies dann immer der Fall ist. Vielmehr ist eine Beurteilung des konkreten Sachverhaltes im Einzelfall danach vorzunehmen, ob das Werk darauf gerichtet war, seine Verkörperung in den anderen Sachen des Bestellers zu finden, so daß sich der Mangel zwangsläufig auf diese Sachen auswirken mußte.

Diese Kriterien sind auch auf "Geisteswerke" anzuwenden. Zum Beispiel handelt es sich um nach § 635 BGB ersetzbare Mangelschäden beziehungsweise Mangelfolgeschäden, wenn mangelhafte Pläne von Architekten, Statikern oder Vermessungsingenieuren zu Mängeln des Bauwerkes führen, weil sich die Fehler der Pläne zwangsläufig auf das Bauwerk übertragen. Damit gilt auch für solche Mängel die kurze Verjährungsfrist.

Die sowohl angesichts der Verjährungsfrist als auch im Hinblick auf die Voraussetzungen (Keine Fristsetzung erforderlich!) günstigere positive Vertragsverletzung ist jedoch nicht nur bei entfernten Mangelfolgeschäden anwendbar. Vielmehr sind alle Schäden, sofern sie nicht mit Mängeln im Zusammenhang stehen, bei gegebenen Voraussetzungen nach positiver Vertragsverletzung ersetzbar.

Der Vollständigkeit halber soll abschließend auf die Anwendbarkeit weiterer Vorschriften eingegangen werden:

- Die §§ 823 ff. BGB (Deliktsrecht) sind neben den §§ 633 ff. BGB voll anwendbar. So können zum Beispiel durch eine mangelhafte Reparatur die Sachen des Bestellers einen Schaden erleiden. In einem solchen Fall kann der Besteller aus § 823 BGB einen Schadensersatzanspruch herleiten, der gemäß § 852 BGB erst in drei Jahren ab Kenntnis des Schadens verjährt.

- § 119 Abs. 2 BGB (Anfechtung des Werkvertrages wegen Fehlens einer zugesicherten Eigenschaft) ist durch die §§ 633 ff. BGB ausgeschlossen, soweit tatbestandliche Deckung besteht.

3.1.2.3 Begriff und Bedeutung der Abnahme

Wie bereits anhand der aufgezeigten unterschiedlichen Rechtsfolgen vor und nach Abnahme des Werkes deutlich geworden ist, kommt der Abnahme des Werkes eine erhebliche Bedeutung zu.

Im Hinblick darauf und angesichts der noch darzustellenden weiteren Konsequenzen ist zunächst der Begriff der Abnahme zu erläutern: Abnahme bedeutet die körperliche Entgegennahme des Werkes, verbunden mit der ausdrücklichen oder konkludenten Erklärung des Bestellers, daß er das Werk als eine im wesentlichen vertragsgemäße Leistung billige.

Da bei unkörperlichen Werken (Gutachten) eine körperliche Entgegennahme nicht möglich ist, kommt es allein auf die Anerkennung des Werkes als vertragsmäßige Leistung durch den Besteller an.

Ist auch die Anerkennung des Werkes infolge der Beschaffenheit nicht möglich (Beispiel: Theateraufführung), so scheidet eine Abnahme begrifflich aus. Hinsichtlich der mit der Abnahme verbundenen Folgen wird in diesen Fällen auf den Zeitpunkt der Vollendung abgestellt (§ 646 BGB), so daß beispielsweise auch von da an die Verjährungsfrist zu laufen beginnt.

Mit der Abnahme verbunden ist nicht nur der Wechsel bezüglich Art und Umfang von Gewährleistungs- und Haftungsansprüchen (Bild 16). Vielmehr kann die Abnahme zum Verlust der (Gewährleistungs-)ansprüche aus §§ 633, 634 BGB führen. Dies ist gemäß § 640 Abs. 2 BGB dann der Fall, wenn das Werk in Kenntnis des Mangels vorbehaltlos abgenommen wird. Darüber hinaus führt die Abnahme zum Beginn der Verjährungsfrist und zum Fälligwerden der Vergütung, § 641 BGB.

Des weiteren ist auf die Folge der Beweislastumkehr hinzuweisen: Nach der Abnahme muß der Besteller beweisen, daß das hergestellte Werk mangelhaft ist, während zuvor der Hersteller vollen Beweis für die vertragsgemäße Herstellung des Werkes zu erbringen hat.

3.1.2.4   Die Gefahrtragungsregeln beim Werkvertrag

Wer die Gefahr eines zufälligen, das heißt von keiner Seite zu vertretenden, Untergangs oder einer Verschlechterung des Werkes trägt, bestimmt sich abweichend von §§ 275, 323 BGB nach den §§ 644 - 646 BGB.

- Grundsatz: Nach § 644 Abs. 1 Satz 1 BGB trägt der Unternehmer Leistungs- und Preisgefahr *bis zur* Abnahme des Werkes oder - wenn diese nach der Beschaffenheit des Werkes ausgeschlossen ist - bis zu dessen Vollendung (§ 646 BGB). Ihn trifft eine der Gattungsschuld vergleichbare Leistungsverpflichtung, da er das untergegangene Werk noch einmal herstellen muß, ohne dafür eine zusätzliche Vergütung zu erhalten.

- Ausnahmsweise vor der Abnahme gehen Leistungs- und Preisgefahr auf den Besteller über (der Besteller hat also eine Vergütung zu zahlen, obwohl der Unternehmer das Werk nicht nochmals erstellen muß):

  • mit, beziehungsweise nach der Herstellung

    * nach § 644 Abs. 2 Satz 2 BGB bei Annahmeverzug des Bestellers (vergleiche §§ 300 Abs. 2, 324 Abs. 2 BGB);

* nach § 644 Abs. 2 BGB bei zulässiger Versendung (vergleiche § 447);

- auch schon vor der Herstellung

  * nach § 645 BGB, wenn die Unmöglichkeit beziehungsweise Verschlechterung des Werkes auf einem Mangel des vom Besteller gelieferten Stoffes oder auf einer Anweisung des Bestellers beruht, ohne daß der Besteller dies zu vertreten hat (dann greift § 324 Abs. 1 ein). Im Falle des § 645 hat der Besteller einen der geleisteten Arbeit entsprechenden Teil der Vergütung zu zahlen;

  * § 645 beruht auf einem Billigkeitsgedanken, da er die Vergütungsgefahr nicht vollständig der einen oder anderen Person auferlegt (nach § 323 Abs. 1 BGB wäre der Besteller frei, nach § 324 Abs. 1 BGB müßte er die volle Vergütung leisten). Nicht zuletzt wegen dieser sachgerecht erscheinenden Risikoverteilung ist schon früh versucht worden, § 645 BGB analog auf alle Fälle anzuwenden, in denen Untergang oder Verschlechterung des Werkes auf einem Umstand aus der Sphäre des Bestellers beruhen (sogenannte Sphärentheorie);

  * die Rechtsprechung hat sich dem mit der Einschränkung angeschlossen, daß der Besteller durch sein willentliches Verhalten das Werk in einen Zustand oder eine Lage versetzt haben muß, die eine Gefährdung des Werks mit sich gebracht hat (in der Scheune, an der gearbeitet wurde, befand sich feuergefährliches Material, das zum Ausbruch eines Brandes führte);

  * beruhen dagegen Untergang und Verschlechterung auf einem Verschulden des Bestellers, bleiben weitergehende Ersatzansprüche (§ 324 BGB bei Unmöglichkeit, sonst positive Vertragsverletzung) unberührt (siehe § 645 Abs. 2 BGB).

3.2 Individuelle vertragliche Regelungen

Die oben genannten Grundsätze stellen das gesetzliche Modell der Gewährleistungs- und Haftungsnormen dar. Im Rahmen der Privatautonomie steht es den Parteien jedoch frei, abweichend von den gesetzlichen Vorschriften, andere Gewährleistungsregelungen zu treffen, die Haftung zu erweitern oder sie zu beschränken. So kann zum Beispiel die Gewährleistung beim Werkvertrag gemäß den §§ 633 ff. BGB abgedungen werden. Diese Dispositionsfreiheit gilt jedoch nicht uneingeschränkt.

Eine Grenze bilden die Regelungen des Gesetzes zur Regelung der Allgemeinen Geschäftsbedingungen (AGBG), soweit es sich um allgemeine Geschäftsbedingungen handelt. Die andere Grenze findet sich für Individualvereinbarungen in § 138 BGB (Sittenwidrigkeit) sowie speziell für Werkverträge in § 637 BGB.

So besteht zum Beispiel die Möglichkeit, die Gewährleistungspflichten (Wandlung, Minderung, Schadensersatz) im Werkvertragsrecht durch Nachbesserungspflichten zu ersetzen. Damit ist, im Gegensatz zum Kaufrecht, der Rückgriff auf Gewährleistungsrecht selbst dann ausgeschlossen, wenn der Nachbesserungsversuch fehlgeschlagen ist. In diesem Fall ist der Besteller beschränkt auf die Schadensersatzansprüche aus schuldhafter Verletzung der Nachbesserungspflicht oder aus positiver Vertragsverletzung. Inwieweit auch diese Schadensersatzpflicht ausgeschlossen werden kann, ist umstritten.

Auch die Schadensersatzpflichten aus Verzug oder Unmöglichkeit können ausgeschlossen werden. Zulässig und üblich ist es, die Schadensersatzpflicht auf Höchstsummen zu begrenzen.

In der Regel werden zudem für bestimmte Vertragsverletzungen Pönalen (Vertragsstrafen) festgesetzt. Zweck der Vertragsstrafe ist, die Erfüllung der Hauptverbindlichkeit mit einem Druckmittel zu sichern. Die Vertragsstrafe kann insoweit vorteilhaft sein, als sie den Geschädigten von der Pflicht entbindet, den konkret entstandenen Schaden aus der jeweiligen Vertragsverletzung nachweisen zu müssen. Soweit Vertragsstrafen vereinbart werden, sind die diesbezüglichen gesetzlichen Regelungen der §§ 336 ff. BGB zu beachten.

Gemäß § 637 BGB sind Vereinbarungen, durch die die Verpflichtung des Unternehmers, einen Mangel zu vertreten, erlassen oder beschränkt wird, dann nichtig, wenn der Unternehmer den Mangel arglistig verschwiegen hat.

Nicht der Dispositionsfreiheit der Parteien unterliegen darüber hinaus einige Regelungen aus dem Dienst- beziehungsweise Arbeitsvertragsrecht. Als Beispiel sei hier die Vorschrift des § 618 BGB genannt, wonach der Dienstberechtigte Fürsorgepflichten gegenüber dem Dienstverpflichteten zu erfüllen hat. Die rechtliche Gestaltungsfreiheit findet ganz allgemein eine weitere Grenze dort, wo eine der Vertragsparteien letztlich rechtlos gestellt oder sie durch den Vertrag in unangemessener Weise geknebelt wird (zum Beispiel völliger Haftungsausschluß oder übermäßig lange Kündigungsfristen).

Da gerade dem Bereich der Gewährleistung und Haftung eine wichtige und besonders risikobehaftete Rolle zukommt, liegt es im Interesse des Auftraggebers, möglichst umfangreiche Haftungsregelungen zu treffen, umgekehrt wird der Auftragnehmer seine Haftung soweit wie möglich zu begrenzen versuchen. Es gilt daher, einen für beide Seiten vertretbaren Kompromiß zu finden, der keine der Parteien übermäßig belastet, unter Umständen sich sogar existenzbedrohend auswirkt.

Abhilfemöglichkeiten können durch summenmäßige Haftungsbeschränkungen, Haftungsausschluß für bestimmte Rechtsgüter (zum Beispiel entgangener Gewinn, der schnell in astronomischen Höhen entstehen kann) oder zum Beispiel für Folgeschäden geschaffen werden.

3.3 Mitwirkung und Organisation des Auftraggebers

Mitwirkungspflichten des Auftraggebers bestehen hinsichtlich:

- Informationen
- Zugangsermöglichung
- Zurverfügungstellen von Unterlagen, gegebenenfalls Personal
- Fürsorgepflicht gegenüber den Dienstverpflichteten gemäß § 618 BGB
- Schadensminderungspflicht

Sie stellen "Sonstige Pflichten der Parteien", die neben den Gewährleistungspflichten gelten, dar. Wesentlich für die Erfüllung dieser Mitwirkungspflichten ist die organisatorische Absicherung der Auftraggeber. Der Auftraggeber hat durch eine festgelegte Organisation, in der Aufgaben, Kompetenzen und Verantwortung eindeutig zu definieren sind, dafür Sorge zu tragen, daß er seinen vertraglichen Pflichten nachkommt. Aus Gründen der Beweissicherung ist für eine entsprechende Dokumentation zu sorgen.

Gerade im Bereich der Mitwirkungspflichten gibt es im Verhältnis von Auftraggeber und Auftragnehmer eine Vielzahl von Schnittstellenproblemen, die zum Teil daraus resultieren, daß einerseits Angestellte des Auftraggebers, andererseits Angestellte des Auftragnehmers im möglichst einverständlichen Zusammenwirken dieselben Aufgaben zu erfüllen haben.

Von besonderer Bedeutung ist daher die Regelung der gegenseitigen Weisungsbefugnisse sowie einer möglichst exakten Abgrenzung der Verantwortung für einzelne Teilleistungen. Durch die Vertragsgestaltung muß gewährleistet sein, daß einzelne Teilaufgaben im Rahmen der vom Auftragnehmer geschuldeten Leistungspflicht jeweils einem bestimmten Funktionsträger zugeordnet werden können.

Je nach vertraglicher Gestaltung bestehen vertragliche Gewährleistungsansprüche des Auftraggebers gegen den Auftragnehmer nur hinsichtlich solcher Teilleistungen, die dieser eigenverantwortlich wahrnimmt und die Teil seiner vertraglich geschuldeten Leistungspflicht sind.

Problematisch wird die Abgrenzung dann, wenn die vertraglich geschuldete Gesamtleistung aus Teilleistungen zusammengesetzt ist, die sowohl vom Auftraggeber als auch vom Auftragnehmer erbracht werden müssen. Zeigt sich in einem solchen Fall nach Fertigstellung des geschuldeten Werkes ein Mangel am Gesamtwerk, so besteht für den Auftragnehmer unter Umständen die Möglichkeit, seiner Gewährleistungspflicht unter Hinweis auf § 645 BGB mit der Behauptung zu entgehen, das Werk sei bereits vor der Abnahme infolge einer von dem Besteller für die Ausführung erteilten Weisung verschlechtert worden, ohne daß ein Umstand mitgewirkt habe, der von ihm zu vertreten sei.

Bei der Regelung des § 645 Abs. 1 BGB ist umstritten, ob sich aus dieser Vorschrift eine allgemeine "Sphären-Theorie" ableiten läßt, wonach der Besteller vor der Abnahme für alle Leistungshindernisse aus seinem Gefahrenbereich verantwortlich ist. Die Rechtsprechung hat bisher die "Sphären-Theorie" nicht übernommen, ist jedoch zu einer entsprechenden Anwendung des § 645 I BGB in besonders gelagerten Einzelfällen bereit, so zum Beispiel in einem Fall, in dem Abbruch- und Mauerarbeiten des Unternehmers deshalb wertlos geworden waren, weil das Bauwerk durch Schweißarbeiten der Installationsfirma, die der Besteller in Auftrag gegeben hatte, in Brand gesetzt worden war (OLG Köln, OLGZ 75, 323).

Betont werden muß an dieser Stelle, daß die Einzelheiten einer Mitwirkungspflicht des Auftraggebers und ihre rechtliche Behandlung sowie die möglichen Konsequenzen aus der unzureichenden Mitwirkung des Auftraggebers äußerst umstritten sind und eine Beurteilung nur anhand der besonderen Umstände des Einzelfalles folgen kann.

3.4   Sonstige Pflichten der Parteien

Schon vor Vertragsschluß, während der Vertragsverhandlungen, treffen die Parteien besondere Pflichten im Hinblick auf den Vertragspartner. Grund dafür ist, daß auch bei geschäftlichen Kontakten ein vertragsähnliches Verhältnis besteht, das die Parteien zur Sorgfalt beim Umgang mit Vertragspartnern verpflichtet. Wird einer der Vertragsparteien anläßlich der Vertragsverhandlungen durch Verschulden des anderen Teils geschädigt, so stehen ihm Schadensersatzansprüche aus dem Rechtsinstitut "culpa in contrahendo" (c.i.c.) zu. Dies bedeutet: "Verschulden bei Vertragsschluß" und ist ein durch Richterrecht entwickeltes, das heißt nicht im Gesetz geregeltes Rechtsinstitut. Diese Ansprüche setzen nicht das Zustandekommen eines wirksamen Vertrages voraus.

Zum anderen wird das Institut der c.i.c. auch dann angewendet, wenn spezielle Haftungsnormen nicht einschlägig sind und Regelungslücken vorliegen (Beispiel: fahrlässige Täuschung des Vertragspartners). Rechtsfolge eines "Verschuldens bei Vertragsschluß" ist die Pflicht zum Schadensersatz. So kann zum Beispiel der Abbruch der Vertragsverhandlungen zum Schadensersatz dann verpflichten, wenn zuvor schuldhaft ein Vertrauen auf das Zustandekommen des Vertrages gesetzt wurde. Verschuldeter Dissens sowie die Verletzung vertraglicher Aufklärungspflichten können ebenso zu Ersatzansprüchen führen.

Die Verletzung vertraglicher Aufklärungspflichten kann unter Umständen sogar dazu führen, daß über die c.i.c. die Rückgängigmachung des Vertrages gefordert werden kann. Wieweit Aufklärungspflichten der Parteien bestehen, kann nicht einheitlich, sondern muß am konkreten Einzelfall entschieden werden. Generell läßt sich feststellen, daß die Aufklärungspflicht um so höher ist, als ein unter Umständen länger andauerndes Vertrauensverhältnis zwischen den Parteien besteht.

Für eine besondere Sorgfaltspflicht spricht auch das überlegene Wissen eines der Vertragspartner. Der Eintritt der Parteien in Vertragsverhandlungen begründet auch besondere Schutzpflichten für Personen, Sachen oder andere Rechtsgüter des Vertragspartners. Dieser Haftungsgrund ähnelt daher stark der deliktischen Verkehrssicherungspflicht. Mitwirkungspflichten während der Vertragsabwicklung des Auftraggebers bestehen zum Beispiel in der Obliegenheit, Material, Unterlagen und gegebenenfalls Personal dem Auftragnehmer zur Verfügung zu stellen. Darüber hinaus hat der Auftraggeber den Auftragnehmer über besondere Vorkommnisse, Schäden, Betriebsstörungen etc. rechtzeitig zu informieren und ihm möglichst frühzeitig die Informationen zur Verfügung zu stellen, die eine sachgerechte Instandhaltung ermöglichen. Dazu können zum Beispiel Angaben über Schadensverlauf und über als möglich erkannte Ursachen gehören.

In diesem Zusammenhang spielt auch die Schadensminderungspflicht eine Rolle. Danach ist jeder der Vertragspartner verpflichtet, den Schaden möglichst gering zu halten. Bei Erkennen von Fehlern oder anderen Auffälligkeiten kann es zum Beispiel geboten sein, die betreffende Anlage abzuschalten. Erkannte Schwachstellen der Anlage dürfen nicht im Vertrauen auf einen bestehenden Instandhaltungsvertrag so lange ignoriert werden, bis tatsächlich ein Schaden eingetreten ist. Warnungspflichten können daraus resultieren, daß die Gefahr eines ungewöhnlich hohen Schadens besteht. Zur Durchführung von Instandhaltungsmaßnahmen ist dem Auftragnehmer der Zugang zu den Betriebsräumen zu gestatten. Inwieweit auch Dritte im Auftrag des Verpflichteten ein Zutrittsrecht haben, sollte einzelvertraglich geregelt werden.

Spezialgesetzlich geregelt ist im Dienstvertragsrecht die Fürsorgepflicht des Dienstberechtigten gegenüber seinem Dienstverpflichteten in § 618 BGB. Danach hat der Dienstberechtigte Räume, Vorrichtungen und Gerätschaften, die er zur Verrichtung der Dienste zu beschaffen hat, so einzurichten und zu unterhalten, daß der Dienstverpflichtete gegen Gefahr für Leib und Leben und Gesundheit geschützt ist. Gleiches gilt für Arbeitsregelungen, denen der Dienstverpflichtete unterworfen ist. Demzufolge hat der Berechtigte die Arbeitsplatzgestaltung sowie Arbeitsregelungen den einschlägigen öffentlich-rechtlichen Vorschriften entsprechend zu gestalten. Einhaltung von Unfallverhütungsvorschriften, Verkehrssicherheit der Gerätschaften (Maschinen, Werkzeuge) hat er gegebenenfalls zu überwachen. Die Verletzung dieser Pflichten kann gemäß § 618 Abs. 3 BGB zu Schadensersatzansprüchen des Dienstverpflichteten aus positiver Vertragsverletzung führen. Die Vorschrift wird analog auch auf den Werkvertrag angewendet. Während sie beim Dienstvertrag zwingend ist, kann sie beim Werkvertrag zwischen den Parteien abbedungen werden.

Der Vertrag entfaltet auch Wirkung nach seiner Beendigung. So bleibt die Pflicht, im Rahmen des Vertrages gewonnene Informationen aus dem Betrieb des Vertragspartners vertraulich zu behandeln, auch nach Beendigung des Vertrages bestehen. Auch kann eine Pflicht zur Herausgabe von Unterlagen oder die nachvertragliche Auskunftserteilung Folge eines bereits beendeten Vertrages sein.

4. Arbeitnehmerüberlassung in der Instandhaltung

Der Zwang zur Rationalisierung in den Unternehmen führt auch in der Instandhaltung zur Prüfung des Prinzips "Make or Buy", das heißt zur Beantwortung der Frage: "Machen wir die Instandhaltung selbst oder vergeben wir komplett an Auftragnehmer beziehungsweise beschäftigen wir zusätzlich zu den eigenen Arbeitnehmern noch Fremde in Form der Arbeitnehmerüberlassung?"

Die Entscheidung "Make or Buy" sollte nicht nach Gefühl erfolgen, sondern nach einer Systematik, die Vor- und Nachteile gegeneinander abwägt.

4.1 Bedeutung des Arbeitnehmerüberlassungsgesetzes

Grundsätzlich gibt es sechs Möglichkeiten der Vergabe von Fremdleistungen in der Instandhaltung (Bild 17). Praktische Bedeutung haben in der Regel nur

1. Werkvertrag,
2. Dienstvertrag,
6. Leiharbeitsvertrag.

Bei den Leiharbeitsverhältnissen können zwei voneinander getrennte und unabhängige Vertragsbeziehungen zwischen drei verschiedenen Personen beziehungsweise juristischen Personen unterschieden werden (Bild 18).

Dies ist zum einen der zwischen dem Entleiher und dem Verleiher geschlossene Arbeitnehmerüberlassungsvertrag, auf der anderen Seite der zwischen dem Leiharbeitnehmer und dem Verleiher geschlossene Arbeitsvertrag. Zwischen dem Leiharbeitnehmer und dem Entleiher kommt hingegen kein Vertragsverhältnis zustande. Die Beziehungen zwischen diesen beiden Beteiligten erschöpfen sich vielmehr darin, daß der Leiharbeitnehmer die Arbeitsleistung, zu der er aufgrund des mit dem Verleiher geschlossenen Arbeitsvertrages verpflichtet ist, beim Entleiher erbringt.

Im Unterschied zum Werk-/Dienstvertrag entsteht also bei der Arbeitnehmerüberlassung beziehungsweise den Leiharbeitsverhältnissen ein "Dreiecksverhältnis" zum Leistungsaustausch zwischen drei Personen/juristischen Personen.

Arbeitnehmerüberlassung kann in unterschiedlichen Formen auftreten.

Nach der klassischen Terminologie wird zwischen "echten Leiharbeitsverhältnissen" und sogenannten "unechten Leiharbeitsverhältnissen" unterschieden.

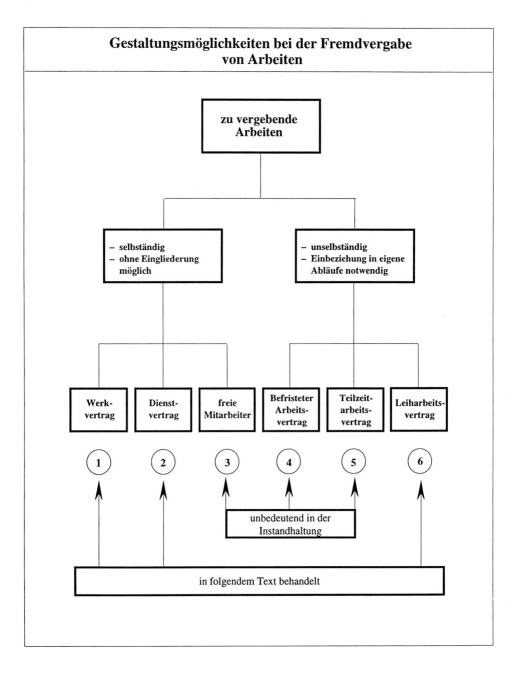

Gestaltungsmöglichkeiten bei der Fremdvergabe von Arbeiten

zu vergebende Arbeiten

– selbständig
– ohne Eingliederung möglich

– unselbständig
– Einbeziehung in eigene Abläufe notwendig

| Werk-vertrag | Dienst-vertrag | freie Mitarbeiter | Befristeter Arbeits-vertrag | Teilzeit-arbeits-vertrag | Leiharbeits-vertrag |

1 2 3 4 5 6

unbedeutend in der Instandhaltung

in folgendem Text behandelt

Bild 17

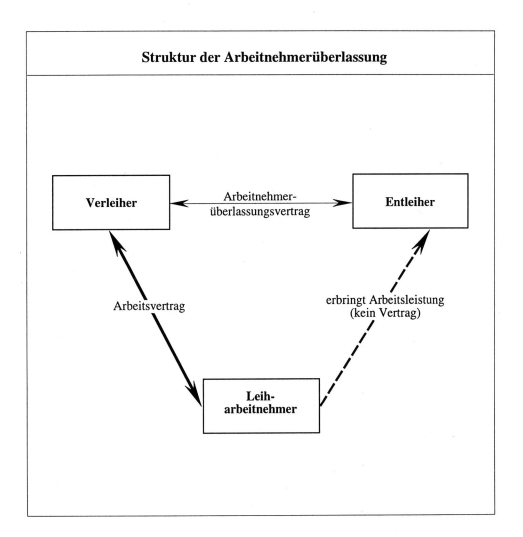

Bild 18

Das Gesetz zur Regelung der gewerbsmäßigen Arbeitnehmerüberlassung (AÜG) betrifft allein die sogenannten "unechten Leiharbeitsverhältnisse".

Es stellt jedoch nicht auf diesen Begriff, sondern allein darauf ab, ob die Arbeitnehmerüberlassung "gewerbsmäßig" erfolgt (Begriff wird später erläutert).

Das "echte Leiharbeitsverhältnis" ist dadurch gekennzeichnet, daß der Arbeitnehmer seine Arbeitsleistung grundsätzlich an den Verleiher zu erbringen hat, von diesem aber vorübergehend dem Entleiher zur Verfügung gestellt wird. Praktische Bedeutung hat dies insbesondere bei der Arbeitnehmerüberlassung zwischen verschiedenen Betrieben innerhalb eines Konzerns oder zwischen kurzfristig miteinander verbundenen Betrieben (zum Beispiel im Rahmen einer Arbeitsgemeinschaft). In diesem Fall erfolgt die Arbeitnehmerüberlassung nicht gewerbsmäßig. Das unechte Leiharbeitsverhältnis ist dadurch gekennzeichnet, daß der Verleiher seine Arbeitnehmer gewerbsmäßig dritten Arbeitgebern überläßt. Die Arbeitnehmer werden hier ausschließlich zu dem Zweck angestellt, ihre Arbeitsleistung gegenüber Dritten zu erbringen (Bild 19).

Während die echten Leiharbeitsverhältnisse ohne weiteres zulässig sind, werden die unechten Leiharbeitsverhältnisse vom Anwendungsbereich des Arbeitnehmerüberlassungsgesetzes (AÜG) erfaßt; für sie besteht gemäß § 1 AÜG eine Erlaubnispflicht.

Da ein Verstoß gegen Vorschriften des AÜG, wie im folgenden noch dargestellt wird, unter Umständen zu weitreichenden Konsequenzen führen kann, ist es daher immer geboten, bei der Gestaltung der Verträge zwischen Auftraggeber und Auftragnehmer, aber auch bei der Ausgestaltung des Einsatzes der Arbeitnehmer die grundsätzlichen Festlegungen des AÜG zu beachten.

In diesem Zusammenhang ist hervorzuheben, daß mit dem Arbeitsförderungs-Reformgesetz (= AFRG = Bundesgesetzblatt 1997, Teil 1 Heft 20, S. 594 f.) auch das AÜG grundlegende Änderungen erfahren hat, die zum Großteil bereits zum 1. April 1997 in Kraft getreten und daher im folgenden entsprechend berücksichtigt worden sind.

Weitere wichtige Änderungen des AFRG betreffen vor allem die Änderung und Übernahme des AFG in das Sozialgesetzbuch III, die jedoch - wie weitere Bestimmungen zum AÜG - erst 1998 beziehungsweise 1999 in Kraft treten.

Vor diesem Hintergrund sollte jedes Unternehmen bei der Überprüfung von Instandhaltungsverträgen darauf achten, daß ihm bereits die Neufassung des AÜG vorliegt.

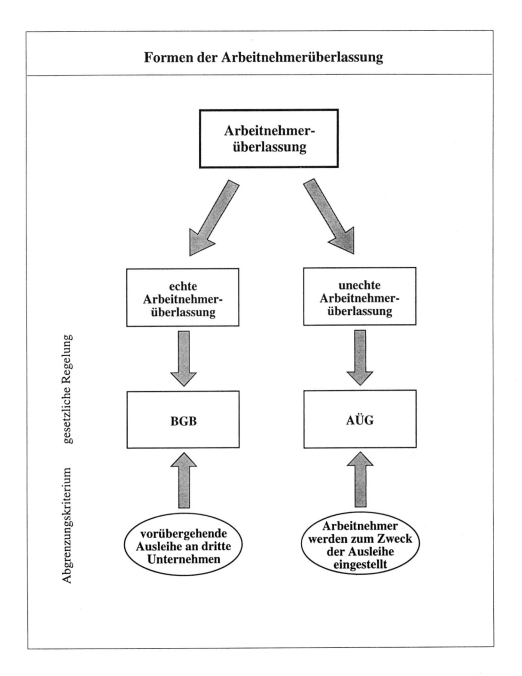

Bild 19

4.2 Leitlinien des Arbeitnehmerüberlassungsgesetzes

Wichtig ist, zunächst den Gesetzeszweck des AÜG zu kennen. Das AÜG enthält sowohl gewerberechtliche als auch arbeitsrechtliche und vermittlungsrechtliche Regelungen (Bild 20).

- Dabei liegt die gewerberechtliche Bedeutung - insbesondere die des § 1 AÜG - in der Begründung einer behördlichen Erlaubnispflicht für die Tätigkeit des Verleihers von Arbeitskräften.

- Die arbeitsrechtliche Funktion des AÜG soll klären, wer Arbeitgeber der verliehenen Arbeitskräfte ist. Festgelegt ist, daß Arbeitgeber des Leiharbeitnehmers grundsätzlich der Verleiher ist, bei dem die Leiharbeitnehmer angestellt sind.

- Die vermittlungsrechtliche Bedeutung des AÜG liegt in der Grenzziehung zwischen Arbeitnehmerüberlassung und privater Arbeitsvermittlung.

Die wohl wichtigsten Regelungen des Gesetzes sind in den §§ 1, 3, 9, 10 AÜG enthalten.

In diesen Vorschriften ist unter anderem bestimmt, daß Verträge zwischen Verleihern und Entleihern über die Zurverfügungstellung von Personal (gegebenenfalls also auch als Werk- oder Dienstvertrag gekennzeichnete Verträge) unwirksam sind, wenn entweder der Verleiher nicht die nach § 1 Abs. 1 AÜG erforderliche Erlaubnis zur Arbeitnehmerüberlassung besitzt oder aber er nach der Vermutung des § 1 Abs. 2 AÜG private Arbeitsvermittlung betreibt, ohne über eine entsprechende Genehmigung zu verfügen. Ein Instandhaltungsvertrag, der gegen diese Bestimmungen verstößt, ist unwirksam.

Die Unwirksamkeit der Verträge im Falle des Nichtvorliegens der erforderlichen Genehmigung ergibt sich unmittelbar aus § 9 Abs. 1 AÜG. Handelt es sich demgegenüber entsprechend der Vermutung des § 1 Abs. 2 AÜG um private Arbeitsvermittlung, bedarf der Vermittler gemäß § 23 AFG (Arbeitsförderungsgesetz) einer speziell auf diese Tätigkeit ausgerichteten Erlaubnis.

Die Unwirksamkeit von Verträgen beziehungsweise Vereinbarungen, die mit einem nicht die Erlaubnis besitzenden Arbeitsvermittler geschlossen werden, folgt aus § 24 a Nr. 1 AFG.

In Kenntnis dieser Rechtsfolgen werden daher Instandhaltungsverträge meist als Dienst- oder Werkvertrag bezeichnet, gleichgültig, ob es sich in Wahrheit im Arbeitnehmerüberlassungsverträge handelt.

Die Bezeichnung als Dienst- oder Werkvertrag ist jedoch wenig hilfreich, da die Abgrenzung zu Arbeitnehmerüberlassungsverträgen im Einzelfall äußerst problematisch ist und letztlich allein

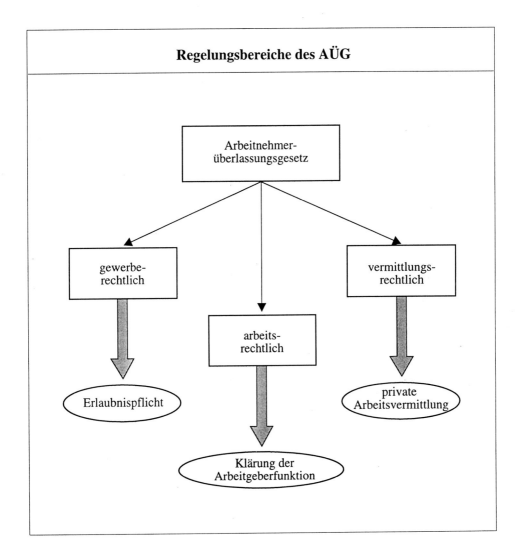

Bild 20

der Inhalt des Vertrages sowie die tatsächliche Vertragsdurchführung maßgeblich für die Beurteilung der Frage sind, ob es sich um Arbeitnehmerüberlassung handelt.

Die Abgrenzung von Werk-, Dienst- und Arbeitnehmerüberlassungsverträgen ist schwierig, weil das AÜG Abgrenzungskriterien entwickelt hat, die sich in der Instandhaltungspraxis nur schwer einhalten lassen. Dies gilt insbesondere für die gewerberechtliche und vermittlungsrechtliche Bedeutung des Gesetzes, weniger für den arbeitsrechtlichen Regelungsbereich.

4.3   Die arbeitsrechtliche Problematik

Die arbeitsrechtliche Grundproblematik des Verleihens von Arbeitnehmern ist in der Schaffung eines speziellen Arbeitnehmerschutzes zu sehen. Die Gefährdung von Arbeitnehmerinteressen liegt in der Struktur des Leiharbeitsverhältnisses begründet, durch das der Arbeitnehmer gezwungen ist, seinem Arbeitgeber (dem Verleiher) aufgrund arbeitsvertraglicher Verpflichtungen seine Arbeitskraft zur Verfügung zu stellen, während er einem Dritten (dem Entleiher) die Arbeitsleistung zu erbringen hat.

Demgemäß entstehen für den Leiharbeitnehmer Risiken und Nachteile, aber auch für den Entleiher.

Zum einen trifft den Leiharbeitnehmer ein erhöhtes Lohnrisiko, da er vertraglich nur dem Verleiher verpflichtet ist, der jedoch aufgrund der hauptsächlich betriebenen Arbeitnehmerüberlassung zur Betriebsführung nur einen relativ geringen Aufwand hat und demgemäß für die Aufrechterhaltung seines Betriebes nur eine relativ geringe Kapitalausstattung benötigt. Diese oftmals nicht ausreichende Kapitaldeckung im Betrieb des Verleihers birgt für den Leiharbeitnehmer erhebliche Risiken.

Zudem gibt es für Leiharbeitnehmer, von wenigen Ausnahmen abgesehen, keine absichernden Tarifverträge. Als Ausnahme kann hier der zwischen der Deutschen Angestellten-Gewerkschaft und dem Bundesverband Zeitarbeit abgeschlossene Manteltarifvertrag vom 10. März 1983 genannt werden.

Das Leiharbeitsverhältnis genießt gegenüber den "regulären" Arbeitsverhältnissen darüber hinaus einen erheblich geringeren Bestandsschutz. Der Arbeitsplatz des Leiharbeitnehmers beim Entleiher ist kündigungsrechtlich nicht abgesichert. Es besteht daher die Gefahr der Kündigung durch den Verleiher bei fehlender Einsatzmöglichkeit wegen dringender betrieblicher Erfordernisse gemäß § 1 Abs. 2 Kündigungsschutzgesetz.

Ein arbeitsrechtliches und sozialpolitisches Spannungsfeld entsteht zudem daraus, daß dem Leiharbeitnehmer kein Teilhaberecht an Sozialleistungen des Entleihers zusteht. Insoweit besteht eine arbeitsmarktpolitische Gefahr, daß nämlich der Entleiher versucht, durch den fortlaufenden Einsatz von Leiharbeitnehmern den Kreis der durch seine Sozialleistungen begünstigten Arbeitnehmer möglichst klein zu halten.

4.4 Die gewerberechtliche Problematik

Zentrale Funktion kommt im Arbeitnehmerüberlassungsgesetz dem Begriff der "gewerbsmäßigen Arbeitnehmerüberlassung" zu (Bild 21). Nur soweit die Arbeitskräfte gewerbsmäßig ausgeliehen werden, findet das AÜG Anwendung.

"Gewerbsmäßige Arbeitnehmerüberlassung" liegt nach der amtlichen Begründung zum Arbeitnehmerüberlassungsgesetz dann vor, wenn der Hauptzweck des Betriebes oder eines Betriebsteiles darauf gerichtet ist, aus der Arbeitnehmerüberlassung einen wirtschaftlichen Gewinn zu erzielen. Daraus wurde früher gefolgert, daß nur solche Betriebe und Betriebsteile unter den Begriff fallen, deren tatsächlicher Gegenstand hauptsächlich in der Überlassung von Leiharbeitnehmern bestand. Dies sind typischerweise reine "Verleihunternehmen", wie Zeitarbeitsunternehmen.

Nach nunmehr wohl einhelliger Auffassung in Rechtsprechung und Literatur liegt gewerbsmäßige Arbeitnehmerüberlassung jedoch schon dann vor, wenn die Verleihung der Arbeitnehmer im Einzelfall den Hauptzweck und nicht nur eine untergeordnete Nebenleistung darstellt. Deshalb muß jeder einzelne Instandhaltungsvertrag daraufhin untersucht werden, ob hier Gewerbsmäßigkeit vorliegt.

"Gewerbsmäßig" im Sinne des § 1 Abs. 1 AÜG ist jede nicht nur gelegentliche, sondern auf Dauer angelegte und auf Erzielung unmittelbarer oder mittelbarer wirtschaftlicher Gewinne ausgerichtete selbständige Tätigkeit. Gewinnerzielungsabsicht liegt schon vor, wenn Arbeitnehmer, die ansonsten nicht eingesetzt werden können, an andere Unternehmen zu einem die Selbstkosten übersteigenden Entgelt verliehen werden.

Schon aus dieser Definition der "Gewerbsmäßigkeit" wird deutlich, wie weit und gegebenenfalls wie unscharf die Kriterien, nach denen erlaubnispflichtige Arbeitnehmerüberlassung beurteilt wird, sein können.

Im folgenden sollen jedoch einige Beispiele für Arbeitnehmerüberlassungsverträge aufgezeigt werden, die nicht das Merkmal der Gewerbsmäßigkeit erfüllen und daher auch nicht vom Anwendungsbereich des AÜG und von der Erlaubnispflicht erfaßt werden.

Nicht zu den gewerbsmäßigen Arbeitnehmerüberlassungsverträgen zählen:

- Echte Leiharbeitsverhältnisse - sie sind gekennzeichnet durch die gelegentliche Überlassung von Arbeitskräften an Dritte. Diese können durch Arbeitsmangel beim Verleiher oder saison-

Gewerberechtlicher Anwendungsbereich des AÜG

§ 1 Abs. 1 AÜG

gewerbsmäßige Überlassung

frühere Auslegung:

Hauptzweck des Betriebes oder Betriebsteiles ist darauf gerichtet, aus der Überlassung einen wirtschaftlichen Gewinn zu erzielen

heutige Auslegung:

– Verleihen von Arbeitnehmern stellt im Einzelfall den Hauptzweck der Leistung dar

– dient der Erzielung unmittelbarer oder mittelbarer Gewinne

Bild 21

bedingten Bedarf beim Entleiher bedingt sein. Indiz für das Vorliegen echter Leiharbeitsverhältnisse ist zum Beispiel die Zustimmung des Arbeitgebers (vergleiche § 613 Satz 2 BGB) zum Wechsel des Arbeitsplatzes bei einem anderen Unternehmen.

- Überlassung von Maschinen und Betriebspersonal - die rechtliche Qualifikation solcher "Überlassungsverträge" in Abgrenzung zur gewerbsmäßigen Arbeitnehmerüberlassung ist darin zu sehen, ob die Personalüberlassung, die insoweit allein relevant ist, im Verhältnis zur Überlassung der Maschine eine Haupt- oder Nebenpflicht darstellt. Bei einer Gestaltung der Personalüberlassung als Nebenpflicht liegt in Fällen dieser Art nach der in Rechtsprechung und Schrifttum herrschenden Meinung ein Mietvertrag, verbunden mit einem Dienstverschaffungsvertrag, vor, der nicht unter das AÜG fällt (zum Beispiel Überlassung eines Flugzeuges mit Besatzung).

- Werkarbeitsgemeinschaften - solche Arbeitsgemeinschaften sind dann nicht als Arbeitnehmerüberlassung zu qualifizieren, wenn die Beteiligten selbständige Leistungen (wie zum Beispiel bei Bauarbeitsgemeinschaften) erbringen. Beschränkt sich demgegenüber die Mitarbeit eines der Unternehmen auf das Zurverfügungstellen von Personal, liegt in der Regel eine erlaubnispflichtige Arbeitnehmerüberlassung vor.

- Subunternehmer - ähnlich wie bei der Bewertung von Werkarbeitsgemeinschaften hängt die rechtliche Einordnung solcher Subunternehmerverhältnisse davon ab, inwieweit der Subunternehmer eigenverantwortlich Teilleistungen eines Gesamtwerkes zu erbringen hat. Die werkvertragliche Ausgestaltung eines solchen Subunternehmerverhältnisses ist ein starkes Indiz dafür, daß keine gewerbliche Arbeitnehmerüberlassung vorliegt.

Ist nach den oben genannten Kriterien die "Gewerbsmäßigkeit" zu bejahen, so bedeutet dies jedoch nicht im Umkehrschluß, daß die Vorschriften des AÜG in jedem Fall zur Anwendung kommen. Das Gesetz hat in § 1 Abs. 1 Satz 2 und in § 1 Abs. 3 Ausnahmen vorgesehen:

- So bestimmt § 1 Abs. 1 Satz 2 AÜG, daß die Abordnung von Arbeitnehmern zu einer zur Herstellung eines Werkes gegründeten Arbeitsgemeinschaft keine Arbeitnehmerüberlassung darstellt, wenn

• der Arbeitgeber Mitglied der Arbeitsgemeinschaft ist,

• für alle Mitglieder der Arbeitsgemeinschaft Tarifverträge desselben Wirtschaftszweiges gelten und

• alle Mitglieder aufgrund des Arbeitsgemeinschaftsvertrages zur selbständigen Erbringung von Vertragsleistungen verpflichtet sind.

Diese Vorschrift stellt eine nicht widerlegbare gesetzliche Fiktion dar. Mit ihr bestimmt der Gesetzgeber, daß ein bestimmter Sachverhalt, der an sich Arbeitnehmerüberlassung sein kann, im rechtlichen Sinne keine Arbeitnehmerüberlassung ist. Folglich findet nicht nur das AÜG, sondern das gesamte Recht der Arbeitnehmerüberlassung, die betreffenden Regelungen des Arbeitsförderungsgesetzes also eingeschlossen, keine Anwendung.

- Anders verhält es sich bei der weiteren Ausnahmevorschrift des § 1 Abs. 3 AÜG, durch die bei Vorliegen bestimmter Voraussetzungen lediglich die Anwendung des AÜG ausgeschlossen wird. Damit behält eine gewerbsmäßige Arbeitnehmerüberlassung ihre rechtliche Qualität, so daß die außerhalb des AÜG liegenden Vorschriften zur Arbeitnehmerüberlassung Anwendung finden.

§ 1 Abs. 3 AÜG sieht vor, daß das Gesetz nicht anzuwenden ist auf die Arbeitnehmerüberlassung

1. zwischen Arbeitgebern desselben Wirtschaftszweiges zur Vermeidung von Kurzarbeit oder Entlassungen, wenn ein für den Entleiher und Verleiher geltender Tarifvertrag dies vorsieht,

2. zwischen Konzernunternehmen im Sinne des § 18 des Aktiengesetzes, wenn der Arbeitnehmer seine Arbeit vorübergehend nicht bei seinem Arbeitgeber leistet, oder

3. in das Ausland, wenn der Leiharbeitnehmer in ein auf der Grundlage zwischenstaatlicher Vereinbarungen begründetes deutsch-ausländisches Gemeinschaftsunternehmen verliehen wird, an dem der Verleiher beteiligt ist.

4.5   Die vermittlungsrechtliche Problematik

Unzulässig können auch Verträge sein, deren Inhalt die Vermittlung von Arbeitskräften ist. Zwar ist das ursprüngliche Vermittlungsmonopol der Arbeitsämter und damit das Vermittlungsverbot mit einer Gesetzesänderung von 1994 aufgehoben worden, doch ist danach die private Arbeitsvermittlung auch heute nur zulässig, wenn der Vermittler die gemäß § 23 AFG erforderliche Erlaubnis besitzt. Verfahren sowie Voraussetzungen der Erlaubniserteilung sind allein in den §§ 23 ff. AFG geregelt, so daß diese Erlaubnis streng von der des § 1 AÜG (Erlaubnis zur gewerbsmäßigen Arbeitnehmerüberlassung) zu unterscheiden ist.

Die Abgrenzung von Arbeitnehmerüberlassung und privater Arbeitsvermittlung ist im übrigen wegen der unterschiedlichen Rechtsfolgen von Bedeutung (Arbeitgeberstellung des Verleihers, keine Lohn- und Sozialversicherungshaftung des Vermittlers).

§ 1 Abs. 2 AÜG legt ein eigenständiges Abgrenzungskriterium zwischen Arbeitnehmerüberlassung und privater Arbeitsvermittlung fest (Bild 22).

§ 1 Abs. 2 AÜG enthält die widerlegbare Vermutung, daß es sich bei der Überlassung von Arbeitnehmern an Dritte um private Arbeitsvermittlung handelt, wenn

1. entweder der Überlassende nicht die üblichen Arbeitgeberpflichten übernimmt (zum Beispiel Zahlung des Lohnes, Gewährung von Erholungsurlaub etc.),

2. oder er nicht das Arbeitgeberrisiko trägt (bei Vorliegen der Tatbestände des § 3 Abs. 1 AÜG Nr. 1 - 5 AÜG ist hiervon auszugehen),

3. oder die Dauer der Überlassung im Einzelfall zwölf Monate übersteigt.

Die Vermutung kann dadurch widerlegt werden, daß der Überlassende nachweist, daß er und nicht der Entleiher nach der Gesamtausgestaltung der vertraglichen und tatsächlichen Beziehungen Arbeitgeber des Leiharbeitnehmers ist.

Der Begriff des Überlassens knüpft hier nicht an die im übrigen nach § 1 AÜG wichtige Unterscheidung zwischen gewerbsmäßiger und nicht gewerbsmäßiger Arbeitnehmerüberlassung an. "Überlassender" ist demgemäß auch, wer nicht gewerbsmäßig Arbeitnehmer einem Dritten zur Verfügung stellt, da die für das Leiharbeitsverhältnis charakteristische sektorale Aufspaltung von Arbeitgeberfunktionen auf Verleiher und Entleiher auch im Falle der nicht gewerbsmäßigen Arbeitnehmerüberlassung erfüllt ist.

Wichtiges Kriterium zur Beurteilung, ob im Einzelfall private Arbeitsvermittlung (für die eine spezielle Erlaubnis nach dem AFG erforderlich ist) betrieben wird, ist nach der Vorschrift des § 1 Abs. 2 AÜG demnach, ob zwischen dem Überlassenden und dem Leiharbeitnehmer keine echten arbeitsvertraglichen Beziehungen bestehen. Die entsprechenden Abgrenzungskriterien (Arbeitgeberpflichten und Arbeitgeberrisiko) werden jedoch nicht immer einheitlich ausgelegt:

Das Bundesverfassungsgericht hat zu dem damals noch geltenden § 37 Abs. 3 des Gesetzes über Arbeitsvermittlung und Arbeitslosenversicherung (AVAVG) entschieden, daß Arbeitsvermittlung letztlich darauf ausgerichtet ist, daß zwischen einem eine Arbeit suchenden Arbeitnehmer und einem einen Arbeitsplatz anbietenden Arbeitgeber ein Arbeitsverhältnis zustande kommt. Zur Begründung eines Arbeitsverhältnisses genügt nach Auffassung des Bundesverfassungsgerichtes, daß der zugewiesene Arbeitnehmer in den Betrieb der "dritten Person" derart eingeordnet wird, daß er nach der ganzen Gestaltung der gegenseitigen Beziehungen, die auch auf kurze Dauer angelegt sein können, deren Arbeitnehmer wird (BVerfGE 21, 266).

Vermittlungsrechtlicher Anwendungsbereich des AÜG

§ 1 Abs. 2 AÜG

private Arbeitsvermittlung

- Überlassung von Arbeitnehmern
  ohne Übernahme des Arbeitgeber-
  risikos oder der üblichen Arbeitgeberpflichten (§ 3 Abs. 1 Nr. 1 - 5)
- Überlassung länger als zwölf Monate
  (§ 3 Abs. 1 Nr. 6)

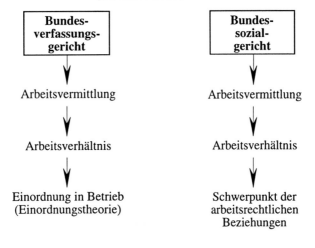

**Bundes-
verfassungs-
gericht**

↓

Arbeitsvermittlung

↓

Arbeitsverhältnis

↓

Einordnung in Betrieb
(Einordnungstheorie)

**Bundes-
sozial-
gericht**

↓

Arbeitsvermittlung

↓

Arbeitsverhältnis

↓

Schwerpunkt der
arbeitsrechtlichen
Beziehungen

Bild 22

Keine Arbeitsvermittlung liegt demgegenüber vor, wenn der Arbeitnehmer nicht eingeordnet, sondern in arbeitsrechtlichen Beziehungen zu dem zuweisenden Unternehmer verbleibt.

Im Gegensatz zu der vom Bundesverfassungsgericht vertretenen "Einordnungstheorie" stellte das Bundessozialgericht in einer Entscheidung von 1970 bei der Beurteilung der (zu diesem Zeitpunkt noch generell unzulässigen) privaten Arbeitsvermittlung auf den "Schwerpunkt der arbeitsrechtlichen Beziehungen" ab (Bild 22).

Beide von den Gerichten benutzten Abgrenzungskriterien wurden wegen ihrer Konturlosigkeit von der Literatur kritisiert. Eine endgültige Klärung der Frage zeichnet sich zur Zeit nicht ab.

Obgleich der dritte Vermutungstatbestand (Überschreitung der Zwölf-Monats-Grenze) eindeutiger zu sein scheint, ergeben sich auch diesbezüglich Beurteilungsprobleme, wenn ein und derselbe Leiharbeitnehmer mehrfach in demselben Betrieb eingesetzt wird. Einigkeit besteht hier nur insofern, als der Leiharbeitnehmer nie durchgehend mehr als zwölf Monate beschäftigt sein darf (dann Arbeitsvermittlung!). Unklar sind jedoch die Fallgestaltungen, in denen der Arbeitnehmer mehrfach mit mehr oder weniger langen Unterbrechungen eingesetzt wird.

Die Bundesanstalt für Arbeit hatte die Auffassung vertreten, daß die Zwölf-Monats-Frist dann erneut zu laufen beginnt, wenn die Unterbrechung mindestens 25 Prozent der vorherigen Beschäftigungsdauer beträgt. (Bei den zulässigen zwölf Monaten würde also eine Unterbrechung von ca. zwölf Wochen ausreichen, um denselben Arbeitnehmer erneut für zwölf Monate einzusetzen!)

Das BAG stellt hinsichtlich der Beurteilung solcher Fälle nicht allein auf die Dauer der einzelnen Unterbrechung des Arbeitsverhältnisses ab. Vielmehr ist nach Auffassung des BAG eine wertende Gesamtbetrachtung derart durchzuführen, daß der Sachverhalt darauf zu untersuchen ist, ob die wiederholte Überlassung desselben Arbeitnehmers letztlich der Deckung eines längerfristigen Arbeitskräftebedarfs dient. Entscheidendes Kriterium ist hierbei, ob Anlaß oder Dauer der Unterbrechung sowie die Art der Weiterbeschäftigung darauf hindeuten, daß zwischen den einzelnen Überlassungen ein enger sachlicher Zusammenhang besteht.

Wird dies bejaht, so ist eine Überschreitung des Zwölf-Monate-Zeitraumes mit der Folge zu bejahen, daß nunmehr die Vermutung eingreift, es handele sich um private Arbeitsvermittlung. Obgleich nach den oben genannten Kriterien die Abgrenzung zwischen Arbeitnehmerüberlassung und privater Arbeitsvermittlung schwierig erscheint, ergeben sich diesbezüglich in der Praxis wenige Schwierigkeiten. Der Grund dafür ist in dem Umstand zu sehen, daß die ohne Erlaubnis betriebene private Arbeitsvermittlung und die mangels erteilter Erlaubnis unerlaubte Arbeitnehmerüberlassung den Eintritt ähnlicher Rechtsfolgen bewirken: Beide Tätigkeiten sind verboten und (zumindest für den Überlassenden) mit Bußgeld belegt (bei illegalem Verleih/

illegaler Vermittlung von ausländischen Arbeitnehmern ohne Arbeitserlaubnis sogar mit Kriminalstrafe).

Ein Unterschied besteht lediglich auf seiten des Auftraggebers (Entleihers). Dieser haftet nur für die unerlaubte Arbeitnehmerüberlassung, während ihn bei privater Arbeitsvermittlung keine Sanktionen treffen.

Die Rechtsfolgen der unerlaubten Arbeitnehmerüberlassung werden später detaillierter dargestellt.

4.6   Schein-Werkverträge (Dienstverträge)

Zumeist wird versucht, Aufträge unter Umgehung der Formalien der erlaubten Arbeitnehmerüberlassung zu umgehen (Schein-Werkverträge). Das Problem liegt hier in der sachlichen Nähe von Dienst- beziehungsweise insbesondere Werkverträgen auf der einen Seite und Arbeitnehmerüberlassungsverträgen auf der anderen Seite begründet (Bild 23).

So spezifiziert man zum Beispiel die vertragliche Leistung als Erfolg und damit als Werkvertrag und glaubt, daß damit keine unerlaubte Arbeitnehmerüberlassung besteht. Probleme tauchen auf, wenn

- ein Leiharbeitnehmer beim Entleiher eingestellt werden möchte und auf Einstellung klagt,

- ein Verleiher in Konkurs geht, der Leiharbeitnehmer auf Einstellung beim Entleiher klagt,

- der Entleiher einen Sozialplan für seine Arbeitnehmer hat; der Leiharbeitnehmer daran partizipieren möchte und auf Einstellung beim Entleiher klagt.

In solchen Situationen entscheiden die Gerichte, ob ein Werkvertrag beziehungsweise Dienstvertrag oder ein Arbeitnehmerüberlassungsvertrag (= verbotene Arbeitnehmerüberlassung) vorliegt, letzterer mit der Folge eines Arbeitsverhältnisses zwischen Entleiher und Leiharbeitnehmer.

Im Hinblick auf die weitreichenden Folgen einer unerlaubten Arbeitnehmerüberlassung auch für den Auftraggeber (Bußgelder, Fiktion des Arbeitsverhältnisses) ist jedem Unternehmen eindringlich anzuraten, bei der Fremdvergabe von Instandhaltungsleistungen darauf zu achten, ob es sich tatsächlich nicht eher um eine (verdeckte) Arbeitnehmerüberlassung handelt und somit eine Erlaubnispflicht gemäß § 1 AÜG besteht.

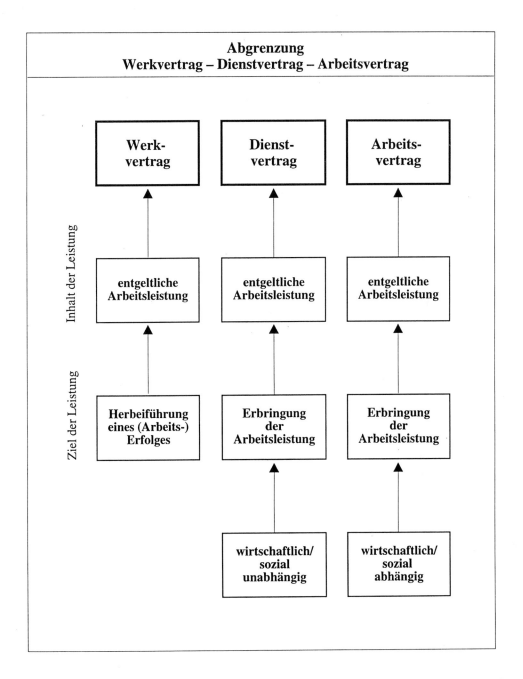

Bild 23

Im folgenden sollen nunmehr einige Kriterien für die Abgrenzung Dienst-/Werkvertrag und Arbeitnehmerüberlassungsvertrag aufgezeigt werden, die bei der Vertragsgestaltung berücksichtigt werden sollten (Bild 24).

Sie sind vorwiegend der vom Bundesministerium für Arbeit und Sozialordnung genehmigten Durchführungsanweisung (DA) zum AÜG entnommen.

Kriterien für das Vorliegen von Werkverträgen (Nicht-Vorliegen von Arbeitnehmerüberlassung):

- Vereinbarung eines qualitativ individualisierbaren und dem Werkunternehmen (= "Verleiher") zurechenbaren Werkergebnisses

  • der Vertragsgegenstand ist genau beschrieben. (Die exakte Beschreibung der auszuführenden Arbeiten ist dann entbehrlich, wenn zumindest der erstrebte Leistungserfolg klar definiert ist; unbestimmte vertragliche Ziele [zum Beispiel "Mitarbeit im Betrieb"] reichen nicht!)

  • Liefertermin und Abnahmevoraussetzung sind vertraglich festgelegt

  • es ist eine erfolgsorientierte Abrechnung vereinbart (Vereinbarung von Pauschal-/Einheitspreisen spricht regelmäßig für Werkvertrag; dies gilt aber auch dann, wenn eine Abrechnung nach Stundensätzen in Anlehnung an bestimmte Regelwerke, zum Beispiel HOAI, vereinbart wird)

  • der Werkunternehmer (beziehungsweise "Verleiher") trägt nach den vertraglichen Festlegungen das Unternehmerrisiko, also Vergütungsgefahr und Gewährleistungspflicht; werden also die Gewährleistungsrechte der §§ 633 ff. BGB vertraglich ausgeschlossen, so spricht dies eher gegen einen Werkvertrag, es sei denn, der Ausschluß erfolgte im Rahmen von AGB, VOB oder ähnlichen Regelwerken; sind zwar Gewährleistungsrechte vereinbart, ist jedoch eine Rückvergütung für Gewährleistungstätigkeiten ebenfalls geregelt oder sind unverhältnismäßige Haftungsbeschränkungen vorgesehen, so stellt dies eine Umgehung des AÜG dar; ein Werkvertrag liegt also nicht vor.

- Unternehmerische Eigenverantwortlichkeit und Dispositionsmöglichkeit des Unternehmers gegenüber dem Auftraggeber

  • der Unternehmer (also Verleiher) bestimmt Art, Ablauf, Einteilung der Arbeiten selbst

  • er trifft Entscheidung über Auswahl (Zahl, Qualifikation, Person) der eingesetzten Arbeitnehmer

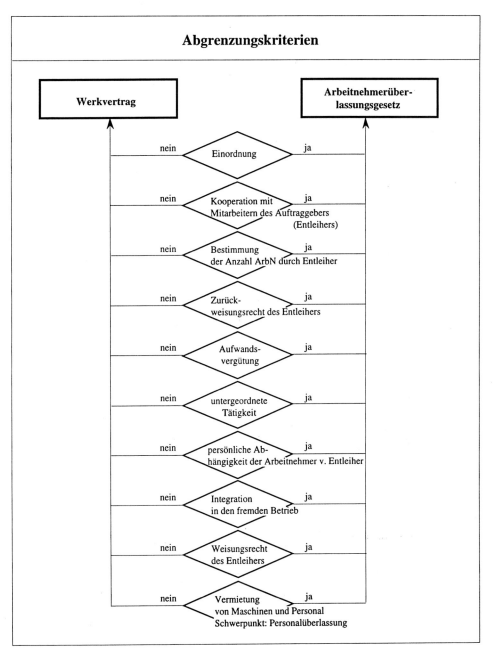

Bild 24

- er bestimmt Arbeitszeiten und ordnet Überstunden an

- er gewährt Urlaub

- er führt die Anwesenheitskontrolle durch

- er überwacht die Ordnungsmäßigkeit der Arbeitsabläufe

- er benennt eine verantwortliche Person, die berechtigt ist, für und gegen den Unternehmer Erklärungen abzugeben und entgegenzunehmen und die Ansprechpartner für Anweisungen (nicht Weisungen!) des Auftraggebers/Bestellers ist

- er verfügt über eigene materielle Ausstattung (Kapital, Maschinen, Fahrzeuge, Werkzeuge) und setzt diese ein

- er sowie seine Mitarbeiter besitzen eigene fachliche Kompetenz

- er beschäftigt (auch) qualifiziertes Personal, das die geschuldete Leistung selbständig planen und organisieren kann

- die Arbeitnehmer werden nicht in den fremden Betrieb eingegliedert, das heißt, sie sind nicht in die fremde Arbeitsorganisation/den fremden Produktionsprozeß eingebunden (Eingliederung nicht schon dann, wenn Entwicklungs-/Planungsarbeiten mit der anderen Vertragspartei in deren Betrieb durchgeführt werden, vorausgesetzt jedoch, die einzelnen Leistungen sind voneinander abgrenzbar)

- es besteht ein ausschließliches Weisungsrecht des Unternehmers gegenüber seinen Arbeitnehmern

Nicht zu verwechseln damit ist das Anweisungsrecht eines Werkbestellers gemäß § 645 BGB, das sich vom allgemeinen Weisungsrecht eines Arbeitgebers dadurch unterscheidet, daß es sich auf das geschuldete Werk bezieht, also gegenständlich beschränkt ist. Es darf sich allerdings nicht auf die einzelne Arbeitsverrichtung beziehen (dann AÜG), sondern nur auf das jeweilige Arbeitsergebnis.

Kriterien für die Bejahung von Dienstverträgen (Abgrenzung zur Arbeitnehmerüberlassung):

- der Dienstleistende führt die geschuldeten Dienste selbst oder mittels seiner Erfüllungsgehilfen in eigener Verantwortung und nach eigenem Plan durch

- die Erfüllungsgehilfen (Arbeitnehmer) sind frei von Weisungen des Drittbetriebes

- sie sind nicht in den fremden Betrieb integriert

Im Umkehrschluß sprechen demzufolge für das Vorliegen von Arbeitnehmerüberlassung folgende Kriterien (verkürzte Darstellung):

- Vorliegen persönlicher Abhängigkeit des Leiharbeitnehmers vom Entleiher (Unternehmer)

  • Bestimmung der Arbeitszeit durch den Entleiher

  • Unterwerfung unter die Betriebsordnung des Entleihers

  • kooperative Zusammenarbeit zwischen Arbeitnehmern des Entleihers und der Leiharbeitnehmer (insbesondere arbeitsteiliges Zusammenwirken)

  • fehlende Projektbezogenheit des Arbeitseinsatzes

  • Benutzung hochwertiger Maschinen (des Bestellers) durch Leiharbeitnehmer

- wirtschaftliche Substituierbarkeit der erbrachten Leistungen (Leistungspflicht des Verleihunternehmers entsprechend dem Betriebszweck des Bestellerbetriebes)

- weitgehender Haftungsausschluß des Verleihers

- es wird gleichzeitig oder über einen bestimmten Zeitraum eine Summe von Klein- und Kleinst-"Projekten" vergeben (Aufteilung des zu erbringenden Werkes in "Verputzarbeiten", "Schweißnähte")

- die durchzuführenden Arbeiten sollen vom Besteller näher bestimmt werden (sind also nicht vertraglich detailliert festgelegt)

Das Vorliegen der zuletzt genannten beziehungsweise die Verneinung der zuerst aufgeführten Kriterien kann zur Folge haben, daß Verträge zwischen Unternehmen über Personalgestellung als Arbeitnehmerüberlassungsverträge gewertet werden, obgleich sie als Dienst- oder Werkvertrag bezeichnet sind.

Demgemäß ist vor Vertragsabschluß eine detaillierte Auseinandersetzung dringend zu empfehlen. Hierbei ist zu beachten, daß nicht nur das kumulative Vorliegen sämtlicher Kriterien den Schluß auf einen Verstoß gegen die Bestimmungen des AÜG zuläßt, vielmehr können schon einzelne Indizien im Rahmen einer Gesamtabwägung zu dieser Bewertung führen.

4.7 Berücksichtigung der Vorschriften des Betriebsverfassungsgesetzes (BetrVG)

Hervorzuheben ist, daß im Falle des Einsatzes von Fremdpersonal gegebenenfalls die Vorschriften des Betriebsverfassungsgesetzes mit der Folge Anwendung finden, daß ein Mitbestimmungsrecht des Betriebsrates besteht, vergleiche § 99 BetrVG (Bild 25). Während dies bei reinen Dienst- und Werkverträgen nicht gilt, kommt es für die übrigen Verträge darauf an, ob eine Eingliederung des fremden Arbeitnehmers in den Betrieb gegeben ist. Ausschlaggebende Kriterien sind hierbei, ob

- die Tätigkeit der Fremdfirmenangehörigen ihrer Art nach weisungsgebunden ist,
- die Tätigkeit vom Arbeitgeber (also Besteller/Auftraggeber) organisiert werden muß,
- der Arbeitgeber entsprechende Weisungsbefugnisse gegenüber den Leiharbeitnehmern hat.

Entscheidend ist also letztlich, ob der Unternehmer (= Auftraggeber) gegenüber dem Fremdpersonal Arbeitgeberfunktionen wahrnimmt.

Dies betrifft nicht nur die dem AÜG unterfallenden Arbeitnehmerüberlassungen (für diese bestimmt § 14 Abs. 3 AÜG ausdrücklich die Einschaltung des Betriebsrates), vielmehr gilt dies auch für die nicht gewerbsmäßige Arbeitnehmerüberlassung.

4.8 Folgen erlaubter Arbeitnehmerüberlassung

Handelt es sich um erlaubte Arbeitnehmerüberlassung, finden die Haftungs- und Gewährleistungsvorschriften des Werkvertragsrechts im Verhältnis Auftraggeber/Auftragnehmer keine Anwendung, da nur ein Arbeitnehmerüberlassungsvertrag zwischen Ver- und Entleiher sowie ein Arbeitsvertrag zwischen dem Arbeitnehmer und dem Verleiher zustandekommt.

Im Hinblick darauf, daß der Verleiher aus dem Arbeitnehmerüberlassungsvertrag nur die Überlassung von Personal und nicht einen bestimmten Arbeitserfolg schuldet, haftet er dem Entleiher gegenüber nur für die ordnungsgemäße Auswahl der eingesetzten Mitarbeiter sowie für die Einhaltung bestimmter Zusicherungen. Daneben kommt jedoch selbstverständlich auch eine Haftung aus dem Arbeitsvertrag gegenüber den Leiharbeitnehmern in Betracht, wenn er beispielsweise seine Arbeitgeberpflichten nicht ordnungsgemäß erfüllt (Bild 26).

Angesichts des Umstandes, daß bei der Arbeitnehmerüberlassung drei verschiedene Rechtsbeziehungen zu unterscheiden sind, bestehen darüber hinaus auch Haftungs- beziehungsweise Einstandspflichten des Entleihers sowie der Leiharbeitnehmer gegenüber den jeweiligen anderen Beteiligten (Bild 26).

Mitbestimmung des Betriebsrates

Mitbestimmung des Betriebsrates § 99 BetrVG

- Voraussetzung: Bestehen eines Betriebsrates

- Einstellung,
  das heißt Eingliederung von Personen in den Betrieb, um zusammen mit den im Betrieb beschäftigten Arbeitnehmern den arbeitstechnischen Zweck des Betriebes weisungsgebunden zu verwirklichen

- gesetzliche Regelung § 14 Abs. 3 AÜG

- Frist: eine Woche vor Einstellung

- Prüfkompetenz aus § 99 Abs. 2 BetrVG, zum Beispiel
  - Verstoß gegen ein Gesetz, zum Beispiel MuschG, SchwbG, § 99 Abs. 2 Ziff. 1,
  - Gefahr der Kündigung anderer Arbeitnehmer wegen des Einsatzes der Leiharbeitnehmer, § 99 Abs. 2 Ziff. 3,
  - Gefahr der Störung des Betriebsfriedens durch einen bestimmten Leiharbeitnehmer, § 99 Abs. 2 Ziff. 6

- Inhalt
  - Erlaubnisurkunde bzw. Wegfall der Erlaubnis
  - Einsicht in die Arbeitnehmerüberlassungsverträge
  - Anzahl der Leiharbeitnehmer
  - Arbeitsplätze, auf denen die Leiharbeitnehmer eingesetzt werden sollen
  - Einsatzdauer

- Dies gilt auch bei echter Arbeitnehmerüberlassung zwischen Betrieben verschiedener Konzernunternehmen

Bild 25

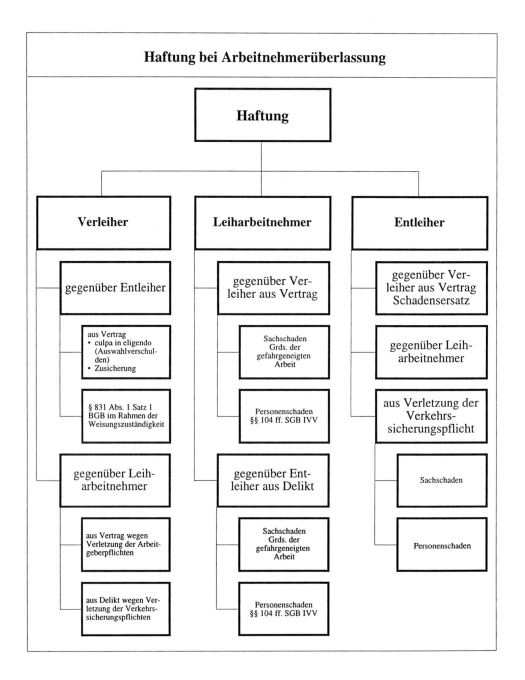

Bild 26

Darüber hinaus kommt auch eine Haftung im Verhältnis zu Außenstehenden beziehungsweise Dritten in Betracht:

Verursachen Fremdmitarbeiter bei Dritten eine Schaden, bleibt die (sekundäre) Verantwortung beim Auftraggeber. Er kann sich nur dann entlasten, wenn er nachweisen kann, daß er seinen Auftragnehmer ordnungsgemäß ausgewählt und überwacht hat. Auf die Prinzipien der Auftragnehmereinschaltung gemäß DIN EN ISO 9000 ff. sei hier nur kurz verwiesen.

Zwischen Auftraggeber und Auftragnehmer besteht ein Vertragsverhältnis. Werden Dritte geschädigt (zum Beispiel im Rahmen der Produkthaftung), können diese gegebenenfalls auch aus Vertragsrecht, auf jeden Fall aber aus Deliktsrecht (Recht der unerlaubten Handlung gemäß § 823 ff. BGB) gegen alle Beteiligten in einer Auftragnehmer-/Auftraggeber-Kette vorgehen.

Die bestehenden Verträge und deren Regelungen verändern im Verhältnis zu Dritten diese Rechtslage nicht. Das Gericht prüft von Amts wegen auch die Ansprüche aus unerlaubter Handlung. Dies müssen die Vertragsparteien beim Vertragsabschluß mit berücksichtigen.

Darüber hinaus ist für die auftragvergebenden Unternehmen zu beachten, daß auch die Zusammenarbeit mit Verleihern, die im Besitz einer gültigen Erlaubnis sind, mit nicht unerheblichem Risiko verbunden ist.

Diese bestehen zum einen hinsichtlich der Sozialversicherungspflicht gemäß § 28 e SGB IV. Nach dieser Norm haftet der Entleiher von Leiharbeitnehmern für alle Zahlungsverpflichtungen des Verleihers, die während der Überlassungszeit für die überlassenen Arbeitnehmer entstehen, den Sozialversicherungsträgern gegenüber als selbstschuldnerischer Bürge. Dies gilt sowohl für den Arbeitnehmer - als auch für den Arbeitgeberanteil und unabhängig davon, ob die Arbeitnehmerüberlassung erlaubt oder unerlaubt ist.

Auch für die Lohnsteuer haftet der Entleiher grundsätzlich neben dem Verleiher als Gesamtschuldner, § 42 d EStG. Der Entleiher kann jedoch erst nach dem Verleiher in Anspruch genommen werden, wenn entweder die Vollstreckung in das inländische Vermögen der Verleihers fehlgeschlagen ist oder sie keinen Erfolg verspricht.

Auch bei der gesamtschuldnerischen Haftung für die Lohnsteuer kommt es nicht darauf an, ob der Verleiher eine Erlaubnis zur Arbeitnehmerüberlassung nach § 1 AÜG besitzt oder nicht. Das Gesetz sieht jedoch gewisse Abstufungen vor. Sofern der Verleiher nicht über eine Erlaubnis verfügt, haftet der Entleiher grundsätzlich ohne Einschränkung.

Demgegenüber haftet der Entleiher für die Lohnsteuer bei erlaubter Arbeitnehmerüberlassung dann nicht, wenn er den sich aus den §§ 28 a-c SGB IV, 10 AFG und 51 Abs. 1 Nr. 2 d EStG ergebenden Melde- und Mitwirkungspflichten belegbar nachgekommen ist.

Die entleihenden Unternehmen sollten daher nicht nur darauf achten, daß das Verleihunternehmen über eine gültige Verleiherlaubnis verfügt, sondern sie sollten zum einen ihre eigenen Melde- und Mitwirkungspflichten erfüllen und zum anderen sich von der Bonität der Verleiher überzeugen.

Dies kann in der Form geschehen, daß bei den zuständigen Versicherungsstellen monatliche Unbedenklichkeitsbescheinigungen angefordert werden. Da jedoch hierauf kein gesetzlicher Anspruch besteht, bedarf es vorheriger vertraglicher Festlegungen (so Vögele/Stein, Fremdfirmen im Unternehmen, C. H. Beck-Verlag München, 1996).

4.9 Folgen eines Verstoßes gegen die Vorschriften des Arbeitnehmerüberlassungsgesetzes

Die Rechtsfolgen bei Verstößen gegen das Arbeitnehmerüberlassungsgesetz sind in § 10 AÜG geregelt. Hier ist bestimmt, daß im Falle des Nichtvorliegens der Erlaubnis nach § 1 AÜG der Vertrag zwischen Verleiher und Leiharbeitnehmer unwirksam ist. Das Gesetz bestimmt in solchen Fällen, daß ein Arbeitsverhältnis zwischen dem Entleiher und Verleiher zum Zeitpunkt des vorgesehenen Beginns der Tätigkeit als zustandegekommen gilt. Diese Regelung gilt auch, falls die Unwirksamkeit des Arbeitsvertrages zwischen Verleiher und Leiharbeitnehmer erst nach Aufnahme der Tätigkeit beim Entleiher eintritt. In diesem Fall gilt das Arbeitsverhältnis mit dem Eintritt der Unwirksamkeit als zustandegekommen. Der Auftraggeber der Instandhaltungsarbeiten ist also verpflichtet, den Fremdinstandhalter zu beschäftigen und ihm ein Gehalt zu zahlen.

Für dieses Arbeitsverhältnis gilt die zwischen dem Verleiher und dem Entleiher vorgesehene Arbeitszeit als vereinbart, im übrigen bestimmen sich Inhalt und Dauer dieses Arbeitsverhältnisses nach den für den Betrieb des Entleihers geltenden Vorschriften und sonstigen Regelungen. Hierbei handelt es sich beispielsweise um die für den Entleiherbetrieb geltenden arbeitsrechtlichen Gesetze und Verordnungen, einschlägige tarifvertragliche Bestimmungen, Betriebsvereinbarungen zwischen dem Arbeitgeber und seinen Mitarbeitern, aber auch um betriebliche Übungen (Zahlung von Weihnachtsgeld). Insoweit besteht zwischen dem Arbeitsverhältnis zwischen dem Fremdinstandhalter und dem Auftraggeber und einem regulären individualvertraglichen Arbeitsverhältnis mit den eigenen Mitarbeitern kein Unterschied. Dies gilt unabhängig von der Frage, ob die Beteiligten davon Kenntnis haben.

Das bedeutet, daß der bei einem fremden Unternehmen so eingesetzte Instandhalter bei diesem fremden Unternehmen einen Arbeitsplatz einklagen kann. Das Unternehmen kann dann verpflichtet werden, diesen Instandhalter als eigenen Mitarbeiter zu beschäftigen.

Fraglich ist, ob Vergleichbares auch für den Fall gilt, daß der Verleiher unter Verstoß gegen das AFG ohne Erlaubnis private Arbeitsvermittlung betreibt.

Bis zur Gesetzesänderung am 1. April 1997 wurde dies unter Hinweis auf den bisher noch geltenden § 13 AÜG bejaht. In dieser Vorschrift war bestimmt, daß arbeitsrechtliche Ansprüche des Arbeitgebers gegen den Entleiher als den Arbeitgeber nicht durch Vereinbarung ausgeschlossen werden können, wenn das Arbeitsverhältnis auf einer (damals noch nach § 4 AFG generell) unzulässigen Arbeitsvermittlung beruht.

Aus dieser Vorschrift wurde allgemein gefolgert, daß bei unzulässiger Arbeitsvermittlung ein Arbeitsverhältnis zwischen dem Leiharbeitnehmer und dem Entleiher zustandekommt, wobei den Entleiher die vollen Arbeitgeberpflichten treffen sollten.

Hinsichtlich des Umfanges der Ansprüche des Arbeitnehmers wurde auf die für den Betrieb des Entleihers geltenden Regelungen abgestellt, so daß im Prinzip ähnliche Rechtsfolgen wie bei einer unerlaubten Arbeitnehmerüberlassung eintreten sollten. Allerdings wurde eine analoge Anwendung des § 10 AÜG auf die Fälle der privaten Arbeitsvermittlung überwiegend abgelehnt.

Mit dem Wegfall des § 13 AÜG durch die zum 1. April 1997 gültige Gesetzesänderung stellt sich nunmehr die Frage, ob eine private Arbeitsvermittlung ohne Erlaubnis zu denselben Rechtsfolgen führt und woraus dies abzuleiten ist.

In der Begründung zum Gesetzesentwurf (BT-Drucksache 13-4941, S. 256) heißt es hierzu: "(§ 13 AÜG) gehört nicht in das Arbeitnehmerüberlassungsgesetz und kann wegen des Wegfalls des Alleinvermittlungsrechts entfallen."

Es darf jedoch nicht außer acht gelassen werden, daß die private Arbeitsvermittlung nur mit einer zuvor nach §§ 23 ff. AFG erteilten Erlaubnis zulässig ist und es demzufolge auch jetzt Folgen einer unzulässigen Arbeitsvermittlung geben kann, wenn der Verleiher über keine Erlaubnis verfügt.

Die Rechtsfolgen einer unzulässigen Arbeitsvermittlung bestimmen sich nach dem Wegfall des § 13 AÜG allein nach dem AFG:

Hier ist in § 24 a Nr. 1 AFG bestimmt, daß Vereinbarungen mit einem Vermittler unwirksam sind, sofern dieser nicht die erforderliche Erlaubnis besitzt. Danach sind also sowohl Vereinbarungen des Entleihers mit dem Verleiher (also der Überlassungsvertrag) als auch die Vereinbarungen zwischen Entleiher und Arbeitsuchenden nichtig.

Allgemein anerkannt ist, daß von § 24 a AFG nicht die Rechtmäßigkeit und damit die Wirksamkeit eines durch den nicht erlaubt tätigen Vermittler zustandegekommenen Arbeitsverhältnisses betroffen ist (statt aller vergleiche: Kriesel, Kommentar zum AFG, C. H. Beck-Verlag, § 24 a, Rz. 1).

Sofern also beispielsweise durch die Arbeitsaufnahme ein faktisches Arbeitsverhältnis zustandegekommen ist, ähnelt die Rechtslage der der unerlaubten Arbeitnehmerüberlassung insofern, als nunmehr der Entleiher Arbeitgeber des Arbeitsuchenden ist. Der Unterschied ist jedoch der, daß hier das Arbeitsverhältnis nicht, wie bei § 10 AÜG, durch gesetzliche Fiktion, sondern durch Arbeitsaufnahme beziehungsweise entsprechende Vereinbarungen zustandekommt.

Zusammenfassend bleibt festzuhalten, daß es zunächst sinnvoll ist, anhand einer Checkliste die betriebswirtschaftlichen Möglichkeiten einer Make-or-buy-Entscheidung abzuleiten. Im Hinblick auf die aufgezeigten weitreichenden Folgen muß sich daran eine rechtliche Bewertung mittels einiger rechtlicher Prüfkriterien anschließen. Zuletzt hat eine verrichtungstechnische Bewertung des Vertrages zu erfolgen. Bei diesem Vorgehen sollten die Instandhalter die Einkaufs-, Rechts- und Verrichtungsabteilung um Rat bitten.

4.10   Praktische Vorgehensweise

Abschließend soll auf die praktische Vorgehensweise bei der Wahl zwischen Eigen- und Fremdinstandhaltung eingegangen werden. Um eine vor dem betriebswirtschaftlichen wie rechtlichen Hintergrund korrekte und für das Unternehmen sinnvolle Make-or-buy-Entscheidung zu treffen, sind zuvor verschiedene Arbeitsschritte durchzuführen, welche in Bild 27 dargestellt sind.

Dabei kommt dem 9. Arbeitsschritt, der die Erstellung einer präzisen Leistungsbeschreibung in Form eines sogenannten Pflichtenheftes betrifft, entscheidende Bedeutung zu. Hier geht es um die Konkretisierung eines möglichen Instandhaltungsauftrages nach Art und Umfang, denn nur bei eindeutiger Leistungsbeschreibung läßt sich eine betriebswirtschaftlich günstige Entscheidung für oder gegen eine Fremdinstandhaltung treffen. Hinzu kommt, daß die einzuholenden Angebote der Fremdfirmen nur dann vergleichbar sind, wenn sie denselben Leistungsgegenstand betreffen. Um eine Vergleichbarkeit zu gewährleisten, bedarf es damit einer hinreichenden Konkretisierung des Leistungsgegenstandes beziehungsweise der jeweiligen Pflichten und Rechte der einzelnen Vertragspartner.

In dem zu erstellenden Pflichtenheft sind beispielsweise folgende Punkte zu berücksichtigen:

- genaue Beschreibung der zu erbringenden Leistung (was?)
- Leistungsumfang (Std.), Leistungs- und Erschwerniszulagen
- genauer Standort der Anlage
- Beschreibung der Hilfsmittel, Schutzbekleidung
- Beschreibung des Materials
- Ansprechpartner, Aufsichtspersonal
- Arbeitssicherheitsmaßnahmen
- Personalkapazität, Qualifikation des Personals

		Praktische Vorgehensweise bei der Wahl zwischen Eigen- und Fremdinstandhaltung

Praktische Vorgehensweise bei der Wahl zwischen Eigen- und Fremdinstandhaltung

1. Arbeitsschritt	1. Schritt	Für die einzelnen Instandhaltungsmaßnahmen ist getrennt der jeweilig erwartete Umfang in Arbeitsstunden zu ermitteln
	2. Schritt	Der erwartete Umfang in Arbeitsstunden ist möglich für jede Anlage und jedes Anlagenteil festzulegen
	3. Schritt	Der erwartete Umfang in Arbeitsstunden ist den verschiedenen Fachgruppen zuzuordnen
2. Arbeitsschritt	4. Schritt	Ermittlung der Instandhaltungsmaßnahmen (einschl. Std.), die geheimhaltungspflichtig sind
	5. Schritt	Ermittlung der Instandhaltungsmaßnahmen (einschl. Std.), die eine ständige oder sofortige Verfügbarkeit notwendig machen
	6. Schritt	Ermittlung der Instandhaltungsmaßnahmen (einschl. Std.), die Spezialkenntnisse und/oder -geräte (der Hersteller) erfordern
	7. Schritt	Ermittlung der Instandhaltungsmaßnahmen (einschl. Std.), die eine ständige Auslastung des Eigenpersonals (z.B. wegen saisonaler Produktion) nicht gewährleisten
	8. Schritt	Ermittlung der Instandhaltungsmaßnahmen (einschl. Std.), die aufgrund sonstiger betriebsindividueller Gründe nur vom Eigenpersonal erbracht werden können
3. Arbeitsschritt	9. Schritt	Erstellung einer präzisen Leistungsbeschreibung (Pflichtenheft)
	10. Schritt	Einholung von Angeboten
4. Arbeitsschritt	11. Schritt	Erstellung eines Wirtschaftlichkeitsvergleichs (Kostenvergleichsrechnung)
	12. Schritt	Berücksichtigung sonstiger Aspekte
5. Arbeitsschritt	13. Schritt	Leistungsbeurteilung
	14. Schritt	Informationsrückfluß

Bild 27

- Terminablauf
- Abnahmebedingungen
- Garantie und Gewährleistungsbedingungen

Die Vorteile einer derartigen Vorgehensweise haben jedoch nicht nur einen betriebswirtschaftlichen Hintergrund. Zu bedenken ist nämlich auch die rechtliche Seite insofern, als bei genauer Festlegung des Vertragsgegenstandes etwaige spätere Streitigkeiten vermieden werden können. Es gilt also: Je konkreter der Instandhaltungsauftrag definiert werden kann, desto besser läßt er sich rechtlich gestalten, desto weniger Ärger gibt es im nachhinein.

Ein weiterer, besonders hervorzuhebender Punkt bei der Vorgehensweise einer Make-or-buy-Entscheidung ist der 12. Arbeitsschritt, der die Berücksichtigung sonstiger Aspekte betrifft.

An dieser Stelle sind alle für und gegen einen Einsatz von Fremdinstandhaltern sprechenden Gesichtspunkte gegeneinander abzuwägen.

Als für den Einsatz von Fremdpersonal sprechende Punkte kommen beispielsweise in Betracht:

- Erreichung einer hohen Flexibilität bei gleichmäßiger Auslastung des Eigenpersonals

- zeitlich versetzter Einsatz des Personals zwecks Erzielung einer kurzen Anlagenausfallzeit

- Ersatz für Krankheitsfall und Urlaub des Eigenpersonals

- Austauschbarkeit von Personal, das den qualitativen Ansprüchen nicht genügt

- kostenlose Nacharbeit bei qualitativen Mängeln

- Zunutzemachen der Erfahrungen, die das Fremdpersonal während des Einsatzes bei anderen Firmen gesammelt hat

- Möglichkeit, konjunkturelle und strukturelle Veränderungen auszugleichen, ohne daß das eigene Personal betroffen ist

- Verlagerung von gefährlichen Arbeiten auf besser ausgerüstete und mit dem Risiko vertraute Firmen

- Vermeidung von Konflikten mit Betriebsrat und Gewerbeaufsicht bei Einsatz von Personal über die normale Arbeitszeit hinaus

- Einsparung von Eigenkapital für Werkstätten und Werkzeug bei völliger Dienstleistungsausgliederung

Diesen Vorteilen können die folgenden Nachteile gegenüberstehen:

- zur qualifizierten Abwicklung von Fremdvergaben muß ein erheblicher eigener Planungsaufwand durchgeführt werden

- die fachliche Verantwortung bleibt gegenüber der Produktion bei der Instandhaltung

- Geheimhaltungspflicht kann dem Einsatz von Fremdleistungen entgegenstehen

- die fachliche Einweisung und das Anlernen von Fremdpersonal bedeutet einen nicht unerheblichen Zeitaufwand

Das Für und Wider des Fremdpersonaleinsatzes läßt sich wegen der Komplexität der Problematik an dieser Stelle nicht umfassend abhandeln. Im übrigen ist die Entscheidung auch und gerade vom Einzelfall beziehungsweise den jeweiligen betrieblichen Gegebenheiten abhängig, so daß sich generalisierende Aussagen zur Bewertung von Fremdfirmeneinsätzen verbieten.

Gleichwohl lassen sich abschließend bestimmte Vorurteile, die oft gegen einen Einsatz von Fremdfirmen angeführt werden, aufzeigen. Hierbei handelt es sich beispielsweise um folgende unzutreffende Bewertungen:

- Fremdausführung teurer als Eigenleistung
- kein schneller Zugriff bei Störungsbehebungen
- sinkende Anlagenverfügbarkeit
- hoher Vorbereitungs-, Kontroll- und Abnahmeaufwand durch eigenes Personal

Ursachen für Fehleinschätzungen sind beispielsweise

- mangelhafte eigene Kostenübersicht über Auftragsstruktur, Kapazitätsanforderungen und Kostenstrukturen,

- fehlende Nachkalkulation von erbrachten Eigenleistungen,

- fehlende Anpassung der Instandhaltungsstrategie an die sich verändernde Unternehmenssituation.

Um diese Vor- beziehungsweise Fehlurteile und Fehlentscheidungen zu vermeiden und letztlich zu einer für das Unternehmen betriebswirtschaftlich günstigen Beurteilung zu gelangen, emp-

fiehlt sich die Orientierung an der eingangs aufgezeigten Vorgehensweise in Form der dargestellten 14 Arbeitsschritte.

5. Arbeitsschutz und Instandhaltung

Bei der Instandhaltung hat der Arbeitsschutz eine besondere Bedeutung. Menschen nähern sich bei Wartung, Inspektion und Instandsetzung einer Maschine oder einer Anlage. Gerade hier werden technische Arbeitsschutzmaßnahmen kurzfristig aufgehoben. So müssen zum Ausgleich besondere organisatorische Sicherheitsmaßnahmen geplant und durchgeführt werden.

Der Arbeitsschutz im Unternehmen hat seit langem Tradition und sein Ziel ist in erster Linie, die Mitarbeiter eines Unternehmens vor den Betriebsgefahren zu schützen. Seine Umsetzung ist wesentliche Voraussetzung zur Erreichung der Unternehmensziele, da gesunde Mitarbeiter ein wichtiger Produktions- und Kostenfaktor sind. Der Ausfall von Mitarbeitern durch Unfälle und berufsbedingte Krankheiten kann weitreichende finanzielle Folgen haben, wie beispielsweise Ausfallstunden und dadurch bedingte Lohnfortzahlungskosten. Damit verbunden sind bei zu häufigen Arbeitsunfällen Beitragserhöhungen der Unfallversicherungsträger.

Aber auch für das Ansehen des Unternehmens in der Öffentlichkeit ist die Umsetzung von gesetzlichen Regelungen zum Arbeitsschutz wichtig, da offensichtliche Versäumnisse in diesem Bereich Rückschlüsse auf eine mangelhafte innerbetriebliche Organisation und damit auf die Unternehmensführung zulassen.

Vor diesem Hintergrund ist es jedem Unternehmen anzuraten, sich eingehend mit den Anforderungen des Arbeitsschutzes auseinanderzusetzen. Diese ergeben sich zum einen aus Gesetzen und Verordnungen und zum anderen aus Regelungen in Bereichen des autonomen Arbeitsschutzes. Autonomer Arbeitsschutz heißt, daß die Regelungen in diesem Bereich durch die Selbstverwaltungsorgane des Arbeitslebens erlassen werden, insbesondere durch die Berufsgenossenschaften.

Einige dieser externen Anforderungen seien hier aufgelistet:

- EU-Vorschriften (zum Beispiel Europäische Rahmenrichtlinie - nachgeordnete Richtlinien)
- Grundgesetz
- Bürgerliches Gesetzbuch (BGB)
- Strafgesetzbuch (StGB)
- Arbeitsschutzgesetz (ArbSchG)
- Arbeitssicherheitsgesetz (ASiG)
- Gewerbeordnung (GewO)
- SGB VII/Reichsversicherungsordnung (RVO)
- Unfallverhütungsvorschriften (UVV)
- Gerätesicherheitsgesetz (GSG)
- Arbeitszeitgesetz (ArbZG)
- Gefahrstoffverordnung (GefStoffV)

- Mutterschutzgesetz (MuSchG)
- Strahlenschutzverordnung (StrlSchV)
- etc.

Bei genauer Betrachtung dieser Regelungen fällt auf, daß diese überwiegend den technischen Arbeitsschutz, das heißt Festlegungen zu technischen Maßnahmen, wie beispielsweise Schutzvorrichtungen, betreffen.

Arbeitsschutz kann jedoch nur funktionieren, wenn er im Unternehmen richtig organisiert ist. Dies betrifft insbesondere auf den Bereich von Instandhaltungsarbeiten zu. So werden beispielsweise im Rahmen einer Instandsetzungsmaßnahme oftmals technische Schutzvorrichtungen entfernt, wodurch das Gefährdungspotential für die einzelnen Arbeitnehmer um ein Vielfaches erhöht wird. Hier müssen organisatorische Maßnahmen greifen, um die fehlende Sicherheit zu ersetzen.

Die folgende Darstellung wird sich nach einer kurzen Beschreibung der Entwicklung im Arbeitsschutz mit den Vorgaben des neuen Arbeitsschutzgesetzes befassen, welches im Gegensatz zu den bisherigen Vorschriften erstmals organisatorische Maßnahmen regelt beziehungsweise vorschreibt.

Da die Betrachtung dieser neuen Forderungen des Arbeitsschutzgesetzes die Einrichtung eines Arbeitsschutzmanagementsystems erfordert, wird in einem weiteren Abschnitt auf Begriff, Funktionsweise und Nutzen eines derartigen Systems eingegangen.

5.1 Entwicklung im Arbeitsschutz

Die ersten Anstöße zur Überarbeitung der vorhandenen Arbeitsschutzorganisation kamen aus der europäischen Gemeinschaft, die mit den Richtlinien 89/391/EWG vom 12. Juni 1989 und 91/383 EWG vom 25. Juni 1991 verbindliche Vorgaben zum Arbeitsschutz für die Mitgliedstaaten entwickelte. Der EU waren ca. 8000 Tote und 4,5 Millionen Arbeitsunfälle mit Verletzten aufgrund fehlenden Arbeitsschutzes in der EU einfach zuviel, sie ergriff Maßnahmen.

Die europäischen Richtlinien sind nicht unmittelbar geltendes Recht, sie müssen vielmehr in ein nationales Gesetz umgesetzt werden. So führten die europäischen Vorgaben in Deutschland zur Verabschiedung des Arbeitsschutzgesetzes (ArbSchG), das am 21. August 1996 in Kraft trat. Dieses Gesetz dient der Verbesserung der Sicherheit und des Gesundheitsschutzes der Beschäftigten bei der Arbeit.

Mit dem Arbeitsschutzgesetz werden nicht nur einzelne ergänzende Regelungen, zum Beispiel die Ausdehnung der Unfallverhütungsvorschriften auf Unternehmer und Beschäftigte von ausländischen Unternehmen, getroffen. Vielmehr sind neue Ansätze zu beachten: Von besonderer

Bedeutung ist der im Gesetz verankerte präventive Arbeits- und Gesundheitsschutz. Die Planung des Arbeitsschutzes ist so zu gestalten, daß Technik, Arbeitsschutzorganisation, sonstige Arbeitsbedingungen, soziale Beziehungen und Einflüsse der Umwelt auf den Arbeitsplatz sachgerecht verknüpft werden. Neu ist vor allem die kontinuierliche Analyse und Bewertung der Gefährdung am Arbeitsplatz, die zwangsläufig die Einführung von Arbeitsschutzmanagementsystemen nach sich zieht.

Auch das Präventionskonzept der Berufsgenossenschaften sowie das ASCA-Programm in Hessen (Arbeitsschutz und Sicherheitstechnischer Check in Anlagen) zeigen auf, daß für die gute Funktion technischer Arbeitsschutzmittel nun auch organisatorische Maßnahmen notwendig sind.

5.2   Das Arbeitsschutzgesetz

Bedingt durch das neue Arbeitsschutzgesetz gibt es eine Neuordnung des bestehenden Arbeitsschutzrechts.

Bisher war nur der technische Arbeitsschutz ausführlich geregelt, durch das neue Gesetz gibt es in größerem Umfang als bisher Vorgaben zur Organisation des Arbeitsschutzes im Unternehmen.

Eine Verbesserung des Arbeitsschutzes soll durch eine konsequent präventive Ausrichtung auf der Grundlage eines breiten Arbeitsschutzverständnisses, das auch Aspekte wie die menschengerechte Gestaltung der Arbeit umfaßt, erreicht werden.

Geregelt werden in diesem Gesetz für alle Tätigkeitsbereiche und alle Beschäftigungsgruppen grundlegende Pflichten von Arbeitgebern und Arbeitnehmern im betrieblichen Arbeitsschutz. Die Formulierung der einzelnen Vorschriften ist bewußt weit gefaßt, um genügend Spielraum für an die Situation der Betriebe angepaßte Arbeitsschutzmaßnahmen zu lassen.

Eine wesentliche Neuerung gegenüber dem bestehenden Arbeitsschutzrecht ist die Festlegung der Pflichten des Arbeitgebers in diesem Bereich. Dabei hat sich an der grundsätzlichen Verantwortlichkeit der Führungskräfte beziehungsweise der mit der Leitung eines Unternehmens beauftragten Personen für den Arbeitsschutz nichts geändert, sie wird in § 13 Abs. 1 ArbSchG nur deutlicher hervorgehoben.

Ebenfalls nichts Neues ist die in § 13 Abs. 2 ArbSchG geregelte Befugnis des Unternehmers, seine Aufgaben im Arbeitsschutz auf zuverlässige und fachkundige Personen zur eigenverantwortlichen Wahrnehmung schriftlich zu übertragen. Eine vergleichbare Berechtigung zur Delegation der Pflichten zur Unfallverhütung findet sich in § 12 VBG 1. Darüber hinaus ist es in der Praxis auch ohne diese ausdrückliche gesetzliche Regelung üblich, diese Pflichten an nachgeordnete Stellen zu delegieren.

Die Möglichkeit zur Delegation der Verantwortung auf nachgeordnete Stellen bedeutet jedoch nicht, daß damit auch gänzlich die Verantwortung für den Arbeitsschutz übertragen werden kann. Vielmehr bleibt die originäre Verantwortung immer bei den Führungskräften.

Die Delegation hat für den Delegierenden zur Folge, daß er den Delegationsempfänger auf ordnungsgemäße Wahrnehmung der Aufgaben hin überwachen muß, zum Beispiel durch gelegentliche stichprobenartige Prüfungen und eine ständige unauffällige Überwachung.

Erstmals wird im Arbeitsschutzgesetz ausdrücklich die Pflicht des Arbeitgebers zur Organisation des innerbetrieblichen Arbeitsschutzes geregelt. Diese Organisationspflicht bezieht sich nach § 3 Abs. 2 ArbSchG auf die Durchführung und Planung der Arbeitsschutzmaßnahmen. Diese Maßnahmen dienen der Verhütung von Arbeitsunfällen und arbeitsbedingten Gesundheitsgefahren beziehungsweise der menschengerechten Gestaltung der Arbeit. Hierzu zählt beispielsweise, bei der Gestaltung der Arbeitsplätze auf eine Verminderung gesundheitsschädlicher Auswirkungen hinzuwirken.

Hat der Arbeitgeber die erforderlichen Maßnahmen getroffen, so hat er diese regelmäßig auf ihre Wirksamkeit zu überprüfen und, falls nötig, an die geänderten Gegebenheiten anzupassen. Darüber hinaus muß eine Verbesserung des Sicherheits- und Gesundheitsschutzes angestrebt werden. Daraus läßt sich ableiten, daß es künftig eine gesetzliche Verpflichtung zur Sicherstellung des Erfahrungsrückflusses gibt. Für ein Arbeitsschutzmanagementsystem ist der Erfahrungsrückfluß ein wichtiger Faktor, weil insbesondere dadurch eine Verbesserung des Systems erreicht werden kann.

Die Organisation allein reicht aber nicht aus. Vielmehr hat der Arbeitgeber Vorkehrungen zu treffen, daß die eingeführten Maßnahmen auch beachtet und bei allen Tätigkeiten eingebunden werden. Hierbei sind die bestehenden betrieblichen Führungsstrukturen zu beachten. Es hat also eine Überwachung beziehungsweise Auditierung stattzufinden.

§ 4 des Arbeitsschutzgesetzes enthält generelle Vorgaben für die Planung, Gestaltung und Organisation der Arbeitsschutzmaßnahmen. In dieser Vorschrift sind die zu treffenden Arbeitsschutzmaßnahmen näher bestimmt. Danach müssen beispielsweise mögliche Gefährdungen für

Leben und Gesundheit möglichst vermieden sowie Gefahren an der Quelle bekämpft werden. Der Arbeitgeber hat bei der Planung der notwendigen Maßnahmen Technik, Arbeitsorganisation, sonstige Arbeitsbedingungen, soziale Beziehungen und Einfluß der Umwelt auf den Arbeitsplatz sachgerecht zu verknüpfen. Außerdem hat er den Mitarbeitern zu Maßnahmen des Arbeitsschutzes geeignete Anweisungen zu erteilen.

Eine wesentliche Neuerung ist die Verpflichtung zur Durchführung einer Gefährdungsanalyse nach § 5 ArbSchG. Dazu hat der Arbeitgeber die mit der Arbeit verbundene Gefährdung zu ermitteln und danach die erforderlichen Maßnahmen festzulegen.

Um Transparenz der betrieblichen Arbeitsschutzsituation erreichen zu können, ist in § 6 ArbSchG die Dokumentationspflicht des Arbeitgebers festgelegt. Danach sollen für die Dokumentation erforderliche Unterlagen Auskunft geben über die Einschätzung der Gefährdungssituationen im Unternehmen und welche Schutzmaßnahmen konkret getroffen wurden. Außerdem muß das Ergebnis der Überprüfung über die Wirksamkeit der getroffenen Maßnahmen schriftlich fixiert werden. Diese Vorschrift tritt allerdings erst im August 1997 in Kraft.

Diese entsprechenden Unterlagen hat der Arbeitgeber verfügbar zu halten. In welcher Weise er seiner Dokumentationspflicht nachkommt, bleibt ihm überlassen. Wichtig ist nur, daß diese Unterlagen jeweils auf dem aktuellen Stand und belegbar sind.

5.3 Bedeutung des Arbeitsschutzgesetzes für die Instandhaltung

Insbesondere ist auf die gerade für den Bereich der Instandhaltung wichtige Vorschrift des § 8 ArbSchG näher einzugehen, die die Zusammenarbeit mehrerer Arbeitgeber regelt.

In § 8 Abs. 1 ArbSchG heißt es: "Werden Beschäftigte mehrerer Arbeitgeber an einem Arbeitsplatz tätig, sind die Arbeitgeber verpflichtet, bei der Durchführung der Sicherheits- und Gesundheitsschutzbestimmungen zusammenzuarbeiten."

Hierbei, so schreibt es das Gesetz vor, haben die Arbeitgeber sich gegenseitig beziehungsweise ihre Beschäftigten über die mit der jeweiligen Beschäftigung verbundenen Gefahren zu unterrichten und Gefahrenabwendungsmaßnahmen aufeinander abzustimmen.

Demnach sind durch das neue Arbeitsschutzgesetz Auftraggeber und Auftragnehmer nunmehr nicht nur zur Koordination ihrer Tätigkeiten, sondern darüber hinaus auch zur Zusammenarbeit in Sachen Arbeitsschutz verpflichtet.

Mag der Einsatz von Fremdarbeitnehmern auch wirtschaftlich vorteilhaft sein, so sollte gleichwohl nicht unberücksichtigt bleiben, daß der Einsatz zusätzlicher Arbeitnehmer mit erheblichen Risiken sowohl für die eigenen als auch die fremden Arbeitskräfte verbunden ist. Der Auftraggeber ist verpflichtet, das erhöhte Gefährdungspotential durch umfangreiche, organisatorische Maßnahmen auszugleichen. Dies stellt an die Organisation erhebliche Anforderungen und wird sich mit zunehmender Anzahl der Fremdarbeitskräfte als ganz besonders schwierig erweisen.

Das Gesetz selbst legt in § 8 ArbSchG nur die Mindestanforderungen fest, die es durch eine umfangreiche Organisation zu erfüllen gilt. So bestimmt § 8 Abs. 2 ArbSchG, daß der Arbeitgeber (also der Auftraggeber) sich zu vergewissern hat, daß die Beschäftigten anderer Arbeitgeber, die in seinem Betrieb tätig werden, hinsichtlich der Gefahren für ihre Sicherheit und Gesundheit während ihrer Tätigkeit in seinem Betrieb angemessene Anweisungen erhalten haben.

Über diese auch in den übrigen Vorschriften des ArbSchG enthaltenen Vorschriften hinaus hat der Arbeitgeber jedoch zumindest auch die Vorschriften zu beachten, die die arbeitsschutzrelevanten Pflichten näher konkretisieren. Als Beispiel seien hier die UVV der Berufsgenossenschaften genannt.

Angesichts des umfangreichen Pflichtenkreises empfiehlt es sich für die Vertragspartner eines Instandhaltungsvertrages auch, arbeitsschutzrelevante Themen vertraglich zu behandeln. Insbesondere ist darauf zu achten, daß die Verantwortungsbereiche klar abgegrenzt werden, um "Zuständigkeitsnebel" zu vermeiden.

Allerdings ist darauf hinzuweisen, daß derartige Vereinbarungen den Arbeitgeber (Auftraggeber) nicht von jeglicher Verantwortung freistellen können: Es bleibt Pflicht des Arbeitgebers, besonderen Gefahrenlagen durch geeignete Vorkehrungen zu begegnen. Besteht etwa die Möglichkeit der gegenseitigen Gefährdung der Arbeitnehmer des eigenen und des fremden Betriebes, so ist er verpflichtet, zum Schutze der Beteiligten einen Koordinator zu bestellen. Diese Verpflichtung ist in § 6 VBG 1 ausdrücklich festgelegt. Sie bedeutet, daß der Arbeitgeber eine Person zu bestimmen hat, die die Arbeiten aufeinander abstimmt, soweit dies zur Vermeidung einer gegenseitigen Gefährdung erforderlich ist. Der Unternehmer hat also bereits bei der Planung des Einsatzes von Fremdarbeitnehmern zu untersuchen, ob eine gegenseitige Gefährdung möglich ist, die die Bestellung eines Koordinators erfordert.

5.4   Konsequenz für die Praxis

Zusammenfassend enthält das Arbeitsschutzgesetz also wichtige neue Regelungen zu:

- Anweisungs-, Unterweisungs- und Auswahlpflichten
- Pflichten zur Einführung einer geeigneten Organisation
- Festlegung der Verantwortlichkeit

- Delegation der Aufgaben
- Durchführung einer Gefährdungsanalyse
- Dokumentationspflichten

Immer kompliz.iertere Arbeitsprozesse und -bedingungen verlangen eine Neuorientierung des Arbeitsschutzes. Die klassischen Methoden des Arbeitsschutzes haben zu einem hohen Stand der Sicherheit geführt. Sie stoßen jedoch angesichts komplexer Ursachen-Wirkungszusammenhänge an ihre Grenzen, da sie nicht grundlegend auf die Entstehung von Gefahrenpotentialen zielen, sondern auf die Auswirkungen möglicher Gefährdungen.

Erforderlich ist also eine präventive Ausrichtung des Arbeitsschutzes. Gefahrenpotentiale sollen von vornherein reduziert werden, indem Arbeitsschutz idealerweise schon in der Planungsphase von Produkten und Produktionsprozessen berücksichtigt wird. Die Notwendigkeit der Prävention und ihrer Bedeutung wird bei einem vergleichenden Blick in Richtung Qualitätsmanagement und Umweltschutz deutlich.

Es hat sich für die Herstellung von Produkten und die Erbringung von Dienstleistungen bewährt, mögliche Fehler erst gar nicht entstehen zu lassen. Dies konnte mit der Einführung von Qualitätsmanagementsystemen erreicht werden.

Bei den Qualitätsmanagementsystemen ist man von folgender Überlegung ausgegangen: In einem frühen Stadium eines Entwurfes ist es mit geringer Kostenbelastung möglich, Fehler effizient zu beeinflussen. Nach der Realisierung eines Fehlers ist es jedoch nur mit hohen Kosten möglich, die gewünschte Qualität zu erzeugen. Es ist daher sinnvoll, nicht erst nach der Produktion festzustellen, ob man das gewünschte Ziel erreicht hat.

Es ist vielmehr sinnvoll, schon in der Planungsphase die Qualität in Lieferung und Leistung hineinzuplanen und die Fehlerproduktion zu vermeiden. Das Werkzeug dazu ist die Fehlermöglichkeit und Einflußanalyse (FMEA).

Diese Überlegungen werden jetzt auf den Arbeitsschutz übertragen. Durch eine systematische Vorgehensweise im Sinne eines Arbeitsschutzmanagementsystems kann es gelingen, Arbeitsschutz in den Unternehmen umfassend zu verwirklichen - und zwar von der Forschung und Entwicklung über die Produktion bis hin zum Vertrieb.

Die Maßnahmen des präventiven Arbeitsschutzes sind einmal auf die Entstehung der Gefahrenpotentiale selbst ausgerichtet oder auf die vorbeugende Eindämmung der Auswirkungen möglicher Gefährdungen durch technische und organisatorische sowie motivierende Maßnahmen.

Im neuen Arbeitsschutzgesetz ist der präventive Arbeitsschutz kodifiziert. In den allgemeinen Grundsätzen (§ 4) wird auf die Notwendigkeit zur Vermeidung von Gefährdungen verwiesen.

Ferner wird festgelegt, daß Gefahren an ihrer Quelle, das heißt bei der Entstehung, zu bekämpfen sind.

Präventiver Arbeitsschutz erfordert damit eine umfassende Ermittlung von Gefahrenpotentialen und deren systematische Auswertung. Grundlegende Ermittlungsmethode hierfür ist die Gefährdungsanalyse. Die Gefährdungsanalyse im Sinne eines umfassenden präventiven Arbeitsschutzes soll mögliche Gefährdungen und ihre Ursachen vorbeugend aufdecken. Diese Gefährdungsanalysen zielen direkt auf die Arbeitsbedingungen von Arbeitsprozessen/Arbeitsplätzen. Bei Planungen werden die technischen Bedingungen, die Arbeitsabläufe, die Arbeitsorganisation, mögliche Fehlbedienungen, Fehlfunktionen etc. einer systematischen Analyse unterzogen, um die erforderlichen präventiven Arbeitsschutzmaßnahmen ergreifen zu können. Eine andere Art der Gefährdungsanalyse leitet indirekt aus tatsächlichen Ereignissen Maßnahmen für die Zukunft ab.

Sie stützt sich dabei im wesentlichen auf Unfalluntersuchungen. Durch diese Erfassung und Auswertung der Untersuchungsergebnisse können Unfallursachen aufgedeckt werden, um zukünftig Maßnahmen zur Vermeidung ähnlicher Unfälle festzulegen.

Bei beiden Arten der Gefährdungsanalyse sollen die Ursachen beziehungsweise die Auswirkungen von Gefährdungen ermittelt werden, um die notwendigen Maßnahmen zum frühestmöglichen Zeitpunkt ergreifen zu können. Nach § 5 Arbeitsschutzgesetz können sich Gefährdungen insbesondere ergeben durch

- die Gestaltung und die Einrichtung der Arbeitsstätte und des Arbeitsplatzes,

- physikalische, chemische und biologische Einwirkungen,

- die Gestaltung, die Auswahl und den Einsatz von Arbeitsmitteln, insbesondere von Arbeitsstoffen, Maschinen, Geräten und Anlagen sowie den Umgang damit,

- die Gestaltung von Arbeits- und Fertigungsverfahren, Arbeitsabläufen und Arbeitszeit und deren Zusammenwirken,

- unzureichende Qualifikation und Unterweisung der Beschäftigten.

Die Ursachen dieser Gefährdungen lassen sich nicht monokausal in einem direkten Ursachen-Wirkungszusammenhang mit den entsprechenden Gefährdungen in Beziehung setzen.

Daher müssen die Maßnahmen, die zur Bekämpfung der einzelnen Gefährdungen eingeleitet werden, insbesondere auch die Zusammenhänge einzelner Gefährdungssachverhalte berücksichtigen. Es ist eine ganzheitliche und systemhafte Betrachtung der jeweiligen Arbeitssituation hinsichtlich der spezifischen Belastungsfaktoren und Risiken erforderlich.

Der präventive Arbeitsschutz setzt genau an diesem Punkt an:

- Sicherheitstechnik und Gefahrstoffsituation an Arbeitsplätzen werden beispielsweise in Beziehung zu Arbeitsschutzorganisationen gesetzt

- der Aufbau, die Arbeitsbeziehungen und die organisatorischen Abläufe in Produktion, Prozeßeinrichtung, Instandsetzung und Wartung werden im Zusammenhang analysiert

- der prozeßbezogene Arbeitsschutz wird dahingehend optimiert, daß auch die entsprechenden Produktionsanlagen einem systematischen Arbeitsschutz unterliegen

- die Überwachung des Arbeitsschutzes wird so effektiv durchgeführt, daß sie über das Erkennen isolierter Defizite hinausgeht

- die Beschäftigten der Unternehmen werden motiviert und geschult, um ihre Arbeitsbedingungen differenziert wahrnehmen und beurteilen zu können, damit durch die gewonnenen Erfahrungen ein Weiterentwicklungsprozeß initiiert wird.

Die Priorität der zu ergreifenden Maßnahmen ist zum Teil in § 4 Arbeitsschutzgesetz vorgegeben: Maßnahmen, die auf die Entstehung von Gefahrenpotentialen ausgerichtet sind, stehen vor Maßnahmen, die auf Auswirkungen von Gefährdungen zielen. Diese Maßnahmen stehen insgesamt vor individuellen Schutzmaßnahmen, da bei diesen Schutzmaßnahmen die tatsächliche Gefährdung latent existiert. Die Maßnahmen und die Erkenntnisse aus ihrer Anwendung bedingen sich gegenseitig. Insofern zielt der präventive Arbeitsschutz auch darauf, gemäß der Priorisierung die notwendigen Maßnahmen ständig zu optimieren und den Zeitpunkt der Realisierung so früh wie möglich zu wählen.

Dies ist nur möglich, wenn die notwendigen Elemente des Arbeitsschutzes in einer festgelegten dokumentierten Aufbau- und Ablauforganisation verbunden werden, das heißt, daß die präventive Ausrichtung des Arbeitsschutzes über ein Arbeitsschutzmanagementsystem gesteuert wird.

5.4.1   Aufbauorganisation

Im Rahmen der Aufbauorganisation - sie betrifft die funktional-hierarchische Gliederung einer Organisation - sind alle Funktionsträger, die im Rahmen der Erfüllung des Unternehmenszweckes Tätigkeiten übernehmen, darzustellen.

Die Grundstruktur zur Aufbauorganisation des Arbeitsschutzes läßt sich dem Arbeitssicherheitsgesetz entnehmen. Sie kann wie folgt dargestellt werden (Bild 28).

Die arbeitsschutzrelevanten Aufgaben der Beteiligten umfassen dabei insbesondere folgendes:

a) Aufgaben des Unternehmers

- Delegation arbeitsschutzrelevanter Pflichten

- Übertragung von spezifischen Unternehmerpflichten (§ 12 VBG 1)

- Organisation des Arbeitsschutzes

  - Bestellungen von Fachkräften für Arbeitssicherheit, Betriebsärzten, Sicherheitsbeauftragten etc.
  - regelmäßige Einberufung des Arbeitsschutzausschusses
  - Regelung des Unfallmeldewesens
  - Veranlassung medizinischer Vorsorgeuntersuchungen
  - Sicherstellung des Informationsaustausches

- Zusammenarbeit mit dem Betriebsrat

- Bereitstellung der finanziellen Mittel für Regelwerke, Körperschutzmittel und Arbeitsschutzmaßnahmen

- Überwachung der angeordneten Maßnahmen

b) Aufgaben der Vorgesetzten

- Umsetzung der übertragenen arbeitsschutzrelevanten Pflichten sowie der spezifischen Unternehmerpflichten

- gegebenenfalls weitere Delegation beziehungsweise Übertragung der Pflichten auf nachgeordnete Mitarbeiter

- Mitwirkung bei der Bestellung der zu beauftragenden Personen

- Bereitstellung und Auslegung der Unfallverhütungsvorschriften und des Regelwerkes im Zuständigkeitsbereich

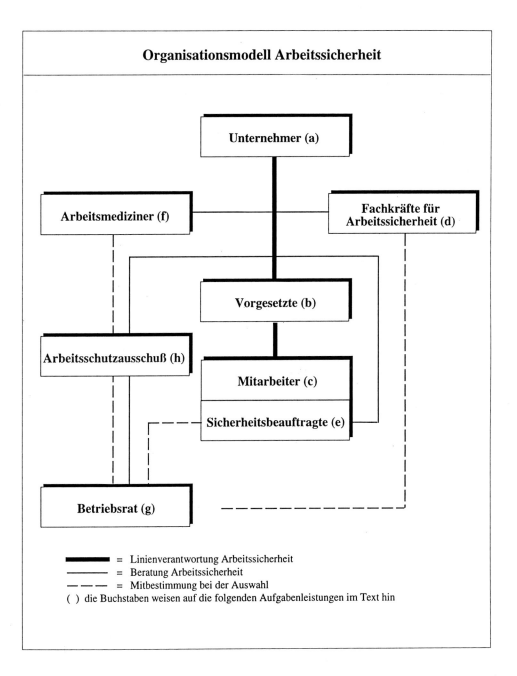

Organisationsmodell Arbeitssicherheit

Unternehmer (a)

Arbeitsmediziner (f)

Fachkräfte für Arbeitssicherheit (d)

Vorgesetzte (b)

Arbeitsschutzausschuß (h)

Mitarbeiter (c)

Sicherheitsbeauftragte (e)

Betriebsrat (g)

▬▬▬ = Linienverantwortung Arbeitssicherheit
───── = Beratung Arbeitssicherheit
─ ─ ─ = Mitbestimmung bei der Auswahl
( ) die Buchstaben weisen auf die folgenden Aufgabenleistungen im Text hin

Bild 28

- Veranlassung und gegebenenfalls Durchführung von Ersteinweisungen und Wiederholungsschulungen

- Umsetzung der Vorschläge der beauftragten Personen; Anweisungen zum Arbeitsschutz und zum Gesundheitsschutz

- Sicherstellung der Beschaffung von Körperschutzmitteln und Sicherheitsausrüstung im Zuständigkeitsbereich

- Einweisung in Gefahrenbereiche

- Benennung von sachkundigen Personen für prüfpflichtige Anlagen

- Überwachung der angeordneten Maßnahmen und der Dokumentationspflichten; Begehungen

c) Aufgaben der Mitarbeiter

- Weisungen des Unternehmers/Vorgesetzten einhalten

- Schutzausrüstungen benutzen

- Arbeitsstoffe und Geräte nicht unbefugt benutzen

- Sicherheitstechnische Mängel sofort beseitigen oder melden

- Gefahrenbereiche nicht unbefugt und nur unter Beachtung der erforderlichen Sicherheitsmaßnahmen betreten

- Einhaltung der durch den Unternehmer erlassenen Gebote und Verbote

d) Aufgaben der Fachkraft für Arbeitssicherheit

- Unterstützung des Arbeitgebers beim Arbeitsschutz und bei der Unfallverhütung in allen Fragen der Arbeitssicherheit

- Beratung des Arbeitgebers und der für den Arbeitsschutz und die Unfallverhütung verantwortlichen Personen, insbesondere bei

  • Planung, Ausführung und Unterhaltung von Betriebsanlagen, sozialen und sanitären Einrichtungen
  • Beschaffung von technischen Arbeitsmitteln

- Einführung von Arbeitsverfahren und Arbeitsstoffen
- Auswahl und Erprobung von Körperschutzmitteln
- Gestaltung der Arbeitsplätze, des Arbeitsablaufs, der Arbeitsumgebung (einschließlich Ergonomie)
- Beurteilung der Arbeitsbedingungen

- Überprüfung der Betriebsanlagen und technischen Arbeitsmittel, insbesondere vor Inbetriebnahme, und der Arbeitsverfahren vor ihrer Einführung in sicherheitstechnischer Hinsicht

- Beobachtung der Durchführung des Arbeitsschutzes und der Unfallverhütung u.a. durch Begehungen der Arbeitsstätte

- Hinwirken auf die Beseitigung von Mängeln

- Achten auf die Benutzung der Körperschutzmittel

- Untersuchung und Auswertung von Arbeitsunfällen

- Vorschlagen von Maßnahmen zur Unfallverhütung

- Hinwirken auf arbeitsschutz- und unfallverhütungsgerechtes Verhalten der Arbeitnehmer

e) Aufgaben der Sicherheitsbeauftragten

- Unterstützung des Unternehmers, der Vorgesetzten und der Kollegen als Helfer/Berater in ihrem direkten Arbeitsbereich

- fortlaufende Kontrolle des Vorhandenseins und der Benutzung von vorgeschriebenen Schutzvorrichtungen

- regelmäßige Kontrolle des Arbeitsbereiches in bezug auf Unfallverhütung

- Motivation der Arbeitskollegen in ihrem Arbeitsbereich in bezug auf Unfallverhütung

f) Aufgaben der Betriebsärzte (Arbeitsmedizin)

- Unterstützung des Arbeitgebers beim Arbeitsschutz und bei der Unfallverhütung in allen Fragen des Gesundheitsschutzes

- Beratung des Arbeitgebers und der sonst für den Arbeitsschutz und die Unfallverhütung verantwortlichen Personen, insbesondere bei

  • Planung, Ausführung und Unterhaltung von Betriebsanlagen, sozialen und sanitären Einrichtungen
  • Beschaffung von technischen Arbeitsmitteln und Einführung von Arbeitsverfahren und Arbeitsstoffen
  • Auswahl und Erprobung von Körperschutzmitteln
  • arbeitsphysiologischen, arbeitspsychologischen, ergonomischen, arbeitshygienischen Fragen, insbesondere des Arbeitsrhythmus, der Arbeitszeit, der Pausenregelung, der Arbeitsplatzgestaltung, des Arbeitsablaufs, der Arbeitsumgebung
  • Organisation der "Ersten Hilfe" im Betrieb
  • Fragen des Arbeitsplatzwechsels sowie der Eingliederung und Wiedereingliederung Behinderter in den Arbeitsprozeß
  • Beurteilung der Arbeitsbedingungen

- Untersuchung der Arbeitnehmer einschließlich Beratung sowie Beurteilung, Erfassung und Auswertung der Ergebnisse

- Beobachtung der Durchführung des Arbeitsschutzes und der Unfallverhütung u.a. durch Begehungen der Arbeitsstätte

- Hinwirken auf die Beseitigung von Mängeln

- Achten auf die Benutzung der Körperschutzmittel

- Untersuchen der Ursachen von arbeitsbedingten Erkrankungen sowie die Erfassung und Auswertung der Untersuchungsergebnisse und Vorschlagen von Maßnahmen zur Verhütung dieser Erkrankungen

- Hinwirken auf arbeitsschutz- und unfallverhütungsgerechtes Verhalten der Arbeitnehmer

g) Aufgaben des Betriebsrates

- Überwachung der zugunsten der Mitarbeiter geltenden Gesetze, Verordnungen, Unfallverhütungsvorschriften, Tarifverträge und Betriebsvereinbarungen auf Durchführung/Einhaltung

- Beantragung von Maßnahmen, die dem Betrieb und der Belegschaft dienen, beim Unternehmer

- Beteiligung an Betriebsbesichtigungen

- Beteiligung an Unfalluntersuchungen

- Teilnahme an Sitzungen des Sicherheitsausschusses/Arbeitsschutzausschusses

- Unterschreiben der Unfallanzeigen

h) Aufgaben des Arbeitsschutzausschusses

- Koordination des innerbetrieblichen Arbeitsschutzes

- Beratung betrieblicher Sicherheitsprogramme

- Vorschlag betrieblicher Arbeitsschutz-Investitionen

- Auswertung betrieblicher Unfallstatistiken

- Beratung sicherheitstechnischer Aspekte bei der Einführung neuer Arbeitsverfahren oder neuer Arbeitsstoffe

- Erörterung der Möglichkeiten zur Beteiligung an überbetrieblichen Unfallverhütungsmaßnahmen

Dabei handelt es sich lediglich um eine Grundstruktur im Sinne einer Mindestorganisation. Aufbauorganisation im Rahmen eines Arbeitsschutzmanagementsystems beinhaltet jedoch nicht nur die Auflistung der wesentlichen Aufgaben von betroffenen Mitarbeitern.

Neben der Aufgabenzuweisung müssen darüber hinaus Kompetenzen im Sinne von Entscheidungsbefugnissen festgelegt werden, die die Verantwortlichkeit jedes einzelnen Mitarbeiters verzeichnen. Verantwortlich ist nur, wer die zur Aufgabenerfüllung notwendigen Befugnisse hat. Anderenfalls bleibt die Verantwortung bei den übergeordneten Hierarchiestufen.

Darüber hinaus sind neben den Anweisungspflichten auch die Überwachungs- und Aufsichtspflichten der Beteiligten zu regeln und festzulegen, damit sichergestellt ist, daß die delegierten Aufgaben vom Delegationsempfänger wahrgenommen werden. Hinzu kommt, daß es aufbauorganisatorischer Maßnahmen im beschriebenen Umfang nicht nur für die Normalorganisation bedarf.

Vielmehr gilt gleiches auch für die Organisationszustände der Beauftragten- und Notfallorganisation.

Hierunter ist folgendes zu verstehen:

- Normalorganisation: Produzieren von Produkten in der Produktionsanlage

- Beauftragtenorganisation: Diese beraten die Verantwortlichen für zum Beispiel den Betrieb von Anlagen

- Notfallorganisation: Sie greift in unvorhergesehenen Situationen, die nur ganz allgemein planbar sind

Grundlage der Beauftragtenbestellung sind zahlreiche gesetzliche Vorschriften, die bei Vorliegen bestimmter Voraussetzungen eine dahingehende Pflicht begründen (zum Beispiel Abfall-, Störfall-, Gefahrgutbeauftragter).

Für den Bereich des Arbeitsschutzes ist hier wiederum auf das Arbeitssicherheitsgesetz zu verweisen, das die Bestellung von Betriebsärzten und Fachkräften für Arbeitssicherheit vorsieht. Die Vorschriften regeln jedoch lediglich die Voraussetzungen der Bestellung sowie die Aufgaben, nicht dagegen die Integration in die Betriebsorganisation. Zwar sieht § 10 ArbSichG die Zusammenarbeit der Betriebsärzte und der Fachkräfte für Arbeitssicherheit untereinander und § 9 ArbSichG ihre Zusammenarbeit mit dem Betriebsrat vor, doch erfährt die Kooperation der Betriebsärzte und Fachkräfte für Arbeitssicherheit mit den Linienfunktionen keine Regelung.

Gerade die sorgfältige Regelung der Kooperationsbeziehungen zwischen Linien- und Beauftragtenorganisationen ist jedoch für eine ordnungsgemäße und den Anforderungen des Arbeitsschutzes entsprechende Organisation unerläßlich.

Insofern wird die eingangs angedeutete Qualität der aus dem Arbeitssicherheitsgesetz abzuleitenden Aufbauorganisation als Mindest-/Grundstandard um so deutlicher.

Hervorzuheben ist an dieser Stelle, daß die Festlegung einer Aufbauorganisation beziehungsweise der Arbeitsschutz als solcher im alleinigen Zuständigkeits- und Verantwortungsbereich der Unternehmensleitung liegt.

Die nach dem ArbSichG zu bestellenden Betriebsärzte und Fachkräfte für Arbeitssicherheit haben demgegenüber in bezug auf den Arbeitsschutz "nur" Hinwirkungs-, Beratungs- und Überwachungspflichten. Daraus ergibt sich, daß es sich bei der weit verbreiteten Annahme, der Arbeitgeber habe mit der Bestellung dieser Personen seinen Pflichten genügt, um einen folgenschweren Irrtum handelt.

Die Delegation von Aufgabe, Kompetenz und Verantwortung im Wege einer festgelegten und dokumentierten Aufbau- und auch Ablauforganisation ist allein von den Führungskräften zu regeln beziehungsweise zu organisieren.

5.4.2 Ablauforganisation

Neben der Aufbauorganisation bedarf es der Festlegung der Ablauforganisation, die die logisch-zeitliche Abfolge der in der Aufbauorganisation zugewiesenen Aufgaben betrifft. Es sind vor allem die gefährdungsrelevanten Aktivitäten und die hierzu den Aufgabenträgern zugewiesenen Pflichten in ihren Abläufen mit dem Zusammenwirken der verschiedenen Funktionsträger zu beschreiben. Mit Hilfe der ablauforganisatorischen Vorgaben wird das "Wie" und "Wann" einer konkreten Tätigkeit umschrieben (zum Beispiel Durchführung gefährlicher Arbeiten, Umgang mit Gefahrstoffen etc.).

Es kommt entscheidend darauf an, die Koordinierung verschiedener Organisationseinheiten zu bestimmen. Es müssen die "Spielregeln" definiert werden.

Die Umschreibung der Ablauforganisation ist schriftlich zu fixieren. Die Dokumentation erfolgt in Handbüchern, Richtlinien und Arbeitsanweisungen (Bild 29).

Im folgenden soll das Verfahrensschema zur Vorbereitung und Durchführung von Instandhaltungs- und Änderungsarbeiten am Beispiel einer vom Bundesministerium des Innern speziell für Kernkraftwerke erarbeiteten Richtlinie dargestellt werden (Richtlinie für das Verfahren zur Vorbereitung und Durchführung von Instandhaltungs- und Änderungsarbeiten in Kernkraftwerken, Bekanntmachung vom 1. Juni 1978).

Wenngleich diese Richtlinie im Grunde speziell auf Kernkraftwerke zugeschnitten ist, so enthält sie doch im wesentlichen rein organisatorische Vorgaben für einen beliebigen Instandhaltungsablauf unter besonderer Berücksichtigung von Anlagen- und Arbeitssicherheit. Die einzelnen Verfahrensschritte können somit auch in anderen Unternehmen entsprechende Anwendung finden beziehungsweise zumindest als Hilfsmittel herangezogen werden.

Die Orientierung anhand dieser Richtlinie bietet im übrigen den Vorteil, daß sie einen Entlastungsnachweis im Falle des Vorwurfes eines Organisationsverschuldens in der Instandhaltung ermöglicht.

Nach den Vorgaben dieser Richtlinie ist Ausgangspunkt für die Anwendung des in der Richtlinie beschriebenen Verfahrensschemas ein Kriterienkatalog. Die Richtlinie soll unter anderem angewendet werden bei:

Dokumentation des Arbeitsschutzes

umfaßt	Verteiler		Beschreibung
Unternehmen	intern: Unternehmensleitung bis Abteilungsleiter extern: entsprechend der Unternehmensphilosophie	**Ar- beits- schutz- manage- ment- handbuch** (was)	Grundsätze, Aufbau- und Ablauforganisation, betriebsumfassende Zusammenhänge, Verantwortungen, Kompetenzen. Enthält organisatorisches Firmen-Know-how und Hinweise zumindest auf Richtlinien und gegebenenfalls auf Arbeitsanweisungen.
Abteilungen	ausschließlich intern: Bereiche und Abteilungen	**Richtlinien** (wie in den Abteilungen)	Teilgebiete des AM-Systems detailliert beschrieben. Enthalten organisatorisches und technisches Firmen-Know-how sowie Hinweise auf Arbeitsanweisungen.
Sachgebiete einzelner Abteilungen	ausschließlich intern: Abteilungen	**Arbeitsanweisungen** (konkrete Festlegungen in den Abteilungen)	Regelung von Einzelheiten in Abteilungen. Enthalten technisches Firmen-Know-how.

Bild 29

- Arbeiten an elektrischen Anlagen
- Arbeiten an sicherheitstechnischen wichtigen Systemen oder Anlagenteilen
- Arbeiten an Systemen oder Anlagenteilen, die gefährliche Stoffe enthalten
- Arbeiten in explosionsgefährdeten Bereichen
- Schweiß-, Brenn- und Schleifarbeiten an Systemen oder Anlagenteilen

In Bild 30 ist das Verfahrensschema zur Vorbereitung und Durchführung von Instandhaltungs- und Änderungsarbeiten auf der Basis der Richtlinien dargestellt, wobei allerdings diejenigen Bestandteile nicht aufgeführt werden, die sich speziell auf Kernkraftwerke beziehen. Umgekehrt wurden zusätzliche, sich speziell auf Umweltschutzmaßnahmen beziehende Elemente hinzugefügt. Die aus der Darstellung zu entnehmenden Verfahrensschritte sind wie folgt zu erläutern:

(1)   Auslösendes Ereignis

Auslösende Ereignisse sind geplante Instandhaltungs- und Änderungsarbeiten, soweit sie die festgelegten Kriterien erfüllen, und Störungen.

(2)   Meldung und Registrierung (bei Störungen)

Störungen werden durch optisch-akustische Meldeeinrichtungen der Netzbetriebsführung oder vor Ort angezeigt oder durch Betriebsbeobachtungen erkannt. Die Registrierung der Störung erfolgt automatisch (zum Beispiel Rechnerausdruck) oder handschriftlich (zum Beispiel Schichtbuch, Formulare). Von Hand erstellte Meldungen müssen enthalten:
- Datum, Uhrzeit, Name des Meldenden
- Beschreibung der Störung oder des Schadens, vermutliche Ursache
- Bezeichnung und Betriebszustand des betroffenen Anlagenteils
- Bezeichnung vor Ort
- fortlaufende Numerierung
- Bestätigung der Kenntnisnahme durch den Vorgesetzten

(3)   Anwendung des Verfahrensschemas (bei Störungen)

Die Entscheidung, ob bei Störungen das Verfahrensschema angewendet werden muß, fällt der Vorgesetzte gemäß den festgelegten Kriterien.

(4)   Sichtung und Beauftragung

Die Sichtung der auslösenden Ereignisse umfaßt deren Überprüfung und Beurteilung und erfolgt unter Berücksichtigung:
- von Art und Umfang des Schadens bei Störungen

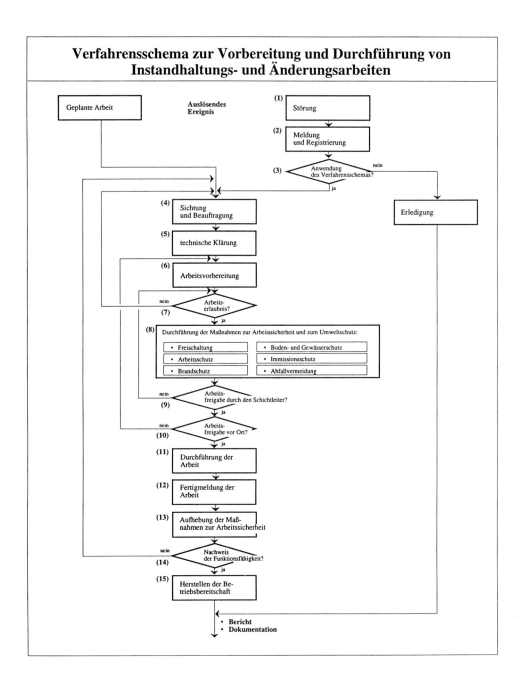

Verfahrensschema zur Vorbereitung und Durchführung von Instandhaltungs- und Änderungsarbeiten

Geplante Arbeit

Auslösendes Ereignis

(1) Störung

(2) Meldung und Registrierung

(3) Anwendung des Verfahrensschemas? — nein — Erledigung — ja

(4) Sichtung und Beauftragung

(5) technische Klärung

(6) Arbeitsvorbereitung

(7) nein — Arbeits-erlaubnis? — ja

(8) Durchführung der Maßnahmen zur Arbeitssicherheit und zum Umweltschutz:
- Freischaltung
- Arbeitsschutz
- Brandschutz
- Boden- und Gewässerschutz
- Immissionsschutz
- Abfallvermeidung

(9) nein — Arbeits-freigabe durch den Schichtleiter? — ja

(10) nein — Arbeits-freigabe vor Ort? — ja

(11) Durchführung der Arbeit

(12) Fertigmeldung der Arbeit

(13) Aufhebung der Maß-nahmen zur Arbeitssicherheit

(14) nein — Nachweis der Funktionsfähigkeit? — ja

(15) Herstellen der Be-triebsbereitschaft

- Bericht
- Dokumentation

Bild 30

-   der Dringlichkeit nach augenblicklichem Anlagenzustand
-   des für die Arbeiten erforderlichen Anlagenzustandes
-   möglicher Auswirkungen der Minderung der Anlagensicherheit

Die Beauftragung muß enthalten:
-   Herstellung und Sicherstellung des spannungfreien Zustandes nach VDE 0105
-   Formulierung der Maßnahmen
-   Federführung für die technische Klärung
-   zu beteiligende Fachbereiche
-   Festlegung der Dringlichkeit der Arbeit
-   Datum und Unterschrift des für die Beauftragung Verantwortlichen

Die Sichtung und Beauftragung erfolgt durch die laut Betriebsorganisation für den Netzbetrieb verantwortlichen Personen. Die übrigen Fachbereiche (zum Beispiel Instandhaltung, Arbeitssicherheit und Umweltschutz) sind entsprechend den Erfordernissen zu beteiligen.

(5)   Technische Klärung

Die technische Klärung muß die Festlegung der zu treffenden Einzelmaßnahmen beinhalten hinsichtlich:

-   des Anlagenzustandes und der Anlagensicherheit
-   der Arbeitsverfahren und Prüfungen
-   des Arbeitsschutzes
-   gegebenenfalls des Erfordernisses einer behördlichen Genehmigung (zum Beispiel Baurecht, Wasserrecht)
-   der Einschaltung weiterer externer Stellen (zum Beispiel Sachverständige, Fachfirmen)
-   besonderer Unterweisung des die Arbeiten durchführenden Personals
-   der Anlagensicherung

unter Beachtung der einschlägigen Bestimmungen, wie zum Beispiel:

-   VDE-Bestimmungen (VDE)
-   Gefahrstoffverordnung (GefStoffV)
-   Arbeitsstättenverordnung (ArbStättV)
-   Unfallverhütungsvorschriften (UVV)
-   Bundes-Immissionsschutz-, Abfall- und Wasserhaushaltsgesetz sowie dazugehörige Verordnungen

und der betrieblichen Regelungen, wie zum Beispiel:

- Betriebsanweisungen
- Sicherheitsspezifikationen

Die technische Klärung muß auch die Benennung der Verantwortlichen für die Durchführung der Arbeit und für die Durchführung der Maßnahmen zur Arbeitssicherheit beinhalten, soweit diese nicht durch innerbetriebliche Regelungen bereits festgelegt sind.

Bei einer Störung ist die Ursache zu suchen. Die Kenntnis der Ursache ist jedoch zur Festlegung der zu treffenden Maßnahmen nicht immer erforderlich.

(6)   Arbeitsvorbereitung

Die Arbeitsvorbereitung muß die Festlegung des Arbeitsablaufes hinsichtlich:

- des Personaleinsatzes
- der terminlichen Abwicklung
- des benötigten Materials
- der notwendigen Hilfsmittel
- der erforderlichen Freischaltungen
- der Arbeitsschutzmaßnahmen
- der Umweltschutzmaßnahmen
- bestehender Arbeitspläne
- der Maßnahmen zur Anlagensicherung

unter Berücksichtigung der unter Haltepunkt (5) festgelegten Maßnahmen umfassen.

Die unter Haltepunkt (5) und (6) festgelegten Maßnahmen zur Arbeitssicherheit und Anlagensicherheit sind durch Unterschrift der in Haltepunkt (5) benannten oder durch innerbetriebliche Regelungen bereits festgelegten Verantwortlichen für die Durchführung der Maßnahmen zu Arbeitssicherheit, Umweltschutz und Anlagensicherheit zu bestätigen, sofern die Maßnahmen schriftlich festgelegt wurden.

Der Verantwortliche für die Durchführung der Arbeit bestimmt rechtzeitig vor Haltepunkt (10) den Aufsichtsführenden vor Ort (zum Beispiel Kolonnenführer).

(7) Arbeitserlaubnis

Die Arbeitserlaubnis beinhaltet die grundsätzliche Zustimmung zum Arbeitsvorhaben und die Freigabe der Durchführung der Maßnahmen zur Arbeitssicherheit und zum Umweltschutz durch den Vorgesetzten nach folgenden Kriterien:

- Anlagensicherheit
- erforderlicher Anlagenzustand
- andere laufende Arbeiten

Die Arbeitserlaubnis ist durch Unterschrift des Vorgesetzten zu bestätigen.

(8) Durchführung der Maßnahmen zur Arbeitssicherheit und zum Umweltschutz

Die Maßnahmen zur Arbeitssicherheit, wie

- Herstellung und Sicherstellung des spannungsfreien Zustandes nach VDE 0105,
- Arbeitsschutz,
- Brandschutz,

und zum Umweltschutz, wie

- Boden- und Gewässerschutz,
- Immissionsschutz,
- Abfallvermeidung,

sind unter Beachtung der Festlegungen zu Anlagensicherheit, zum Umweltschutz und zur Anlagensicherheit sowie der einschlägigen Bestimmungen (zum Beispiel UVV, VDE, GefStoffV, BImSchG, WHG etc.) und der betrieblichen Regelungen (zum Beispiel Betriebsanweisungen, Sicherheits- und Umweltschutzspezifikationen) durchzuführen.

Die durchgeführten Maßnahmen sind schriftlich festzulegen und durch Unterschrift, in der Regel der Ausführenden, zu bestätigen.

Gegebenenfalls ist auf besondere Verhaltensweisen, die zur Gewährleistung der Arbeitssicherheit und des Umweltschutzes erforderlich sind, schriftlich hinzuweisen.

Auf hinreichende Kennzeichnung der freigeschalteten Anlageteile in der Netzbetriebsführung und vor Ort ist zu achten.

Die Freischaltmaßnahmen sind gegen unbeabsichtigtes Aufheben zu sichern.

(9)   Arbeitsfreigabe durch den Vorgesetzten

Der Vollzug der Maßnahmen gemäß Haltepunkt (8) ist anhand der schriftlichen Aufzeichnungen, erforderlichenfalls vor Ort, durch den Vorgesetzten oder einen von ihm Beauftragten zu kontrollieren. Anschließend erfolgt die Freigabe der Arbeit durch den Vorgesetzten. Die Freigabe ist durch Unterschrift zu bestätigen.

Je eine Kopie der schriftlichen Aufzeichnungen der gemäß der Haltepunkte (4) bis (9) getroffenen Festlegungen zur Arbeitssicherheit und Anlagensicherheit verbleibt für die Dauer der Arbeit in der Netzbetriebsführung und bei dem Aufsichtsführenden vor Ort.

(10)   Arbeitsfreigabe vor Ort

Der Aufsichtsführende vor Ort hat sich im Rahmen seiner Möglichkeiten zu vergewissern, daß die festgelegten Maßnahmen (vergleiche Haltepunkt [6]) für

- die Arbeit,
- die Arbeitssicherheit,
- den Umweltschutz,

durchgeführt sind. Erforderlichenfalls zieht er hierbei die Verantwortlichen für die Durchführung der Maßnahmen zur Arbeitssicherheit und zum Umweltschutz zu.

Die Freigabe der Arbeit durch den Aufsichtsführenden vor Ort an seine ausführende Arbeitskolonne hat unter Hinweis auf die getroffenen Maßnahmen zu erfolgen.

(11)   Durchführung der Arbeit

Die Arbeit ist gemäß den Festlegungen unter den Haltepunkten (5), (6) und (8) durchzuführen.

Muß vom geplanten Arbeitsablauf abgewichen werden, so hat eine Rückmeldung an den Verantwortlichen für die Durchführung der Arbeit und an den Vorgesetzten zu erfolgen. Die weitere Vorgehensweise ist festzulegen. Die Festlegungen zur Anlagensicherung bleiben hierbei bestehen; etwaige notwendige Änderungen sind mit dem Verantwortlichen für die Anlagensicherung abzustimmen.

Bei Unterbrechung der Arbeit hat sich vor Wiederaufnahme der Arbeit der Aufsichtsführende vor Ort über die Fortdauer der Maßnahmen zur Arbeitssicherheit und zum Umweltschutz, wie unter den Haltepunkten (8) und (10) festgelegt, zu vergewissern.

(12) Fertigmeldung der Arbeiten

Nach Abschluß der Arbeit hat eine Fertigmeldung der Arbeit durch den Aufsichtsführenden vor Ort an den Vorgesetzten und den Verantwortlichen für die Durchführung der Arbeit zu erfolgen. Der Verantwortliche für die Durchführung der Arbeit entscheidet, inwieweit eine zusätzliche Kontrolle auf ordnungsgemäße Durchführung der Arbeit vor Ort erforderlich ist. Die Fertigmeldung ist durch Unterschrift des Aufsichtsführenden vor Ort zu bestätigen.

(13) Aufhebung der Maßnahmen zur Arbeitssicherheit

Die Aufhebung der Maßnahmen zur Arbeitssicherheit (Normalisierung) und gegebenenfalls zum Umweltschutz erfolgt auf Anweisung des Vorgesetzten und nur soweit

- der Anlagenzustand und andere laufende Arbeiten dies zulassen und
- der Nachweis der Funktionsfähigkeit dies erfordert.

Die Aufhebung dieser Maßnahmen ist durch Unterschrift der Ausführenden zu bestätigen.

(14) Nachweis der Funktionsfähigkeit

Die abschließende Prüfung zum Nachweis der Funktionsfähigkeit erfolgt auf Anforderung durch den Vorgesetzten.

(15) Herstellen der Betriebsbereitschaft

Die Netzbetriebsführung übernimmt das betroffene Anlagenteil oder System und stellt die Betriebsbereitschaft her. Hierbei hat sich der Vorgesetzte oder ein von ihm Beauftragter anhand der schriftlichen Aufzeichnungen davon zu überzeugen, daß alle Maßnahmen nach Haltepunkt (8) aufgehoben sind.

Der Vorgang wird mit der Berichterstattung über die durchgeführten Maßnahmen sowie über das Ergebnis der Arbeit und mit seiner Dokumentation abgeschlossen.

Die Rahmenvorgaben aus dem Verfahrensschema der Richtlinie müssen natürlich auf die Besonderheiten des betreffenden Unternehmens angepaßt und konkretisiert werden. Eine allgemeingültige Fassung kann es nicht geben.

Hier liegt eine Empfehlung vor, die bei der Interpretation des Standes der Technik zur Organisation in der Instandhaltung nicht vernachlässigt werden darf.

5.4.3   Dokumentation

Um bei eintretenden Schäden den Beweis erfolgreich antreten zu können, alles Angemessene und Zumutbare getan und damit nicht schuldhaft gehandelt zu haben, empfiehlt es sich, Vorgänge, die als Beweis dienen können, ausreichend zu dokumentieren und diese Dokumentation stets verfügbar zu halten (zum Beispiel Unterweisungsprotokolle nach UVV, Vorsorgekartei, Dokumentation der Arbeitsbereichsanalyse und Gefährdungsanalyse, Begehungsprotokolle).

Auch das neue ArbSchG verpflichtet den Arbeitgeber zur Dokumentation. Nach § 6 ArbSchG muß er über die je nach Art der Tätigkeiten und der Zahl der Beschäftigten erforderlichen Unterlagen verfügen, aus denen das Ergebnis der Gefährdungsbeurteilung, die von ihm festgelegten Maßnahmen des Arbeitsschutzes und das Ergebnis ihrer Überprüfung ersichtlich sind.

Ist die Notwendigkeit der Dokumentation erkannt, so ist zu entscheiden, was als Dokumentation vorzuhalten ist. Im Rahmen der Dokumentation wird differenziert zwischen Dokumenten und Aufzeichnungen. Beide Formen dienen dazu, die Erfüllung von Forderungen zu verfolgen beziehungsweise zu beweisen und die Wirksamkeit des Arbeitsschutzmanagementsystems zu bestätigen. Sie unterscheiden sich in folgendem:

- Dokumente sind sämtliche Unterlagen, die Vorgaben, Forderungen oder Ablaufregelungen zum Arbeitsschutzmanagementsystem enthalten (sogenannte Vorgabedokumente).

Dazu zählen:
- Arbeitsschutzmanagementhandbuch
- Arbeitsschutzmanagement-Richtlinien
- Arbeitsschutzmanagement-Arbeitsanweisungen
- sämtliche weiteren Dokumente, die eine Arbeitsschutzmanagement-Relevanz aufweisen (zum Beispiel Bedienungsanleitungen der Hersteller, Betriebsanweisungen gemäß UVV und § 20 Gefahrstoffverordnung)

- Aufzeichnungen sind Nachweisdokumente, die konkrete Ergebnisse, das heißt schriftliche oder vergleichbare Aufzeichnungen ablaufender oder abgelaufener Prozesse für alle Bereiche des Arbeitsschutzmanagements, enthalten

Dazu zählen:
- Unterweisungsprotokolle
- Ergebnisse der Arbeitsbereichsanalysen
- Prüfbescheinigungen für prüf-/überwachungspflichtige Anlagen/Betriebsmittel
- Vorsorgekartei
- Auditberichte
- Ausbildungsnachweise

Aufzeichnungen müssen so gekennzeichnet sein, daß sie eindeutig den aufgezeigten Sachverhalten zugeordnet werden können.

Insgesamt handelt es sich demnach um arbeitsbezogene Dokumente, die den Nachweis der Erfüllung von Anweisungs-, Auswahl- und Überwachungspflichten erleichtern können. Die genannten Dokumente sollten lesbar, datiert, übersichtlich, anwenderfreundlich, leicht identifizierbar und abprüfbar sein. Zudem sollte der Aufbewahrungsort der Dokumente so beschaffen sein, daß die Gefahr einer Beschädigung oder eines Verlustes möglichst ausgeschlossen werden kann.

Die Aufbewahrung der Dokumentation kann in Papierform oder in Form anderer Medien, wie beispielsweise auf Datenträgern, erfolgen. Manipulationen müssen ausgeschlossen sein. Die Dauer der Aufbewahrung der dokumentierten Informationen richtet sich nach den Verjährungsfristen denkbarer Anspruchsgrundlagen. Ansprüche auf Ersatz des aus einer unerlaubten Handlung entstandenen Schadens verjähren in drei Jahren von dem Zeitpunkt an, in welchem der Verletzte von dem Schaden und der Person des Ersatzpflichtigen Kenntnis erlangt, ohne Rücksicht auf diese Kenntnis in 30 Jahren von der Begehung der Handlung an. Unter Beachtung des wirtschaftlichen Aspektes sowie der Gefährdungsrelevanz des Produktes sollte eine Risikoabwägung zwischen Haftungspotential und Aufbewahrungskosten vorgenommen werden.

Der Umfang der zu ergreifenden Organisations- und damit auch Dokumentationsmaßnahmen richtet sich nach dem Risiko, das heißt nach Gefährdungspotential und -häufigkeit. Es sind individuelle und angemessene Lösungen zu suchen. Wichtig ist, daß die Dokumentation in Form von Richtlinien, Handbüchern etc. einem ständigen Aktualisierungsdienst zu unterziehen und darüber hinaus regelmäßig auf Anwendung und Wirksamkeit zu überprüfen ist (zum Beispiel durch Audits).

Die erforderliche Dokumentation der Aufbau- und Ablauforganisation zur Erfüllung der Arbeitsschutzanforderungen kann zum Beispiel in einem Arbeitsschutzhandbuch erfolgen. Es besteht jedoch auch die Möglichkeit, den Arbeitsschutz für den Bereich der Instandhaltung in einem Instandhaltungshandbuch (Bild 31/1, 31/2 und 31/3) festzulegen beziehungsweise zu organisieren. Wichtig ist nur, daß die Dokumentation überhaupt erfolgt.

Soweit im Unternehmen sowohl Arbeitsschutz- als auch Instandhaltungsmanagementsysteme eingeführt wurden und dementsprechende Handbücher existieren, bleibt es dem Unternehmen überlassen, wo die erforderliche Dokumentation der Aktivitäten erfolgt. Allerdings ist zu beachten, daß die beabsichtigte Transparenz der Organisation für die Mitarbeiter nur dann erreicht

Instandhaltungshandbuch
Inhaltsverzeichnis I

Bild 31/1

Instandhaltungshandbuch
Inhaltsverzeichnis II

Bild 31/2

Bild 31/3

ist, wenn im jeweiligen Handbuch ein entsprechender Hinweis auf die anderweitige Dokumentation erfolgt.

Enthält also beispielsweise das Arbeitsschutzhandbuch die einschlägigen Regelungen, so sollte im Instandhaltungshandbuch unter dem Punkt "Arbeitsschutz" vermerkt sein, daß die Dokumentation im Arbeitsschutzhandbuch erfolgt ist.

Um die mit der Einführung weiterer Managementsysteme verbundene Dokumentationsflut zu vermeiden und die Übersichtlichkeit zu gewährleisten, empfiehlt sich die Einführung von Integrierten Managementsystemen. In einem solchen Integrierten Managementsystem werden die für die Bereiche des Arbeitsschutzes beziehungsweise der Instandhaltung erforderlichen Organisations- und Dokumentationspflichten berücksichtigt und dergestalt miteinander verknüpft, daß die Beachtung der oben dargestellten Verweisungserfordernisse gewährleistet ist.

5.4.4   Funktionsweise und Struktur eines Managementsystems

Derzeit erfolgt die Einführung von Arbeitsschutzmanagementsystemen oft in Anlehnung an die Normenreihe DIN EN ISO 9000 ff. zum Qualitätsmanagement. Eine ähnliche Entwicklung hat es beim Umweltschutz gegeben und gibt es jetzt beim Werkschutz. Mangels eines speziellen Ordnungsrahmens für ein Arbeitsschutzmanagementsystem wird empfohlen, die Normen zum Qualitätsmanagement analog anzuwenden. Dabei wird übersehen, daß es in den anderen Gebieten, Umweltschutz zum Beispiel, eine Entwicklung von analogen Anwendungen des Qualitätsmanagementsystems hin zu eigenständigen Managementsystemen mit entsprechenden Normen gab und sich diese Entwicklung gerade auch beim Arbeitsschutz abzeichnet. Hier gibt es mittlerweile spezielle Normentwürfe zum Arbeitsschutzmanagement, zum Beispiel einen Leitfaden zur Errichtung von Managementsystemen im Bereich des Arbeitsschutzes der British Standard Institution (London) oder die zur Zeit wohl entstehende entsprechende ISO-Norm.

Dabei ist zu bedenken, daß in immer mehr produzierenden Unternehmen die verschiedenen Managementsysteme in ein Integriertes Managementsystem eingebunden werden, so daß die Struktur eines zukünftigen Arbeitsschutzmanagementsystems schon vorbestimmt ist. Somit ist man bei den Freiheitsgraden zur Wahl eines beliebigen Managementsystems zum Arbeitsschutz schon durch die "normative Kraft des Faktischen" stark eingeschränkt.

Ein Managementsystem funktioniert wie folgt (Bild 32):

1. Das Organ des Unternehmens möchte, daß die Mitarbeiter im Unternehmen auf der Grundlage validierter Geschäftsprozesse/-abläufe mit dem Ziel einer effizienten Arbeitsgestaltung arbeiten und kooperieren.

Struktur von Managementsystemen

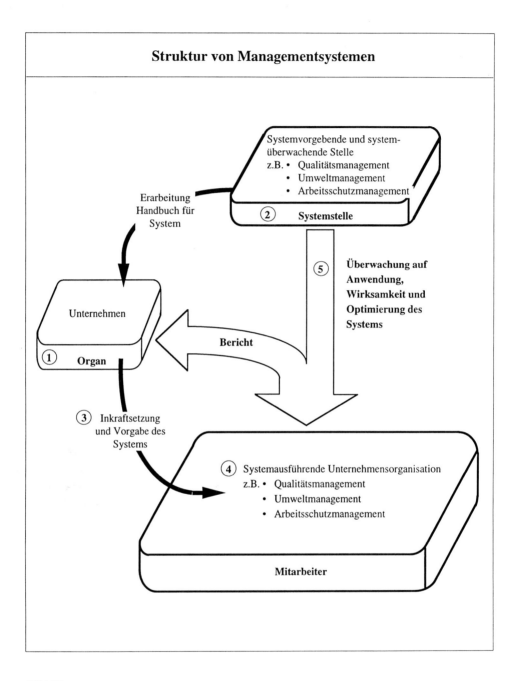

Bild 32

2. Dazu beauftragt das Organ des Unternehmens einen Systemmanager, das heißt eine systemvorgebende Stelle, ein entsprechendes System zu erarbeiten.

3. Das Organ des Unternehmens wird danach das System in Kraft setzen.

4. Die Mitarbeiter arbeiten gemäß den Vorgaben.

5. Die systemvorgebende Stelle wird beauftragt, das System zu überwachen (Auditierung).

Durch ein Audit soll erreicht werden, daß die Abweichung der tatsächlich gelebten zur angestrebten beziehungsweise festgelegten Organisation möglichst gering - mit dem Ziel einer "Null-Abweichung" - gehalten wird (Bild 33).

Nur mit einem Managementsystem kann gewährleistet werden, daß allen Mitarbeitern in der Linie, vom Organ des Unternehmens bis zum ausführenden Mitarbeiter vor Ort, und allen Beauftragten ihre jeweilige Aufgabe, Kompetenz und Verantwortung sowie die jeweiligen Kooperationsregelungen zu den einzelnen Gebieten des Arbeitsschutzes im Unternehmen bekannt sind. Also geht man davon aus, daß es eine Erhöhung des Sicherheits- und Gesundheitsschutzes durch organisatorische Maßnahmen geben kann.

Vor allem die Gesellschaft kann hier erhebliche Summen sparen, indem mehr präventive Maßnahmen gefördert werden, denn durch unterlassenen Arbeitsschutz entstehen hierzulande jährlich ca. 90 Milliarden DM an betrieblichen Kosten. (Barbara Stolterfoht, Hessisches Ministerium für Frauen, Arbeit und Sozialordnung, Rede anläßlich des ASCA-Symposiums "Arbeitsmanagement in Europa" am 8. Oktober 1996 in Frankfurt.) Auch die einzelnen Unternehmen sind natürlich nur dann wirtschaftlich und sicher für die Mitarbeiter, wenn es weniger Arbeitsunfälle gibt, denn zahlreiche Ausfalltage der Mitarbeiter können aufgrund der finanziellen Folgen, wie beispielsweise Lohnfortzahlungskosten, Nichteinhaltung von Terminen, die Existenz des Unternehmens gefährden.

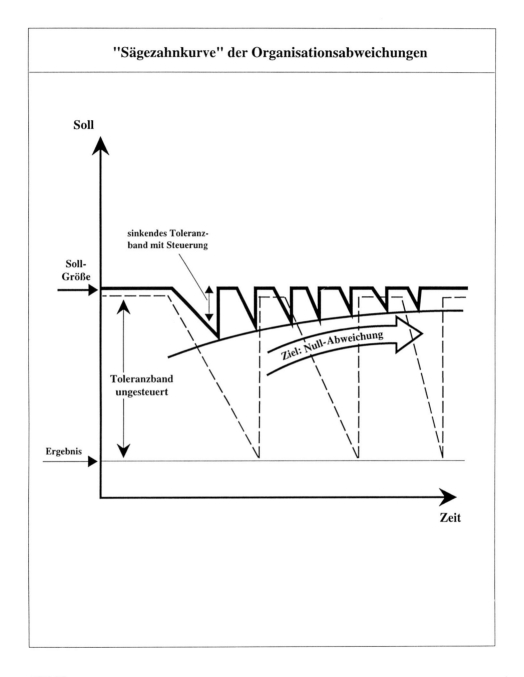

"Sägezahnkurve" der Organisationsabweichungen

Soll

Soll-
Größe

sinkendes Toleranz-
band mit Steuerung

Ziel: Null-Abweichung

Toleranzband
ungesteuert

Ergebnis

Zeit

Bild 33

6. Anforderungen aus Gesetz und Rechtsprechung an die Organisation der Instandhaltung

Nachdem in den bisherigen Kapiteln die unmittelbar mit der Instandhaltung in Zusammenhang stehenden Rechtsgebiete des Vertragsrechts, der Arbeitnehmerüberlassung und des Arbeitsschutzes eingehend erläutert wurden, soll im folgenden ein kurzer Überblick aufzeigen, welche Anforderungen unser Rechtssystem an die Organisation von Unternehmen beziehungsweise an deren Teilbereiche wie die Instandhaltung stellt. Es handelt sich um diejenigen Forderungen des öffentlichen Rechts, des Straf- und des Zivilrechts, welche die Schnittstelle zwischen Recht und Technik deutlich in Erscheinung treten lassen.

Ein Unternehmen ist grundsätzlich bei der Wahl der Organisation beziehungsweise der Organisationsstruktur frei, sofern nicht ungeregelte Abläufe zu einer Gefährdung oder Schädigung von Menschen (Betriebsangehörigen, Fremdfirmenmitarbeitern, Besuchern, Nachbarn etc.) oder der Umwelt führen können.

Die Forderungen der

- Legislative (Bundes- und Länderparlamente) aus
  - Gesetzen, Verordnungen

- Exekutive (Genehmigungs-, Überwachungs- und sonstige Verwaltungsbehörden) aus
  - Satzungen, Rechtsverordnungen, Verwaltungsakten wie Genehmigungsbescheiden mit Auflagen oder sonstigen Nebenbestimmungen

- Judikative (Gerichte) aus
  - Urteilen, Kommentaren, Urteilsbesprechungen

konkretisieren jene Schranken, die der Organisationsfreiheit durch die Festlegung von Handlungs- und Vorsorgepflichten gesetzt werden. Dabei hat jedes Unternehmen diese Pflichten in Abhängigkeit von den individuell unterschiedlichen Risiken seines Betriebes, seiner Anlagen und seiner Produkte etc. zu beachten.

Die Schranken der Organisationsfreiheit entwickelten sich in den letzten Jahren aufgrund der Fülle neuer EU-Richtlinien, nationaler Grundsatzurteile, Normen sowie sonstigen Regelungen zu weitreichenden Organisationspflichten.

Ließen es die Gesetze, Verwaltungsbehörden und die Gerichte bislang noch bei der vermuteten Einhaltung dieser Pflichten bewenden, verlangen sie nunmehr die transparente Darstellung der Organisation solcher Betriebe, bei denen ein Gefährdungspotential für Menschen und Umwelt vermutet werden kann.

Vom Grundsatz her war schon seit geraumer Zeit jeder Betrieb verpflichtet, seine betrieblichen Sorgfaltspflichten in dieser Hinsicht zu erfüllen. Allerdings brauchte er anfangs nur in sehr beschränktem Umfang die Einhaltung dieser Pflichten nachzuweisen. So hatten selbst bei Eintritt von Schadensfällen in erster Linie der oder die Geschädigten nachzuweisen, daß ein bestimmtes Unternehmen für das jeweilige Ereignis schuldhaft verantwortlich war.

Eine Umkehr der Beweislast erfolgte zunächst durch die Rechtsprechung des Bundesgerichtshofes im Bereich der Produkthaftung sowie später der Organisations-, der Produktionsanlagen- und Umwelthaftung.

Von einer "gerichtsfesten" Erfüllung der Organisationspflichten kann heute nur noch dann ausgegangen werden, wenn diese festgelegt, eingehalten und dokumentiert sind.

Nachfolgend wird ein Überblick über die rechtlichen Grundlagen vermittelt, die Unternehmen dazu verpflichten, ihre Organisation in einem

- Organisationshandbuch,
- Arbeitsschutzmanagementhandbuch,
- Notfallmanagementhandbuch,
- Qualitätsmanagementhandbuch,
- Objektsicherungshandbuch,
- Umweltmanagementhandbuch etc.

festzuschreiben.

Dabei wird auch denjenigen Anforderungen Rechnung getragen, die weitestmöglichen Schutz vor strafrechtlicher Verfolgung bieten.

6.1   Öffentlich-rechtliche Anforderungen an die Organisation

Das öffentliche Recht regelt das Verhältnis des einzelnen zum Staat und den übrigen Trägern öffentlicher Gewalt (zum Beispiel Genehmigungsbehörden) sowie das Verhältnis der Verwaltungsträger untereinander.

Wie in den übrigen Rechtsgebieten gibt es auch im öffentlichen Recht keine Vorschriften, die sich insofern unmittelbar auf die Organisation im Unternehmen beziehen, als sie eine Organisationspflicht ausdrücklich vorschreiben. Es ist weder das "Ob" noch das "Wie" einer umfassenden Organisation geregelt.

Doch ergeben sich bestimmte Organisationsanforderungen zum einen aus den relativ neuen Vorschriften des § 52 a BImSchG und § 53 KrW-/AbfG, welche bestimmte Mitteilungspflichten zur Betriebsorganisation begründen. So verpflichtet beispielsweise § 52 a Abs. 2 BImSchG den Betreiber einer genehmigungsbedürftigen Anlage zur Mitteilung, "auf welche Weise sichergestellt ist, daß die dem Schutz vor schädlichen Umwelteinwirkungen und sonstigen Gefahren ... dienenden Vorschriften ... beachtet werden".

Dieser Mitteilungspflicht nachkommen können die Unternehmen jedoch erst, wenn sie über eine entsprechende Organisation verfügen. Gegenstand der Mitteilungen kann nur sein, was zuvor in den Unternehmen etabliert worden ist. Dabei reicht der Umfang der Organisationspflicht so weit wie die Pflichten, deren Einhaltung durch die Organisation sichergestellt werden soll.

Gerade das öffentliche Recht enthält eine Vielzahl von Regelungen, die der Sicherheit der Beschäftigten, der benachbarten Bevölkerung sowie allgemein dem Schutze der Umwelt dienen. Aus der Pflicht zur Beachtung sämtlicher, für das jeweilige Unternehmen maßgeblichen Vorschriften läßt sich ebenfalls eine Pflicht zur umfassenden Organisation des Unternehmens ableiten. Denn nur dann, wenn sichergestellt ist, daß die einschlägigen Regelungen beachtet und im Betrieb entsprechend umgesetzt werden, kann das Unternehmen ohne Beschränkungen (zum Beispiel durch Untersagungsverfügungen, Auflagen etc.) und Sanktionen in Form von Bußgeldern bestehen.

Neben den bereits dargestellten Anforderungen aus dem Bereich des öffentlich-rechtlichen Arbeitsschutzrechtes (Arbeitsschutzgesetz, Arbeitssicherheitsgesetz) gibt es eine Vielzahl weiterer Gesetze und untergesetzlicher Rechtsnormen, welche den Schutz sowohl der Arbeitnehmer als auch der Umwelt zum Ziel haben.

Maßgebliche Festlegungen zu Art und Umfang von Schutzmaßnahmen finden sich beispielsweise in folgenden Vorschriften:

- Polizei- und Ordnungsgesetze der Länder
- Bundes-Immissionsschutzgesetz
- Kreislaufwirtschafts- und Abfallgesetz
- Landeswassergesetz
- Wasserhaushaltsgesetz
- Störfallverordnung
- Katastrophenschutzgesetze des Bundes und der Länder
- Gerätesicherheitsgesetz
- Arbeitsstättenverordnung
- SGB (Sozialgesetzbuch)
- Reichsversicherungsordnung (jetzt teilweise übernommen in das SGB VII)
- UVV.

Insbesondere die zuletzt genannten Regelwerke, die sich ihrerseits unter dem Oberbegriff "Arbeitsschutzrecht" zusammenfassen lassen, haben für den Bereich der Instandhaltung eine herausragende Bedeutung: So erhöht sich beispielsweise gerade bei der Instandhaltung das Gefahrenpotential für die einzelnen Arbeitnehmer dadurch, daß bestimmte Schutzmaßnahmen (wie Schutzgitter) entfernt werden. Wollen sich Unternehmer beziehungsweise die jeweiligen Verantwortlichen bei Schadenseintritt vor einer zivil- oder strafrechtlichen Inanspruchnahme schützen, ist die Beachtung der einschlägigen Regelwerke wie beispielsweise der Unfallverhütungsvorschriften bei der Instandhaltung eine unerläßliche Mindestvoraussetzung.

Angesichts ihrer vorrangigen Bedeutung für die Instandhaltung konzentriert sich die folgende Darstellung auf die wesentlichen Inhalte:

- der Arbeitsstättenverordnung
- des Gerätesicherheitsgesetzes
- der Unfallverhütungsvorschriften

(Eine ausführliche Einführung in das Recht des Arbeitsschutzes findet sich bei Johannsen/Schneider/Theußen, "Was der Manager vom Arbeitsschutzrecht wissen muß", Verlag TÜV-Rheinland, 1996.)

6.1.1 Arbeitsstättenverordnung

Die Grundanforderungen an Arbeitsstätten sind in der Gewerbeordnung, der VBG "Allgemeine Vorschriften" sowie im Arbeitsschutzgesetz geregelt. So ist in der Vorschrift des § 3 Abs. 1 Arbeitsschutzgesetz (ArbSchG) bestimmt, daß der Arbeitgeber verpflichtet ist, die erforderlichen Maßnahmen des Arbeitsschutzes unter Berücksichtigung der Umstände zu treffen, die Sicherheit und Gesundheit der Beschäftigten bei der Arbeit beeinflussen. Diese allgemein gehaltene Anforderung wird zwar durch die weiteren Vorschriften des ArbSchG etwas näher beschrieben, eine detaillierte Konkretisierung, speziell der Anforderungen an die Gestaltung von Arbeitsstätten in sicherheitstechnischer und arbeitshygienischer Hinsicht, ist jedoch allein in der auf der Grundlage der GewO erlassenen Arbeitsstättenverordnung enthalten.

Ihr Geltungsbereich ist gemäß § 1 ArbStättV auf gewerbliche Unternehmen der Industrie, des Handwerks und des Handels beschränkt. Ausgenommen sind daher beispielsweise Arbeitsstätten in der öffentlichen Verwaltung, da diese nicht als gewerbliche Unternehmen anzusehen sind.

In § 2 ArbStättV wird der Begriff der Arbeitsstätte abschließend definiert. Er ist ein Sammelbegriff für die verschiedenen Arbeitsräume und Arbeitsplätze in Gebäuden und im Freien (auch Baustellen) sowie beispielsweise für Verkehrswege, Ausbildungsstätten, Lager-, Maschinen- und Nebenräume oder Sanitärräume.

Der Arbeitgeber hat bei der Einrichtung sowie beim Betrieb der Arbeitsstätten neben den Vorgaben der Arbeitsstättenverordnung auch die einschlägigen Arbeitsschutz- und Unfallverhütungsvorschriften zu berücksichtigen. Einbezogen werden müssen darüber hinaus allgemein anerkannte sicherheitstechnische, arbeitsmedizinische und hygienische Regeln sowie sonstige gesicherte arbeitswissenschaftliche Erkenntnisse.

Wenngleich sich die Verordnung dem Wortlaut nach vorrangig an den Unternehmer als Arbeitgeber richtet, ist der Adressatenkreis nicht auf Unternehmer beziehungsweise Führungskräfte zu beschränken. Zum einen dient die Verordnung auch Betriebsärzten und Fachkräften für Arbeitssicherheit als Grundlage zur Erfüllung ihrer Aufgaben (Beratung, Information), zum anderen kann sie sich auch an bestimmte Mitarbeiter richten, wenn diesen eine bestimmte Stellung ("Beauftragte") im Unternehmen zukommt.

Der überwiegende Teil der Arbeitsstättenverordnung regelt die Einzelanforderungen. Neben allgemeinen Anforderungen (§ 3) weist die Verordnung insbesondere Anforderungen an bestimmte Räume und Verkehrswege auf (§ 23 ff.).

Unter die allgemeinen Anforderungen fallen Regelungen über die Lüftung oder die Beleuchtung von Arbeitsräumen (§§ 5, 7 ArbStättV) oder über gesundheitlich zuträgliche Raumtemperaturen (§ 6).

Zu den bedeutsamen allgemeinen Anforderungen zählt insbesondere die Vorschrift des § 14 ArbStättV, wonach unzuträgliche Mengen beziehungsweise Konzentrationen von Gasen, Dämpfen, Nebel und Stäuben zu verhindern sind. Soweit dieses nicht möglich ist, müssen vom Arbeitgeber (gegebenenfalls auch auf Veranlassung des Instandhaltungsleiters) Absaugeinrichtungen zum Schutze der Arbeitnehmer eingebaut werden.

Für den Bereich Instandhaltung erweisen sich im übrigen auch die Vorschriften des 7. Kapitels der Arbeitsstätten-Verordnung "Betrieb der Arbeitsstätten" als besonders wichtig. So schreibt § 53 ArbStättV vor, daß der Arbeitgeber die Arbeitsstätte instandzuhalten und dafür zu sorgen hat, daß festgestellte Mängel möglichst umgehend beseitigt werden. Soweit dies nicht möglich ist, muß die Arbeit eingestellt werden.

Darüber hinaus sind gemäß § 53 Abs. 2 Sicherheitseinrichtungen zur Verhütung oder Beseitigung von Gefahren wie Absauganlagen, Notbeleuchtung, Notschalter etc. regelmäßig (in der Regel bei Sicherheitseinrichtungen jährlich) zu warten und auf ihre Funktionsfähigkeit zu überprüfen.

Damit wird zugleich deutlich, daß sich der Instandhaltungsauftrag keineswegs auf die Produktionsanlagen beschränken kann, vielmehr die Wartung von Sicherheitseinrichtungen ebenfalls einen Schwerpunkt bilden sollte.

Abschließend ist darauf hinzuweisen, daß die Arbeitsstättenverordnung ihrerseits ergänzt wird durch zahlreiche Arbeitsstätten-Richtlinien, welche die Schutzziele und generellen Anforderungen weiter ausführen.

Auch die Berufsgenossenschaften legen in ihren Vorschriften, zum Beispiel VBG 1, Mindeststandards für die Ausgestaltung von Arbeitsstätten fest, die es zu beachten gilt.

6.1.2   Gerätesicherheitsgesetz

Das Gerätesicherheitsgesetz (GSG) vom 23. Oktober 1992 ist das zentrale arbeitsschutzrechtliche Regelwerk in bezug auf Sicherheit von Maschinen, Geräten und technischen Anlagen. Das Gesetz ist auf fast alle technischen Arbeitsmittel, insbesondere auf die meisten überwachungsbedürftigen Anlagen, anzuwenden. Dabei sind Arbeitsmittel gemäß § 1 Abs. 1 GSG alle verwendungsfertigen Werkzeuge, Arbeitsgeräte, Arbeits- und Kraftmaschinen, Hebe- und Fördereinrichtungen sowie Beförderungsmittel.

§ 2 Abs. 2 a GSG enthält eine Aufzählung der vom Anwendungsbereich erfaßten, überwachungsbedürftigen Anlagen wie Dampfkesselanlagen, andere Druckbehälteranlagen, Gasabfüllungsanlagen, Leitungen, Aufzugsanlagen, elektrische Anlagen in besonders gefährdeten Räumen, Schankanlagen, Anlagen zur Herstellung kohlensaurer Getränke, Acetylenanlagen und Calciumcarbidlager sowie Anlagen für den Umgang mit brennbaren Flüssigkeiten. Dazu gehören auch Meß-, Steuer- und Regeleinheiten, die dem sicheren Betrieb der Anlage dienen.

Bei der Bestimmung der Pflichten ist das Inverkehrbringen von Maschinen, Geräten und technischen Anlagen von der Errichtung und dem Betrieb der überwachungsbedürftigen Anlagen zu unterscheiden.

Im Rahmen dieser Darstellung, die sich allein auf die für den Bereich der Instandhaltung wesentlichen Vorschriften konzentriert, soll auf eine Erläuterung der Vorschriften der §§ 3 ff. GSG verzichtet werden, die sich allein auf das Inverkehrbringen technischer Anlagen beziehen.

Für die Errichtung und den Betrieb überwachungsbedürftiger Anlagen ermächtigt das GSG in § 11 die Bundesregierung, nach Anhörung der beteiligten Kreise, Rechtsverordnungen zu erlassen, die Anzeige-, Erlaubnis- und Prüfungspflichten festschreiben und die bestimmen können, daß die Anlagen dem Stand der Technik entsprechen müssen. Eine Übersicht über die auf dieser Grundlage erlassenen Verordnungen ist in Bild 34 wiedergegeben.

Diese Verordnungen, die durch eine Vielzahl von technischen Regeln ergänzt werden, sind die Grundlage für umfangreiche arbeitsschutzrechtliche Pflichten, deren Einhaltung dem Betreiber obliegt.

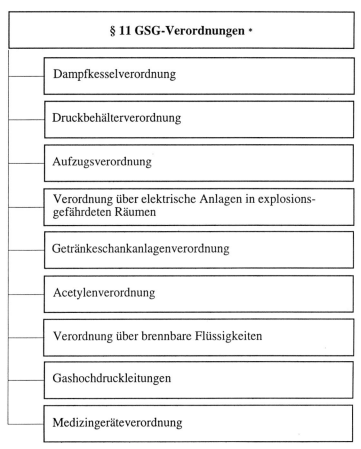

Verordnungen gemäß § 11 GSG über die Pflichten bei der Errichtung und dem Betrieb überwachungsbedürftiger Anlagen

§ 11 GSG-Verordnungen *

- Dampfkesselverordnung
- Druckbehälterverordnung
- Aufzugsverordnung
- Verordnung über elektrische Anlagen in explosionsgefährdeten Räumen
- Getränkeschankanlagenverordnung
- Acetylenverordnung
- Verordnung über brennbare Flüssigkeiten
- Gashochdruckleitungen
- Medizingeräteverordnung

* Verordnungen, die sich in erster Linie auf das BImSchG, zugleich aber auch auf § 24 GewO (jetzt § 11 GSG) stützen, sind die
  – Verordnung zur Begrenzung der Kohlenwasserstoffemissionen beim Umfüllen und Lagern von Ottokraftstoffen - 20. BImSchV
  – Verordnung zur Begrenzung der Kohlenwasserstoffemissionen bei der Betankung von Kraftfahrzeugen - 21. BImSchV

Quelle: Schmatz/Nöthlichs, Sicherheitstechnik, Kennzahl 5050

Bild 34

Neben diesen Vorschriften unterliegen Maschinen, Geräte und technische Anlagen auch den Unfallverhütungsvorschriften der Berufsgenossenschaften.

Die Betreiberpflichten sind insbesondere:

- Anzeigepflicht
- Erlaubnispflicht
- Einhaltung des Standes der Technik
- Prüfungspflicht

Vorschriften über Anzeige- und Erlaubnispflichten finden sich in allen genannten Verordnungen (vergleiche zum Beispiel § 7 AufzugsVO, § 10 DampfkVO).

Sinn und Zweck von Anzeigeverfahren ist es, die zuständige Behörde über das Vorhaben zu unterrichten. Hierzu sind in der Regel Unterlagen beizufügen, um die Behörde in die Lage zu versetzen, die Übereinstimmung mit den Vorgaben der einschlägigen Verordnungen zu prüfen. Die Behörde kann innerhalb einer bestimmten Frist (zum Beispiel acht Wochen) das Vorhaben beanstanden und die Beseitigung der Mängel verlangen. Folge ist, daß der Betrieb erst mit Erfüllung der "Auflagen" aufgenommen werden darf.

Es zeigt sich also, daß die Anzeige in ihrer Wirkung der Erlaubnis ähnlich sein kann. Erlaubnisverfahren (zum Beispiel gemäß § 10 DampfkVO) erfolgen zu dem Zweck, der zuständigen Behörde die Möglichkeit zu geben, anhand der Antragsunterlagen die Zulässigkeit des Vorhabens vor dem Hintergrund der einschlägigen Verordnung zu prüfen.

Aus den dem Bescheid der Behörde beigefügten Unterlagen sowie erteilten Nebenbestimmungen (Befristungen, Bedingungen, Auflagen etc.) ergibt sich, welche Anforderungen beim Errichten und dem Betrieb der Anlage zu erfüllen sind.

Fraglich ist, ob der Anlagenbetreiber bei Änderungen technischer Standards unmittelbar nachrüsten muß oder ob er sich auf die Bestimmungen der Erlaubnisbescheide (häufig sehr alt) berufen beziehungsweise auf nachträgliche Anordnungen seitens der zuständigen Behörde warten kann.

Die Beantwortung der Frage richtet sich danach, auf welcher Grundlage die Verschärfung der technischen Standards geboten war. Handelt es sich hierbei um verschärfte Forderungen in den Verordnungen, so gelten diese unmittelbar und sind demzufolge ohne behördliche Anordnung zu beachten. Ergeben sich die Verschärfungen hingegen aus Verwaltungsvorschriften und/oder aus anderen Regelwerken, denen keine unmittelbare Außenwirkung zukommt, sind sie vom Anlagenbetreiber erst umzusetzen, wenn die Behörde dies - beispielsweise im Wege einer nachträglichen Anordnung - verlangt.

Darüber hinaus berechtigt § 11 GSG den Verordnungsgeber, über die Verordnungen vom Anlagenbetreiber die Einhaltung des Standes der Technik verlangen zu können. Diese Ermächtigung ist von der Bundesregierung in der Vergangenheit bisher nicht ausgeschöpft worden. Die Verordnungen verpflichten bislang den Anlagenbetreiber "lediglich" dazu, die allgemein anerkannten Regeln der Technik einzuhalten, soweit spezielle Anforderungen fehlen (Schmatz/ Nöthlichs, a. a. O., S. 32).

Wenngleich sich die dargestellten Pflichten vorrangig an den Betreiber der Anlagen richten, können sich jedoch auch für den Instandhaltungsleiter diesbezügliche Verpflichtungen ergeben, wenn er bestimmte Voraussetzungen erfüllt (Kapitel 6.1.5).

6.1.3   Unfallverhütungsvorschriften

Neben dem - durch die Gesetze festgelegten - staatlichen Arbeitsschutzrecht existiert das autonome Arbeitsschutzrecht. Hierbei handelt es sich um die Unfallverhütungsvorschriften, die von den jeweiligen Berufsgenossenschaften auf der Grundlage des § 15 SGB VII (vergleiche die bisherige Regelung in § 708 RVO, welche weitestgehend in das SGB VII übernommen wurde) erlassen werden. Durch sie wird der allgemein gehaltene Inhalt des Sozialgesetzbuches, das in den §§ 1 und 14 ff. SGB VII berufsgenossenschaftlichen Arbeitsschutz regelt, konkretisiert.

Aus der Ermächtigungsgrundlage des § 15 SGB VII läßt sich ableiten, daß die Aufgaben der Berufsgenossenschaften sich keinesfalls auf die Unfallversicherungstätigkeit beschränken. Vielmehr ergibt sich aus § 14, daß diese mit allen geeigneten Mitteln für die Verhütung von Arbeitsunfällen, Berufskrankheiten und arbeitsbedingten Gesundheitsgefahren sowie für eine wirksame Erste Hilfe zu sorgen haben. Zu den Mitteln gehört vor allem der Erlaß von Unfallverhütungsvorschriften, welche für die Unternehmen und Versicherten der jeweiligen Berufsgenossenschaft verbindlich sind. Die Nichtbeachtung von oder der Verstoß gegen Unfallverhütungsvorschriften kann haftungs- und sanktionsrechtliche Folgen haben. So kann die Mißachtung beispielsweise zu Bußgeldern (vergleiche § 209 SGB VII) beziehungsweise zu Zwangsmaßnahmen (vergleiche § 19 SGB VII) der Behörden führen. Darüber hinaus können die Vorschriften bei möglicher zivilrechtlicher Inanspruchnahme als Schutzgesetze im Sinne des § 823 Abs. 2 BGB gewertet werden mit der Folge, daß der Unternehmer beziehungsweise dessen Verrichtungsgehilfe beziehungsweise Arbeitgeber für den einem Dritten entstandenen Schaden einzustehen hat.

Es gibt eine Vielzahl von Einzel-Berufsgenossenschaften (Bild 35), die sich in fünf Gruppen einteilen lassen:

- gewerbliche Berufsgenossenschaften

- landwirtschaftliche Berufsgenossenschaften

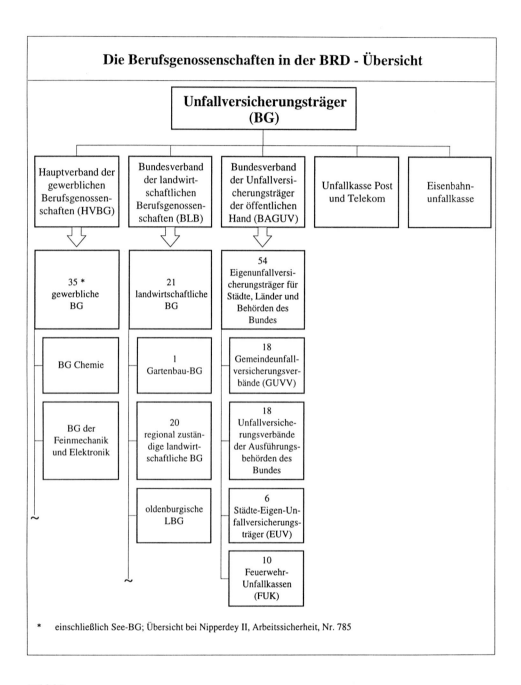

Die Berufsgenossenschaften in der BRD - Übersicht

Unfallversicherungsträger (BG)

Hauptverband der gewerblichen Berufsgenossenschaften (HVBG)	Bundesverband der landwirtschaftlichen Berufsgenossenschaften (BLB)	Bundesverband der Unfallversicherungsträger der öffentlichen Hand (BAGUV)	Unfallkasse Post und Telekom	Eisenbahnunfallkasse
35 * gewerbliche BG	21 landwirtschaftliche BG	54 Eigenunfallversicherungsträger für Städte, Länder und Behörden des Bundes		
BG Chemie	1 Gartenbau-BG	18 Gemeindeunfallversicherungsverbände (GUVV)		
BG der Feinmechanik und Elektronik	20 regional zuständige landwirtschaftliche BG	18 Unfallversicherungsverbände der Ausführungsbehörden des Bundes		
	oldenburgische LBG	6 Städte-Eigen-Unfallversicherungsträger (EUV)		
		10 Feuerwehr-Unfallkassen (FUK)		

* einschließlich See-BG; Übersicht bei Nipperdey II, Arbeitssicherheit, Nr. 785

Bild 35

- Eigenunfallversicherungsträger der öffentlichen Hand, das heißt für Städte, Länder und Behörden des Bundes

- Eisenbahnunfallkasse

- Unfallkasse Post und Telekom

Die ersten drei Gruppen sind in sogenannten Hauptverbänden zusammengeschlossen:

- Hauptverband der gewerblichen Berufsgenossenschaften (HVBG)

- Bundesverband der landwirtschaftlichen Berufsgenossenschaften (BLB)

Diese haben ihre Unfallverhütungsvorschriften in Regelwerken zusammengefaßt. Es gibt die

- VBG 1 des Hauptverbandes der gewerblichen Berufsgenossenschaften,

- LBG 1 des Bundesverbandes der landwirtschaftlichen Berufsgenossenschaften,

- GUV 1 des Bundesverbandes der Unfallversicherungsträger der öffentlichen Hand

Die Zusammenfassung der Unfallverhütungsvorschriften hindert die Berufsgenossenschaften nicht daran, in Einzelfällen davon abzuweichen und spezifische Festlegungen zu treffen. In diesen Fällen findet sich ein entsprechender Vermerk in den VBGs (zum Beispiel § 1 VBG 3). Wegen ihrer praktischen Relevanz, insbesondere für produzierende und dienstleistende Unternehmen, befassen sich die folgenden Ausführungen allein mit dem Regelwerk der gewerblichen Berufsgenossenschaften, das heißt den VBG. Im Bild 36/1, 36/2 und 36/3 ist ein Verzeichnis der VBG-Vorschriften dargestellt.

Die VBG schreiben für einen bestimmten Gewerbezweig den Unternehmen und den Versicherten die Anwendung technischer, organisatorischer und persönlicher Maßnahmen vor, mit dem Ziel, Unfälle und Berufskrankheiten zu verhüten. Erarbeitet werden die Unfallverhütungsvorschriften vom zuständigen Fachausschuß beim Hauptverband der gewerblichen Berufsgenossenschaften, wobei die Federführung bei der fachlich zuständigen Berufsgenossenschaft liegt.

Erst nach der Zustimmung aller gewerblichen Berufsgenossenschaften und der Genehmigung durch den Bundesminister für Arbeit und Soziales werden die Unfallverhütungsvorschriften durch Bekanntgabe im Bundesanzeiger rechtsverbindlich (Schliebhacke: Arbeitssicherheitsmanagement, Band 1, S. 186 ff.).

Verzeichnis der VBG-Vorschriften nach Bestellnummern   I

VBG-Nr.	Bezeichnung der Vorschriften
1	**Allgemeine Vorschriften**
2	Wärmekraftwerke und Heizwerke
3	Kohlenstaubanlagen
4	Elektrische Anlagen und Betriebsmittel
5	Kraftbetriebene Arbeitsmittel
7ac	Spritzgießmaschinen
7d	Dampfhammerwerke und Schmiedepreßwerke
7e	Draht
7f	Fallwerke
7g	Fleischwirtschaft
7i	Druck und Papierverarbeitung
7j	Maschinen und Anlagen zur Be- und Verarbeitung von Holz und ähnlichen Werkstoffen
7k	Arbeitsmaschinen der keramischen Industrie
7m1	Lederherstellung und Lederverarbeitung
7m3	Kunstleder-, Wachstuch- und Linoleumherstellung einschließlich Korkmühlen
7n	Metallbearbeitung
7n2	Metallbearbeitung; Scheren
7n5.1	Exzenter- und verwandte Pressen
7n5.2	Hydraulische Pressen
7n5.3	Spindelpressen
7n6	Metallbearbeitung; Schleifkörper, Pließt- und Polierscheiben; Schleif- und Poliermaschinen
7n8	Druckgießmaschinen
7r	Maschinen der Papierherstellung
7t1	Schleifkörper und Schleifmaschinen
7v	Maschinen, Anlagen und Apparate der Textilindustrie (Textilmaschinen)
7w	Ventilatoren
7x	Walzwerke
7y	Wäscherei
7z	Zentrifugen
8	Winden, Hub- und Zuggeräte
9	Krane
9a	Lastaufnahmeinrichtungen im Hebezeugbetrieb
10	Steigförderer
11	Schienenbahnen
11c	Seilschwebebahnen und Schlepplifte
12	Fahrzeuge
12a	Flurförderzeuge
12b	Kraftbetriebene Flurförderzeuge
13	Nietmaschinen
14	Hebebühnen
15	Schweißen, Schneiden und verwandte Verfahren
16	Verdichter
18	Druckbehälter für den Schiffsbetrieb
19	Fleischereimaschinen

Bild 36/1

VBG-Nr.	Bezeichnung der Vorschriften
20	Kälteanlagen, Wärmepumpen und Kühleinrichtungen
22	Arbeitsmaschinen der chemischen Industrie, der Gummi- und Kunststoffindustrie
23	Verarbeiten von Beschichtungsstoffen
24	Trockner für Beschichtungsstoffe
26	Steinkohlen-Kokereien
28	Hochöfen und Direktreduktionsschachtöfen
29	Stahlwerke
30	Kernkraftwerke
32	Gießereien
33	Metallhütten
34	Schiffbau
35	Bauaufzüge
37	Bauarbeiten
38	Tiefbau
38 a	Arbeiten im Bereich von Gleisen
39	Taucherarbeiten
40	Bagger, Lader, Planiergeräte, Schürfgeräte und Spezialmaschinen des Erdbaues (Erdbaumaschinen)
40a	Schwimmende Geräte
41	Rammen
42	Steinbrüche, Gräbereien und Haldenabtragungen
43	Heiz-, Flämm- und Schmelzgeräte für Bau- und Montagearbeiten
44	Tragbare Eintreibgeräte
45	Arbeiten mit Schußapparaten
46	Sprengarbeiten
47a	Schacht- und Drehrohröfen
48	Strahlmittel
50	Arbeiten an Gasleitungen
52	Gaswerke
53	Wasserwerke
54	Kanalisationswerke
55a	Explosivstoffe und Gegenstände mit Explosivstoff - Allgemeine Vorschrift
55b	Schwarzpulver
55c	Treibladungspulver
55e	Herstellung und Verarbeitung von Trinitrotoluol (Trinitrotoluolvorschrift)
55f	Herstellung von Nitroglyzerin- und Nitratsprengstoff (Nitroglyzerinvorschrift)
55h	Zündstoffe
55j	Pulverzündschnüre und Sprengschnüre
55k	Herstellen pyrotechnischer Gegenstände
55m	Munition
56	Herstellen und Bearbeiten von Aluminiumpulver
57	Elektrolytische und chemische Oberflächenbehandlung; Galvanotechnik
57a	Wärmebehandlung von Aluminium oder Aluminiumknetlegierungen an Salpeterbädern
59	Zubereitungen aus Salpetersäureestern für Arzneimittel
60	Erzeugung und Verwendung von Kohlensäure
61	Gase

Bild 36/2

VBG-Nr.	Bezeichnung der Vorschriften
62	Sauerstoff
63	Polstereimaschinen
65	Chlorung von Wasser
66	Chemischreinigung
67	Bügelei
68	Wach- und Sicherungsdienste
69	Lederverarbeitungs- und Schuhmaschinen
70	Bühnen und Studios
71	Lege-, Zuschneide- und Nähmaschinen
72	Schausteller- und Zirkusunternehmen
73	Zelte und Tragluftbauten
74	Leitern und Tritte
75	Be- und Entladen von Wasserfahrzeugen
76	Verpackungs- und Verpackungshilfsmaschinen
77	Nahrungsmittelmaschinen
78	Luftfahrt
80	Bild- und Filmwiedergabe
81	Verarbeiten von Klebstoffen
84	Verhütung und Bekämpfung des Milzbrandes
86a	Herstellen von Anstrichstoffen
86b	Herstellen von Reinigungs- und Pflegemitteln
88	Tragbare Schußwaffen
89	Arbeiten an Masten, Freileitungen und Oberleitungsanlagen
93	Laserstrahlung
100	**Arbeitsmedizinische Vorsorge**
102	Biotechnologie
103	Gesundheitsdienst
107	Wasserfahrzeuge mit Betriebserlaubnis auf Binnengewässern
107b	Maschinenanlagen auf Wasserfahrzeugen und schwimmenden Geräten
108	Unfallverhütungsvorschriften für Unternehmen der Seefahrt (UVVSee)
109	**Erste Hilfe**
111	Sprengkörper und Hohlkörper im Schrott
112	Silos
113	Umgang mit krebserzeugenden Gefahrstoffen
118	Verkaufsstellen
119	Gesundheitsgefährlicher mineralischer Staub
120	Kassen
121	Lärm
122	**Sicherheitsingenieure und andere Fachkräfte für Arbeitssicherheit**
123	**Betriebsärzte**
125	**Sicherheits- und Gesundheitsschutzkennzeichnung am Arbeitsplatz**
126	Müllbeseitigung

Bild 36/3

Um die Anwendung der Bestimmungen in den Unfallverhütungsvorschriften zu erleichtern, erarbeiten die zuständigen Fachausschüsse, soweit erforderlich, Durchführungsanweisungen mit konkreten Fallbeispielen. Sie werden vom Hauptverband herausgegeben.

Die Durchführungsanweisungen sind vergleichbar mit den im Bereich des staatlichen Arbeitsschutzrechts bekannten allgemeinen Verwaltungsvorschriften. Sie stellen einen "amtlichen" Kommentar zur jeweiligen Unfallverhütungsvorschrift dar und geben Anhaltspunkte für ihre Anwendung sowie für die Frage, wie die in ihr vorgeschriebenen Arbeitsschutzziele erreicht werden können. Außerdem enthalten sie Hinweise auf weiterführende Regelungen (vergleiche zum Beispiel Durchführungsanweisung zu § 4 Abs. 2 VBG 1).

Durchführungsanweisungen wenden sich grundsätzlich an die Berufsgenossenschaften, insbesondere an die Technischen Aufsichtsdienste. Deshalb besteht für Unternehmen und Versicherte kein unmittelbarer Anwendungszwang. Es empfiehlt sich aber ihre Beachtung, da man davon ausgehen kann, daß sich der Technische Aufsichtsbeamte der Berufsgenossenschaft bei Ausübung seiner Aufsichtstätigkeit nach ihren Regelungen richtet. Insbesondere kann er die Befolgung von Durchführungsanweisungen per Einzelverfügung vorgeben und ihre Nichtbefolgung dann mit einem Bußgeld ahnden.

Auch im autonomen Arbeitsschutzrecht besteht die Schwierigkeit, dynamische Technik dauerhaft durch die in bezug auf ihre Änderbarkeit eher unflexiblen berufsgenossenschaftlichen Vorschriften zu erfassen. Die Lösung dieses Problems erfolgt hier, genau wie im staatlichen Arbeitsschutzrecht, durch die Verwendung sogenannter unbestimmter Rechtsbegriffe, zum Beispiel allgemein anerkannter Regeln der Technik. In den Durchführungsanweisungen zu den Unfallverhütungsvorschriften wird sogar konkret auf einzelne Schriften und Normen verwiesen.

Die Auslegung der unbestimmten Rechtsbegriffe erfolgt insbesondere durch sogenannte ZH1-Schriften sowie durch private Normenwerke (DIN-Normen, VDI-Richtlinien etc.) "ZH" steht für die Zentralstelle für Unfallverhütung und Arbeitsmedizin im Hauptverband der gewerblichen Berufsgenossenschaften.

Bei den ZH1-Schriften handelt es sich um Richtlinien, Sicherheitsregeln, Grundsätze und Merkblätter, die von den Berufsgenossenschaften herausgegeben werden.

Für die ZH1-Schriften und die privaten Normenwerke besteht zwar keine Anwendungspflicht seitens der Unternehmen und Versicherten, doch führt eine Abweichung bei Schadensfällen im anschließenden Zivil- und Strafverfahren zur Umkehr der Beweislast beziehungsweise Darlegungslast. So muß das Unternehmen beweisen, daß der durch die getroffene Maßnahmen erreichte Sicherheitsstandard dem entspricht, der bei Umsetzung von technischen Regelwerken und privaten Normenwerken erzielt werden kann.

Es empfiehlt sich daher, nicht nur die einschlägigen VBGs, sondern auch die zu ihrer Konkretisierung erlassenen Normenwerke, Richtlinien etc. zu beachten.

Im folgenden soll eine kurze Übersicht über den wesentlichen Inhalt der VBG aufgezeichnet werden, die sich in allgemeine und spezielle Regelungen unterteilen lassen (Bild 37).

6.1.3.1 Allgemeine Regelungen

VBG 1 "Allgemeine Vorschriften"

In der VBG 1 werden Begriffsbestimmungen sowie grundlegende Regelungen für Anlagen und Arbeitsvorgänge beschrieben. Außerdem enthält die VBG 1 die Pflichten des Unternehmens und der Versicherten. Die konkreten Möglichkeiten, wie diese Pflichten erfüllt werden können, werden jedoch nicht beschrieben. Das geschieht in der nachgeordneten Vorschrift, der Durchführungsanweisung zur VBG 1. Hier werden nicht nur die einzelnen §§ der VBG 1 erläutert, sondern auch auf weiterführende Vorschriften verwiesen, die zur Pflichtenerfüllung herangezogen werden können (zum Beispiel ZH1-Schriften und private Normen).

In den Begriffsbestimmungen der VBG 1 wird beispielsweise definiert, daß Berufskrankheiten zu den Arbeitsunfällen gezählt werden. Weiterhin gibt es eine Aufzählung von Kriterien, nach denen Arbeitsstoffe als gefährlich eingestuft werden, die nicht durch die Gefahrstoff-Verordnung erfaßt werden. Geregelt wird außerdem das Tragen einer persönlichen Schutzausrüstung und der Umgang mit gefährlichen Stoffen sowie die Beschaffenheit von Arbeitsplätzen. Organisatorische Regelungen enthält die VBG 1 in Form von Pflichten, die das Auslegen der Vorschriften an geeigneten Stellen im Betrieb sowie die mindestens einmal jährlich stattfindende Unterweisung der Mitarbeiter betreffen. Weiterhin wird das Recht des technischen Aufsichtsamtes festgelegt, zu jeder Zeit den Betrieb zu besichtigen. Anlage 1 der VBG 1 regelt die Anzahl der zu bestellenden Sicherheitsbeauftragten im Unternehmen.

VBG 100 "Arbeitsmedizinische Vorsorge"

Gefährdende Tätigkeiten oder die Verwendung gefährlicher Arbeitsstoffe können physikalische, chemische und biologische Einwirkungen auf den Arbeitnehmer ausüben. Aus diesem Grund müssen arbeitsmedizinische Vorsorgeuntersuchungen durchgeführt werden, die in der VBG 100 geregelt sind. Es werden die Tätigkeiten beschrieben, die für die Durchführung der Vorsorgeuntersuchungen nach Unfallverhütungsrecht und staatlichem Recht erforderlich sind.

Eine laufende Kontrolle durch Vorsorgeuntersuchungen hat vor der Arbeitsaufnahme, während der Ausübung und nach Beendigung der Tätigkeit zu erfolgen. Bei welchen Tätigkeiten beziehungsweise bei Verwendung welcher gefährlicher Arbeitsstoffe Untersuchungen stattfinden müssen, klärt Anlage 1 der VBG 100. Ebenso sind Untersuchungsfristen sowie das Recht der

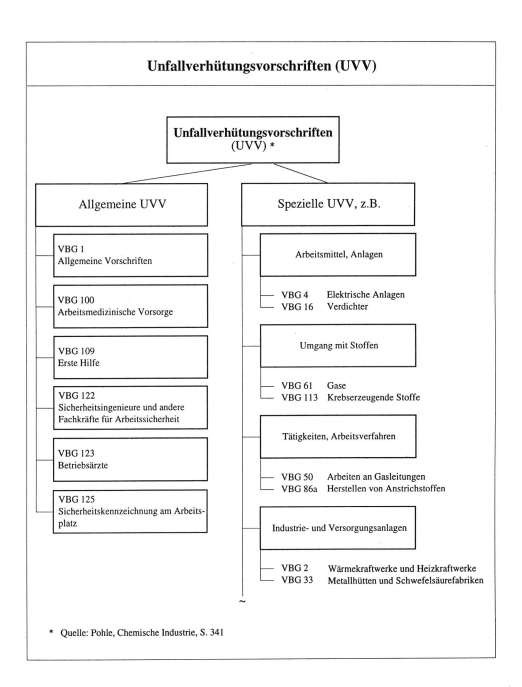

Unfallverhütungsvorschriften (UVV)

Unfallverhütungsvorschriften (UVV) *

Allgemeine UVV

VBG 1
Allgemeine Vorschriften

VBG 100
Arbeitsmedizinische Vorsorge

VBG 109
Erste Hilfe

VBG 122
Sicherheitsingenieure und andere
Fachkräfte für Arbeitssicherheit

VBG 123
Betriebsärzte

VBG 125
Sicherheitskennzeichnung am Arbeitsplatz

Spezielle UVV, z.B.

Arbeitsmittel, Anlagen

VBG 4   Elektrische Anlagen
VBG 16   Verdichter

Umgang mit Stoffen

VBG 61   Gase
VBG 113   Krebserzeugende Stoffe

Tätigkeiten, Arbeitsverfahren

VBG 50   Arbeiten an Gasleitungen
VBG 86a   Herstellen von Anstrichstoffen

Industrie- und Versorgungsanlagen

VBG 2   Wärmekraftwerke und Heizkraftwerke
VBG 33   Metallhütten und Schwefelsäurefabriken

* Quelle: Pohle, Chemische Industrie, S. 341

Bild 37

Berufsgenossenschaften, in Einzelfällen Vorsorgeuntersuchungen zu fordern, geregelt. Das Führen einer Vorsorgekartei durch den Unternehmer ist vorgeschrieben sowie die Regelungen, wann gesundheitliche Bedenken hinsichtlich eines Arbeitnehmers oder Arbeitsplatzes bestehen.

VBG 109 "Erste Hilfe"

Die Unfallverhütungsvorschrift betrifft Vorgaben zu Einrichtungen und Maßnahmen, die die Unternehmen für die ordnungsgemäße Durchführung der Ersten Hilfe vorhalten müssen. Dazu gehören insbesondere technische Ausstattung (Sanitätsräume und Erste-Hilfe-Material), personelle Ausstattung (Zahl und Qualifikation der Ersthelfer und Sanitäter) und organisatorische Maßnahmen (Meldewege, Unterweisungen, Aus- und Weiterbildung sowie Dokumentation), die für eine effektive Erste Hilfe erforderlich sind.

VBG 122 "Sicherheitsingenieure und andere Fachkräfte für Arbeitssicherheit" und VBG 123 "Betriebsärzte"

Beide Unfallverhütungsvorschriften dienen der Umsetzung des Gesetzes über Betriebsärzte, Sicherheitsingenieure und andere Fachkräfte für Arbeitssicherheit (Arbeitssicherheitsgesetz). Sie enthalten Bestimmungen über die Bestellung, die Fachkunde und Kenntnisse sowie die Fortbildungsmaßnahmen von Betriebsärzten, Sicherheitsingenieuren und Fachkräften für Arbeitssicherheit. Außerdem wird ihre Anzahl und Einsatzzeit in Abhängigkeit von der Anzahl der im Unternehmen Beschäftigten festgelegt.

VBG 125 "Sicherheits- und Gesundheitsschutzkennzeichnung am Arbeitsplatz"

Diese Unfallverhütungsvorschrift gibt notwendige Sicherheitskennzeichnungen und Flucht- und Rettungspläne im Unternehmen vor, die auf Gefahren hinweisen. Weiterhin wird die Prüfung und Instandhaltung dieser Einrichtungen geregelt. Auch die Unterweisung der Mitarbeiter findet hier ihre Grundlage, Anhang 1 der Durchführungsanweisung zur VBG 125 beschribt, welche Kennzeichnung für die betroffenen Arbeitsplätze zu verwenden ist.

6.1.3.2   Spezielle Regelungen

Zu den speziellen Regelungen gehören die übrigen 126 Unfallverhütungsvorschriften. Sie regeln bestimmte technische Sachverhalte, die nicht von allgemeiner Bedeutung sind. Sie werden von allen Berufsgenossenschaften vorgeschrieben, müssen jedoch von den Mitgliedsbetrieben nur befolgt werden, sofern die entsprechenden Maschinen und Anlagen im Betrieb vorhanden sind, die beschriebenen Verfahren angewendet werden und mit den aufgeführten Gefahrstoffen auch im Betrieb umgegangen wird.

Dabei gelten bei den speziellen Unfallverhütungsvorschriften immer auch die Regelungen der VBG 1 "Allgemeine Vorschriften" mit. Die Anforderungen der VBG 1 sind somit als Grundvorschrift zu betrachten, die immer befolgt werden müssen und deren Wiederholung in den speziellen VBGs nicht erforderlich ist. Wenn in den übrigen Unfallverhütungsvorschriften weitergehende Anforderungen als in der VBG 1 enthalten sind, müssen diese als Spezialvorschrift den allgemeinen Regelungen der VBG 1 vorgezogen werden (Bild 37). Sollte zu einem technischen Sachverhalt keine spezielle Unfallverhütungsvorschrift von den Berufsgenossenschaften erstellt worden sein, gelten ausschließlich die Anforderungen aus der VBG 1.

6.1.4   Unbestimmte Rechtsbegriffe

Vor dem Hintergrund, daß sowohl in Gesetzen wie auch sonstigen Rechtsvorschriften (Beispiel UVV) häufig unbestimmte Rechtsbegriffe auftreten, soll abschließend kurz auf Bedeutung sowie Sinn und Zweck dieses Rechtsinstituts eingegangen werden. Vorab sei bemerkt, daß unbestimmte Rechtsbegriffe zwar nicht ausschließlich im öffentlichen Recht Anwendung finden, hier aber infolge der häufigen Verwendung besondere Bedeutung erlangen.

Der Gesetzgeber sah sich immer wieder vor die Situation gestellt, daß er für die Zukunft etwas zu regeln hatte, bei dem nicht klar war, wie sich der Regelungsgegenstand im Laufe der Zeit ändert. Das geschriebene Gesetzesrecht ist statisch, die gesellschaftliche Entwicklung ist aber dynamisch. Deswegen hat der Gesetzgeber in solchen Situationen einen kleinen Kniff in die Gesetze eingebaut: er hat unbestimmte Rechtsbegriffe eingeführt.

Hierbei handelt es sich im wesentlichen um folgende Begriffe (Bild 38):

- die allgemein anerkannten Regeln der Technik
- der Stand der Technik
- der Stand von Wissenschaft und Technik

Dabei sind die allgemein anerkannten Regeln der Technik die verfügbaren aktuellen technischen Normen, wie beispielsweise DIN-, DVGW-, VDE-Normen; hier liegt eine relativ niedrige Anforderung vor, da die technischen Erkenntnisse, also der Stand der Technik, sich schon weiterentwickelt haben kann.

Beim Stand der Technik ist der derzeitige Entwicklungsstand fortschrittlicher Verfahren, Einrichtungen und Betriebsweisen zu beachten, die beispielsweise in Fachzeitschriften und Veröffentlichungen oder Kongressen vertreten werden. So müssen zum Beispiel gemäß § 5 Abs. 1 Satz 2 BImSchG Anlagen nach dem Stand der Technik betrieben werden.

Beim Stand von Wissenschaft und Technik handelt es sich um die höchste Anforderungsstufe, bei der technische und wissenschaftliche Entwicklungen beachtet werden müssen. Dieser Stand

Unbestimmte Rechtsbegriffe

Stand von Wissenschaft und Technik: § 7 Abs. 2 Nr. 3 AtG:

– diejenige Vorsorge, die nach neuesten wissenschaftlichen Erkenntnissen für erforderlich gehalten wird
– lassen sich diese Erkenntnisse technisch nicht verwirklichen, darf die Genehmigung nicht erteilt werden

Stand der Technik: § 5 Nr. 2 BImSchG:

– Maßstab der Beurteilung ist der Stand der technischen Entwicklung
– bei Meinungsverschiedenheiten der Techniker hat das Gericht zu ermitteln, was technisch notwendig, geeignet, angemessen und vermeidbar ist

Allgemein anerkannte Regeln der Technik: § 4 Abs. 1 DruckbehV:

– Maßstab ist die herrschende Auffassung unter den technischen Praktikern

Weitere Beispiele:

- **nachteilige Veränderungen der Gewässereigenschaften**
  (§ 324 Abs. 1 Satz 1 StGB)
- **Veränderung der natürlichen Zusammensetzung der Luft**
  (§ 325 Abs. 1 StGB)
- **Abfälle – außerhalb einer dafür zugelassenen Anlage: behandeln, ablagern, ablassen oder sonst beseitigen**
  (§ 326 Abs. 1 StGB)

Bild 38

von Wissenschaft und Technik wird zum Beispiel durch § 7 Abs. 2 Atomgesetz, aber auch durch § 1 Abs. 2 Nummer 5 ProdHaftG gefordert. In der Praxis wird diesen hohen Anforderungen jedoch oftmals nicht ausreichend Rechnung getragen. So gibt es Entscheidungen zur deliktischen Produkthaftung, in denen den Produzenten durch die Gerichte vorgeworfen wurde, sie hätten bei der Konstruktion von Produkten den Stand von Wissenschaft und Technik nicht beachtet. Dies sind dann äußerst überraschende Erkenntnisse für den Produzenten aus der Urteilsbegründung.

6.1.5   Konsequenzen für den Instandhalter

Für einen Instandhalter ergeben sich vor dem Hintergrund der erläuterten neuen rechtlichen Anforderungen viele neue Aufgaben:

-   Das öffentliche Recht enthält eine Vielzahl von Gesetzen und untergesetzlichen Vorschriften, welche die Sicherheit beziehungsweise den Schutz von Mensch und Umwelt zum Gegenstand haben und die diesbezügliche Sicherheitsanforderungen festschreiben.

-   Die Verwendung unbestimmter Rechtsbegriffe in diesen Rechtsgrundlagen gewährleistet durch den darin enthaltenen Verweis auf bestimmte DIN-Normen, VDE-Vorschriften etc. eine ständige Anpassung des Rechts an den sich fortlaufend ändernden Standard von Sicherheit und Technik.

-   Wenngleich die Pflicht zur Errichtung und Unterhaltung einer umfassenden Organisation im Unternehmen als solche nicht ausdrücklich statuiert wird, so ergibt sich diese gleichwohl aus der Verantwortung des Unternehmens, die Einhaltung der gesetzlich vorgegebenen Anforderungen sicherzustellen.

-   Der überwiegende Teil der Rechtsvorschriften richtet sich unmittelbar an das Unternehmen beziehungsweise den Arbeitgeber als den für die Umsetzung und Beachtung der Vorschriften primär Verantwortlichen.

Doch kann dies keinesfalls den Rückschluß rechtfertigen, daß damit andere Mitarbeiter im Betrieb, wie zum Beispiel der Instandhaltungsleiter, von jeglicher Verantwortung befreit sind.

Die ursprünglich allein dem Unternehmer beziehungsweise der Unternehmensleitung obliegende Verantwortung sowohl für Arbeits- als auch Umweltschutz kann nämlich durch Zuweisung einer bestimmten Funktion (Werkleiter, Leiter des Betriebes, Instandhaltungsleiter) auf einen Mitarbeiter des Unternehmens übertragen werden.

So kann sich zum einen ein gewisses Verantwortungspotential daraus ergeben, daß einem Angestellten die Stellung einer Führungskraft zugewiesen wird. Denn - ohne daß es eines gesonderten Übertragungsaktes von seiten der Unternehmensleitung bedarf - gehen mit der Bestellung als Führungskraft typische Führungspflichten auf den Betroffenen über. Auf den Bereich des Arbeitsschutzes bezogen bedeutet dies beispielsweise, daß die Führungskraft im Rahmen ihrer Befugnis die zur Verhütung von Arbeitsunfällen erforderlichen Anordnungen und Maßnahmen zu treffen und zu überwachen hat. Diese Verpflichtung ist für Führungskräfte sogar ausschließlich in § 12 VBG 1 geregelt. Konkret beinhaltet diese Verpflichtung zum Beispiel, daß die Führungskraft entsprechende An- und Unterweisungen der unterstellten Mitarbeiter vorzunehmen hat. Soweit ihre Kompetenz nicht ausreicht, bestimmte (arbeitssicherheitstechnische) Mängel abzustellen, ist sie zumindest gehalten, ihre Vorgesetzten über die Mißstände zu informieren.

Diese sich aus den allgemeinen Führungspflichten ergebende Verantwortung ist allerdings nicht so weitreichend, daß damit die Führungskraft zum Adressaten der einschlägigen, sich an die Unternehmer richtenden Gesetze und Unfallverhütungsvorschriften wird.

Eine derartig weitreichende Konsequenz ergibt sich aber dann, wenn bestimmte Mitarbeiter eines Unternehmens als "Beauftragte" im Sinne des § 9 Abs. 2 OWiG beziehungsweise der dementsprechenden Vorschrift des § 14 Abs. 2 StGB fungieren. Hier sieht das Gesetz vor, daß der Beauftragte in die Rechtsposition des Unternehmens eintritt und damit auch den übertragenen Verantwortungsbereich übernimmt.

Eine solche Beauftragung liegt zum einen vor, wenn jemand von dem Inhaber des Betriebes oder einem sonst dazu Befugten beauftragt worden ist, den Betrieb ganz oder zum Teil zu leiten (§ 9 Abs. 2 Nr. 1 OWiG, § 14 Abs. 2 Nr. 1 StGB), indem ihm beispielsweise bestimmte Funktionen (Werksleiter, Leiter des Betriebes) zugewiesen wurden.

Die zweite Alternative betrifft den (gerade bei "mittleren" oder "unteren" Führungskräften häufig auftretenden) Fall, daß bestimmte Personen ausdrücklich damit beauftragt wurden, in eigener Verantwortung Aufgaben wahrzunehmen, die dem Inhaber des Betriebes obliegen (§ 9 Abs. 2 Nr. 2, § 14 Abs. 2 Nr. 2).

Hervorzuheben ist, daß eine derartige Delegation von Verantwortung mit der Delegation von Kompetenzen verbunden sein muß. Reicht der zugewiesene Kompetenzrahmen nicht für die Erfüllung der zugewiesenen Aufgaben, so verbleibt die Verantwortung beim Betriebsinhaber.

(Vergleiche eingehend zu der Verantwortungsverteilung im Unternehmen: Schliephacke, Arbeitssicherheitsmanagement, FAZ-Verlag, Frankfurt 1992.)

Aus diesen Ausführungen ergibt sich, daß auch der Instandhalter Adressat der einschlägigen Vorschriften (nicht nur des öffentlichen Rechts, sondern auch des Zivil- und Strafrechts) sein kann, weshalb auch er an einer ordnungsgemäßen Organisation des Betriebes interessiert sein sollte.

6.2 Zivilrechtliche Anforderungen an die Organisation

Ausgangspunkt der folgenden Überlegungen ist die Frage, ob ein Unternehmen zivilrechtlich haftet, wenn zum Beispiel durch eine schlechte Instandhaltungsorganisation Dritte geschädigt werden. Im Giftgas-Fall wurde ein Arbeitsvorbereitungsplan nicht nachweisbar an einen Fremdinstandhalter weitergegeben. Dieser sandte daher seine Mitarbeiter in einen Hochofen, der an diesem Tag mit Giftgas beschickt wurde. Die Folge waren mehrere Todesfälle. Muß der Unternehmer für diese fehlerhafte Organisation (= fehlende Weitergabe von Arbeitsvorbereitungsplänen) haften?

Die Beantwortung dieser Frage kann nicht unmittelbar und allein anhand der zivilrechtlichen Gesetze erfolgen, da auch hier, ähnlich wie im öffentlichen Recht, weder das "Ob" noch das "Wie" einer Organisationspflicht ausdrücklich geregelt ist.

Die Pflicht zur Organisation der Produktion beziehungsweise des Betriebes als solchen ist jedoch Ausfluß der Verkehrssicherungspflicht, die gebietet, daß Produktionsabläufe so einzurichten und zu gestalten sind, daß Schäden für Dritte (auch für die Arbeitnehmer) ausgeschlossen sind.

Rechtliche Grundlage für die Haftung bei Verletzung von Verkehrssicherungspflichten sind die Vorschriften der §§ 823 und 831 BGB. So ist in § 823 BGB bestimmt, daß derjenige, der vorsätzlich oder fahrlässig das Leben, den Körper, die Gesundheit, die Freiheit oder ein sonstiges Recht eines anderen widerrechtlich verletzt, dem anderen zum Ersatz des daraus entstehenden Schadens verpflichtet ist.

Dieselbe Verpflichtung trifft gemäß § 831 BGB grundsätzlich denjenigen, der einen anderen zu einer Verrichtung bestellt hat, wenn dieser in Ausführung der Verrichtung einem Dritten einen Schaden widerrechtlich zufügt.

Da diese rechtlichen Grundlagen weder Art noch Ausmaß der Verkehrssicherungspflicht exakt festlegen, muß zur näheren Bestimmung der Organisationspflicht auf die Rechtsprechung zum Organisationsverschulden abgestellt werden. Die aus dieser Rechtsprechung abzuleitenden Verpflichtungen sollte man vorbeugend im Unternehmen beachten und umsetzen.

Im folgenden sollen als erster Anhaltspunkt die Grundsätze zum Organisationsverschulden im Zivilrecht erläutert werden (eingehend hierzu: Johannsen/Krieshammer/Adams, Was der Qualitätsmanager vom Recht wissen sollte, Verlag TÜV Rheinland 1997; Schmidt-Salzer, Produkthaftung - Deliktsrecht, Verlag Recht und Wirtschaft GmbH, Heidelberg 1990; Thomas in Pelandt, Kommentar zum Bürgerlichen Gesetzbuch, § 823, 55. Auflage, C. H. Beck-Verlag 1996).

Der Begriff des Organisationsverschuldens im Zivilrecht kann zunächst in zwei unterschiedliche Rechtsinstitute untergliedert werden. Dies ist

- zum einen das körperschaftliche Organisationsverschulden und

- zum anderen das betriebliche Organisationsverschulden.

In beiden Fällen der Organisationshaftung besteht eine Beweislastumkehr: es wird vermutet, daß ein Unternehmen sich schuldhaft falsch organisiert hat, und daß demzufolge Dritte geschädigt wurden. Um aus dieser Verschuldensvermutung herauszukommen, muß das Unternehmen nachweisen, daß es über eine gute Organisation verfügt. Diese Beweiserleichterung zugunsten der Geschädigten soll ihnen bei der Durchsetzung ihrer Ansprüche helfen.

6.2.1 Das körperschaftliche Organisationsverschulden

Das körperschaftliche Organisationsverschulden behandelt in seinem Kern Mängel der körperschaftlichen Struktur, das heißt des grundsätzlichen Aufbaus des Unternehmens und regelt die Frage, für welche Mitarbeiter dieses als juristische Person haften muß, wenn durch einen Angestellten eine deliktische Handlung im Sinne des § 823 BGB begangen wurde. Die haftungsrechtliche Zuordnung dieser Handlungen erfolgt dabei unter analoger Anwendung des § 31 BGB, der dem Wortlaut nach allein die Haftung eines Vereins für seine Organe regelt.

Hintergrund dieser Lehre vom körperschaftlichen Organisationsmangel ist die Verpflichtung von Unternehmen, die Geschäftsleitung ihres Unternehmens so zu organisieren, daß für alle wichtigen Aufgabengebiete ein gesellschaftlich bestimmter Vertreter zuständig ist, der die wesentlichen Entscheidungen selbst trifft (Organbestellungspflicht).

Grund für diese Organbestellungspflicht ist die Tatsache, daß das Gesetz in § 831 BGB grundsätzlich die Möglichkeit einräumt, sich für Verrichtungsgehilfen zu entlasten, wenn der Nachweis der sorgfältigen Anweisung, Auswahl und Überwachung des Verrichtungsgehilfen erbracht wird. Da es jedoch in jedem Unternehmen auch Organe geben muß, für die sich das Unternehmen nicht gemäß § 831 BGB entlasten kann (Geschäftsführer bei der GmbH, Vorstände bei der Aktiengesellschaft, Komplementäre bei der Kommanditgesellschaft etc.), folgt daraus gleichzeitig die Pflicht, verfassungsmäßig vorgesehene Vertreter für wichtige Geschäftsbereiche bestellen zu müssen, für die das Unternehmen gemäß § 31 BGB ohne eine Entlastungsmöglichkeit immer haftet.

Entspricht die tatsächliche Organisation des Unternehmens dieser Anforderung nicht, so muß sich das Unternehmen so behandeln lassen, als wäre der tatsächlich in dieser Funktion tätige Mitarbeiter vertretungsberechtigtes Organ des Unternehmens.

Es haftet daher auch in diesem Fall gemäß §§ 823, 31 BGB, ohne daß eine Entlastungsmöglichkeit nach § 831 BGB besteht.

Für die Anwendung des § 31 BGB kommt es allein darauf an, daß der Mitarbeiter bedeutsame Aufgaben eigenverantwortlich wahrnimmt und damit das Unternehmen "repräsentiert", ohne daß eine formale Berufung, zum Beispiel zum Organ des Unternehmens, das heißt Geschäftsführer, Vorstand, erforderlich ist.

Überträgt beispielsweise ein Unternehmen die Leitung einer Niederlassung oder die Leitung eines bestimmten Organisationsbereiches einem Angestellten, ohne diesem eine Leitungsfunktion einzuräumen, so haftet das Unternehmen analog § 31 BGB für diesen Angestellten wie für ein Organ, wenn durch ihn einem Dritten Schaden zugefügt wird.

Demgemäß hat die Rechtsprechung § 31 BGB auf einen Filialleiter eines Selbstbedienungsladens beziehungsweise einer Bank, den Betriebsdirektor einer Kleinbahn, den Leiter der Rechtsabteilung eines Verlages sowie für den Chefarzt eines städtischen Krankenhauses angewendet.

6.2.2 Betriebliches Organisationsverschulden

Betriebliches Organisationsverschulden liegt vor, wenn ein Unternehmer bei der Organisation seines Betriebes die ihm obliegende Organisationspflicht nicht erfüllt und dadurch einem Dritten ein Schaden entsteht. Anknüpfungspunkt für die Schadensersatzverpflichtung des Unternehmens ist dabei die Verletzung der Organisationspflicht (Organisationsmängel), die ihre rechtliche Grundlage in §§ 823, 831 BGB hat.

Schon aus § 823 BGB werden Verkehrssicherungspflichten als Sorgfaltspflichten hergeleitet, deren Verletzung zum Schadensersatz verpflichtet. Auf ein Unternehmen bezogen bedeutet diese Sorgfaltpflicht eine Pflicht zur Organisation, um die dem Unternehmen immanenten Gefahren zu beherrschen. Werden Schäden bei Dritten durch eine unzureichende Organisation, zum Beispiel mangelhafte Überwachungsregelungen oder fehlende Anweisungen, verursacht, so haftet das Unternehmen aus eigenem Verschulden gemäß § 823 BGB.

Zwar besteht grundsätzlich die Möglichkeit, diese Verkehrssicherungspflicht auf Dritte (Gehilfen oder fremde Unternehmen) zu übertragen; eine völlige Haftungsbefreiung ist jedoch nicht möglich. Bestehen bleibt in jedem Fall die Pflicht zur sorgfältigen Auswahl und Beaufsichtigung der mit der Wahrnehmung der Verkehrssicherungspflicht beauftragten Personen oder Unternehmen. Diese umfassende Beaufsichtigungspflicht kann von dem Unternehmer nicht auf andere Personen übertragen werden.

Von dieser Haftung aus § 823 BGB ist die Haftung für fremdes Verschulden der Verrichtungsgehilfen gemäß § 831 BGB abzugrenzen. Hier besteht die Besonderheit, daß bei der Einschaltung von Verrichtungsgehilfen der Unternehmer die Möglichkeit hat, sich durch Nachweis einer ausreichenden Auswahl und Kontrolle der Verrichtungsgehilfen der Haftung zu entziehen (Exkulpationsbeweis, Entlastungsbeweis).

Gemäß § 831 BGB hat der Unternehmer (Geschäftsherr) für Schäden einzustehen, die der Angestellte (Verrichtungsgehilfe) in Ausführung der Verrichtung einem Dritten widerrechtlich zufügt. § 831 BGB begründet also eine Vermutung für das Vorliegen eines Verschuldens des Geschäftsherrn bei der Auswahl und Überwachung seiner Angestellten sowie eine weitere Vermutung für den ursächlichen Zusammenhang zwischen dem Verschulden des Geschäftsherrn und dem dem Dritten zugefügten Schaden. Demgemäß obliegt dem Verletzten lediglich die Beweispflicht für eine widerrechtliche Schadenszufügung durch die zur Verrichtung bestellte Person (Tatbestandsmäßigkeit und Rechtswidrigkeit der unerlaubten Handlung nach § 823 BGB, durch den Angestellten). Will der Unternehmer seiner Einstandspflicht entgehen, so hat er die sorgfältige Auswahl, der zur Verrichtung der Tätigkeit eingesetzten Personen sowie deren Überwachung und Anleitung zu beweisen.

6.2.3   Inhaltliche Konkretisierung der Organisationspflicht

Die Organisationspflicht umfaßt im einzelnen folgende Pflichten, deren Beachtung es im Falle eines Falles nachzuweisen gilt (Bild 39):

-   Anweisungspflicht

Das Unternehmen muß seinen Mitarbeitern entsprechend ihrer Qualifikation Vorgaben zur Erledigung ihrer Aufgaben in Form von Anweisungen geben. Diese Anweisungspflicht umfaßt zum einen allgemeine Anweisungen hinsichtlich des Arbeitseinsatzes, zum anderen erstreckt sie sich auch auf konkrete Überwachungen der Tätigkeiten auf der Arbeitsstelle. Allgemeine Dienstanweisungen sind daher ebenso erforderlich wie spezielle Anweisungen für besondere Situationen, wie zum Beispiel Notfälle oder gar Katastrophen. Der Erfüllung dieser Forderungen dienen zum Beispiel technische Betriebsanweisungen, Dienstanweisungen, Qualitätssicherungssysteme und Notfallhandbücher.

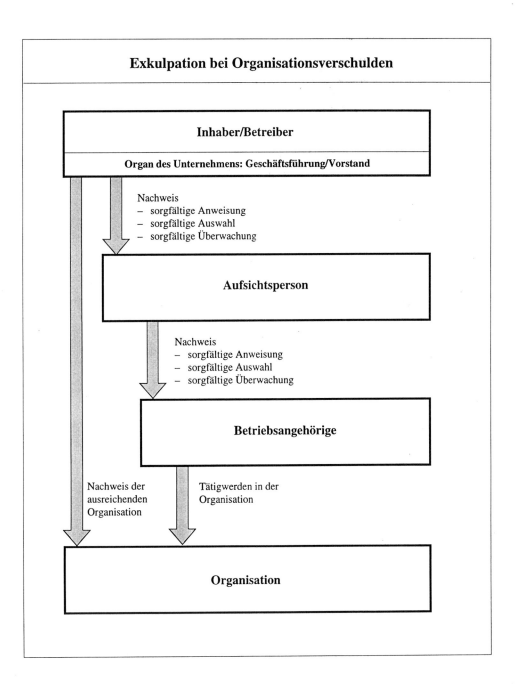

Exkulpation bei Organisationsverschulden

Inhaber/Betreiber

Organ des Unternehmens: Geschäftsführung/Vorstand

Nachweis
– sorgfältige Anweisung
– sorgfältige Auswahl
– sorgfältige Überwachung

Aufsichtsperson

Nachweis
– sorgfältige Anweisung
– sorgfältige Auswahl
– sorgfältige Überwachung

Betriebsangehörige

Nachweis der
ausreichenden
Organisation

Tätigwerden in der
Organisation

Organisation

Bild 39

- Auswahlpflicht

Ein Unternehmen darf nur solche Mitarbeiter mit Aufgaben betrauen, die auch aufgrund ihrer Qualifikation, Gesundheit, Zuverlässigkeit etc. in der Lage sind, diese Aufgaben zu erledigen. Die Mitarbeiter müssen also sorgfältig ausgewählt werden.

- Überwachungspflicht

Das Unternehmen muß sicherstellen, daß alle im Rahmen der Delegation mit Aufgaben betrauten Mitarbeiter während ihrer Aufgabenerfüllung ständig unauffällig und stichprobenweise überwacht werden. In der Regel wird diese Überwachungspflicht im Rahmen der Aufgabendelegation auf jeden Vorgesetzten, einschließlich der Unternehmensorgane, übertragen.

Die Beachtung dieser Pflichten als Grundvoraussetzung einer Exkulpation gilt für sämtliche Organisationszustände im Unternehmen:

- Normalorganisation: für die Bewältigung von Routineaufgaben, zum Beispiel Wartung und Inspektionsarbeiten im üblichen Umfang, die von Mitarbeitern in der Linie erledigt werden.

- Beauftragtenorganisation: für die Lösung von Zusatzaufgaben, wie sie meist durch Rechtsvorschriften gefordert werden, zum Beispiel Überwachung der vorschriftsgemäßen Entsorgung von Abfällen, die bei Instandhaltungsarbeiten anfallen, durch den Betriebsbeauftragten für Abfall gemäß § 54 Kreislaufwirtschafts- und Abfallgesetz. Die Beauftragten haben allerdings lediglich Beratungs- und Überwachungsaufgaben, sie tragen keine Verantwortung für die Erfüllung von Arbeitssicherheits- und Umweltschutzaufgaben. Diese verbleibt bei den Führungskräften.

- Notfallorganisation: für die Bewältigung außergewöhnlicher Ereignisse, die durch die herkömmlichen betrieblichen Schutzvorkehrungen nicht überwunden werden können, zum Beispiel umfangreiche Instandsetzungsarbeiten zur Beseitigung von Unwetterschäden. Störungen, die durch den Entstörungs- und Bereitschaftsdienst bearbeitet werden können, sind nicht als Notfälle zu behandeln, sondern gehören zu den Routineaufgaben der Normalorganisation.

Das Unternehmen muß darauf vorbereitet sein, daß es im Falle eines Falles den Entlastungsbeweis nur erfolgreich führen kann, wenn es ihm gelingt, die Beachtung von Anweisungs-, Auswahl- und Überwachungspflichten für sämtliche Organisationszustände nachzuweisen. Einige Fragebeispiele zur Überprüfung eines Organisationsverschuldens ist in Bildern 40 - 43 wiedergegeben. Es ist jedoch hervorzuheben, daß es sich hier lediglich um eine beispielhafte Darstellung handelt und selbstverständlich darüber hinaus viele ähnliche Fragen auftreten können.

6.2.4 Zusammenfassung

Zivilrechtliche Anforderungen an die Organisation ergeben sich aus der Rechtsprechung zum Organisationsverschulden, wobei zwischen körperschaftlichem und betrieblichem Organisationsverschulden zu unterscheiden ist. Gemäß dieser Differenzierung sind folgende Haftungsgrundlagen zu beachten:

- gemäß §§ 823, 31 BGB haftet das Unternehmen für deliktische Handlungen seiner Organe und der diesen gleichgestellten Personen ohne Entlastungsmöglichkeit. Ist für einen bestimmten Aufgabenbereich kein Organ bestellt, so kann dies einen Organisationsmangel darstellen und zur Haftung des Unternehmens aus §§ 823, 31 BGB führen;

- gemäß § 823 BGB haftet der Unternehmer bei Verletzung seiner Organisationspflichten (Organisationsverschulden im engeren Sinne). Eine Haftung aus § 831 BGB kommt in Betracht, wenn Angestellte des Unternehmens Dritten widerrechtlich einen Schaden zufügen und dem Unternehmer der Entlastungsbeweis nicht gelingt.

Will das Unternehmen vorbeugend sicherstellen, nicht aufgrund eines Organisationsmangels in Anspruch genommen zu werden, sind Anweisungs-, Auswahl- und Überwachungspflichten nachweisbar zu beachten, wobei dies für sämtliche Organisationszustände zu gelten hat.

6.3 Strafrechtliche Anforderungen an die Organisation

Neben dem privaten und dem öffentlichen Recht ist auch das Strafrecht zu beachten. Für den Bereich der Instandhaltung erlangen außer den Körperverletzungs- und Tötungsdelikten gerade auch die Umweltdelikte der §§ 324 ff. StGB eine besondere Relevanz, weil der nicht ordnungsgemäße Anlagenbetrieb schnell zu einer Gewässerverunreinigung oder einem sonstigen Umweltschaden führen kann. Im einzelnen handelt es sich um folgende wesentliche Straftatbestände:

- die Verunreinigung eines Gewässers
- die Luftverunreinigung oder Erzeugung von Lärm
- die umweltgefährdende Abfallbeseitigung
- das unerlaubte Betreiben von Anlagen
- der unerlaubte Umgang mit Kernbrennstoffen
- die Gefährdung schutzbedürftiger Gebiete
- die schwere Umweltgefährdung
- die schwere Gefährdung durch Freisetzung von Giften.

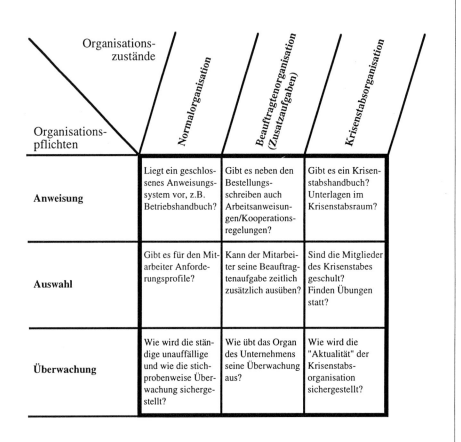

Organisations- zustände Organisations- pflichten	Normalorganisation	Beauftragtenorganisation (Zusatzaufgaben)	Krisenstabsorganisation
Anweisung	Liegt ein geschlossenes Anweisungssystem vor, z.B. Betriebshandbuch?	Gibt es neben den Bestellungsschreiben auch Arbeitsanweisungen/Kooperationsregelungen?	Gibt es ein Krisenstabshandbuch? Unterlagen im Krisenstabsraum?
Auswahl	Gibt es für den Mitarbeiter Anforderungsprofile?	Kann der Mitarbeiter seine Beauftragtenaufgabe zeitlich zusätzlich ausüben?	Sind die Mitglieder des Krisenstabes geschult? Finden Übungen statt?
Überwachung	Wie wird die ständige unauffällige und wie die stichprobenweise Überwachung sichergestellt?	Wie übt das Organ des Unternehmens seine Überwachung aus?	Wie wird die "Aktualität" der Krisenstabsorganisation sichergestellt?

Bild 40

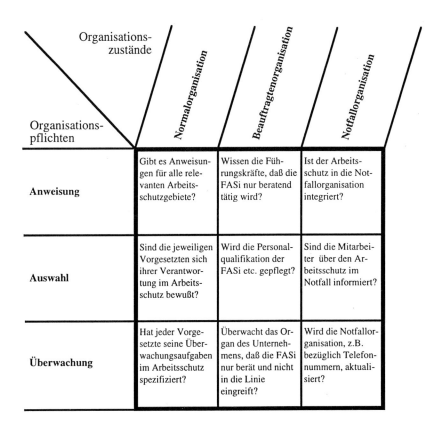

Organisations-zustände / Organisations-pflichten	Normalorganisation	Beauftragtenorganisation	Notfallorganisation
Anweisung	Gibt es Anweisungen für alle relevanten Arbeitsschutzgebiete?	Wissen die Führungskräfte, daß die FASi nur beratend tätig wird?	Ist der Arbeitsschutz in die Notfallorganisation integriert?
Auswahl	Sind die jeweiligen Vorgesetzten sich ihrer Verantwortung im Arbeitsschutz bewußt?	Wird die Personalqualifikation der FASi etc. gepflegt?	Sind die Mitarbeiter über den Arbeitsschutz im Notfall informiert?
Überwachung	Hat jeder Vorgesetzte seine Überwachungsaufgaben im Arbeitsschutz spezifiziert?	Überwacht das Organ des Unternehmens, daß die FASi nur berät und nicht in die Linie eingreift?	Wird die Notfallorganisation, z.B. bezüglich Telefonnummern, aktualisiert?

Bild 41

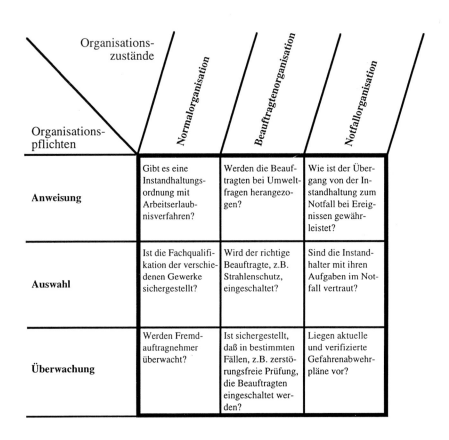

Organisations-pflichten \ Organisations-zustände	Normalorganisation	Beauftragtenorganisation	Notfallorganisation
Anweisung	Gibt es eine Instandhaltungs-ordnung mit Arbeitserlaub-nisverfahren?	Werden die Beauf-tragten bei Umwelt-fragen herangezo-gen?	Wie ist der Über-gang von der In-standhaltung zum Notfall bei Ereig-nissen gewähr-leistet?
Auswahl	Ist die Fachqualifi-kation der verschie-denen Gewerke sichergestellt?	Wird der richtige Beauftragte, z.B. Strahlenschutz, eingeschaltet?	Sind die Instand-halter mit ihren Aufgaben im Not-fall vertraut?
Überwachung	Werden Fremd-auftragnehmer überwacht?	Ist sichergestellt, daß in bestimmten Fällen, z.B. zerstö-rungsfreie Prüfung, die Beauftragten eingeschaltet wer-den?	Liegen aktuelle und verifizierte Gefahrenabwehr-pläne vor?

Bild 42

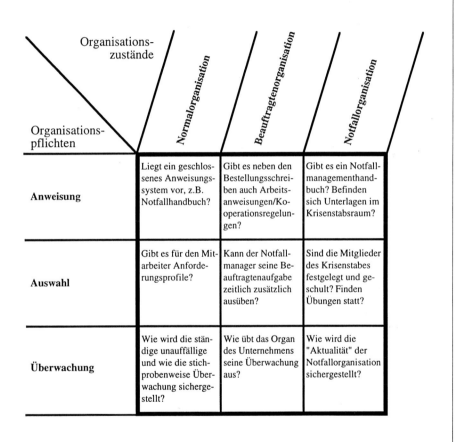

Fragebeispiel zur Überprüfung des Organisationsverschuldens Notfall			IV

Organisations- zustände Organisations- pflichten	Normalorganisation	Beauftragtenorganisation	Notfallorganisation
Anweisung	Liegt ein geschlossenes Anweisungssystem vor, z.B. Notfallhandbuch?	Gibt es neben den Bestellungsschreiben auch Arbeitsanweisungen/Kooperationsregelungen?	Gibt es ein Notfallmanagementhandbuch? Befinden sich Unterlagen im Krisenstabsraum?
Auswahl	Gibt es für den Mitarbeiter Anforderungsprofile?	Kann der Notfallmanager seine Beauftragtenaufgabe zeitlich zusätzlich ausüben?	Sind die Mitglieder des Krisenstabes festgelegt und geschult? Finden Übungen statt?
Überwachung	Wie wird die ständige unauffällige und wie die stichprobenweise Überwachung sichergestellt?	Wie übt das Organ des Unternehmens seine Überwachung aus?	Wie wird die "Aktualität" der Notfallorganisation sichergestellt?

Bild 43

Wird gegen diese oder andere Strafrechtsnormen verstoßen, ist dies für den/die Betroffenen mit Sanktionen verbunden, die auch nicht durch Versicherungsschutz abgewendet werden können (Geld- und Freiheitsstrafen).

Anders als im Zivilrecht kennen die strafrechtliche Lehre und Rechtsprechung den Begriff des Organisationsverschuldens nicht als selbständiges Rechtsinstitut. Vielmehr wird hier das Verhalten von natürlichen Personen (diese allein - und nicht das Unternehmen - können Adressat von Strafrechtsnormen sein) im Betrieb unter die Straftatbestände subsumiert. Konkret bedeutet dies, daß bei einem Schadensfall die individuellen Tatbeiträge jedes einzelnen ermittelt und strafrechtlich bewertet werden, wobei darauf abzustellen ist, ob jemand durch eine ausgeführte Tätigkeit, ein Unterlassen, eine Mitwirkung, Beratung etc.

- kausal,
- rechtswidrig,
- schuldhaft,

einen Straftatbestand verwirklicht hat.

Dabei kann es neben einer "Handlungsverantwortung" des/der Mitarbeiter auch zu einer strafrechtlichen Verantwortung des jeweiligen Vorgesetzten wegen Unterlassens kommen, wenn dieser beispielsweise seinen Anweisungs- und Überwachungspflichten schuldhaft nicht nachgekommen ist.

So gibt es eine Vielzahl von gerichtlichen Entscheidungen, welche sich mit der Verletzung von Anweisungs-, Auswahl- und Überwachungspflichten befassen.

Im übrigen kann sich ein Vorwurf strafrechtlicher Mitverantwortung aber auch daraus ergeben, daß ein Vorgesetzter seiner Organisationspflicht nicht genügt hat, soweit die unzureichende Organisation Ursache für eine strafbare Handlung im Unternehmen war.

Besteht also keine ausreichende Organisation im Unternehmen im Sinne der Festlegung von Anweisungs-, Auswahl- und Überwachungspflichten und kann demzufolge der Tatbeitrag eines Mitarbeiters am Taterfolg nicht einer bestimmten Person und ihrer individuellen Verantwortung zugeordnet werden, so haften die vorgesetzten Mitarbeiter im Wege der Verantwortungsaddition.

Diese Problematik ergibt sich insbesondere dann, wenn das Grundprinzip der klassischen Arbeitsteilung zugunsten der Teamarbeit aufgegeben wird. Insofern soll im folgenden nach einer kurzen Darstellung der Formen strafrechtlicher Verantwortung auf die Grundsätze der Verantwortungsaddition sowie der Kollegialhaftung - zunächst im allgemeinen und später bezogen auf die Teamarbeit - näher eingegangen werden.

6.3.1 Formen strafrechtlicher Verantwortung

Die Voraussetzungen strafbaren Handels hängen von der Begehungsform der Delikte ab. Während im Hinblick auf die subjektive Einstellung des Täters zu der Tat lediglich zwischen Vorsatz und Fahrlässigkeit zu unterscheiden ist, kann bei der Frage der (objektiven) Verwirklichung des Straftatbestandes eine mehrfache Differenzierung erfolgen (Bild 44), wobei die einzelnen Formen strafrechtlicher Verantwortung untereinander kombiniert werden können. So kann beispielsweise ein Straftatbestand durch gemeinschaftliches fahrlässiges Unterlassen mehrerer verwirklicht werden.

Angesichts der Bedeutung gerade der Unterlassungsdelikte für den Vorwurf des Organisationsverschuldens sollen sich die folgenden Ausführungen allein auf diese Form des strafrechtlich relevanten Verhaltens beschränken.

Jeder weiß, daß Straftatbestände und Ordnungswidrigkeiten durch aktives Tun verwirklicht werden können wie zum Beispiel bei Delikten der Körperverletzung oder Gewässerverunreinigung. Bekannt ist auch, daß man strafbar werden kann durch Nichthandeln, wenn man es unterläßt, bei Unglücksfällen oder bei Gefahr Hilfe zu leisten. Es handelt sich um den allgemein bekannten Straftatbestand der unterlassenen Hilfeleistung § 323 c StGB.

Weitgehend unbekannt ist jedoch bei Nichtjuristen, daß fast alle Delikte, die durch aktives Tun begangen werden können, auch durch Unterlassen begangen werden können.

Dies ergibt sich aus § 13 StGB, der das Nichthandeln dem aktiven Tun bei der strafrechtlichen Bewertung eines Sachverhaltes gleichstellt, wenn eine rechtliche Einstandspflicht (Garantenstellung) für die Verhinderung des tatbestandlichen Erfolges (zum Beispiel Körperverletzung) besteht (Bild 45).

Eine solche Garantenstellung kann sich aus folgenden, von der Rechtsprechung entwickelten Fallgruppen ergeben:

- Garantenstellung kraft Gesetzes: So verpflichtet beispielsweise § 1353 Abs. 2 BGB die Ehegatten dazu, Leibes- und Lebensgefahren voneinander abzuwenden.

- Garantenstellung kraft besonderen Vertrauensverhältnisses: Soweit dies nicht schon durch Gesetz (wie für die Ehe) vorgeschrieben ist, sieht die Rechtsprechung ganz allgemein bei Vertrauensgemeinschaften wie der Familie und der Arbeitskameradschaft (letzteres wichtig für den Bereich von Instandhaltungsarbeiten) die Mitglieder dieser Gemeinschaft als verpflichtet an, Gefahren von dem anderen abzuwenden.

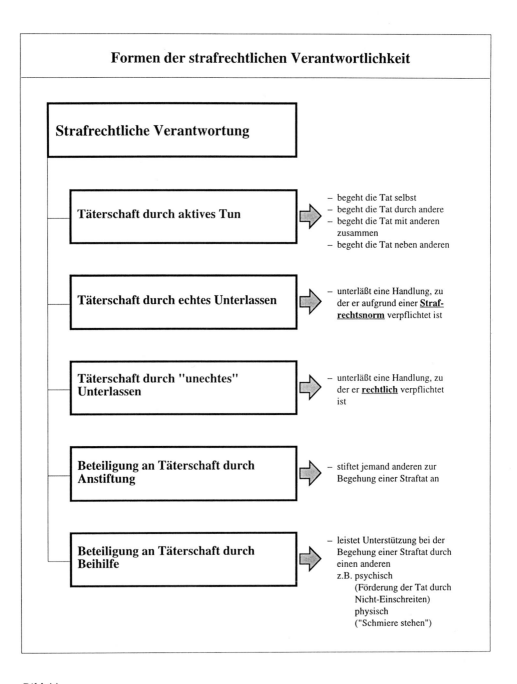

Formen der strafrechtlichen Verantwortlichkeit

Strafrechtliche Verantwortung

Täterschaft durch aktives Tun

– begeht die Tat selbst
– begeht die Tat durch andere
– begeht die Tat mit anderen zusammen
– begeht die Tat neben anderen

Täterschaft durch echtes Unterlassen

– unterläßt eine Handlung, zu der er aufgrund einer **Strafrechtsnorm** verpflichtet ist

Täterschaft durch "unechtes" Unterlassen

– unterläßt eine Handlung, zu der er **rechtlich** verpflichtet ist

Beteiligung an Täterschaft durch Anstiftung

– stiftet jemand anderen zur Begehung einer Straftat an

Beteiligung an Täterschaft durch Beihilfe

– leistet Unterstützung bei der Begehung einer Straftat durch einen anderen
z.B. psychisch
(Förderung der Tat durch Nicht-Einschreiten)
physisch
("Schmiere stehen")

Bild 44

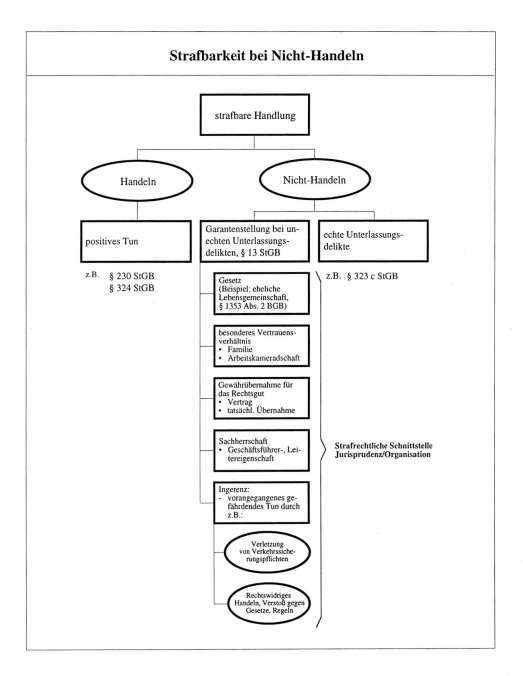

Strafbarkeit bei Nicht-Handeln

strafbare Handlung

Handeln

Nicht-Handeln

positives Tun

Garantenstellung bei un-
echten Unterlassungs-
delikten, § 13 StGB

echte Unterlassungs-
delikte

z.B.   § 230 StGB
       § 324 StGB

Gesetz
(Beispiel: eheliche
Lebensgemeinschaft,
§ 1353 Abs. 2 BGB)

besonderes Vertrauens-
verhältnis
• Familie
• Arbeitskameradschaft

Gewährübernahme für
das Rechtsgut
• Vertrag
• tatsächl. Übernahme

Sachherrschaft
• Geschäftsführer-, Lei-
  tereigenschaft

Ingerenz:
- vorangegangenes ge-
  fährdendes Tun durch
  z.B.:

Verletzung
von Verkehrssiche-
rungspflichten

Rechtswidriges
Handeln, Verstoß gegen
Gesetze, Regeln

z.B.   § 323 c StGB

**Strafrechtliche Schnittstelle
Jurisprudenz/Organisation**

Bild 45

- Garantenstellung kraft Übernahme einer Gewähr für das Rechtsgut: Die Gewährübernahme kann zum einen auf vertraglicher Grundlage erfolgt sein (zum Beispiel Dienstvertrag), wobei es ohne Bedeutung ist, ob der Vertrag zivilrechtlich wirksam ist. Ausschlaggebend ist allein, daß die vertraglichen Pflichten als solche festgelegt wurden. Darüber hinaus kann auch die tatsächliche Gewährübernahme ohne Vertrag (Beispiel: Tätigwerden eines Bereitschaftsarztes beim Kranken) eine Garantenstellung begründen.

- Garantenstellung durch das tatsächliche Herbeiführen einer Gefahrenlage (= Ingerenz): Hierbei ist unerheblich, ob die Gefahrenlage durch Tun oder Unterlassen, verschuldet oder nicht verschuldet, herbeigeführt wurde.

Gerade für den Bereich von Instandhaltungsmaßnahmen kommt dieser Garantenstellung eine erhebliche Bedeutung zu, weil hier oftmals Schutzeinrichtungen, wie zum Beispiel Schutzgitter etc., entfernt werden müssen, wodurch nicht zu unterschätzende Gefahrenquellen geschaffen werden. Der für die Entfernung der Schutzeinrichtungen beziehungsweise für die Durchführung der Instandhaltungsmaßnahmen Verantwortliche hat infolge seiner Garantenstellung also dafür einzustehen, daß sich die Gefahr nicht in einem Schaden realisiert.

- Garantenstellung kraft Sachherrschaft: Entscheidend für diese Einstandspflicht ist die Sachnähe und nur sekundär die Frage, wie die Sachherrschaft zivilrechtlich ausgeformt ist (zum Beispiel Eigentümer oder Besitzer). Auch diese Garantenstellung ist bei der Instandhaltung von besonderer Bedeutung, weil auch die Eigenschaft als Geschäftsherr, Inhaber oder leitender Angestellter im technischen Bereich eines gefährlichen Betriebes oder einer gefährlichen Anlage mit Eigenverantwortung zur Gefahrenabwehr eine rechtliche Einstandspflicht begründet.

Gerade die zuletzt aufgezeigten Fallgruppen der Rechtsprechung verdeutlichen, wie wichtig es ist, einzelne Gefahrenquellen beziehungsweise den Betrieb als solchen so zu organisieren, daß Dritte oder aber auch bestimmte andere, strafrechtlich geschützte Rechtsgüter (Umwelt) nicht zu Schaden kommen. Anderenfalls kann es zu einer strafrechtlichen Verantwortung wegen Unterlassens kommen.

6.3.2 Umfang der Organisationspflichten aus strafrechtlicher Sicht

Jede Unternehmensorganisation baut darauf auf, daß die im Unternehmen wahrzunehmenden Aufgaben auf verschiedene Mitarbeiter innerhalb des Unternehmens in unterschiedlichen Hierarchieebenen verteilt werden. Ausgehend von der obersten Leitung des Unternehmens (je nach Gesellschaftsform zum Beispiel Geschäftsführung oder Vorstand) werden die dem Unternehmen obliegenden, sich aus der Gesamtheit aller Rechtsvorschriften ergebenden Pflichten in die Unternehmensorganisation hineindelegiert.

Ziel einer Delegation ist es, den Delegierenden von seiner rechtlichen Verantwortung dadurch zu entlasten, daß er die Vielzahl der ihm obliegenden Aufgaben gezielt auf nachgeordnete Mitarbeiter übertragen kann und diese dann "nur noch" auf Einhaltung der delegierten Aufgaben überwacht.

Die Delegation von Aufgaben, Kompetenzen und Verantwortung innerhalb der Unternehmenshierarchie führt jedoch nur dann zu einer Delegation der (straf-)rechtlichen Verantwortung, wenn

- der mit der Aufgabenwahrnehmung beauftragten Stelle gleichzeitig die erforderlichen Kompetenzen und Verantwortung zur Durchführung der Aufgabe übertragen worden sind und

- der Delegierende Überwachungsmaßnahmen ergreift, die sicherstellen, daß der Delegationsempfänger die Aufgabe tatsächlich entsprechend den ihm übertragenen Kompetenzen durchführt.

Sowohl das Strafgesetzbuch als auch das Ordnungswidrigkeitenrecht enthalten Regelungen, in denen sich diese Forderungen widerspiegeln.

Hierbei handelt es sich um die bereits dargestellten (Kapitel 6.1.5) Regelungen des § 14 StGB (gleichlautend § 9 OWiG), wonach ein Mitarbeiter eines Betriebes wie der Inhaber bestraft werden kann, wenn er vom Inhaber ausdrücklich beauftragt wurde, in eigener Verantwortung Aufgaben wahrzunehmen, die im Grunde dem Inhaber des Betriebes obliegen.

Will das Organ des Unternehmens sich also seiner Verantwortung durch Delegation weitestgehend entledigen, hat es die Voraussetzungen der § 9 OWiG beziehungsweise § 14 StGB zu beachten.

Daneben bestimmt § 130 OWiG Anforderungen an Aufsichtsmaßnahmen, die in Betrieben und Unternehmen ergriffen werden müssen, um Verstöße gegen Straf- oder Bußgeldvorschriften zu verhindern. § 130 Abs. 1 Satz 2 OWiG zählt zu den erforderlichen Aufsichtsmaßnahmen

- die Bestellung,
- die sorgfältige Auswahl,
- die Überwachung

von Aufsichtspersonen. Übrigens: die Obergrenze eines Bußgeldes bei Verstoß gegen solche Pflichten gemäß § 130 OWiG ist auf 1 Million DM "begrenzt"!

Faßt man die Forderungen dieser Vorschriften zusammen, so ergibt sich, daß eine Delegation von Aufgaben in der Unternehmenshierarchie nur dann "strafbefreiende" Wirkung haben kann, wenn

- dem Mitarbeiter ausdrücklich Aufgaben übertragen worden sind (ausdrückliche Aufgaben-delegation);

- der Mitarbeiter die Aufgaben eigenverantwortlich wahrnehmen kann (Übertragung der erfor-derlichen Kompetenzen [Befugnisse]);

- der Delegierende den Mitarbeiter sorgfältig ausgewählt und überwacht hat.

Die Nichtbeachtung dieser Voraussetzungen hat zur Folge, daß der Delegierende weiterhin al-lein für die Wahrnehmung aller sich aus den Rechtsvorschriften ergebenden Vorschriften ver-antwortlich bleibt, die vornehmlich das Unternehmen betreffen.

6.3.2.1 Verantwortungsaddition

Die oben dargestellten Grundsätze der Pflichtendelegation im Unternehmen zeigen auf, daß alle Rechtsvorschriften, die für Unternehmen und Betriebe gelten, von einer Generalverantwortung der Unternehmensleitung ausgehen. Die Geschäftsleitung ist immer dafür verantwortlich, daß innerhalb des von ihr geleiteten Unternehmens tatsächlich alle betriebsbezogenen Rechtspflich-ten erfüllt werden.

Dies bedeutet jedoch nicht, daß andere Mitarbeiter des Unternehmens keine strafrechtliche Ver-antwortung treffen kann. Vielmehr wird - wie eingangs dargelegt - im Falle der Verwirklichung eines Straftatbestandes im Rahmen der strafrechtlichen Ermittlungen der gesamte zum tatbe-standlichen Erfolg führende Sachverhalt in seine Bestandteile zerlegt und jeweils einzelnen Per-sonen zugeordnet. So wird also bei jedem mit diesem Sachverhalt in Verbindung stehenden Mitarbeiter individuell untersucht, inwieweit diesen der Vorwurf schuldhaft rechtswidrigen Verhaltens trifft. Diese Handlungsverantwortung des jeweiligen Mitarbeiters steht also neben der Generalverantwortung der Geschäftsleitung.

Ist eine ordnungsgemäße Delegation von Aufgabe, Kompetenz und Verantwortung in der Form ausreichender Beachtung von Anweisungs-, Auswahl- und Überwachungspflichten erfolgt, können die in die Delegation eingebundenen, in der Unternehmenshierarchie höher angesiedel-ten Mitarbeiter nicht belangt werden. In diesem Fall verbleibt es allein bei der Handlungsverant-wortung des jeweiligen Mitarbeiters, der durch sein Verhalten zur Verwirklichung des gesetzli-chen Straftatbestandes beigetragen hat.

Ist demgegenüber nur eine dieser Pflichten nicht ausreichend berücksichtigt worden, kann dies zu einer Verantwortungsaddition insofern führen, als daß nunmehr neben die "Handlungsverantwortung" des betreffenden Mitarbeiters die Verantwortung des Vorgesetzten tritt, der durch mangelhafte Anweisung, Auswahl und Überwachung beziehungsweise durch eine mangelhafte Organisation zur Verwirklichung des Straftatbestandes beigetragen hat.

Bestehen ganze Delegationsketten im Sinne einer Delegation über mehrere Hierarchieebenen hinweg, so kann dies auf den verschiedenen Hierarchieebenen dazu führen, daß die gesamte Führungslinie - ausgehend vom Organ des Unternehmens bis hin zum handelnden Mitarbeiter - strafrechtlich zur Verantwortung gezogen wird.

Der sogenannte Salzsäurefall (G. Eidam, Unternehmen und Strafe, Seite 163 ff.) zeigt sehr schön auf, wie die Verantwortung sich nach oben hin addiert. Ein Mitarbeiter läßt Salzsäure in den Fluß gelangen. Da die Delegation von Aufgabe, Kompetenz und Verantwortung beziehungsweise die Anweisung, Auswahl und Überwachung nicht ordentlich erfolgte, kommt es zur Verantwortungsaddition nach oben hin (Bild 46).

Anders als bei der Beurteilung zivilrechtlicher Sachverhalte, wo die Unternehmen den Nachweis zu erbringen haben, daß eine ordnungsgemäße Organisation vorliegt, ist es die Aufgabe der Strafermittlungsbehörden, den beteiligten Mitarbeitern eine Schuld nachzuweisen. Dies darf jedoch nicht dahin mißverstanden werden, daß Unklarheiten der Organisation über den Grundsatz "im Zweifel für den Angeklagten" zu einer höheren Sicherheit für die betroffenen Mitarbeiter führen könnten.

Ganz im Gegenteil besteht im Strafrecht die Gefahr, daß Unklarheiten der Organisation eher zu einer Vervielfachung der strafrechtlichen Verantwortung denn zu einer sinnvollen Risikovorsorge vor strafrechtlichen Ermittlungen führen. Hier gilt der Grundsatz, daß unklare organisatorische Festlegungen im Regelfall eine (Mit-)Verantwortung des jeweils nächsthöheren Vorgesetzten, bis hin zur Unternehmensleitung, begründen.

Der Schuldvorwurf gegen jeden einzelnen kann sich dabei sowohl aus einem Unterlassen, Fehlen der Organisation, Nichtdurchführung von Unterweisungen/Schulungen etc., aber auch aus einem aktiven Tun (falsche Anweisung, fehlerhafte Organisation etc.) ergeben.

6.3.2.2   Kollegialhaftung

In der Lederspray-Entscheidung (BGH, NJW 1990, Seite 2560 ff.) hat der BGH die Frage, welcher Entscheidungsträger im Unternehmen für die Vornahme beziehungsweise Nichtvornahme einer bestimmten Handlung strafrechtlich zur Verantwortung gezogen werden kann, abweichend von der bis zur Entscheidung vorherrschenden Auffassung entschieden.

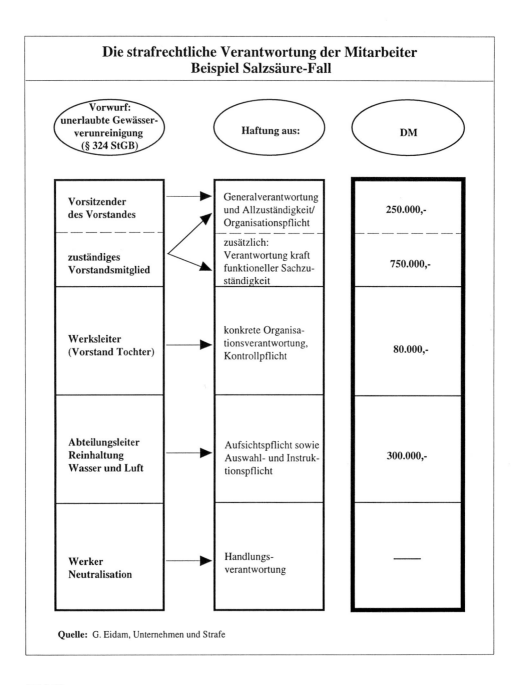

Die strafrechtliche Verantwortung der Mitarbeiter
Beispiel Salzsäure-Fall

Vorwurf: unerlaubte Gewässerverunreinigung (§ 324 StGB)	Haftung aus:	DM
Vorsitzender des Vorstandes	Generalverantwortung und Allzuständigkeit/ Organisationspflicht	250.000,-
zuständiges Vorstandsmitglied	zusätzlich: Verantwortung kraft funktioneller Sachzuständigkeit	750.000,-
Werksleiter (Vorstand Tochter)	konkrete Organisationsverantwortung, Kontrollpflicht	80.000,-
Abteilungsleiter Reinhaltung Wasser und Luft	Aufsichtspflicht sowie Auswahl- und Instruktionspflicht	300.000,-
Werker Neutralisation	Handlungsverantwortung	——

Quelle: G. Eidam, Unternehmen und Strafe

Bild 46

Bis dahin galt der Grundsatz, daß eine strafrechtliche Verurteilung auf die innerbetrieblich festgelegten Zuständigkeiten begrenzt war. Dies bedeutete, daß beispielsweise der Finanzvorstand dann nicht zur Verantwortung zu ziehen war, wenn über technische Problemstellungen beraten und entschieden wurde. Diese Situation hat sich seit dem Lederspray-Urteil grundlegend geändert. Falls auf den Sitzungen der gemeinsamen Geschäftsführung Entscheidungen, gleich in welchem Ressort, getroffen werden, können diese Entscheidungen gegebenenfalls für alle ein gemeinschaftliches Unterlassen und folglich die Mittäterschaft aller begründen. Die Ressortaufteilung führt also nicht zwangsläufig zur strafrechtlichen Entlastung (BGH-Urteil vom 15. Oktober 1996, NJW 1997, Heft 2; Seite 130 ff.).

Der BGH hat in seinem Urteil ausgeführt, daß eine Aufteilung der Geschäftsbereiche unter mehreren Geschäftsführern einer GmbH ohne Einfluß auf die Verantwortung jedes einzelnen für die Geschäftsführung insgesamt ist. Es existiert also eine Generalverantwortung aller Mitglieder der Geschäftsführung. Dies resultiert daraus, daß der BGH davon ausgeht, daß alle Geschäftsführer die juristisch geforderte "Tatherrschaft" (das heißt die Möglichkeit, das Geschehen in einem Unternehmen zu steuern) haben. Nach Ansicht des BGH greift der Grundsatz der Generalverantwortung und Allzuständigkeit der Geschäftsführung immer dann ein, wenn aus besonderem Anlaß das Unternehmen als Ganzes betroffen ist, also in den Fällen, in denen ein ressortübergreifendes Problem vorliegt, das alle Geschäftsbereiche der Gesellschaft betrifft. In solchen Fällen haben alle Geschäftsführer die Pflicht, auf das Geschehen Einfluß zu nehmen.

Zu beantworten hatte der BGH auch die Frage, ob auch solche Mitglieder eines Entscheidungsgremiums strafrechtlich belangt werden können, die bei der Entscheidung selbst gar nicht anwesend waren.

In dem entschiedenen Fall gehörten diese nicht dem Organ des Unternehmens, sondern einer Tochtergesellschaft an. Sie wurden zumindest im Anschluß an die Sitzung über die dort getroffenen Entscheidungen informiert. Da sie dem Ergebnis nicht widersprachen, billigten sie es und machten sich die Entscheidungen nach Ansicht des BGH in ihrem Verantwortungsbereich zu eigen, woraus der BGH wiederum eine Mittäterschaft begründete.

Dies hat zur Folge, daß bei Kollegialentscheidungen in der Geschäftsleitung jedes Mitglied - unabhängig von der Frage, ob es bei der Entscheidungsfindung anwesend ist oder nicht - zumindest nachträglich alles ihm Mögliche und Zumutbare tun muß, um erkannte Mißstände aufzuzeigen und zu beseitigen, will es sich nicht mitverantwortlich machen (G. Eidam, Unternehmen und Strafe).

Bei der Frage, was für den einzelnen als zumutbar anzusehen ist, ist auf die persönliche Situation der Mitarbeiter Rücksicht zu nehmen. Die Zumutbarkeit der Vornahme oder Nichtvornahme von Handlungen wird im Rahmen des Schuldvorwurfes geprüft. Dieser Schuldvorwurf hat die persönliche Situation der einzelnen Mitarbeiter zu berücksichtigen.

Formal haben jedoch alle Mitarbeiter die Pflicht, aktiv die Verwirklichung von Straftatbeständen zu verhindern, wenn sie sich der strafrechtlichen Verantwortung entziehen wollen.

Diese strafrechtlichen Grundsätze müssen auch bei der Planung und Einführung von QM-Systemen - die eine Basis für eine Verhinderung der Produkthaftung, hier im Strafrecht, sind - berücksichtigt und betriebsspezifisch umgesetzt werden. Um der Gefahr einer "Verantwortungsaddition" zu begegnen, bedarf es daher jedenfalls klarer und eindeutiger Aufgabenabgrenzungen innerhalb der Betriebsorganisation. Aufgabenbeschreibungen, Kompetenzregelungen und Kooperationsregelungen sind daher unerläßliche Voraussetzung für ein Qualitätsmanagementsystem, das geeignet sein soll, den einzelnen Mitarbeiter vor einer eventuellen strafrechtlichen Inanspruchnahme zu schützen.

Sofern Teamarbeit eingesetzt wird, müssen besondere "Spielregeln" für die Teamarbeit eingeführt werden: auch hier gelten klare Aufgabenabgrenzungen, Beobachtungspflichten, Eingriffspflichten und gegebenenfalls Eskalationspflichten zu demjenigen, der das Team eingesetzt hat. Teamarbeit bedarf also eines organisatorischen Mehraufwandes gegenüber einer üblichen Organisation.

Es ergibt sich von selbst, daß die Hoffnung, "Organisationsnebel" führe zu geringerem strafrechtlichem Risiko, ein folgenschwerer Irrtum ist. Genau das Gegenteil, nämlich "Verantwortungsvervielfachung" ist die strafrechtliche Konsequenz intransparenter und unklarer Organisationsregelungen. Für Organisationsnebel haftet der "Nebelwerfer", dies ist die Unternehmensführung, dies sind die Vorgesetzten.

Die gleichen Konsequenzen treffen die Unternehmen, die in ihrem Qualitätsmanagementsystem nicht die tatsächliche Organisation, sondern eine "Papierversion" abbilden, die nicht der wirklich gelebten Aufbau- und Ablauforganisation entspricht. (Das bekannteste Verfahren ist: QM-System von der Diskette.) Ergibt sich aus Zeugenaussagen im Strafverfahren die Widersprüchlichkeit von Dokumentation und gelebter Organisation, so rechtfertigt spätestens diese Diskrepanz den Vorwurf des Organisationsverschuldens.

6.3.3 Die Teamarbeit

Lean-Management ist die jetzt moderne Form der Unternehmensorganisation und bedeutet schlanke Organisation, Abflachung hierarchischer Strukturen und damit eine neue Form der Zusammenarbeit.

Ziel des Lean-Managements ist es, durch schlanke Organisation effizienter zu produzieren. Vor allem der Abbau unnötig groß gewordener Zentralabteilungen und das Verlagern der Entscheidungen vor Ort soll unnötige Kosten der Organisation verhindern.

So werden im Lean-Management einzelne Funktionsbereiche in größeren Funktionseinheiten zusammengeführt, zum Beispiel Produktion und Instandhaltung in ein Team. Dies führt zur Abflachung hierarchischer Strukturen, da nunmehr mehrere Aufgabenbereiche einem Vorgesetzen zugeführt werden.

Zwar wird durch die Teamarbeit letztlich ein effizienteres und flexibleres Arbeiten ermöglicht, doch birgt diese Organisationsstruktur neben den gewünschten Effekten auch Risiken, was gerade im Bereich des Strafrechts erhebliche Auswirkungen haben kann und daher von den Verantwortlichen berücksichtigt werden sollte.

Wie zuvor dargelegt wurde, ist eine strafentlastende Delegation von Aufgabe, Kompetenz und Verantwortung nur möglich, wenn Anweisungs-, Auswahl- und Überwachungspflichten nachweisbar festgelegt werden. Nur durch eine dementsprechende Aufbau- und Ablauforganisation kann sichergestellt werden, daß sich ein mögliches strafrechtliches Ermittlungsverfahren auf die Verantwortlichen konzentriert.

Wenn eine solche Konzentration mangels Organisation jedoch nicht möglich ist, wird der Staatsanwalt gegen alle Mitarbeiter ermitteln mit dem Risiko, daß dies letztlich zu einer Verantwortungsaddition führt.

Diese Gefahr besteht insbesondere bei der Bildung von Teams im Rahmen des jetzt geforderten Lean-Managements. Denn bei einem Team gibt es oft keine eindeutigen Zuständigkeiten. Dies ist zumindest nicht nachweisbar und damit zur Entlastung (speziell im Falle der Beweislastumkehr) nicht geeignet. Entscheidet nämlich ein Team von Betreibern und Instandhaltern über die Durchführung von Instandsetzungsmaßnahmen, so kann im nachhinein oft nicht festgestellt werden, welche Einzelperson letztlich die Verantwortung getragen hat.

Zwar gibt es bislang keine auswertbare Rechtsprechung zum Thema Teamarbeit in der Instandhaltung oder zu den Ansätzen des Lean-Managements, doch sind in der Literatur bereits erste Bedenken festzustellen. Es steht zu erwarten, daß in absehbarer Zeit die ersten gerichtlichen, insbesondere strafrechtlichen Bewertungen des Lean-Managements beziehungsweise der Teamarbeit vorliegen werden.

Angesichts möglicher Verantwortungsaddition besteht hier insbesondere für die Führungskräfte beziehungsweise die in die Delegationskette eingebundenen Mitarbeiter der Linie ein nicht unerhebliches Risikopotential.

Darüber hinaus stellt sich die Teamarbeit auch für die einzelnen Mitglieder des Teams vor dem Hintergrund der Rechtsprechung zur Kollegialhaftung als risikoreich dar.

Zwar betrifft die sich mit der Kollegialhaftung befassende Lederspray-Entscheidung allein die Verantwortung einzelner Mitglieder der Geschäftsführungsebene, doch wird in der Literatur bereits die Auffassung vertreten, daß die aus dieser Rechtsprechung folgenden Grundsätze im wesentlichen auch auf die Verantwortung der Mitarbeiter eines Teams unterhalb der Führungsebene zutreffen (vergleiche hierzu G. Eidam, Unternehmen und Strafe, Seite 162).

Hier ist jeder Mitarbeiter nicht nur für seine Handlungen, sondern darüber hinaus für die Entscheidungen des Teams verantwortlich. Denn es gibt regelmäßig keine Einzelentscheidungen mehr, sondern nur noch Kollektiventscheidungen des Teams.

Dies hat für den einzelnen Mitarbeiter in den verschiedenen Teams der Unternehmen zur Konsequenz, daß in dem Augenblick, in dem sie Mißstände im Unternehmen wahrnehmen, die eine Verletzung von Strafrechtsnormen darstellen, sie sofort alles ihnen Mögliche und Zumutbare in die Wege leiten müssen, um diese Mißstände zu beseitigen. Sofern sie dieser Pflicht nicht nachkommen, kann das zu strafrechtlichen Konsequenzen, eben zur Mittäterschaft bei der Begehung einer Straftat, führen.

Es genügt also nicht, in einem Team zu sitzen und darauf zu vertrauen, daß ein bestimmter Beschluß auch ohne eigene Mitwirkung zustandegekommen wäre und man daher gar nicht strafbar sein könne. Vor der weitverbreiteten Ansicht, man habe gar nichts gemacht, noch nicht einmal mitdiskutiert und mitentschieden und sei deshalb für den eingetretenen Schaden nicht strafrechtlich verantwortlich, kann angesichts des Rechtsinstituts des unechten Unterlassungsdeliktes (Kapitel 6.3.1) nur gewarnt werden:

Soweit das Teammitglied eine Rechtspflicht zur Erfolgsabwendung trifft, hat es alles ihm Mögliche und Zumutbare zu tun, den Eintritt des tatbestandlichen Erfolgs zu verhindern. Kommt es dieser Verpflichtung nicht nach, macht es sich strafbar.

Konkret bedeutet dies, daß jeder Mitarbeiter (im Sinne sich stufenweise erhöhender Anforderungen) zu folgendem verpflichtet ist:

- Will das Teammitglied einer strafrechtlichen Verfolgung entgehen, hat es zunächst selbst zu überprüfen, was zur Abwendung des Erfolges im Unternehmen beziehungsweise speziell im Team getan werden kann/muß. Dies erfordert gegebenenfalls ein heftiges Diskutieren, um die eigene, abweichende Auffassung durchzusetzen. Wird dennoch ein entgegenstehender Entschluß gefaßt, den das Teammitglied nicht tragen will, muß es mehr tun, um nicht strafrechtlich belangt zu werden. Beispielsweise ist der nächsthöhere Vorgesetzte einzuschalten.

- Wenn dieser Vorgesetzte die Entscheidung des Teams - trotz Widerspruchs eines Teammitglieds - bestätigt, ist grundsätzlich der Überstimmte gehalten, der Entscheidung zu folgen. Es sei denn, er kann feststellen, daß die Entscheidung des Vorgesetzten nicht richtig sein kann und von falschen Vorstellungen geleitet wird. Die Entscheidung des Vorgesetzten, zum Beispiel "Wir fahren die Anlage weiter, setzen sie nicht instand und lassen ruhig für ein paar Schichten das Öl in das Wasser tropfen!", kann nur falsch sein. In diesem Fall muß das Teammitglied noch mehr tun, als den Vorgesetzten einzuschalten. Es muß vielleicht den Beauftragten oder den übernächsten Vorgesetzten, gegebenenfalls die Medien, mit der Situation vertraut machen.

Zusammenfassend ist also klarzustellen, daß die Einführung von Teamarbeit sowohl für die Führungskräfte der Linie unter dem Gesichtspunkt der Verantwortungsaddition als auch für die jeweiligen Teammitglieder angesichts der Kollegialhaftung ein nicht zu unterschätzendes (strafrechtliches) Risiko in sich birgt.

Will die Unternehmensleitung sich beziehungsweise die Mitarbeiter vor einer strafrechtlichen Verfolgung schützen, hat es die sich durch die Einführung von Teamarbeit sowie Lean-Management verstärkt ergebenden Organisationspflichten zu berücksichtigen und entsprechend zu realisieren.

So muß verstärkt angewiesen, ausgewählt und überwacht werden.

Verzichtet das Unternehmen beispielsweise auf eine ständige Überwachung der getroffenen Entscheidungen der Mitarbeiter beziehungsweise der Teammitglieder und vertraut statt dessen auf die sachgerechte und ordnungsgemäße Aufgabenerledigung, so muß verschärft für eine ausreichende Organisation der wesentlichen Tätigkeits- und Problembereiche gesorgt werden. Damit berechtigt vertraut werden kann, daß in wichtigen Situationen sachgerechte Entscheidungen getroffen werden, sind in ausreichendem Umfang Betriebs- und Arbeitsanweisungen vorzugeben. Werden diese Voraussetzungen nicht geschaffen, ist das Unternehmen dem Vorwurf des Anweisungsverschuldens ausgesetzt.

Die Teamarbeit führt jedoch nicht nur zu einem erhöhten Organisationsaufwand, sondern auch zu einem erhöhten Dokumentationsaufwand.

Von einer "gerichtsfesten" - das heißt einer alle gesellschaftlichen und rechtlichen Anforderungen berücksichtigenden - Organisation kann nur ausgegangen werden, wenn die Umsetzung aller Organisationspflichten nachgewiesen werden kann.

Es geht daher nicht nur darum, die Anweisungs-, Auswahl- und Überwachungsaufgaben jeweils auszuüben, es geht auch darum, diese Pflichten in Konfliktsituationen (gerichtliches Verfahren) jeweils dokumentiert nachweisen zu können. Dazu sind für Anweisungs-, Auswahl- und Überwachungspflichten jeweils spezifische Dokumentationsanforderungen zu berücksichtigen.

Läßt sich bei Teamentscheidungen nicht ermitteln, wer von den Teammitgliedern einen Schaden durch eine unerlaubte Handlung im Sinne des § 823 BGB verursacht hat beziehungsweise welcher Anteil des Schadens auf mehrere, feststehende Verursacher entfällt, so wirkt sich dies auch unter dem Gesichtspunkt der zivilrechtlichen Haftung für die Unternehmensleitung wie für die Teammitglieder nachteilig aus.

Dies ist zum einen auf die Regelung des § 830 BGB zurückzuführen, in der es heißt:

"Haben mehrere durch eine gemeinschaftlich begangene unerlaubte Handlung einen Schaden verursacht, so ist jeder für den Schaden verantwortlich. Das gleiche gilt, wenn sich nicht ermitteln läßt, wer von mehreren Beteiligten den Schaden durch seine Handlung verursacht hat."

Für die Haftung eines Teilnehmers ist es dabei unerheblich, ob er den Schaden eigenhändig mitverursacht und wieviel er selbst zu ihm beigetragen hat. Ein Ausschluß der Haftung kommt lediglich bei Vorliegen eines Rechtfertigungsgrundes in Betracht.

Im Verhältnis zum Geschädigten haften die Teammitglieder im Sinne des § 840 Abs. 1 BGB als Gesamtschuldner. Diese Haftung als Gesamtschuldner bedeutet, daß jeder zum Ersatz des gesamten Schadens verpflichtet ist, wenn der Geschädigte sich an ihn wendet. (Der Geschädigte darf allerdings den Schadensersatz insgesamt nur einmal fordern.)

Darüber hinaus kann eine derartig unzureichende Organisation bei der Einführung von Teamarbeit zum Vorwurf des Organisationsverschuldens führen mit der Folge, daß neben den Teammitgliedern auch das Unternehmen gemäß §§ 823, 31 BGB beziehungsweise § 831 BGB zum Schadensersatz verpflichtet ist.

6.3.4   Zusammenfassung

Angesichts des Umstandes, daß bestimmte Verhaltensweisen und Abläufe im Betrieb strafrechtlich bewertet beziehungsweise unter die einschlägigen Strafrechtsnormen subsumiert werden, ergibt sich auch aus der Gesamtheit der Strafrechtsnormen die Forderung nach einer umfassenden Organisation im Unternehmen.

Insbesondere sind Anweisungs-, Auswahl- und Überwachungspflichten zu beachten, wenn die Verantwortung wirksam delegiert werden soll. Fehlt es an diesen Voraussetzungen, können Verantwortungsaddition und Kollegialhaftung weitreichende Folgen für Führungskräfte, Führungslinie und die einzelnen Mitarbeiter im Unternehmen nach sich ziehen.

Dies gilt insbesondere im Falle der Einführung von Teamarbeit im Rahmen des jetzt modernen Lean-Managements.

7.   "Gerichtsfeste" Organisation

Wie die bisherigen Ausführungen gezeigt haben, unterliegen Unternehmen bei Durchführung ihrer Tätigkeiten einem nicht unerheblichen Haftungsrisiko wegen mangelnder/mangelhafter Organisation. Dies gilt insbesondere für die zahlreichen, von den Unternehmen im produzierenden Bereich eröffneten Gefahrenquellen, die zu entsprechenden Sorgfaltspflichten führen (Betrieb von Anlagen, Inverkehrbringen von Produkten etc.). Aus diesem Grund wird der Ruf nach einer "gerichtsfesten" Organisation in Produktionsunternehmen zunehmend lauter. Rechtsabteilungen und Berater erhalten immer häufiger von der Unternehmensleitung den Auftrag, das Unternehmen "gerichtsfest" zu machen.

Eine erste Definition einer "gerichtsfesten" Organisation ist: "Gerichtsfestigkeit" ist die Antwort auf viele gesellschaftliche und rechtliche Anforderungen an die Betreiber; sie dient den Mitarbeitern in produzierenden Unternehmen für Produktionsanlagen und Produkte im Sinne eines Risk-Managements zur Reduzierung des offensichtlichen Risikos der Produktionsunternehmen im immer enger werdenden Rechtsumfeld. Es sollen die Anforderungen aus Gesetzen, Rechtsprechung und Gesellschaft durch eine "Beste Organisations-Praxis" erfüllt werden. Unter Bezug auf nachfolgende Begründungen kann "gerichtsfeste" Organisation so definiert werden (Bild 47):

Eine festgelegte, das heißt dokumentierte Aufbau- und Ablauforganisation zu:

- Anweisungs-, Auswahl- und Überwachungspflichten
- transparenter Delegation von Aufgabe, Kompetenz, Verantwortung
- entsprechenden Kooperationsregelungen
als
- Anweisungssystem und als
- Nachweissystem

Die "gerichtsfeste" Organisation hat zu gewährleisten, daß sich die Risiken, die mit den verschiedenen unternehmerischen Tätigkeiten verbunden sind, nicht wegen Organisationsdefiziten realisieren, das heißt zu Schäden führen.

Unternehmerisches Sicherheitsmanagement beinhaltet daher eine Organisation im Unternehmen, die sämtlichen Funktionsträgern, ausgehend vom Organ der Unternehmen über Zwischenorgane bis zu den ausführenden Mitarbeitern vor Ort, ganz konkret die Wahrnehmung, vor allem der gefährdungsrelevanten Aufgaben, zuweist. Denn das Prinzip der Allzuständigkeit ("Jeder macht alles") kann zur Haftung aus Organisationsverschulden führen.

Die angemessene Form der Organisation ist ein Managementsystem mit einer festgelegten Aufbau- und Ablauforganisation (vergleiche hierzu auch Kapitel 5.4 ff.).

Das Zeitalter der Managementsysteme

Die "gerichtsfeste" Organisation

Eine festgelegte, das heißt dokumentierte Aufbau- und Ablauforganisation, zu

- Anweisungs-, Auswahl- und Überwachungspflichten
- transparenter Delegation von Aufgabe, Kompetenz, Verantwortung
- entsprechenden Kooperationsregelungen

als

- Anweisungssystem und als
- Nachweissystem

Beste-Management-Praxis

Bild 47

- Unter Aufbauorganisation ist die Beschreibung des "Wer" und "Was" zu verstehen, das heißt die Zuweisung von Aufgaben, Kompetenzen und Verantwortungen in der funktional-hierarchischen Strukturorganisation. Die Festlegung erfolgt in Form von Organigrammen, Aufgabenbeschreibungen und Stellvertreterregelungen etc.

- Die Ablauforganisation beschreibt das "Wie" und "Wann" der Organisation durch Festlegen der logisch-zeitlichen Abfolge zugewiesener Aufgaben (zum Beispiel Durchführung von Instandhaltungsmaßnahmen) und insbesondere durch Regelung von Schnittstellen verschiedener Funktionsträger (Hol-, Bringschulden).

Die Dokumentation erfolgt in Handbüchern, Verfahrensanweisungen, Arbeitsanweisungen etc. Damit werden für einzelne Arbeitsabschnitte die Verantwortlichen gesteuert und Schnittstellen überbrückt.

Der Umfang und die Intensität der zu ergreifenden Organisations- und Dokumentationsmaßnahmen richtet sich nach dem Risiko, das heißt nach Gefährdungspotential und -häufigkeit. Es sind individuelle und angemessene Lösungen zu suchen.

Im Rahmen der Aufbauorganisation, sie betrifft die funktional-hierarchische Gliederung einer Organisation, sind alle Funktionsträger, die im Rahmen der Erfüllung des Unternehmenszwecks Tätigkeiten übernehmen, darzustellen. In einem Organisationsschema, ausgehend von dem Unternehmensorgan über sonstige Zwischenorgane bis zu den ausführenden Stellen, ist festzulegen, wer welche Aufgaben zu erfüllen hat.

Dabei sind allen betroffenen Mitarbeitern die wesentlichen Aufgaben zuzuweisen. Je niedriger die Hierarchiestufe des Aufgabenträgers und je gefährdungsrelevanter die ihm übertragenen Pflichten, um so eingehender muß die Regelung und Belehrung dazu erfolgen (insbesondere durch ablauforganisatorische Vorgaben).

Neben der Aufgabenzuweisung müssen darüber hinaus Kompetenzen im Sinne von Entscheidungsbefugnissen festgelegt werden, die die Verantwortlichkeit jedes einzelnen Mitarbeiters indizieren. Verantwortlich ist nur, wer die zur Aufgabenerfüllung notwendigen Befugnisse hat. Anderenfalls verbleibt die Verantwortung bei den übergeordneten Hierarchiestufen.

Jede delegierende Stelle hat neben den Anweisungspflichten auch Überwachungs- und Aufsichtspflichten auszuüben, die sicherstellen, daß die delegierten Aufgaben vom Delegationsempfänger wahrgenommen werden. Durchgeführte Kontrollmaßnahmen sollten nachweisbar, das heißt dokumentiert sein, zum Beispiel in Form von Gesprächsprotokollen, Berichten etc.

Aufbauorganisation verlangt auch, eine für die jeweilige Sachaufgabe angemessene Personal- und Sachausstattung zur Verfügung zu stellen. Soweit Unternehmen unter dem verbreiteten

Problem des Geldmangels leiden, ist es wichtig, bei den Investitionen eine Prioritätenliste aufzustellen und die gefährdungsrelevanten und damit verkehrssicherungspflichtigen Aufgaben vorrangig einzustufen (Betriebssicherheit vor Kantinenausbau).

Es bedarf aufbauorganisatorischer Regelungen im beschriebenen Umfang nicht nur für die Normalorganisation, sondern auch für die Beauftragtenorganisation und in angemessener Weise auch für die Notfallorganisation (vergleiche Kapitel 5.4 ff.).

Darüber hinaus bedarf es der Festlegung der Ablauforganisation, welche sich mit der räumlichen und zeitlichen Folge des Zusammenwirkens von Personal und Betriebsmitteln befaßt. Wie bereits dargelegt wurde, ist mit Hilfe ablauforganisatorischer Vorgaben das "Wie" einer bestimmten Tätigkeit zu umschreiben, wobei es entscheidend darauf ankommt, die Kooperation der jeweiligen Organisationseinheiten zu bestimmen. So ist beispielsweise zu klären, wer gegenüber wem Hol- und Bringschulden hat (zum Beispiel die Planungsabteilung informiert den Immissionsschutzbeauftragten über die Entwicklung eines neuen Produktionsverfahrens, der wiederum in Form einer Stellungnahme reagiert).

Die allgemeine "Gerichtsfestigkeit" als Nachweis der Aufbau- und Ablauforganisation zu Anweisungs-, Auswahl- und Überwachungspflichten und zur Delegation von Aufgabe, Kompetenz und Verantwortung ist komplex einzuführen und zu beschreiben.

Gleichwohl sollte es angesichts der weitreichenden rechtlichen Konsequenzen im Bestreben eines jeden Unternehmens liegen, die "gerichtsfeste" Organisation zu erreichen. Darüber hinaus ergibt sich das Erfordernis einer Delegationskette vom Organ des Unternehmens auf alle Mitarbeiter aus verschiedenen Gesetzen: So fordern beispielsweise § 52 a Bundes-Immissionsschutzgesetz und § 53 Kreislaufwirtschafts- und Abfallgesetz eine "umweltsichernde" Organisation. Danach müssen den zuständigen Behörden die Aufbau- und Ablauforganisationen der Unternehmen gemeldet werden.

Man kann allerdings nur das melden, was in Realität vorhanden ist, also müssen die Unternehmen über eine gute Organisation verfügen. Daraus folgt dann weiter die Forderung, daß eine gute Organisation nicht nur vorhanden sein muß, sondern daß sie entsprechend den Anforderungen der Gesellschaft auch konkretes Recht zu erfüllen hat. So entsteht die "gerichtsfeste" Organisation.

8. Das Instandhaltungshandbuch: Gute Organisation und gute Dokumentation

Die Forderung nach einem umfangreichen und umfassenden Organisationsdokument zur Instandhaltung (= Instandhaltungshandbuch) mag zunächst übertrieben wirken, scheint doch dem Mehraufwand in vielen Fällen kein greifbarer unmittelbarer Nutzen gegenüberzustehen. So zeigen auch viele Unternehmen ihren offensichtlichen Widerwillen, wenn sie mit der Forderung nach einem Instandhaltungshandbuch konfrontiert werden.

Die folgende Darstellung rechtlicher wie auch technischer und ökonomischer Gesichtspunkte soll verdeutlichen, daß ein Organisationssystem einschließlich einer klaren Dokumentation auch zur Instandhaltung zwingend ist.

In einem weiteren Abschnitt werden sodann inhaltliche Ausgestaltung eines Handbuches sowie Einzelheiten der praktischen Umsetzung erläutert.

8.1 Warum eine Dokumentation der Instandhaltung?

Die Notwendigkeit einer Dokumentation der Instandhaltung in Form eines Handbuches ergibt sich aus drei Aspekten: juristische, technische und wirtschaftliche.

8.1.1 Juristische Aspekte

Die vorangegangenen Kapitel haben aufgezeigt, daß sich aus dem System "Recht" umfassende Organisationspflichten ableiten lassen. Werden Anweisungs-, Auswahl- und Überwachungspflichten nicht hinreichend berücksichtigt, reichen die Konsequenzen von der zivilrechtlichen Inanspruchnahme über einen - öffentlich-rechtlich bedingten - Verlust der Betriebsgenehmigung bis zu einer Verantwortungsaddition im Bereich des Strafrechts.

Die Folgen sind sowohl für das Unternehmen als auch dessen Mitarbeiter unkalkulierbar, wenn nicht eine entsprechende Vorsorge in Form einer "gerichtsfesten" Organisation getroffen wird.

Von einer "gerichtsfesten" Erfüllung der Organisationspflichten kann jedoch nur dann ausgegangen werden, wenn diese nachgewiesen werden können. Es geht daher nicht nur darum, die Anweisungs-, Auswahl- und Überwachungsaufgaben jeweils auszuüben; es geht - nicht zuletzt auch aus Gründen der Beweislastumkehr - gerade darum, diese Pflichten in Konfliktsituationen jeweils dokumentiert nachweisen zu können. Dazu sind für Anweisungs-, Auswahl- und Überwachungspflichten jeweils spezifische Dokumentationsanforderungen zu berücksichtigen.

- Bezüglich der Anweisungspflichten ist zu fordern, daß es Dienstanweisungen als technische Betriebs-/Handlungsanweisungen geben muß, wobei die einzelnen Anweisungen für die ein-

geschalteten Mitarbeiter verbindlich vorgegeben werden müssen. Anweisungspflichten sollten durch Aufbau- und Ablaufbeschreibungen erfüllt werden, durch die Aufgaben, Kompetenzen und Verantwortungen der Mitarbeiter exakt beschrieben werden können.

- Bezüglich der Auswahlpflichten ist nachzuweisen, daß es für die Besetzung einer Stelle jeweils Anforderungskriterien gibt, die durch den jeweiligen Stelleninhaber möglichst optimal
  erfüllt werden.

- Bezüglich der Überwachungspflichten bedarf es des Nachweises, daß die Überwachungsmaßnahmen von dem jeweiligen Vorgesetzten nicht nur irgendwie durchgeführt werden,
  vielmehr muß gefordert werden, daß die Überwachungspflichten schriftlich fixiert werden
  und die Durchführung der Überwachungspflichten durch den nächsthöheren Vorgesetzten
  überwacht wird. Die Rechtsprechung fordert die regelmäßige unauffällige und stichproben-
  artig vertiefte Kontrolle.

Diese Pflichten bestehen sowohl hinsichtlich der Mitarbeiter des eigenen Unternehmens als auch
im Hinblick auf Unterauftragnehmer, welche gegebenenfalls vor Beauftragung qualifiziert und
während der Durchführung von übertragenen Aufgaben überwacht werden müssen.

Insgesamt muß das Betriebsgeschehen als solches dokumentiert werden. Dies gilt nicht nur vor
dem Hintergrund des vorgestellten Organisationsverschuldens, sondern auch angesichts der
Rechtsprechung zur Produkthaftung und sonstiger rechtlicher Anforderungen zur Anlagenhaf-
tung (Umwelthaftung, Produktionsanlagenhaftung).

8.1.2   Wirtschaftliche Aspekte

Unternehmen, bei denen die Nichtverfügbarkeit der Anlagen Erlösausfälle nach sich zieht, müssen Wert auf eine wirksame Instandhaltungsorganisation legen. Sie benötigen einen schnellen
Zugriff auf sämtliche Unterlagen, aus denen Informationen für die Beseitigung von Störungen
oder für Auskünfte an Aufsichtsbehörden gewonnen werden können.

Durch eine derartig festgelegte und dokumentierte Organisation und Führung kann sowohl in
der Instandhaltung wie in anderen Bereichen Transparenz erreicht werden. Auf dieser Basis
sind Analysen und Optimierungen des gesamten Unternehmens möglich. Die Auditierung auf
Anwendung und Wirksamkeit von Anweisungen kann durchgeführt werden: Der Erfahrungsrückfluß ist gesichert.

Die Transparenz der generellen Regelungen der Instandhaltungsstellen erlaubt es, Soll-/Ist-Ver-
gleiche und Optimierungen vorzunehmen. Die konkrete, komplexe Anlage, der man Alter, Ab-
nutzungsvorrat, physikalische Eigenschaften etc. nicht ansieht, wird in der Lebenslaufakte auf
die entscheidungsrelevanten Daten reduziert.

Ihren ökonomischen Vorteil findet die Dokumentation demnach zunächst in der Erfahrungs-rückfluß- und Know-how-Sicherung.

8.1.3 Technische Aspekte: Erfahrungsrückfluß für die Technik

Neben den oben skizzierten wirtschaftlichen Aufgaben der Dokumentation als Steuerungsin-strument für Betriebsabläufe sind die technischen Aufgaben als Steuerungselement für die Op-timierung der Technik von besonderer Bedeutung.

Die technische Schadenserfassung und -analyse ist in der Praxis oft unzureichend. Will man Schwachstellen systematisch bekämpfen, ist man nicht selten auf das Gedächtnis der Führungs-kräfte oder gar des Fremdinstandhalters angewiesen. Wenn Mitarbeiter dann zu anderen Firmen wechseln oder in Pension gehen, steht man mangels einer ausreichenden Dokumentation wieder am Anfang einer Know-how-Sammlung. Letztlich ermöglichen erst Dokumentation und Stati-stik den für eine permanente Optimierung der Instandhaltung notwendigen Erfahrungsrückfluß. Auch das Vorhandensein von Experten in der Instandhaltung entbindet nicht vom Zwang zur Organisation und Dokumentation, er wird höchstens noch verstärkt, um Datengewinnung und -anwendung zu ermöglichen.

Angesichts der rechtlichen wie auch der wirtschaftlichen Folgen einer fehlerhaften beziehungs-weise mangelnden Dokumentation (Bild 48) sollte damit jedem Unternehmen die Notwendigkeit der Erstellung eines Instandhaltungshandbuches bewußt sein.

8.2 Zweckmäßige Gestaltung und Inhalte eines Instandhaltungshand-buches

Ein Instandhaltungshandbuch ist eine systematische Zusammenstellung aller für Anweisungs- und Nachweiszwecke in der Instandhaltung erstellten Unterlagen.

Es ist hierarchisch in drei Stufen mit unterschiedlichem Adressatenkreis aufgebaut (Bild 49):

- die Rahmenbeschreibung des Instandhaltungsgeschehens für die Ebene der Unternehmens- und Fachbereichsleiter (strategische Ebene)

- die Instandhaltungsrichtlinien für die Ebene der Abteilungs- und Gruppenleiter (taktische Ebene)

- die Instandhaltungsarbeitsanweisungen und Arbeitspapiere zur Instandhaltungsplanung für die Instandhaltungsmeister, ihre Mitarbeiter und Fremdinstandhalter

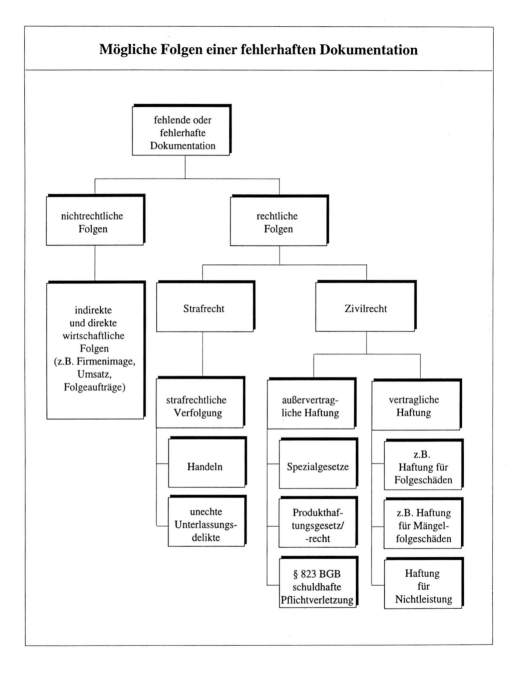

Mögliche Folgen einer fehlerhaften Dokumentation

fehlende oder fehlerhafte Dokumentation

nichtrechtliche Folgen

rechtliche Folgen

indirekte und direkte wirtschaftliche Folgen (z.B. Firmenimage, Umsatz, Folgeaufträge)

Strafrecht

Zivilrecht

strafrechtliche Verfolgung

außervertragliche Haftung

vertragliche Haftung

Handeln

Spezialgesetze

z.B. Haftung für Folgeschäden

unechte Unterlassungsdelikte

Produkthaftungsgesetz/-recht

z.B. Haftung für Mängelfolgeschäden

§ 823 BGB schuldhafte Pflichtverletzung

Haftung für Nichtleistung

Bild 48

Schema für Aufbau und Beschreibung des Instandhaltungshandbuches

umfaßt	Verteiler		Beschreibung
Unternehmen Bereiche Sparten	intern: Unternehmensleitung bis Abteilungsleiter extern: entsprechend der Unternehmensphilosophie	**Rahmenbeschreibung ***	Leitlinien, Grundsätze, Aufbau- und Ablauforganisation, betriebsumfassende Zusammenhänge, Vorgaben für Richtlinien und Arbeitsanweisungen
Teilbereiche Abteilungen	ausschließlich intern: in allen Abteilungen	**Richtlinien/ Verfahrensanweisungen**	Teilgebiete des Systems detailliert beschrieben • projektneutral • produktneutral • abteilungsneutral
Arbeitsplatz einzelne Tätigkeiten	ausschließlich intern: an dem jeweiligen Arbeitsplatz	**Arbeitsanweisungen**	• Regelung von Einzelheiten • projektspezifisch • produktspezifisch • abteilungsspezifisch

* auch als Handbuch bezeichnet

Bild 49

Hier werden empfängerorientiert die Informationsinhalte so aufbereitet und verdichtet, daß eine schnelle und umfassende Information auf allen Hierarchieebenen möglich ist.

Die Hierarchie der Darstellung ist notwendig, weil Informationsbedarf und Regelbarkeit der Abläufe sich in der Unternehmenshierarchie stark unterscheiden. Den Instandhaltungsmeister interessieren konkrete technische Normen und Regeln zur Überwachung der Instandhaltungstätigkeit, den technischen Direktor aber verdichtete Daten, zum Beispiel in der Form von Kennzahlen, um seine Führungsaufgaben erfüllen zu können.

Die Beweisnotwendigkeit verlangt Lückenlosigkeit der Darstellung. Das Top-down-Verfahren stellt sicher, daß die Dokumentation der Instandhaltung (Wartungs- und Inspektionspläne, Protokolle, Auftragsdokumentation, Kalkulationen, Terminplanung etc.) mit der Dokumentation in den anderen Bereichen (Produktion, Einkauf etc.) kompatibel ist. Nur so kann verhindert werden, daß inkompatible Einzellösungen den Informationsfluß behindern und Lücken offenbleiben, die aus Schnittstellenproblemen, zum Beispiel zwischen Instandhaltung und Umweltschutz, resultieren.

Zum anderen gewährleistet diese adressatenorientierte, verdichtende Vorgehensweise, daß keine unnützen und zusätzlichen Ordner produziert werden, sondern daß ein Instandhaltungshandbuch eine anwenderorientierte und praxisbezogene Darstellung ist.

Die Inhalte des Instandhaltungshandbuches ergeben sich aus den Aufgaben des Instandhaltungsmanagements.

Im einzelnen werden demnach folgende Punkte behandelt:

- die Strategie der Instandhaltung des Unternehmens (ausfallbedingte Instandhaltung, planmäßige Instandhaltung, zustandsabhängige Instandhaltung, abgestimmte Instandhaltung) in Leitlinien, etwa nach DIN EN ISO 9002, Pkt. 4.1, Managementaufgaben

- die Instandhaltungsorganisation (Aufbau- und Ablauforganisation)

- die Instandhaltungsvorgaben in Regeln oder Richtlinien, die die Instandhaltungsleitlinien umsetzen

- die Instandhaltungsmaßnahmen in Anweisungen und nachgeordneten Arbeitspapieren

- die Vorgaben des Unternehmens zum Einbinden von Fremdinstandhaltern

- die Planung, Durchführung, Kontrolle der Instandhaltungsmaßnahmen, zum Beispiel Arbeitssicherheit, Arbeitsfreigabe, Umweltschutz

- die Vorbereitung des Erstellens notwendiger Daten/Dokumente

- der Nachweis der Erfüllung der externen und internen Anforderungen

- die systematische Zusammenstellung der Daten/Dokumente im Rahmen von Entlastungskonzepten

Eine beispielhafte Gliederung eines Instandhaltungshandbuches ist bereits in Bild 31, Kapitel 5.4.3, dargestellt worden (vergleiche auch Slaghuis/Franke, Instandhaltungs-Handbuch, ORFA-Verlag).

Hinsichtlich der Einzelheiten bezüglich der Darstellung der Aufbau- und Ablauforganisation kann auf die Ausführungen zum Arbeitsschutzmanagement verwiesen werden. Dies gilt insbesondere für die Dokumentation des Instandhaltungsablaufes, bei der man sich an den Ablaufelementen der BMI-Richtlinie orientieren sollte.

Für jedes dieser Ablaufelemente sind gegebenenfalls interne Richtlinien, nachgeordnete Arbeitsanweisungen und Arbeitspapiere zu erstellen.

Damit eine Richtlinie/Arbeitsanweisung einen Ablauf zweckmäßig und vollständig regeln kann, bedarf es der Berücksichtigung folgender Elemente:

- Handhabungshinweise, zugehörige Unterlagen
- Geltungsbereich
- Aufgabe, Kompetenz, Verantwortung
- Personalqualifikation, Vertretungsregelung
- Schnittstellenbeschreibung, vorgelagert, nachgelagert
- Ablaufbeschreibung
- Formulare, Hilfsmittel, Querverweise
- Terminsituation
- Vorgehen bei Abweichungen
- Dokumentationsbeschreibung

Die Vorgaben der BMI-Richtlinie haben gewissermaßen Vorbildcharakter. Hier gelten schon seit langem strenge Anforderungen, für die inzwischen bewährte organisatorische Lösungen gefunden wurden. Es empfiehlt sich, jene Elemente zu übernehmen, die notwendig sind, um in der Instandhaltung alle externen Anforderungen zu erfüllen. Dies mag zunächst für Anlagen, die der Störfallverordnung unterliegen, gelten, gilt aber bald schon allgemein für Anlagen.

8.3   Der Weg zum Instandhaltungshandbuch

Die prinzipielle Vorgehensweise ist eine Systemanalyse im Gegenstromverfahren: Bottom-up werden in einer Ist-Aufnahme vorhandene, gewachsene Regelungen erhoben, analysiert und systematisiert. Auf diesen Erkenntnissen aufbauend, wird ein Konzept entwickelt, aus dem top-down die notwendigen Maßnahmen und Regelungen abgeleitet werden (Bild 50).

Durch die Konzeptentwicklung auf Basis vorhandener Unterlagen passen die systematisierten "Altregelungen" sauber in das neue System.

Aufgrund der Komplexität des Instandhaltungsgeschehens sind verantwortliche Mitarbeiter aus den Bereichen Produktion, Instandhaltung, F&E, Materialwirtschaft und anderen Abteilungen eingebunden.

Ist-Aufnahme

Der Schwerpunkt der in einer Ist-Aufnahme zu erhebenden mündlichen und schriftlichen Regelungen liegt in den Komplexen:

- Aufbauorganisation
- Ablauforganisation
- rechtliche Grundlagen
- Dokumentationshandhabung
- Ablagen/Archive
- technische Systeme

- Erstes Element der Ist-Aufnahme ist die Aufbauorganisation: Welche Stellen existieren, die sich mit Instandhaltung beschäftigen, wie ist deren Struktur untereinander (Weisungsbeziehung, Kontrollstruktur, Informationsstruktur, Planungssystem etc.), wie ist die Aufgabenverteilung geregelt und welche Kompetenzen werden delegiert?

- Zweites Element der Ist-Aufnahme ist die Ablauforganisation: Welche typischen Prozesse können identifiziert werden, welche Vorgaben (schriftlich, mündlich) bestehen hierzu, wer macht was, wann, wo, wie und warum? Welche Abläufe sind allgemein geregelt (organisiert) und welche werden im Einzelfall geregelt (disponiert)?

- Drittes Element der Ist-Aufnahme sind die rechtlichen Grundlagen: Was ist unternehmensindividuell als Stand der Technik im Rahmen der Organisation anzusehen und was sind die begrenzenden Parameter für eine optimale Organisation der Instandhaltung?

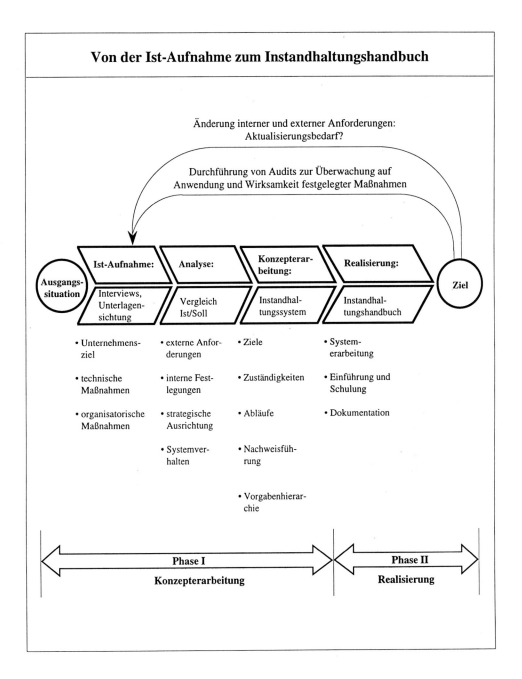

Bild 50

- Als viertes Element ist zu erheben, welche Anweisungen zur Dokumentationshandhabung bestehen. Damit sind Regelungen gemeint, die etwa den Titel "Erstellung und Handhabung von Schichtanweisungen" haben.

- Das fünfte Element der Ist-Aufnahme stellen die Archive dar: Was wird, weil wichtig, aufbewahrt?

- Das sechste Element sind die technischen Mittel der Dokumentation, wie zum Beispiel Microfilm, CAD, DV, PC etc.

Analyse

Die Analyse der erhobenen Informationen schließt sich als weiteres Gebiet der Ist-Aufnahme an. Es wird ein für das Unternehmen sinnvolles Soll entworfen und mit dem Ist-Zustand verglichen. Hierbei ist insbesondere darauf zu achten, daß alle internen und externen Forderungen erfüllt sind.

Konzept

Nach erfolgter Analyse wird ein Katalog von Optimierungsmaßnahmen und ein Konzept zum Instandhaltungssystem vorgestellt. Das Konzept beinhaltet:

- Ziele der Instandhaltung
- Zuständigkeiten der Instandhaltung
- Abläufe der Instandhaltung
- ein Konzept der Nachweisführung zur Instandhaltung
- eine Vorgabenhierarchie im Rahmen der Instandhaltung

Realisierung

Die Realisierung beinhaltet:

- System erarbeiten, das heißt, organisieren und Regelungen entwerfen
- System dokumentieren, das heißt, Anweisungen aufschreiben
- System einführen und schulen, das heißt, anweisen, bekanntmachen und unterrichten

Ziel ist eine optimale Organisation, transparent und konsistent:

- einheitliches Konzept
- einheitliche Führung
- keine Regelungslücken

- keine Überschneidungen

Die Qualität des Instandhaltungssystems eines Unternehmens beeinflußt die Sicherheit und Verfügbarkeit der Anlagen.

8.4 Aktualisierung/Auditierung des Instandhaltungshandbuches

Das Instandhaltungshandbuch ist nur dann Hilfsmittel, wenn es ständig "up to date" ist. Insofern besteht die Notwendigkeit,

- die Aufgabe "Aktualisierungsdienst" zu definieren, insbesondere: Erstellung, Prüfung (inhaltlich und formal), Freigabe, Verteilung, Inkraftsetzung, Änderung, Aktualisierungsprüfung;

- diese Abläufe des Aktualisierungsdienstes zu organisieren und festzulegen;

- die Aufgabe, die dazu nötige Kompetenz und die damit verbundene Verantwortung an eine Stelle zu delegieren.

Die für das Instandhaltungshandbuch zuständige Stelle hat sicherzustellen, daß

- der formale Aufbau des Instandhaltungshandbuches erhalten bleibt,

- neu erstellte beziehungsweise geänderte Unterlagen den formalen Anforderungen entsprechen,

- geprüfte Unterlagen der zur Freigabe befugten Organisationseinheit vorgelegt werden,

- neu erstellte beziehungsweise geänderte Unterlagen unverzüglich mit dem geänderten Revisionsverzeichnis entsprechend dem festgelegten Verteiler verteilt werden,

- durch die Verteilung des Instandhaltungshandbuches allen betroffenen Mitarbeitern die Möglichkeit der Einsichtnahme in das Instandhaltungshandbuch gegeben wird,

- die Ergebnisse der Aktualisierungsprüfung ausgewertet und die Bearbeitung von Mängeln nachgehalten werden,

- das Revisionsverzeichnis immer den aktuellen Stand des Instandhaltungshandbuches ausweist.

Diese Stelle bedarf einer Unterstützung durch die sachlich zuständigen Bereiche. So ist zum Beispiel für das Kapitel "Arbeitsvorbereitung" auch die Organisationseinheit "Arbeitsvorbereitung" zuständig, wenn es um Änderungen geht. Die für die einzelnen Kapitel des Instandhaltungshandbuches sachlich zuständigen Bereiche haben sicherzustellen, daß

- die zugeordneten Kapitel des Instandhaltungshandbuches inhaltlich die gültigen Regelungen darstellen,

- alle Regelungen und Anweisungen ihres Verantwortungsbereiches unverzüglich in das Instandhaltungshandbuch eingefügt werden,

- Änderungen bestehender Regelungen unverzüglich in das Instandhaltungshandbuch eingefügt werden,

- die für das Instandhaltungshandbuch zuständige Stelle über alle geplanten oder im Umlauf befindlichen Vorgänge, die das Instandhaltungshandbuch betreffen, durch eine Kopie informiert wird,

- neu erstellte beziehungsweise geänderte Unterlagen des Instandhaltungshandbuches von den betroffenen Organisationseinheiten inhaltlich geprüft werden,

- Änderungswünsche von Unterlagen des Instandhaltungshandbuches geprüft und gegebenenfalls eingearbeitet werden,

- geprüfte Unterlagen der für das Instandhaltungshandbuch zuständigen Stelle zur formalen Prüfung übergeben werden.

Die Benutzer des Instandhaltungshandbuches sind verantwortlich dafür, daß

- die Festlegungen des Instandhaltungshandbuches angewandt und eingehalten werden,

- Fehler im Instandhaltungshandbuch unverzüglich dem sachlich zuständigen Bereich mitgeteilt werden,

- Ergänzungs- und Änderungswünsche des Instandhaltungshandbuches unverzüglich eingefügt werden,

- ungültige Unterlagen aus dem Instandhaltungshandbuch entnommen werden und an die für die Erstellung und Pflege zuständige Stelle zurückgegeben werden.

8.5　Zusammenfassung

Ein Instandhaltungshandbuch ist eine notwendige und nützliche Einrichtung. Das hat wirtschaftliche, technische und juristische Gründe.

Es besteht zweckmäßigerweise aus drei Ebenen:

1. der Rahmenbeschreibung (auch eigentlich Handbuch)
2. den Richtlinien/Verfahrensanweisungen
3. den Arbeitsanweisungen

Die Rahmenbeschreibung vermittelt, "was" man tut, um die optimale Instandhaltung zu gewährleisten. Die nachgeordneten Ebenen (Richtlinien und Arbeitsanweisungen) legen dar, "wie" man das tut!

Die Instandhaltung ist nur ein Teil der Organisation, das Instandhaltungshandbuch ist folglich nur ein Teil der Dokumentation. So ist ein solches Handbuch zwar ein richtiger erster Schritt, es kann aber immer nur ein Element eines modular aufgebauten Sicherheitskonzeptes (Schutzschildes) eines Unternehmens sein.

In vielen Fällen wird vorrangig die Dokumentation nur aus dem Blickwinkel des eigenen Arbeitsbereiches gesehen, zum Beispiel nur der Instandhaltung. Es fehlt oft der ganzheitliche Überblick, der integrale Ansatz als Basis zur Erfüllung aller internen und externen Anforderungen, hier konkret die Einbindung der Instandhaltung in das gesamte Unternehmensgeschehen.

Eine umfassende Dokumentation kann nicht nur abteilungsbezogen oder aufgabenbezogen sein. Unter der Betrachtungsweise, daß die Instandhaltung ein integrierter Bestandteil des Gesamtunternehmens ist, muß die Dokumentation die Zusammenhänge und Schnittstellen der Instandhaltung zu den Unternehmenszielen und anderen Bereichen aufzeigen.

Ein Handbuch muß die prinzipiellen Funktionen der Dokumentation beachten: die Instruktions-, die Modell- und die Beweisfunktion.

In aller Regel ist eine Anzahl an Dokumenten, Anweisungen und Richtlinien im Instandhaltungshandbuch vorhanden, die den dringenden Informationsbedarf des Unternehmens verkörpern. Diesen Erfahrungsschatz gilt es zu nutzen und, falls erforderlich, auch zu aktualisieren.

9. Instandhaltung - Modul eines Integrierten Managementsystems

Immer mehr Managementsysteme werden in den Unternehmen eingeführt, sei es im Bereich des Qualitätsmanagements, des Umweltschutzes, des Arbeitsschutzes oder der Instandhaltung. Diese Managementsysteme müssen zueinander kompatibel, also nach einheitlichen Kriterien aufgebaut sein, um ihre jeweiligen Effizienzsteigerungspotentiale aufeinander abgestimmt und damit hochwirksam nutzen zu können. Allein durch die Einbindung der verschiedenen Systeme - wie zum Beispiel auch dem Instandhaltungsmanagement - in ein übergeordnetes Integriertes Managementsystem kann eine von allen Mitarbeitern akzeptierte und zugleich effiziente Organisation geschaffen werden, deren Dokumentationsaufwand auf das notwendige Minimum beschränkt ist (vergleiche auch: Adams, Integriertes Management System für Sicherheit und Umweltschutz - Generic Management System, Carl Hanser Verlag, München 1996; Haker, Integrierte Managementsysteme in der Energiewirtschaft, Energiewirtschaftliche Tagesfragen, Heft 10/1996, S. 644 - 647; Adams, Integrierte Managementsysteme in der chemischen Industrie, Chemie-Technik 4/96, S. 62 - 65). In dieser Systemlandschaft von Managementsystemen ist auch das Instandhaltungsmanagement eingebunden. Es entstehen insgesamt managementsystem-gesteuerte Unternehmen. Diese Entwicklung stimmt überein mit der Entwicklung von Instandhaltung zu Instandhaltungsmanagement - eine "gerichtsfeste" Aufbau- und Ablauforganisation zur Instandhaltung.

9.1 Historische Entwicklung der Managementsysteme

Die Einführung und Entwicklung von Managementsystemen hat ihren Ursprung im Bereich der Qualitätssicherung: Man hatte erkannt, daß die seit Jahrtausenden durchgeführten Qualitätskontrollen nicht die Kosten der Blindleistung verhindern, und daß es daher notwendig ist, Qualität hineinzuplanen statt hineinzuprüfen. Um die Kosten der Nicht-Qualität zu reduzieren, die Effizienz zu steigern und damit die Zukunft des Unternehmens zu sichern, bedurfte es also nicht nur qualitätssichernder, sondern auch qualitätsplanender, -lenkender und -verbessernder Maßnahmen.

Es traten also Managementaufgaben zur Sicherung der gesetzlichen (Produkthaftung) wie auch der kundenbedingten Qualitätsforderungen in den Vordergrund.

Diese Entwicklung wurde durch die speziell zur Qualitätssicherung erarbeiteten Normen der Reihe DIN EN ISO 9000 ff. unterstützt.

Aufgrund der sich ergebenden Wettbewerbssituation haben die DIN EN ISO-Normen zum Qualitätsmanagement in den Unternehmen eine wachsende Bedeutung erlangt, weil viele Kunden beziehungsweise Auftraggeber nur dort kaufen, wo über ein Qualitätsmanagementsystem verfügt wird.

Zu den Qualitätsmanagementsystemen kommen nun die Umweltmanagementsysteme. Die EG-Öko-Audit-Verordnung und ihre Forderung nach Umweltmanagementsystemen sowie in Deutschland die Forderung nach einer umweltsichernden Betriebsorganisation gemäß § 52 a Bundes-Immissionsschutzgesetz beziehungsweise § 53 Kreislaufwirtschafts- und Abfallgesetz haben aufgezeigt, daß durch systematischen Umweltschutz eine Effizienzerhöhung und gleichzeitige haftungsrechtliche Risikoreduzierung möglich und erforderlich ist.

Gleiches gilt in bezug auf den Arbeitsschutz: Zumindest seit der Europäischen Rahmenrichtlinie zum Arbeitsschutz und deren Umsetzung in das Arbeitsschutzgesetz auf nationaler Ebene denkt man bei Arbeitssicherheit nicht mehr ausschließlich an Unfallverhütungsvorschriften, sondern auch an Management, das heißt die effiziente Organisation des Arbeitsschutzes. So gibt es bereits einen Entwurf für eine Managementnorm zum Arbeitsschutz von der British-Standard-Institution.

Darüber hinaus entstehen zunehmend weitere Managementsysteme, wie zum Beispiel für Notfallschutz oder Instandhaltung.

Bedauerlicherweise ist jedoch festzustellen, daß die verschiedenen vorhandenen oder noch zu entwickelnden Managementsysteme überwiegend jeweils von ihrem "Kümmerer" angeregt und deswegen unterschiedlich eingeführt werden mit allen positiven und negativen Konsequenzen der so entstehenden Insellösungen. Der Umweltbeauftragte führt ein Umweltmanagementsystem ein, der Qualitätsbeauftragte führt ein Qualitätsmanagementsystem ein, die Fachkraft für Arbeitssicherheit führt ein Arbeitsschutzmanagementsystem ein - und so weiter. Von Nachteil ist hier, daß jeder sein System nach individuellen, also unterschiedlichen Kriterien dokumentiert.

Und die Mitarbeiter? Sie stehen vor einem bunten Sammelsurium von Anweisungen, Richtlinien und Handbüchern. Diese sind unterschiedlich aufgebaut, überschneiden oder widersprechen sich sogar, teilweise sind sie aktuell - oft aber nicht eindeutig bezüglich Geltungsbereich und Status. Die Akzeptanz und Motivation seitens der Mitarbeiter ist dementsprechend gering oder gar nicht erst vorhanden. Vor allem steigt so die Papier- und Dokumentationsflut ungesteuert einem neuen Maximum entgegen.

9.2   Einführung einer Systemlandschaft

Zur Nutzung von Synergieeffekten sollten die notwendigen Managementsysteme nach gleichen Prinzipien und Strukturen in den Unternehmen eingeführt werden (Bild 51, zur Grundstruktur eines beliebigen Managements vergleiche Kapitel 5.4.4, Bild 32). Eine gemeinsame Struktur der Managementsysteme in den Unternehmen soll Redundanzen zwischen den einzelnen Systemen minimieren und Doppelarbeiten bei deren Erstellung verhindern. Verwandte Regelungen aus unterschiedlichen Systemen können gleich strukturiert werden. Als Beispiel: Eine Auftrag-

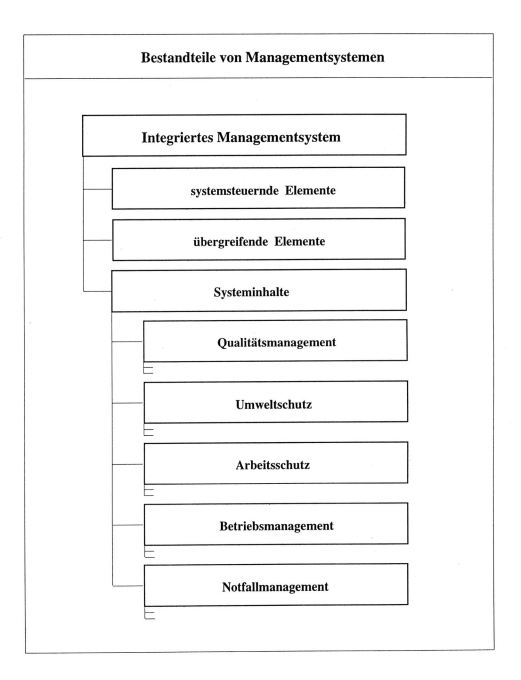

Bild 51

nehmerqualifizierung kann sowohl im Betriebsmanagement (Auswahl qualifizierter Instandhalter) als auch im Umweltschutz (Auswahl des Entsorgungsunternehmens) beziehungsweise im Qualitätsmanagement (Auswahl geeigneter Auftragnehmer) genutzt werden.

Wenn man diesem Prinzip noch die Anforderungen unserer Rechtsprechung überlagert (so zum Beispiel das im Zivilrecht entwickelte und auch analog im Strafrecht geltende Organisationsverschulden; die Regeln zur Beweislastumkehr; die Forderung nach Delegation von Aufgabe, Kompetenz, Verantwortung sowie den Nachweis von Anweisungs-, Auswahl- und Überwachungspflichten), kommt man zu gleichen, das heißt zumindest kompatiblen Konstruktionsprinzipien der einzelnen Managementsysteme im Unternehmen.

Unter einem gemeinsamen Dach "Integriertes Managementsystem" entstehen so nebeneinander Produktionsmanagement (Qualitätsmanagement für Produktionsanlagen), Qualitätsmanagement für Produkte, Umweltmanagement, Arbeitsschutzmanagement, Notfallmanagement, Instandhaltungsmanagement etc.

Historisch gewachsene Organisationsprobleme in Unternehmen können dabei bereinigt und Kooperationsbeziehungen optimiert werden. Vor allen Dingen kann die Effizienz durch Vermeidung der Kosten der Nicht-Qualität, das heißt der üblichen Fehlerproduktion, vermieden werden. Vorhandene und gelebte Abläufe werden zu kundenorientierten Prozessen.

9.3 Neue Organisationsprinzipien

Wie soll nun ein solches umfassendes Managementsystem strukturiert sein? Man kann es natürlich jeweils unternehmensindividuell erarbeiten, man kann aber auch auf weltweite Erfahrung zurückgreifen. Die Erkenntnisse zur Organisation von produzierenden Unternehmen - wobei Produzieren über die eigentliche Produktion hinausgehend das ganze produzierende Unternehmen umfaßt - sind zum Beispiel in den allgemein gültigen Organisationsforderungen des DIN EN ISO-Regelwerks zum Qualitätsmanagement enthalten.

Ein Managementsystem zur Sicherstellung des bestimmungsgemäßen Betriebes der Anlagen wird in einem entsprechenden (Betriebs-)Handbuch mit den zugehörigen Verfahrensanweisungen und Arbeitsanweisungen dokumentiert als Anweisungssystem und als Entlastungssystem. Die einzelnen Teilmengen der Regelungshierarchie sind nach gleichen Prinzipien gegliedert. Später kommt ein Handbuch zum Umweltschutz hinzu, dann ein Handbuch Arbeitsschutz oder Instandhaltung etc., jeweils mit unternehmensweiten Regelungen (Rahmenbeschreibungen/ Handbuch), abteilungsübergreifenden Regelungen (Richtlinien/Verfahrensanweisungen) und arbeitsplatzspezifischen Regelungen (Anweisungen, Bild 52).

Heute kann kein Unternehmen mehr über Insellösungen der Organisation und des Managements gesteuert werden. Vielmehr müssen nach den gemeinsamen Prinzipien der vorhandenen Ma-

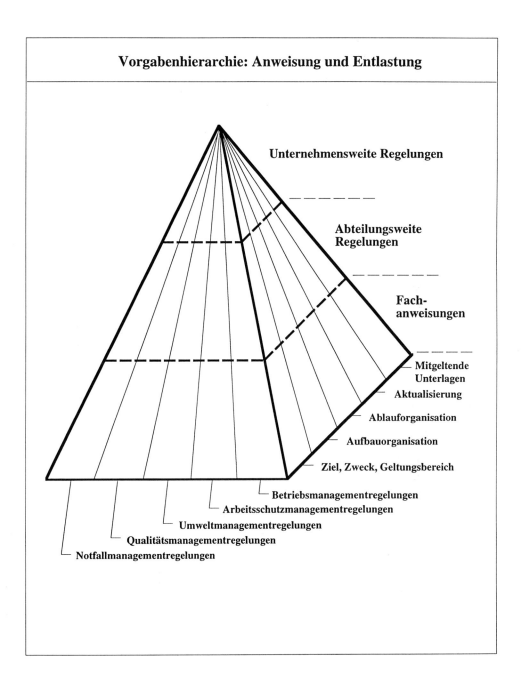

Vorgabenhierarchie: Anweisung und Entlastung

Unternehmensweite Regelungen

Abteilungsweite
Regelungen

Fach-
anweisungen

Mitgeltende
Unterlagen

Aktualisierung

Ablauforganisation

Aufbauorganisation

Ziel, Zweck, Geltungsbereich

Betriebsmanagementregelungen

Arbeitsschutzmanagementregelungen

Umweltmanagementregelungen

Qualitätsmanagementregelungen

Notfallmanagementregelungen

Bild 52

nagementsysteme weitere Systeme integriert werden, um den Wildwuchs von Organisationsansätzen verhindern zu können.

Das Unternehmen ist ein geschlossenes Gebilde, hoch vernetzt und komplex. Das Steuerungssystem dieses Unternehmens muß also auch vernetzt und komplex sein, das heißt, die Realität abbilden, damit das Unternehmen gesteuert werden kann.

Dieses Ziel führt zu Integrierten Managementsystemen, dokumentiert in einem Integrierten Handbuchsystem. Die Dokumentation wird benötigt zur Information der Mitarbeiter über die geltenden Spielregeln, zur Transparenz und zum Motivationsmanagement durch Schulung und Ausbildung. Außerdem erfüllt nur ein solches Dokumentationssystem die rechtlichen Anforderungen unserer Haftungsgesellschaft. Integraler Bestandteil dieser Systeme ist selbstverständlich Motivationsmanagement, die Mitarbeiter müssen durch die Führungskräfte im Unternehmen motiviert werden.

Im Rahmen des Festlegens der Kooperationsprozesse im Integrierten Managementsystem werden immer wieder bestehende Vorgaben optimiert, Arbeitsabläufe durch Hinterfragen der Schnittstellen vereinfacht. Die umfassende Abstimmung der Unterlagen führt zu einer hohen Akzeptanz. Spielregeln werden vereinbart und gepflegt, die "Blindleistung in den Abläufen" wird beseitigt.

9.4 Erfahrungen bei der Umsetzung

Für die Einführung eines Integrierten Managementsystems ist es zunächst erforderlich, alle bestehenden Vorgaben (Handbücher, Verfahrensanweisungen, Arbeitsanweisungen etc.) zu erfassen. Diese Arbeit wird häufig dadurch erschwert, daß in den Unternehmen keine aktuellen Listen gültiger Anweisungen geführt werden, beziehungsweise nicht alle Anweisungsarten dort erfaßt sind.

Darüber hinaus sind die meisten organisatorischen Festlegungen nur gelebt, das heißt nicht validiert und dokumentiert. Demnach müssen sie erfaßt werden.

Bei der Bewertung der bestehenden Vorgaben wird häufig eine optimierungsbedürftige Konkretisierung bestehender Anweisungen hinsichtlich ihres Geltungsbereiches in zeitlicher, räumlicher und personeller Art festgestellt. Dabei werden immer wieder Regelungslücken festgestellt, die bisher durch "Management by Chaos" geschlossen wurden.

Im Rahmen der Konzepterstellung für ein Integriertes Managementsystem wird deutlich, daß durch die klare Strukturierung der Anweisungen hinsichtlich systemsteuernder und übergreifender Elemente sowie hinsichtlich der konkreten Systeminhalte viele Redundanzen beseitigt werden können. Hier werden die Vorteile eines solchen Systems erkannt, und die Basis für die

Motivation der Mitarbeiter wird geschaffen. Vor allem sinkt die Anzahl und die Art der Anweisungen etc., es entsteht Transparenz in der Organisation.

Im Rahmen des Festlegens der Kooperationsprozesse im Integrierten Managementsystem werden immer wieder bestehende Vorgaben optimiert, Arbeitsabläufe durch Hinterfragen der Schnittstellen vereinfacht. Die umfassende Abstimmung der Unterlagen führt zu einer hohen Akzeptanz. Spielregeln werden vereinbart und gepflegt, die "Blindleistung in den Abläufen" wird validiert.

Durch die Einführung des Integrierten Managementsystems wird vielen Mitarbeitern ihr Verantwortungsbereich, insbesondere für Querschnittsaufgaben, deutlich. Darüber hinaus werden die dokumentierten Vorgaben und die Ergebnisse durchgeführter Prüfungen auf Anwendung und Wirksamkeit immer wieder als Basis für die Verbesserung der Arbeitsabläufe gewertet, es entsteht eine kontinuierliche Verbesserung.

9.5 Ausblick

Sicherheit ist das Freisein von Risiken aller Art über einem Restrisiko. Sicherheitsmanagement ist ein neuer, übergeordneter Begriff für Anlagensicherheitsmanagement, Umweltmanagement, Arbeitsschutzmanagement, Objektschutzmanagement, Qualitätsmanagement für Produkte und Produktionsanlagen, Notfallmanagement etc. Der neue Begriff Sicherheitsmanagement ist sehr geeignet, die neue Bedeutung von Organisation und Management der Sicherheit als Ergänzung der Sicherheit durch Technik deutlich zu machen.

Wirtschaftlichkeit und Sicherheit sind keine Gegensätze, sondern eng miteinander verknüpft. Aus dieser Erkenntnis heraus wurde die Sicherheitstechnik von jeher als ein integraler Bestandteil der Anlagentechnik angesehen. Man achtet nun auch auf das Sicherheitsmanagement durch Integrierte Managementsysteme.

Präventive Maßnahmen sind jetzt in den Unternehmen gefragt. Diese laufen unter dem Stichwort "Integrierte Managementsysteme". Ihr Prinzip gilt als "Stand der Erkenntnis" zur Organisation der Sicherheit im Unternehmen.

Im Bemühen um ständige Effizienzerhöhung werden in den Unternehmen zunehmend Managementsysteme eingeführt. Waren zunächst nur die Qualitätsmanagementsysteme gemäß DIN EN ISO 9000 ff. bekannt, werden nunmehr - nicht zuletzt aufgrund europäischer Vorgaben wie zum Beispiel der EG-Öko-Audit-Verordnung - auch in anderen Bereichen wie dem Umwelt- oder Arbeitsschutz sowie der Instandhaltung Managementsysteme zur Umsetzung der Unternehmensziele erarbeitet.

Mit der Einführung eines jeden neuen Managementsystems ist jedoch jeweils ein neuer Aufwand an Organisation und Dokumentation verbunden. Um den dadurch bedingten Kostenaufwand zu verringern beziehungsweise die Akzeptanz von Managementsystemen bei den Mitarbeitern zu fördern, bedarf es der Integration einzelner Managementsysteme in ein Integriertes Managementsystem.

Allein ein solches "Integriertes Managementsystem" erlaubt es, die Forderungen der verschiedenen Regelwerke zu Organisation und Management gleichzeitig und effizient zu erfüllen. Zusätzlich ist dieses System aufnahmebereit für gegebenenfalls nachträglich einzuführende weitere Managementsysteme, wie etwa zur Anlagensicherheit, zum Instandhaltungsmanagement und zum Notfallmanagement. Die ansonsten in Summe zu erwartenden Kosten für die Einführung jeweils einzelner, parallel und unabhängig installierter Managementsysteme lassen sich so um mindestens zwei Drittel reduzieren. Ebenso kann der Aufwand zur Pflege und Überprüfung der Dokumentation reduziert werden.

Diese Vorteile eines Integrierten Managementsystems erlangen gerade bei kleineren und mittleren Unternehmen (KMU) eine herausragende Bedeutung, weil diese aufgrund ihrer finanziellen und personellen Ressourcen oftmals nicht dazu in der Lage sind, die unterschiedlichen gesetzlichen wie gesellschaftlichen Forderungen nach verschiedenen Managementsystemen einzeln und isoliert zu beantworten.

Vor diesem Hintergrund wurde 1996 in einem Verbundprojekt des Ministeriums für Wirtschaft und Mittelstand, Technologie und Verkehr des Landes NRW ein Lösungsmodell "Integriertes Managementsystem für KMU" entwickelt, in welchem die Instandhaltung eine wichtige Rolle einnimmt (Verbundprojekt "Integration von Managementsystemen für kleine und mittlere Unternehmen [KMU], Verbundpartner Bäckerei Bolten GmbH, Kluge Umweltschutz GmbH, Mühlenwerke Küppers & Werner GmbH & Co., Dr. Adams und Partner Unternehmensberatung GmbH).

Zusammenfassend läßt sich feststellen, daß Instandhaltungsmanagement heute nur noch als integraler Bestandteil eines Integrierten Managementsystems betrachtet werden kann.

10.   Checkliste Instandhaltung

Die folgenden Checklisten (Bild 53/1 bis 53/8) sind ein erster Ansatz für firmeninterne Prüflisten zum Instandhaltungsumfang und damit zum Vertragsgegenstand. Konkret wird mit den Checklisten die Frage geprüft:

Müssen zu den einzelnen Punkten in speziellen Instandhaltungsverträgen Regelungen getroffen sein oder kann man darauf verzichten?

Funktionsmodule Instandhaltung

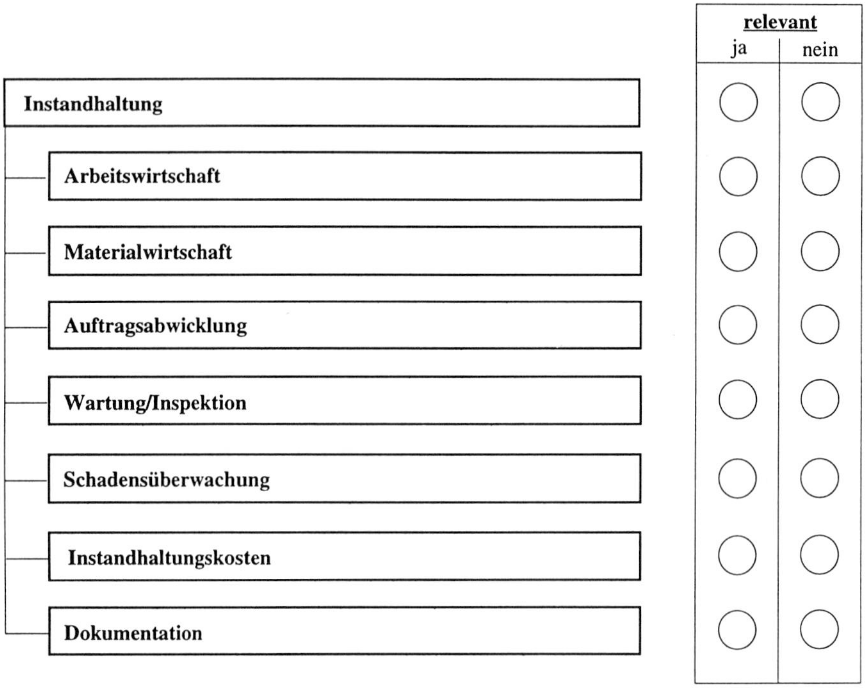

	relevant	
	ja	nein
Instandhaltung	◯	◯
Arbeitswirtschaft	◯	◯
Materialwirtschaft	◯	◯
Auftragsabwicklung	◯	◯
Wartung/Inspektion	◯	◯
Schadensüberwachung	◯	◯
Instandhaltungskosten	◯	◯
Dokumentation	◯	◯

Bild 53/1

Modul Arbeitswirtschaft

	relevant	
	ja	nein
Arbeitswirtschaft	○	○
Stammdaten	○	○
Personal	○	○
Anlagen/Objekte	○	○
Arbeitspläne	○	○
Auftragseröffnung	○	○
Arbeitsauftragskopf	○	○
Arbeitsauftragspositionen	○	○
Auftragsplanung	○	○
Kapazität Personal, Anlagen	○	○
Auftragssammlung	○	○
Erstellung Arbeitspapiere	○	○
Auftragssteuerung	○	○
Rückmeldung	○	○
Kapazität, Gewerke	○	○
Analysen, Termine, Kosten	○	○
Auftragsdokumentation	○	○
Kosten	○	○
Lebenslauf	○	○

Bild 53/2

Modul Materialwirtschaft

	relevant	
	ja	nein
Materialwirtschaft	○	○
Stammdaten	○	○
Material	○	○
Texte Material	○	○
Texte Objekte	○	○
Texte Lieferanten	○	○
Objekte	○	○
Indirekte Materialkosten	○	○
Verantwortungsbereich	○	○
Disposition	○	○
Bestellverwaltung	○	○
Bedarfsverwaltung	○	○
Buchen	○	○
Lagerbewegung	○	○
Kaufm. Bearbeitung	○	○

Bild 53/3

Modul Auftragsabwicklung

	relevant	
	ja	nein
Auftragsabwicklung	○	○
Auslösendes Ereignis	○	○
Störungen	○	○
Gesamtübersicht Störung/Mängelmeldung	○	○
Störung/Mängelmeldung	○	○
Formulare	○	○
Arbeitsauftrag	○	○
Freischaltschein M/E/LT	○	○
Vordrucke	○	○
Freischaltliste	○	○
Arbeits-/Brandschutzschein	○	○
Arbeitsauftragsplanung und Berichterstellung	○	○
Aufträge	○	○
Formularablauf	○	○
Info-Übersichten	○	○
• Zuständigkeit Einzelauftrag	○	○
• Gesamtübersicht Aufträge Auftrag/Benutzer	○	○
• Technische Informationen	○	○

Bild 53/4

Modul Wartung/Inspektion

	relevant	
	ja	nein
Wartung /Inspektion	○	○
Standarddaten	○	○
Schadensbilder	○	○
Normalbauteile	○	○
Universalkonstruktion	○	○
Texte	○	○
Stammdaten	○	○
Objekte	○	○
Baugruppen	○	○
Teile	○	○
WI-Anwendungskatalog	○	○
Planung	○	○
Startterminermittlung	○	○
Fälligstellung	○	○
Erstellen der Arbeitspapiere	○	○
Steuerung	○	○
Rückmeldung	○	○
Aktualisierung	○	○
Analyse	○	○
Schaden pro Objekt	○	○
Schadenshäufigkeit	○	○

Bild 53/5

Modul Schadensüberwachung

	relevant	
	ja	nein
Schadensüberwachung	○	○
Objekte	○	○
Technische Daten	○	○
Kaufmännische Daten	○	○
Lebenslaufdaten	○	○
Herstellerspezifische Daten	○	○
Schadensstatistik	○	○
Vorbereitung/Erfassung	○	○
Schadensdatenerfassung	○	○
Erstellen Schadensberichte	○	○
Schadensanalyse	○	○
Schäden pro Objekt	○	○
Schadenshäufigkeit	○	○
Anforderung/Vorgaben	○	○

Bild 53/6

Modul Instandhaltungskosten

| | relevant | |
	ja	nein
Kosten	◯	◯
Budgetierung	◯	◯
Wirtschaftsplan erstellen	◯	◯
Budget eröffnen	◯	◯
Budget verwalten	◯	◯
Kostenerfassung	◯	◯
Auftragsbezogene Materialkosten	◯	◯
Auftragsbezogene Personalkosten	◯	◯
Erfassen Baumaßnahmen	◯	◯
Kostenauswertung	◯	◯
Einzelauftrag	◯	◯
Objektbezogene Kosten	◯	◯
Anstellungsbezogene Kosten	◯	◯

Bild 53/7

Modul Dokumentation

	relevant	
	ja	nein
Dokumentation	○	○
Anlagenbeschreibungssystem	○	○
Verknüpfung zur Objektbeschreibung	○	○
Verknüpfung zur Materialwirtschaft	○	○
Ursprungsdokumentation	○	○
Betriebsbeschreibungen/Handbücher	○	○
Regelwerk	○	○
Verwaltungssystem	○	○
Aktualisierung anderer Systeme	○	○
Registrierung	○	○
Archivierung	○	○
Posteingangs-/-ausgangssystem	○	○
Unterlagenhandhabung	○	○
Dokumentation Auftragnehmer	○	○
Unterqualifizierte Auftragsvolumen	○	○
Verträge, Rechnungen, Abweichungsunterlagen	○	○

Bild 53/8

11.　25 Beispiele aus der Rechtspraxis

Im folgenden sind einige Fälle mit unmittelbarem und mittelbarem Bezug zur Instandhaltung dargestellt.

Die 25 Fälle sind jeweils einem führenden Stichwort zugewiesen. Über die Stichworte besteht die Möglichkeit des gezielten Lesens.

Andererseits können alle Fälle nacheinander durchgelesen werden.

Die Gliederung jedes Falles ist wie folgt:

- Sachverhalt
- wesentlicher Inhalt der Entscheidung
- rechtliche Wertung durch das Gericht
- Folgerungen für die Praxis

Zivilrechtliche/strafrechtliche Entscheidungen

Lfd.-Nr.	Organisations-pflichten im Zivilrecht	Organisations-pflichten im Strafrecht	Vertragsrecht	Gewährleistungs-recht	Arbeitnehmer-überlassungsgesetz	Arbeitsschutz-management	Auftragnehmeraus-wahl/Outsourcing
1	X						
2	X						
3	X						
4	X						
5		X					
6		X					
7		X					
8		X					
9		X					
10		X					
11			X				
12			X				
13			X				
14				X			
15				X			
16				X			
17					X		
18					X		
19						X	
20						X	
21						X	
22						X	
23						X	
24							X
25							X

Bild 54

1. Oberlandesgericht Düsseldorf
   Quelle: Versicherungsrecht 1973, Seite 662 ff.
   Stichwort: Regreß nach § 640 RVO

Sachverhalt

Der Beklagte ist alleiniger Geschäftsführer einer GmbH. Der bei dieser GmbH tätige 16jährige Hilfsarbeiter E. geriet während seiner Arbeit mit der Hand in eine Säge und verlor dabei drei Finger. Gemäß den Unfallverhütungsvorschriften dürfen Jugendliche unter 17 Jahren nicht an derartigen Sägen arbeiten. Der Beklagte habe die UVV an den Betriebsmeister, der für den technischen Ablauf im Betrieb verantwortlich sei, übergeben mit dem Auftrag, die Vorschriften durchzulesen und zu beachten.

Wesentlicher Inhalt der Entscheidung

Besonders schwere Verletzung der Führungspflichten (grobe Fahrlässigkeit); Unterlassung von Auswahl, Unterweisung, Aufsicht (Kontrolle).

Rechtliche Wertung durch das Gericht

"So gehört das Verbot, Jugendliche an gefährlichen Maschinen, wie einer Kreissäge, zu beschäftigen, zu den für einen Betriebsleiter besonders wesentlichen und bedeutsamen UVV, da sich an diesen Maschinen gerade Jugendliche infolge Leichtsinns und mangelnder Erfahrung schnell so erheblich verletzen können, daß sie für ihr ganzes Leben schwer geschädigt werden. Aus diesem Grund enthält die Nichtbeachtung dieser Vorschrift einen objektiv besonders schweren Verstoß gegen die dem Betriebsleiter oder sonst Verantwortlichen obliegenden Sorgfaltspflichten und sie begründet damit in der Regel den Vorwurf einer groben Fahrlässigkeit.

… trifft mithin den Beklagten als den damals alleinigen Geschäftsführer der GmbH der Vorwurf, seine Verantwortlichkeit für die in dem Betrieb beschäftigten Jugendlichen dadurch in grob fahrlässiger Weise verletzt zu haben, daß er es unterlassen hat, für eine ausreichende Beachtung der UVV zu sorgen. Dabei kann dahingestellt bleiben, ob er die Vorschriften gelesen und dann nicht beachtet oder ob er sie von vornherein nicht zur Kenntnis genommen hat. Er wäre nämlich in jedem Fall verpflichtet gewesen, für ihre peinliche Beachtung Sorge zu tragen.

Als Verantwortlicher - seinerzeit alleiniger - Geschäftsführer der GmbH war er ... verpflichtet, sich persönlich über die Zustände im Betrieb zu informieren und sich insbesondere von der Einhaltung der UVV zu überzeugen. Dabei mußte ihm auffallen, daß die Beschäftigung nicht ... den Vorschriften entsprach. Wie die Beweisaufnahme hierzu ergeben hat, ist der Beklagte auch tatsächlich regelmäßig in dem Betrieb gewesen, hat sich dort umgesehen und hat dabei auch den Jugendlichen bei ihrer Arbeit zugesehen."

Folgerungen für die Praxis

Hier liegt schwerpunktmäßig ein Verstoß gegen die Überwachungspflichten des Unternehmens vor. Im gesamten Unternehmen müssen für alle delegierten Aufgaben die entsprechenden Überwachungsmaßnahmen auf Einhalten der delegierten Aufgaben spezifiziert werden. Obwohl der verantwortliche Geschäftsführer anläßlich einer Betriebsbegehung den Jugendlichen bei ihrer Arbeit zugesehen hat, ist ihm anscheinend nicht aufgefallen, daß die Jugendlichen bei der Ausführung ihrer Arbeiten gegen die einschlägigen Unfallverhütungsvorschriften verstoßen. Ein typischer Fall, bei dem sich die Unternehmensleitung ihrer Verantwortung für den Arbeitsschutz nicht bewußt ist.

Sachverhalt

Die Klägerin, eine gesetzliche Unfallversicherung, macht gegen den Beklagten Aufwendungsersatzansprüche aus Anlaß eines Arbeitsunfalles geltend, bei dem ein Arbeiter mit seiner Hand in eine Kappsäge geriet.

Der Beklagte ist als Sohn der Betriebsinhaberin im Betrieb weisungsberechtigt. Er hat den 16jährigen K. entgegen den geltenden Unfallverhütungsvorschriften beauftragt, an einer Kappsäge zu arbeiten. Außerdem war eine Schutzvorrichtung der Säge, die beim Sägen über das Sägeblatt geklappt werden sollte, mit einem Draht hochgebunden, so daß sie nicht zu bewegen war. Der Arbeiter K. geriet mit einer Hand in diese Säge, was zur Folge hatte, daß ihm zwei Finger dieser Hand amputiert werden mußten.

Wesentlicher Inhalt der Entscheidung

Unterlassung von Auswahl, Unterweisung, Aufsicht (Kontrolle).

Rechtliche Wertung durch das Gericht

"Nach dem Ergebnis der Beweisaufnahme muß davon ausgegangen werden, daß der Beklagte dem Arbeiter K. die Weisung gegeben hat, allein an der Kappsäge zu arbeiten. Zum Zeitpunkt des Unfalles durfte K. nach den UVV ... unstreitig die Kappsäge wegen seines geringen Alters nicht bedienen. Der Auftrag an einen Arbeiter entgegen den UVV, eine höchst gefährliche, elektrisch angetriebene und mit hohen Umdrehungszahlen arbeitende Kreissäge zu bedienen, ist gleichbedeutend mit grober Vernachlässigung der im Betrieb eines Sägewerkes erforderlichen Sorgfalt. Dies gilt um so mehr, als der Beklagte den Zeugen K. nicht auf die Gefährlichkeit der Maschine hingewiesen, ihn nicht in der Bedienung angeleitet und sich nicht von der Eignung des K., mit einer solchen Säge zu arbeiten, überzeugt hat.

Der Beklagte hat nach seinem eigenen Vorbringen das Alter des K. nicht gekannt. ... Darin liegt eine Außerachtlassung der im Verkehr erforderlichen Sorgfalt. Jeder Leiter eines Betriebes, dessen Arbeiter solchen Gefahren ausgesetzt sind wie in einem Sägewerk, muß sich über die Jugendlichkeit eines Arbeiters Gewißheit verschaffen. Hätte der Beklagte das getan, so hätte er ... ausreichend Anlaß gehabt, sich zu vergewissern, ob K. die ihm erteilte Anweisung richtig verstanden hatte.

Auch ist zu sagen, daß es primär Aufgabe des Betriebsleiters ist, sich bei Beginn der Arbeit darüber Klarheit zu verschaffen, wer welche Arbeit zu verrichten habe. Es war wiederum nachlässig vom Beklagten, wenn er K. einfach an die Kappsäge schickte, ohne sich darum zu kümmern, ob der Arbeiter, der die Kappsäge normalerweise bediente, zur Arbeit erschienen war. Der Beklagte konnte ja, da er sich im Betriebsgelände aufhielt, durch bloßes Hinsehen erkennen, daß dieser Arbeiter nicht an der Kappsäge war, sie also nicht bedienen und folglich K. keine Hilfsdienste leisten konnte.

In diesem Zusammenhang ist es ... auch von Belang, daß die Kappsäge, an der K. sich verletzt hat, nicht die gebotene Schutzvorrichtung hatte. Wenn an einer Maschine eine Schutzvorrichtung vorgesehen und vorgeschrieben ist, dann muß sie nach den einschlägigen UVV auch funktionsfähig erhalten werden. Es ist ein Verstoß gegen die im Verkehr erforderliche Sorgfalt, wenn der Beklagte diese Schutzvorrichtung festbinden und damit funktionsunfähig machen ließ, weil sie ihm nicht sinnvoll erschien."

Folgerungen für die Praxis

Der Arbeitgeber hat gegen die Auswahlpflicht verstoßen, indem er einen zu jungen Mitarbeiter für gefährliche Arbeiten eingesetzt hat. Der Arbeiter U. wurde nicht auf seine Eignung hinsichtlich der Bedienung der Säge überprüft. Darüber hinaus liegt eine Vernachlässigung der Verkehrssicherungspflichten vor, da die Säge nicht die gebotene Schutzvorrichtung hatte. Die Häufung von Pflichtverletzungen zeigt auf, daß eine Sensibilisierung des Arbeitsschutzes überhaupt nicht vorhanden ist. Es ist durch organisatorische Vorgaben klarzustellen, daß sowohl die Unternehmensleitung als auch die Mitarbeiter bestimmte Aufgaben im Arbeitsschutz wahrzunehmen haben. Wenn das Bewußtsein für diese Aufgaben nicht vorliegt, müssen alle Maßnahmen ergriffen werden, um dieses Bewußtsein zu erzeugen. Verantwortlich ist dafür die Unternehmensleitung.

Sachverhalt

Die Klägerin, eine Versicherungsgesellschaft, macht gegen die Beklagte Schadensersatzansprüche aus Anlaß eines Gebäudebrandes geltend, bei dem ein Lager- und Silohaus abbrannte.

Die Angestellten der Beklagten, ein Dachdeckergehilfe ohne Ausbildung und Gesellenprüfung und ein Auszubildender, der seine Gesellenprüfung abgelegt, den theoretischen Teil der Prüfung aber nicht bestanden hatte, waren vom Eigentümer des Lager- und Silohauses beauftragt worden, eine Dachrinne zu installieren. Bei der Installation der Dachrinne hatten sie jedoch Sicherheitsvorschriften (Brandschutzvorschriften) verletzt. Etwa zwölf Stunden nach Durchführung der Arbeiten war das Gebäude abgebrannt.

Wesentlicher Inhalt der Entscheidung

Schuldhafte Verursachung des Brandes wegen der Verletzung von Sicherheitsvorschriften und unzureichende Auswahl und Überwachung der Angestellten.

Rechtliche Wertung durch das Gericht

"Die Rechtsprechung hat den Grundsatz entwickelt, daß in Fällen der Verletzung von Brandverhütungsvorschriften bei Eintritt des Brandes im Einwirkungsbereich der Gefahrenstelle der Beweis des ersten Anscheins für den ursächlichen Zusammenhang zwischen der Verletzung der Sicherheitsvorschriften und dem eingetretenen Schaden spricht.

Neben dem Rauchen der Beklagten sind nach den Regeln des Anscheinsbeweises auch die Lötarbeiten mit offener Flamme an der feuergefährdeten Stelle als Brandursache anzusehen. Die Beklagten ... haben bei den Lötarbeiten gegen die Sicherheitsvorschriften für die Ausführung von Lötarbeiten an feuergefährlichen Stellen verstoßen, sie haben es pflichtwidrig unterlassen, den Getreidestaub vom Dachboden zu entfernen und dadurch der Brandgefahr entgegenzuwirken. Sie haben es auch unterlassen, den Staub im Bereich der Giebelwand und damit in der Nähe der Lötstellen zu entfernen und damit eine weitere mögliche Ursache für den Brand gesetzt.

Schon das Landgericht hat die Frage gestellt, ob der Beklagte die Beklagten (Angestellten), die keine abgeschlossene Ausbildung zum Dachdecker besitzen, eigenverantwortlich mit Arbeiten in feuergefährdeten Betriebsstätten betrauen durfte. Dachdeckerarbeiten an einer feuergefährdeten Betriebsstätte sind mit hoher Verantwortung verbunden und stellen erhöhte Anforderungen an die Sorgfaltspflichten der Mitarbeiter. Deshalb hätte der Beklagte zu 1 bei der Auswahl der Arbeiter darauf achten müssen, daß zumindest einer von ihnen über praktische und theoretische Kenntnisse beim Einhalten der Sicherheitsvorschriften verfügte. Davon kann bei nicht ausgebildeten Hilfskräften nicht ohne weiteres ausgegangen werden.

Dies gilt um so mehr, als die Beklagten zu 2 und 3 ... kein Löschwasser bereitgestellt, ... die nahen Dachbalken nicht gesichert und ... zusätzlich geraucht (haben). Solche Verrichtungsgehilfen kann der Beklagte zu 1 nicht dahin charakterisieren, daß ihnen Leichtfertigkeit und Sorglosigkeit fremd seien. Zu solchen Erkenntnissen hätte der Beklagte zu 1 substantiiert vortragen und gegebenenfalls darlegen müssen, wie es zu einem sorgfaltswidrigen Verhalten ausnahmsweise hat kommen können. Dazu reicht der Vortrag nicht aus, die Beklagten zu 2 und 3 hätten stets zu seiner vollsten Zufriedenheit gearbeitet, denn dies besagt nichts dazu, ob die Beklagten zu 2 und 3 in anderen Fällen die Sicherheitsvorschriften sorgfältig beachtet haben. Der Beklagte zu 1 hat auch nicht dargelegt, daß er die Beklagten zu 2 und 3 ausreichend hat überwachen lassen. Dem Zeugen, der die Beklagten ... seit mehreren Tagen auf dieser Baustelle überwacht haben soll, mußte ins Auge fallen, daß der Getreidestaub nur zusammengekehrt und nicht entfernt worden war und daß die Beklagten ... weder Löschwasser bereit hielten noch den Holzboden und die nahen Balken gegen Feuer geschützt hatten.

Daher fehlte die gebotene Überwachung der Beklagten ...

Es reichte nicht aus, daß der Zeuge ein- oder zweimal täglich auf der Baustelle erschien, er hätte vielmehr genau überprüfen müssen, ob die Sicherheitsvorschriften beachtet wurden, und hätte deren Beachtung anordnen und die Durchführung seiner Anordnungen sicherstellen müssen. Der Zeuge hätte sich dazu zeitweise auf der Baustelle aufhalten müssen, solange, bis ein ordnungsgemäßer Arbeitsablauf unter Beachtung der Sicherheitsvorschriften sichergestellt war. Der Beklagte zu 1 hat nicht vorgetragen, daß der Zeuge zu einer solchen Überwachung eingesetzt wurde und daß der Beklagte sich vergewissert hätte, daß der Zeuge sich entsprechend verhalten hätte."

Folgerungen für die Praxis

Der vorliegende Fall zeigt sehr deutlich auf, daß die Auswahlpflichten für bestimmte Tätigkeiten wahrzunehmen sind. Kein Vorgesetzter im Unternehmen kann davon ausgehen, daß die Mitarbeiter doch schon aufgrund ihrer allgemeinen Fachkunde und Erfahrung wissen müßten, wie sie in einem bestimmten Fall vorzugehen hätten.

Vielmehr muß sich jeder Vorgesetzte davon überzeugen, daß für eine bestimmte Tätigkeit die dafür vorgesehenen Mitarbeiter auch über die erforderliche Qualifikation verfügen. Sofern dieses nicht der Fall ist, müssen entsprechende Nachrüstungsmaßnahmen oder Ersatzmaßnahmen vorgenommen werden.

Der Fall zeigt, daß es nicht zulässig ist, zu denken, die einzusetzenden Mitarbeiter müßten schon wissen, was sie zu tun haben. Vielmehr muß jeder, der eigene Mitarbeiter direkt oder über dritte Mitarbeiter einsetzt, die im Rahmen der Rechtsprechung zum Organisationsverschulden vorgesehenen Pflichten - Anweisung, Auswahl, Überwachung - individuell prüfen und realisieren.

Sachverhalt

Die Beklagte, ein Rohrreinigungsunternehmen, wird wegen eines Wasserschadens auf Schadensersatz in Anspruch genommen, der kurz nach Durchführung von Instandsetzungsarbeiten an einem Abwasserrohr aufgetreten war. Die Mitarbeiter der Beklagten hatten bei den Reinigungsarbeiten die Notwendigkeit zusätzlicher Arbeiten erkannt, den Kläger (Hauseigentümer) mangels eines entsprechenden Auftrages jedoch nicht auf das Erfordernis zusätzlicher Arbeiten hingewiesen.

Wesentlicher Inhalt der Entscheidung

Organisationsmangel wegen unzureichender betrieblicher Anordnungen.

Rechtliche Wertung durch das Gericht

"Der Beklagten wäre es in der gegebenen Lage und bei Anwendung der objektiv gebotenen Sorgfalt möglich gewesen, durch zweckentsprechendes Tun den eingetretenen Schaden zu verhüten. Der Beklagten ist zuzustimmen, daß es ihr nicht zumutbar war, die von ihren Monteuren laut Arbeitsbericht vom 27. April 1990 für notwendig erachtete zusätzliche Reinigung des Hauptrohres vorzunehmen, da Frau S. (Auftraggeberin) die Kostenübernahme abgelehnt hatte. Die Beklagte wäre aber verpflichtet gewesen, zur Abwendung der Gefahr den Wohnungseigentümer, ... den Hausverwalter beziehungsweise die Mitbewohner in Kenntnis zu setzen. Dieser zumutbaren Hinweispflicht sind die Monteure der Beklagten nicht in ausreichender Weise nachgekommen ..."

Dahingestellt kann bleiben, ob die Beklagte für die beiden Monteure, die als ihre Verrichtungsgehilfen tätig geworden sind, gemäß § 831 Abs. 1 BGB einzustehen hat oder ob sie sich möglicherweise nach § 831 Abs. 2 BGB entlasten kann. Die Beklagte haftet wegen Organisationsmangels selbst und direkt aus § 823 Abs. 1 BGB:

"Sie hätte als Geschäftsherr durch ausreichende Anordnungen dafür sorgen müssen, daß durch die betrieblichen Abläufe Dritte nicht geschädigt werden. Dazu hätte die richtige Belehrung über den Umfang der Hinweispflichten gehört."

Folgerungen für die Praxis

Der oben genannte Sachverhalt betrifft einen typischen Fall des Organisationsverschuldens gemäß §§ 823, 831, 31 BGB. Das Gericht hat es als Sorgfaltsverstoß gewertet, daß das beklagte Unternehmen seine Mitarbeiter nicht darüber belehrt hat, daß in dem Fall, in dem bei der Durchführung von Arbeiten Fehler festgestellt werden, die zusätzliche Arbeiten erforderlich machen, besondere Hinweis- und Warnpflichten gegenüber dem Auftraggeber, gegebenenfalls gegenüber einem gefährdeten Dritten, bestehen.

Ein Dienstleistungsunternehmen ist daher verpflichtet, auch außerhalb eines bestehenden Vertrages vor Gefahren zu warnen, die anläßlich der Auftragsdurchführung erkannt werden.

Um diese Verpflichtung auch tatsächlich wahrnehmen zu können, bedarf es entsprechender Unterweisungen und Anweisungen an die ausführenden Mitarbeiter. Unterlassen die Mitarbeiter die Befolgung der Anweisung, so kann jedenfalls dem Unternehmen, wenn es nachweist, daß es seinen darüber hinaus bestehenden Auswahl- und Überwachungspflichten nachgekommen ist, kein Organisationsmangel vorgeworfen werden. Wird andererseits festgestellt, daß entsprechende Anweisungen (wie im vorliegenden Fall) nicht vorliegen, so kommt es hinsichtlich des Verschuldens des Unternehmens nicht darauf an, ob die Nicht-Anweisung im Ergebnis tatsächlich ursächlich für den eingetretenen Schaden geworden ist. In diesem Fall liegt jedenfalls ein Organisationsverschulden im Sinne des § 823 BGB vor.

Ein Qualitätsmanagementsystem entsprechend den Normen DIN EN ISO 9000 ff. enthält Verfahrensanweisungen und beschreibt demzufolge die notwendigen Maßnahmen, die bei der Durchführung von Arbeiten zu beachten sind. Diese Verfahrensanweisungen stellen also verbindliche Arbeitsvorgaben für die Mitarbeiter dar, die bei der Durchführung von Arbeiten zu beachten sind. Damit sind diese Verfahrensanweisungen, das heißt die Beschreibung der Ablauforganisation des Qualitätsmanagements, nichts anderes als die Konkretisierung der von einem Unternehmen geforderten Anweisungspflichten.

Handelt es sich bei dem Unternehmen (wie im vorliegendem Fall) um ein Dienstleistungsunternehmen, so regeln diese Verfahrensanweisungen also die Ablauforganisation und diejenigen Maßnahmen, die erforderlich sind, um die geforderte Qualität der Dienstleistungen zu erreichen. Folglich sind in solchen Unternehmen bei der Definition der Qualitätsforderungen an die Dienstleistungen auch Elemente zu berücksichtigen, die als Nebenpflichten zu beachten sind. Solche wichtigen Nebenpflichten können sich zum Beispiel aus dem QM-Element

"Vertragsprüfung" (QM-Element Nummer 3) in Form von Beratungspflichten und in entsprechender Anwendung aus dem QM-Element "Lenkung der vom Kunden beigestellten Produkte" (QM-Element Nummer 7) ergeben.

Das QM-Element "Lenkung der von Kunden beigestellten Produkte" fordert unter anderem, daß dem Auftraggeber über unbrauchbar gewordene beigestellte Produkte Bericht erstattet werden muß. Übertragen auf die Dienstleistung bedeutet dies, daß Mängel, die bei der Durchführung der Dienstleistung erkannt werden, dem Auftraggeber mitgeteilt werden müssen. In diesem Sinne ist das "vom Auftraggeber beigestellte Produkt" das Objekt, an dem die Dienstleistung durch den Auftragnehmer durchgeführt wird. Durch eine solche Festlegung im Qualitätsmanagementsystem kann dem Vorwurf eines Organisationsmangels durch mangelnde Anweisung der Mitarbeiter, den Auftraggeber vor entdeckten Gefahrenpotentialen zu warnen, vorgebeugt werden.

Insoweit sind die Normen DIN EN ISO 9000 ff. (die "Mutter" der Managementsysteme) eine erste Orientierung für die notwendige Organisation von Produktionsbetrieben.

Sachverhalt

Das beklagte Unternehmen verlegt Gas-Hausanschlußleitungen und Versorgungsleitungen. Bei der Verlegung einer Hausanschlußleitung, die später an Lieferungsleitungen angeschlossen wurde, unterließen es die eingesetzten Mitarbeiter der Beklagten, die neue Anschlußleitung durch Anbringen eines T-Stückes abzudichten. Auch andere Maßnahmen zur Abdichtung der Leitung erfolgten nicht. Weder an der Versorgungsleitung noch an der Anschlußleitung wurde vor dem Anschließen eine Druckprobe durchgeführt.

Nachdem die Leitung angeschlossen war, kam es zu einer Explosion, bei der ein Mensch getötet wurde und erheblicher Sachschaden auftrat.

Wesentlicher Inhalt der Entscheidung

Verletzung von Organisationspflichten, unzureichende Anweisung und Überwachung von Mitarbeitern.

Rechtliche Wertung durch das Gericht

"Die Beklagte zu 1 ist für die bei Dritten eingetretenen Schäden gemäß den §§ 823 Abs. 1, 31 BGB haftbar. Sie hat die Verletzungen am Leben, an der Gesundheit und am Eigentum der Geschädigten schuldhaft verursacht, indem sie es unterließ, eine Organisation ihres Betriebes zu schaffen, die gewährleistete, daß Gasleitungen nicht ohne vorangegangene Druckprüfung begast wurden. Die Beklagte zu 1 hätte einen ihrer Mitarbeiter damit beauftragen müssen, den Fortgang der Arbeiten zu überwachen und die Kontrolle über die Druckprüfungen auszuüben. Es hätte angeordnet werden müssen, daß die Arbeitnehmer der Beklagten zu 1 eine Begasung der neu verlegten Leitungen nur in Anwesenheit dieses Mitarbeiters beziehungsweise eines etwaigen Vertreters vornehmen durften.

Daß eine solche organisatorische Festlegung der Verantwortlichkeit bei der Beklagten zu 1 nicht bestand, folgt eindeutig aus ihrem Vorbringen. Tatsächlich war zum Zeitpunkt der Begasung auch kein Mitarbeiter der Beklagten zu 1 anwesend, der von Anfang an mit Überwachungsfunktion auf dieser Baustelle gearbeitet hatte.

Der anwesende Obermonteur war zwischenzeitlich auf einer anderen Baustelle eingesetzt gewesen und hatte keine Kenntnis von Schwierigkeiten, die sich bei der Montage der Anschlußleitung ergeben hatten. ...

Wenn eine Überwachung in der oben dargelegten Weise erfolgt wäre, wäre mit an Sicherheit grenzender Wahrscheinlichkeit zumindest das Fehlen der Druckprobe bemerkt worden. ..."

Folgerungen für die Praxis

Das Gericht hebt in seiner Urteilsbegründung deutlich hervor, daß Unternehmen verpflichtet sind, eine Organisation zu schaffen und so einzurichten, daß sichere betriebliche Abläufe gewährleistet werden. Der Begriff "Sicherheit" bedeutet in diesem Zusammenhang "ohne Gefahren für Dritte". Dazu ist es erforderlich,

- sicherzustellen, daß Arbeiten sachgerecht überwacht werden,
- durch Anweisungen sicherzustellen, daß Sicherheitsmaßnahmen durchgeführt werden,
- Regelungen festzulegen, die gewährleisten, daß die Durchführung festgelegter Sicherheitsmaßnahmen überprüft wird,
- soweit eine kontinuierliche Überwachung der Arbeiten und der ergriffenen Sicherheitsmaßnahmen durch einen Mitarbeiter nicht möglich ist, die Vertretung zu regeln.

Die Beachtung dieser oben genannten Sorgfaltsanforderungen hat das Unternehmen nachzuweisen, das den Schaden verursacht hat.

Soll dieser Nachweis durch die Festlegungen in einem Managementsystem erbracht werden, so bedarf es folglich der Darlegung der Aufbau- und Ablauforganisation, insbesondere im Hinblick auf zu ergreifende Sicherheitsmaßnahmen, und des Nachweises, daß die betrieblichen Abläufe entsprechend den Festlegungen im Managementhandbuch durchgeführt und überwacht werden. Hierzu ist zumindest der Nachweis einer regelmäßigen Überwachung sowie von Stichprobenkontrollen der organisatorischen Festlegungen erforderlich.

Die Regelungen zum Management sollten darüber hinaus Festlegungen zu der Frage enthalten, in welcher Form die Durchführung von Arbeiten zum Beispiel auf Baustellen überwacht wird. Hierzu genügt es nicht allein, allgemeine Regelungen zur Frage der Bauaufsicht zu treffen. Erforderlich ist vielmehr auch der Nachweis, daß eine Festlegung dafür existiert, welche Arbeiten nur unter Hinzuziehung des Aufsichtsführenden durchgeführt werden dürfen. Im Falle der Abwesenheit des Aufsichtsführenden von der Baustelle sind darüber hinaus Vertretungsregelungen zu treffen. Dies kann für jeden Einzelfall, aber auch durch eine generelle Festlegung erfolgen. Aus Gründen der Nachweisbarkeit scheint es jedoch erforderlich, die grundsätzliche Regelung der Stellvertretung schriftlich festzulegen.

Die Forderung der Nachweisbarkeit von Sicherheitsmaßnahmen und Überwachungsmaß- nahmen sollte auch dazu führen, Dokumentationspflichten festzulegen. Nur auf diese Weise ist eine eindeutige Nachweisführung möglich.

```
6.  Landgericht Limburg
    Quelle: Schmidt/Salzer,  Produkthaftung  -  Entscheidungssammlung,
    IV  3.26
    Stichwort:  Verletzung  von  Sorgfaltspflichten
```

Sachverhalt

Durch Versagen der Bremsen eines Tanklastzuges kam es auf einer abschüssigen Straße in der Nähe des Ortes Herborn zu einem Unfall, bei dem fünf Menschen getötet und weitere 41 Personen verletzt wurden. Der mangelhafte Zustand der Bremsen war auf fehlerhafte Wartungs- und Einstellungsarbeiten der Speditionsfirma zurückzuführen. So wurden neben dem Fahrer des Tanklastzuges (V) auch der Geschäftsführer der Speditionsfirma (H), die Disponentin (Th) sowie der Werkstattleiter (L) angeklagt.

Wesentlicher Inhalt der Entscheidung

Vorwurf der fahrlässigen Tötung und Körperverletzung wegen Nichtbeachtung von Sorgfaltspflichten.

Rechtliche Wertung durch das Gericht

"Die Angeklagten V und H sind beide für das Unfallgeschehen verantwortlich. ... Der Angeklagte (V) wußte von den fortschreitenden Mängeln am Auflieger in den Wochen vor dem Unfall. Er hatte sie selbst festgestellt. ...

Alle die von dem Angeklagten wahrgenommenen Umstände waren eindeutige Anzeichen dafür, daß das Luftdrucksystem des Aufliegers defekt war. Das war auch dem Angeklagten V als erfahrenem Berufs- ... Fahrer bekannt. ... Dem Angeklagten war gleichermaßen bewußt, daß beanstandete Mängel in der Werkstatt keineswegs sofort behoben wurden. ...

Obwohl der Angeklagte V in der Woche vor dem Unfall Urlaub hatte und die Fahrt am 7. Juli 1987 die erste nach Urlaubsbeendigung war, konnte er sich unter diesen Umständen nicht einfach darauf verlassen, die (angezeigten) Mängel seien inzwischen abgestellt worden. ...

Die(se) extrem hohen Kilometerleistungen, die mit dem Tanklastzug gefahren wurden, bevor die Aufliegerbremsen nachgestellt wurden, konnten auch dem Angeklagten V nicht entgangen sein. ... ihm mußte der allmählich schlechter werdende Einstellzustand der Bremsen jeweils auffallen. ... Deshalb hätte der Angeklagte V trotz oder gerade wegen seines einwöchigen Urlaubs vor Fahrtantritt den Einstellzustand der Bremsen besonders gewissenhaft prüfen müssen, da er keine Veranlassung zu der Annahme hatte, daß sich die diesbezügliche Unzuverlässigkeit seines Arbeitgeberbetriebs in dieser einen Woche plötzlich geändert hätte.

Nach § 23 StVO ist der Fahrzeugführer dafür verantwortlich, daß das von ihm gefahrene Fahrzeug vorschriftsmäßig und insbesondere auch verkehrssicher ist. ... Um sich insoweit Gewißheit zu verschaffen, muß er alles ihm Zumutbare tun. ... (Es) konnte von ihm auch verlangt werden, daß er notfalls unter den Auflieger kroch, um die Bremsgestängesteller eingehend optisch und gegebenenfalls auch durch Hinundherbewegen zu überprüfen. ...

Als notwendige Folge seiner Feststellungen hätte er entweder ... darauf bestehen müssen, daß der Zustand vor Fahrtantritt abgestellt wurde. ...

Dem Angeklagten H waren als Juniorchef und faktischem Geschäftsführer der Firma die Verhältnisse in der Werkstatt und der Zustand der Fahrzeuge bekannt, insbesondere auch die zu einer erheblichen Verkehrsunsicherheit führenden Mängel des Unfallaufliegers. ... Als verantwortlicher Leiter einer Spedition, die gefährliche Güter transportiert, wäre es seine Pflicht gewesen, dafür zu sorgen, daß Mängel behoben wurden, ohne daß die mehrfach beanstandet werden mußten; dies gilt um so mehr, wenn es sich um die Verkehrssicherheit beeinträchtigende Mängel ... handelt.

Aber auch der Grund dafür, daß die Behebung von Mängeln oft lange auf sich warten ließ, war dem Angeklagten H bekannt; der Angeklagte L war als Werkstattleiter überlastet und überfordert. ... Er hatte (aber) keinerlei Spezialausbildung, geschweige denn die Meisterprüfung mit der entsprechenden Ausbildung. Ihn hatte der Angeklagte H zum Werkstattleiter bestimmt und den Aufgabenbereich der Werkstattleiters mit Anforderungen verbunden, denen L ... nicht gerecht werden konnte.

... Trotz dieser an Deutlichkeit kaum noch zu überbietenden Hinweise und Warnzeichen setzte der Angeklagte den Zug mit dem defekten Auflieger weiter ein. ...

Aufgrund des festgestellten Sachverhaltes haben sich die Angeklagten V und H der (u.a.) fahrlässigen Tötung ... schuldig gemacht."

Folgerungen für die Praxis

Durch diese als Herborn-Urteil 1990 bekanntgewordene Entscheidung wird deutlich, welche Konsequenzen die Nichtbeachtung von Sorgfalts- beziehungsweise Verkehrssicherungspflichten sowohl für Leib und Leben Dritter als auch - in strafrechtlicher Hinsicht - für die jeweiligen Verantwortlichen haben kann.

So sind die Angeklagten H und V jeweils zu einer Freiheitsstrafe verurteilt worden, wobei der Angeklagte H als Geschäftsführer mit 2,5 Jahren ohne Bewährung eine wesentlich höhere Strafe zu verbüßen hatte als der Angeklagte V (1,5 Jahre mit Aussetzung zur Bewährung).

Ein Grund für diese unterschiedliche Strafzumessung ist unter anderem darin zu sehen, daß sich der Angeklagte H - so das Gericht - "mit kaum zu überbietender Hartnäckigkeit ... über deutliche Hinweise auf die Gefahren, die von einem Einsatz des Aufliegers ausgingen, hinwegsetzte. ..." und ihm Profit wichtiger war als Sicherheit.

Darüber hinaus zeigt der vorliegende Fall, daß sich die Ermittlungstätigkeit der Staatsanwaltschaft sowie das gerichtliche Strafverfahren keinesfalls auf den Handlungsverantwortlichen (Fahrer des Tanklastwagens) beschränken, sondern vielmehr bei jeder mit dem Tatgeschehen auch nur mittelbar in Verbindung stehenden Person geprüft wird, inwieweit ihr der Vorwurf sorgfaltswidrigen und damit fahrlässigen Verhaltens gemacht werden kann. So hat nicht nur der Angeklagte V als Fahrer und Handelnder, sondern auch der Geschäftsführer H aufgrund seines Kenntnisstandes und seiner Verantwortung die Möglichkeit und die Pflicht gehabt, den Einsatz des Tanklastzuges zu untersagen beziehungsweise zu verhindern. Dadurch, daß der Angeklagte H - wie auch V - das Risiko des Einsatzes erkannt hat beziehungsweise hätte erkennen müssen, hat er sich der fahrlässigen Tötung und Körperverletzung strafbar gemacht.

Obwohl dies aus der Entscheidung nicht eindeutig hervorzugehen scheint, hat sich V darüber hinaus auch deshalb pflichtwidrig verhalten, weil er zur Durchführung der Reparatur- und Wartungsarbeiten einen nicht ausreichend qualifizierten Mitarbeiter eingesetzt hat. Es handelt sich also auch um den Vorwurf des Auswahlverschuldens.

Aus alledem wird deutlich, wie wichtig sowohl die Beachtung von Anweisungs- und Auswahlpflichten als auch die Verpflichtung ist, im Rahmen des Möglichen und Zumutbaren dafür Sorge zu tragen, daß sich bestimmte Gefahrenpotentiale nicht verwirklichen.

Letztlich ist der angeklagte Werkstattleiter L nur aus dem Grunde freigesprochen worden, daß er nach Ansicht des Gerichts "das aus seiner Sicht Mögliche getan hat, einen weiteren Einsatz des defekten Aufliegers zu verhindern", weil er den Angeklagten H mehrfach auf die

Gefahrenlage aufmerksam gemacht und dazu aufgefordert hat, den Einsatz des Tanklastzuges zu verhindern.

Sachverhalt

Der Angeklagte ist Geschäftsführer für den technischen Ablauf (Zweigbetrieb-Leiter) eines Landhandels, in dem zur Bekämpfung von Ungeziefer eine Begasungsaktion von Silos durchgeführt wurde. Bei dem Einsatz des verwendeten Mittels wird hochgiftiger Phosphorwasserstoff freigesetzt.

Die Lieferantin des Mittels hat schriftlich auf die beigefügten Anwendungsvorschriften hingewiesen und hervorgehoben, daß die Chemikalie nicht angewendet werden darf, wenn an den Einsatzort angrenzende Räume als Wohn- oder Schlafraum genutzt werden.

Dieser Brief wurde in Abwesenheit des Angeklagten in den Akten abgeheftet. Diese Unterlagen sah er sich auch später nicht näher an. Ebenso hat er sich eine in den Akten befindliche "gelbe Fibel", die weitere Verhaltensregeln und Hinweise enthält, nicht angesehen.

Bei der Begasung starben drei Personen, die in einem angebauten kleineren Gebäude der Silos wohnten, aufgrund von Vergiftungen.

Der Angeklagte ist unter anderem wegen fahrlässiger Tötung verurteilt worden.

Wesentlicher Inhalt der Entscheidung

Nichtbeachtung der erforderlichen Sicherungsmaßnahmen.

Rechtliche Wertung durch das Gericht

"Ausgangspunkt für die Bestimmung der Sorgfaltspflicht muß die außerordentlich hohe Gefährdung des angewandten Giftes sein. Dieser hohen Gefährlichkeit trug der Inhalt der zur Zeit bei der Firma vorhandenen "gelben Fibel" Rechnung. Hierauf hatte die Lieferfirma bei der Übersendung der Kleinbeutel besonders hingewiesen.

Die für den Schutz vor Gaseinwirkungen getroffenen Regelungen bezwecken in erster Linie den Schutz der Arbeitnehmer, die bei ihrer Arbeit vorübergehend in den Gefahrenbereich gelangen. Da die Familie sich nicht nur vorübergehend in der Gefahrenzone aufhielt, sondern dort wohnte und deshalb im Falle der Einwirkung des Gases auch seiner Depotwirkung ausgesetzt war, galten für ihren Schutz vor den Folgen der Begasung besonders hohe Anforderungen.

Der Maßstab der Sorgfaltspflicht ist nicht nur aus speziellen Rechtsnormen oder sonstigen Regelwerken herzuleiten. Unter den besonderen Umständen des Einzelfalles, insbesondere bei außergewöhnlichen Gefährdungssachverhalten, können an die zur Vermeidung von Leibes- und Lebensgefahr zu erfüllende Sorgfaltspflicht höhere Anforderungen gestellt werden, als es sonst in den Vorschriften und Regeln vorgesehen ist. Auch wenn Verhaltensregeln - Rechtsnormen, technische Regeln und dergleichen - überhaupt nicht oder jedenfalls nicht in genügender Klarheit vorhanden sind, können außergewöhnliche Umstände, die das Risiko erkennbar erhöhen, Sorgfaltspflichten begründen, die über das gewöhnliche Maß hinausgehen; die Anforderungen können dann strenger sein, als es sich aus den auf den Durchschnittsfall abgestellten Regeln ergibt.

Es kann dahingehen, in welchem Umfang sich der Geschäftsführer eines Unternehmens im Regelfall darauf verlassen darf, daß der behördlich geprüfte Begasungsleiter die gebotenen Sicherheitsvorkehrungen getroffen hat und welche Bedeutung in diesem Zusammenhang dem Umstand zukommt, daß der Angeklagte als Geschäftsführer auch Pflichten der Vermieterin wahrnahm. Er durfte sich ... nicht darauf verlassen, daß der Begasungsleiter alle zur Gefahrenabwehr notwendigen Maßnahmen ergreifen würde: Der Angeklagte hatte bei früherer Gelegenheit ... eine Räumung der Wohnung aus Kostengründen abgelehnt und mußte deshalb damit rechnen, daß diese - das Risiko erhöhende - Äußerung fortwirkte, zumal da er als Geschäftsführer einen höheren Rang (innerhalb des Betriebs) bekleidet. Ferner hatte der Angeklagte während der Einwurfaktion, also zu einem Zeitpunkt, zu dem eine Räumung der Wohnung das Risiko ausgeschaltet hätte, durch ein Gespräch (mit einem anderen Mitarbeiter) erfahren, daß dieser wegen seiner Meinungsverschiedenheiten mit dem Begasungsleiter "in Schwierigkeiten" gekommen war; der Begasungsleiter bot jedenfalls von diesem Zeitpunkt an nicht mehr die Gewähr dafür, daß er die ordnungsgemäße Erfüllung der Sicherheitsanforderungen durchsetzen konnte."

Folgerungen für die Praxis

Vom entscheidenden Landgericht wurde vorgeschlagen, die Informationspflichten auch zu dokumentieren, was vom Unternehmen bereits umgesetzt wurde.

Aus dem Urteil folgt allerdings ganz allgemein die Pflicht, daß man vor Beginn von gefährlichen Arbeiten prüfen muß, welche Informationen im Sinne der Arbeitsvorbereitung schriftlich weitergegeben werden müssen.

Hier besteht besonders die Gefahr, daß manche Mitarbeiter in Produktionsnähe oder Instandhaltungsnähe meinen, daß man auf schriftliche Anweisungen, Informationen und Dokumentationen verzichten könne, da ja jeder Mitarbeiter alleine wissen müsse, was er zu tun habe. Genau dieser Fall zeigt auf, daß es wichtig ist, die entsprechenden Verpflichtungen aus der Beherrschung von Gefahrenquellen auch konsequent zu organisieren und dies auch zu dokumentieren.

Nach entsprechenden Vorfällen ist man in den meisten Unternehmen immer schlauer. Man kann auch vorbeugend durch Beobachtung der Organisationspflichten aus bereits abgearbeiteten Fällen seitens der Gerichte sehr gut ableiten, wie man selbst handeln müßte, damit man später keine Schwierigkeiten in Gerichtsverfahren bekommt.

Sachverhalt

In einem Unternehmen sollte ein Großbehälter wieder an die Anlage angeschlossen werden.
Im Rahmen der Vorbereitung zu diesen Arbeiten wurde ein Gasarbeitsplan erstellt. Hierin
wurden die Maßnahmen festgelegt, die dafür sorgen sollten, daß die durchzuführende Maßnahme nicht die Sicherheit des Unternehmens und der Mitarbeiter gefährdet. Dieser Plan erreichte aber aufgrund von Sicherheitsdefiziten im Verteilerplan nicht die Adressaten. Das hatte zur Folge, daß sich während der Inbetriebsetzungsarbeiten im Innern des Behälters Menschen befanden und durch das über den sogenannten Steckscheibenschieber in den Behälter
eindringende Gas sechs Mitarbeiter eines Fremdinstandhalters getötet und weitere verletzt
wurden.

Wesentlicher Inhalt der Entscheidung

Nichtbeachtung von Sicherheitspflichten.

Rechtliche Wertung durch das Gericht

"Denn die Angeklagten, der Koordinator der Gasarbeiten und die Aufsichtsperson für den
eigentlichen, den mechanischen Teil der Gasarbeit, hatten es fahrlässig in diesem zum Gas-
Sicherheitsbereich gehörenden Areal unterlassen, durch ausreichende, den Unfallverhütungsvorschriften entsprechende Absperrmaßnahmen, Warnhinweise und Kontrolle eine Gefährdung von Menschen auszuschließen, obwohl zu dieser Zeit, wie sie wußten, aber nicht
bedachten, seit Wochen ständig und kontinuierlich Inbetriebsetzungsarbeiten an und im Behälter stattfanden.

Der Entwurf des Gasarbeitsplanes wurde nach Herstellung einer Reinschrift ... ohne Änderungen genehmigt und unterschrieben. Der Angeklagte Koordinator der Gasarbeiten brachte
den Plan zum Versand. Jahrelanger Übung und Erfahrung gemäß ging man dabei allseits davon aus, daß die im Verteiler vermerkten Adressaten zuverlässig die für sie bestimmten
Stücke des Gasarbeitsplanes erhalten und ihrerseits schon dafür Sorge tragen würden, daß

von den Gasarbeiten ebenfalls Betroffene im Verteiler aber nicht genannte betriebliche und überbetriebliche Abteilungen sowie am Behälter eingesetzte Fremdfirmen rechtzeitig und vollständig unterrichtet werden würden.

Eine wirksame Kontrolle, wie sie beispielsweise eine schriftliche Quittung der betreffenden Empfänger des Gasarbeitsplanes gegenüber dem Erhaltungsbetrieb dargestellt hätte, ein System, das nach diesem schweren Gasunglück für den Versand von Gasarbeitsplänen noch eingeführt worden ist, gab es damals noch nicht. Auch fehlte eine auf eine Stelle konzentrierte übergeordnete Koordinierung aller am Behälter durchzuführenden Arbeiten. Es gab damals also keine Stelle, bei der man, um den Gasarbeitsplan mit einem wirklich lückenlosen Verteiler versehen zu können, zuverlässig in Erfahrung hätte bringen können, welche betrieblichen und überbetrieblichen Abteilungen und welche Fremdfirmen eingesetzt waren, die durch die Gasarbeit hätten betroffen sein können.

Die angeklagte Aufsichtsperson für die Gasarbeiten begann mit der Inertisierung der Giftgasleitung, ohne daß er sich entsprechend Punkt 1 des Gasarbeitsplanes vergewissert hätte, daß sich der Blendenschieber beziehungsweise der Steckscheibenschieber in geschlossener Stellung befand. Trotz dieser ihn strikt verpflichtenden Weisung seiner Vorgesetzten, der er leicht hätte nachkommen können, ... kümmerte sich der Angeklagte um dieses wichtige Absperrorgan überhaupt nicht. Er vertraute darauf, daß der ... Schieber beim Probefahren wieder in die geschlossene Stellung zurückgefahren und dann durch Ausschalten der elektrischen Anlage eine Veränderung durch Unbefugte ausgeschlossen sein würde. Dem Angeklagten hätte es sich aufgedrängt, die unterlassene Kontrolle der Steckscheibenschieberstellung vor Beginn der Gasarbeiten nachzuholen, wenn er sich gewissenhaft an die für ihn bindenden Anordnungen des Gasarbeitsplanes gehalten hätte. Die einschlägige Vorschrift des § 13 VGB 50 gehörte zum Grundbestand seines beruflichen Wissens.

Das trifft auch für den anderen Angeklagten zu, der sich seiner besonderen Verantwortung für diese Arbeit als Koordinator mit Weisungsbefugnis gegenüber den beiden Aufsichtspersonen durchaus bewußt war."

Folgerungen für die Praxis

Hier liegt die notwendige Antwort auf ein typisches Fehlverhalten vor. In den Unternehmen denkt man meist, daß Organisation nur Bürokratismus, Formalismus und überhaupt Papier überflüssig sei.

Dabei hätte doch hier jedem Einsichtigen einleuchten müssen, daß bei den gefährlichen Arbeiten ein Gasarbeitsplan zu verteilen ist, dies so, daß keine Dritten gefährdet werden, zum Beispiel indem man sie übersieht. Jeder denkende Mitarbeiter würde doch im privaten

Bereich anläßlich eines wichtigen Ereignisses dafür sorgen, daß Rückmeldungen erfolgen, zum Beispiel: "Kommen sie auch zu meiner Geburtstagsfeier?" Dieses umsichtige Verhalten im privaten Bereich muß sich natürlich auch im Arbeitsbereich entfalten. So etwa: "Haben Sie Informationen erhalten, daß wir im Hochofen am soundsovielten eine Begasung durchführen wollen?" Was so selbstverständlich klingt, wurde hier nicht angewandt. Nach dem Urteil war alles klar, die entsprechenden Empfangsbescheinigungen wurden ausgetauscht. Das allerdings ist keine große Erkenntnis, es wurde lediglich deutlich, daß man sich der Erkenntnis zu einer ordnungsgemäßen Organisation und deren Dokumentation vorher bewußt oder unbewußt verschlossen hatte. Bedauerlicherweise ist es immer wieder so, daß Arbeitsschutzmaßnahmen oder Umweltschutzmaßnahmen erst dann ergriffen werden, wenn es im Unternehmen ein negatives Ereignis dazu gegeben hat.

Sachverhalt

Die X GmbH ist Herstellerin von Schuh- und Lederpflegeartikeln. Als sich Meldungen an diese Firmengruppe häuften, daß Personen nach dem Gebrauch von Lederspray gesundheitliche Beeinträchtigungen erlitten hatten, wurden firmenintern Untersuchungen eingeleitet. Außerdem fand wegen dieser Schadensfälle eine Sondersitzung der Geschäftsführung statt. Im Rahmen dieser Sondersitzung führte der "Chef-Chemiker" aus, daß die Ledersprays nicht gefährlich seien und daher ein Rückruf nicht erforderlich sei. Seinem Vorschlag, entsprechende Warnhinweise auf den Spraydosen anzubringen, schloß sich die Geschäftsführung an.

Über das Ergebnis dieser Sitzung wurden die beiden Angeklagten, die jeweils Geschäftsführer einer Tochterfirma des Unternehmens sind, informiert. Die auf der Sondersitzung getroffene Entscheidung machten sich beide für ihren Verantwortungsbereich zu eigen.

Nachdem weitere Meldungen über Gesundheitsschäden von Benutzern der Ledersprays bei dem Unternehmen eingingen, wurden zunächst nur die Warnhinweise auf den Spraydosen ergänzt und verbessert. Erst nach Interventionen des Bundesgesundheitsamtes und des Bundesministeriums für Jugend, Familie und Gesundheit wurde ein Verkaufsstopp und eine Rückrufaktion eingeleitet.

Wesentlicher Inhalt der Entscheidung

Fahrlässige und gefährliche Körperverletzung wegen Verletzung von Sorgfaltspflichten.

Rechtliche Wertung durch das Gericht

"Die strafrechtliche Verantwortlichkeit der Angeklagten für die durch den Gebrauch des Ledersprays eingetretenen Körperschäden ergibt sich aus ihrer Stellung als Geschäftsführer ..., da diese Firmen die schadensursächlichen Artikel in den Verkehr gebracht haben.

Als Geschäftsführern der … Firmen oblag den Angeklagten die Rechtspflicht, dafür zu sorgen, daß Verbrauchern der von diesen Firmen produzierten und vertriebenen Ledersprays vor Gesundheitsschäden bewahrt blieben, die ihnen bei bestimmungsgemäßer Benutzung dieser Artikel infolge deren Beschaffenheit zu entstehen drohten.

Die Strafkammer leitet diese Schadensabwendungspflicht aus der zivilrechtlichen Verkehrssicherungspflicht, namentlich der Pflicht zur Produktbeobachtung, ab und stützt sich dabei unmittelbar auf die Grundsätze, die von der höchstrichterlichen Rechtsprechung für den Bereich der zivilrechtlichen Produkthaftung entwickelt worden sind.

Aus der … zu bejahenden Garantenstellung ergab sich hier die Verpflichtung zum Rückruf der bereits in den Handel gelangten gesundheitsgefährdenden Ledersprays. Die Urteilsfeststellungen ergeben, daß den Geschäftsführern der Muttergesellschaft eine Rückrufpflicht auf alle gesundheitsgefährdenden Ledersprays oblag, die beiden Angeklagten hingegen nur eine Rückrufpflicht bezüglich der Produkte ihres Tochterunternehmens hatten.

Im Prinzip bleibt eine Aufteilung der Geschäftsbereiche unter mehreren Geschäftsführern einer GmbH ohne Einfluß auf die Verantwortung jedes einzelnen für die Geschäftsführung insgesamt. Zwar knüpft die Pflichtenstellung des Geschäftsführers im allgemeinen an den von ihm betreuten Geschäfts- und Verantwortungsbereich an, doch greift der Grundsatz der Generalverantwortung und Allzuständigkeit der Geschäftsleitung ein, wo - wie etwa in Krisen und Ausnahmesituationen - aus besonderem Anlaß das Unternehmen als Ganzes betroffen ist. Dann ist die Geschäftsführung insgesamt zum Handeln berufen. So verhält es sich gerade auch bei einer Häufung von Verbraucherbeschwerden über Schadensfälle durch Benutzung eines vom Unternehmen massenweise hergestellten und vertriebenen Serienprodukts, wenn zu entscheiden ist, welche Maßnahmen zu ergreifen sind und ob insbesondere ein Vertriebsstopp, eine Warn- oder eine Rückrufaktion stattfinden muß.

Auch eine unternehmensinterne Organisationsstruktur, die auf der Ebene der Geschäftsleitung gesellschaftsübergreifende Vorgesetzten-Untergebenenverhältnisse schafft, ändert grundsätzlich nichts an der mit der Geschäftsführerrolle verbundenen Verantwortung. Unbeachtlich ist in diesem Zusammenhang auch, daß ein Geschäftsführer innerhalb des Kreises der Geschäftsführer eine dominierende Stellung einnahm, so daß Entscheidungen gegen sein Votum praktisch ausgeschlossen erschienen. Umstände dieser Art schränken die rechtliche Verantwortlichkeit des einzelnen Geschäftsführers nicht ein.

Innerhalb einer GmbH, die mehrere Geschäftsführer hat, besteht grundsätzlich Gesamtgeschäftsführung. Danach sind die Geschäftsführer nur gemeinschaftlich zum Handeln befugt. Keiner von ihnen darf ohne Mitwirkung der anderen vorgehen. Maßnahmen der Geschäftsleitung sind von allen Geschäftsführern gemeinsam zu beschließen.

Demgemäß war der einzelne Geschäftsführer nicht berechtigt, aus eigener Machtvollkommenheit den in Rede stehenden Rückruf anzuordnen. So änderte dies zwar nichts am Fortbestand seiner umfassenden, zur Schadensabwendung verpflichtenden Garantenstellung, wohl aber erfuhren seine aus dieser Garantenstellung fließenden konkreten Handlungspflichten eine Begrenzung. Jeder war hiernach nur dazu verpflichtet, unter vollem Einsatz seiner Mitwirkungsrechte, das ihm Mögliche und Zumutbare zu tun, um einen Beschluß der Gesamtgeschäftsführung über Anordnung und Vollzug des gebotenen Rückrufs zustandezubringen. Keiner der Angeklagten hat dieser Handlungspflicht genügt - sie alle haben das ihnen abzuverlangende Tun unterlassen.

In den Kreis der Mittäter traten ... auch die Angeklagten ein, wiewohl sie nicht Geschäftsführer der Muttergesellschaft waren und ihre Anwesenheit bei der genannten Sondersitzung nicht feststeht. Denn sie wurden im Anschluß an diese Sitzung über die dort getroffene Entscheidung umfassend informiert, billigten sie und machten sie sich jeweils für ihren Verantwortungsbereich auch zu eigen. Mit ihrer Billigung schlossen sich die Angeklagten aber dem einstimmigen Votum derer an, die nicht nur in der Muttergesellschaft, sondern - neben ihnen selbst - sämtlich zugleich in den beiden Vertriebsgesellschaften Geschäftsführer waren."

Folgerungen für die Praxis

Das sogenannte Ledersprayurteil beschäftigt sich verallgemeinert mit Teamentscheidungen. Gerade im "modern" geführten Unternehmen werden immer wieder Teamentscheidungen getroffen durch beispielsweise Produktionsteams (Instandhaltung integriert in die Produktion) oder in Teams von Mitarbeitern des eigenen Unternehmens, Mitarbeitern des Anlagenlieferers, Mitarbeitern von Instandhaltungsfirmen, Mitarbeitern von bestimmten Montagefirmen.

Gerade bei Teamentscheidungen muß immer geklärt werden, daß es natürlich eine originäre Verantwortung gibt für denjenigen, der eine bestimmte Aufgabe wahrnimmt.

Allerdings bedeutet die Verteilung der Verantwortung auf mehrere Teammitglieder/auf verschiedene Mitarbeiter nicht, daß die anderen aus ihrer Verantwortung heraus sind. Man muß vielmehr immer wieder Gesprächsrunden suchen und finden, in denen man sich davon überzeugt, daß die Teammitglieder das ihnen geschenkte Vertrauen genießen. Es bedarf also einer ständigen Information und insbesondere der Verpflichtung, über ungewöhnliche Ereignisse im eigenen Verantwortungsbereich die anderen Teammitglieder zu informieren.

Insofern folgen aus dem Urteil erweiterte Informations- und Abstimmungspflichten für alle Mitarbeiter, die in Teams eingebunden sind, egal ob sie dem eigenen Unternehmen angehören oder ob es sich um eine Anhäufung von Mitarbeitern vieler Unternehmen handelt, zum Beispiel bei einer Turbinenrevision.

Sachverhalt

Im nicht-nuklearen Teil eines Kernkraftwerkes sollte ein Schieber instandgesetzt werden. Da die Stoffbuchse schwierig zu lösen war, wurde der Innendruck zu Hilfe genommen. Dabei trat heißes Wasser aus, wodurch unter anderem zwei Mitarbeiter getötet wurden. Dieser Unfall war darauf zurückzuführen, daß die Führungskräfte es versäumt hatten, darauf hinzuweisen, daß für den Fall des Arbeitens an der in Betrieb befindlichen Anlage besondere Sicherheitsvorkehrungen zu ergreifen und deren Wirksamkeit umfassend zu kontrollieren ist, um so Heißwasserausbrüchen vorzubeugen. Bei den angeklagten Führungskräften handelt es sich um den Leiter der technischen Abteilung (E), den Leiter der Abteilung Betrieb (Re), den Leiter des Blockes A (A), den Schichtführer (R) sowie den Leiter der Abteilung Arbeitsvorbereitung.

Wesentlicher Inhalt der Entscheidung

Vorwurf der fahrlässigen Tötung und Körperverletzung wegen Nichtbeachtung von Sicherungspflichten und Organisationsverschulden.

Rechtliche Wertung durch die Staatsanwaltschaft

"Vor (der) Frühbesprechung fand auf der Warte zwischen den Angeklagten A und B sowie dem zu dieser Zeit diensthabenden Schichtführer ein Gespräch statt, bei dem der Angeklagte B mitteilte, daß der Absperrschieber am Schalttag neu verpackt werden sollte. Beide Gesprächspartner wurden stutzig, weil sie wußten, daß die Primärreinigungsanlage in Betrieb bleiben sollte.

Dieses Problem einer möglichen Unvereinbarkeit wurde in der Frühbesprechung nicht behandelt. Die Reparatur am Schieber und das Inbetriebhalten der Primärreinigungsanlage wurden von den Angeklagten A und B nicht in dem Sinn zum Gegenstand der Frühbesprechung gemacht, daß sie die anderen Teilnehmer darauf hinwiesen und damit eine allgemeine Erörterung in Gang setzten. Damit fanden sich die Angeklagten A und B aber in Übereinstimmung mit dem damals im Kraftwerk geltenden Verfahren zur Beseitigung von Mängeln.

Damit war die Möglichkeit gegeben, daß sowohl der Angeklagte E, als auch die weiteren Verantwortlichen des Kernkraftwerkes nicht wenigstens über solche Vorgänge im Kraftwerk informiert waren, die mehrere Abteilungen betrafen, deshalb von einigem Gewicht und möglicherweise gefährlich waren. Es kommt hinzu, daß die technische Klärung unter den Abteilungen noch nicht einmal über die Abteilungsleiter laufen mußte, sondern durchaus auch auf einer darunter liegenden Ebene der betrieblichen Hierarchie erfolgen konnte.

Das Vorgehen des Angeklagten R wich von dem zum damaligen Zeitpunkt im Kernkraftwerk geltenden Freischaltverfahren ab; er hatte auch keinerlei besondere Sicherheitsvorkehrungen, die durch das Abweichen von der bisher üblichen Reparaturmethode erforderlich geworden waren, getroffen.

Falls ihm die besonders zu treffenden Vorkehrungen nicht geläufig waren, hatte er eine Aufgabe übernommen, die er nicht beherrschte. ...

Demgegenüber hatte der Angeklagte B nach dem Gespräch auf der Warte am 13. November 1975 unterlassen, von sich aus sowohl weitere Angehörige der Abteilung Betrieb ... von der besonderen Gefährlichkeit der von ihm aus der Taufe gehobenen völlig neuen Reparaturmethode und den deshalb erforderlichen besonderen Sicherheitsvorkehrungen, insbesondere der Dichtigkeitskontrolle des geschlossenen Schiebers, zu informieren. ...

Diese Sicherung hätte dadurch erfolgen können, daß der Schichtführer

- die Betriebsschlosser eindringlich mündlich belehrt, die Stopfbuchspackungen nicht mittels des Druckes der Primärreinigungsanlage "herauszuschießen" und

- am Handrad durch das Schichtpersonal ein Hinweisschild anbringen läßt und

- ebenfalls durch das Schichtpersonal das Handrad mittels Kette oder Schloß derart arretieren läßt, daß es manuell nicht mehr betätigt werden kann.

... Diese zusätzliche Sicherheitsvorkehrung war entweder in der einen oder in der anderen Weise geboten. ... Der Schieber mußte umfassend gegen Betätigung gesichert werden; eine Sicherung lediglich gegen Fernbetätigung genügte nicht, so lange noch eine andere Möglichkeit der Betätigung offen stand. ...

Die Angeklagten A, B und R haben diese Sorgfaltspflichten nicht beachtet. Der Hinweis an die beiden Betriebsschlosser, das Handrad noch nachzuziehen, genügte insoweit nicht. ...

Dagegen hat der Angeklagte E durch die mangelhafte Organisation des Mängelbeseitigungsverfahrens nicht dafür Sorge getragen, daß wesentliche betriebliche Entscheidungen (hier:

eine einschneidende Änderung einer Reparaturmaßnahme) auf jeden Fall in der Frühbesprechung getroffen werden."

Folgerungen für die Praxis

Das Urteil befaßt sich vor allem mit dem Umfang von Sicherungspflichten sowie - in diesem Zusammenhang - mit dem Vorwurf des Organisationsverschuldens.

Die vorliegende Entscheidung erlangt gerade für den Bereich der Instandhaltung große Bedeutung, weil hier technische Sicherungsmaßnahmen häufig aufgehoben werden müssen, wodurch ein größeres Gefahrenpotential entsteht. Um dieses zu senken, müssen zum Ausgleich organisatorische Maßnahmen ergriffen werden, wobei an Art und Umfang der Organisationspflichten um so höhere Anforderungen zu stellen sind, je größer die Wahrscheinlichkeit eines Schadens beziehungsweise dessen Ausmaß ist.

Für den konkreten Fall bedeutet dies, daß zum einen die Führungskräfte dafür hätten Sorge tragen müssen, daß alle - von der geplanten Maßnahme möglicherweise betroffenen - Abteilungen von dem Instandhaltungsvorgang beziehungsweise dessen Gefährlichkeit rechtzeitig informiert werden.

Darüber hinaus hätten die jeweiligen Verantwortlichen nach vorheriger Informationsbeschaffung zur Gefährlichkeit der Maßnahme besondere Sicherheitsvorkehrungen ergreifen müssen.

In Anbetracht des augenscheinlich sehr hohen Gefahrenpotentials hätten dabei allein mündliche oder schriftliche Warnhinweise den Anforderungen nicht genügt. Vielmehr wären zusätzlich technische Absicherungen durch das Schichtpersonal erforderlich gewesen, um so ein manuelles Betätigen des Schiebers auch faktisch auszuschließen.

Daraus ergibt sich, daß die jeweiligen Verantwortlichen gehalten sind, alles ihnen Mögliche und Zumutbare zur Gefahrenabwehr zu unternehmen, um so den Eintritt eines Schadens und damit auch eine (straf-)gerichtliche Inanspruchnahme zu verhindern.

Zwar sind vorliegend letztlich alle Angeklagten freigesprochen worden, doch hatte dies seinen Grund lediglich in der Anwendung des Grundsatzes "Im Zweifel für den Angeklagten", welcher hier nur ausnahmsweise wegen nicht eindeutig zu klärenden Sachverhaltes beziehungsweise Tathergangs zur Anwendung kommen konnte.

Auf die Anwendung dieses Grundsatzes sollte und kann jedoch nicht vertraut werden. Allein eine gute Organisation kann in der Praxis Schutz vor einer weitreichenden Strafverfolgung sowie deren Konsequenzen bieten.

Sachverhalt

Die Klägerin vertreibt Büro-Organisationsmaschinen und macht gegenüber der Beklagten Ansprüche auf Vergütung für Wartung und Reparatur von Computern geltend.

Nach dem zwischen den Parteien bestehenden Computer-Wartungsvertrag hatte die Klägerin die Gewähr für eine optimale Betriebsbereitschaft übernommen und sich unter anderem zur vorbeugenden Wartung in Form der Inspektion der Anlagen, Kontrolle der Funktionssicherheit und dem Austausch von Verschleißteilen verpflichtet. Gemäß der vertraglichen Vereinbarung sollte diese vorbeugende Wartung dreimal jährlich im Abstand von vier Monaten erfolgen, was von der Klägerin jedoch nicht durchgängig beachtet wurde.

So wurde das Wartungsintervall einmal um die Hälfte überschritten. Vor diesem Hintergrund macht die Beklagte eine Herabsetzung der Wartungsgebühr geltend.

Wesentlicher Inhalt der Entscheidung

Definition des Werkvertrages, Rechtsfolgen mangelnder/mangelhafter Vertragserfüllung.

Rechtliche Wertung durch das Gericht

"Die Wartungsgebühren sind nach den Vorschriften über die teilweise Unmöglichkeit der Leistung … zu mindern. Die Minderung setzt voraus, daß die Klägerin als Schuldnerin der Wartungsleistungen die ihr obliegenden Verpflichtungen teilweise nicht erfüllt hat. …

Die Regelung gilt bei Werkverträgen bis zur Abnahme des Werkes. Von da an wird sie durch die Vorschriften über die Gewährleistung als Sonderregelung verdrängt. …

Den hier vorliegenden Wartungsvertrag hat man als Werkvertrag und nicht als Dienstvertrag zu beurteilen. … Letztlich kommt es darauf an, ob die Arbeitstätigkeit oder ein Leistungserfolg geschuldet wird. Auch dieses Kriterium ist aber unsicher, wie die Verträge mit Ärzten, Steuerberatern, Sachverständigen … zeigen.

Gegenstand des Wartungsvertrages ... ist die Vornahme der Kontroll-, Pflege- und Austauscharbeiten, die vom Hersteller vorgeschrieben sind, um die Funktionsfähigkeit der Anlage auch über die Gewährleistungszeit hinaus zu erhalten. ... Gerade technisch hochentwickelte Geräte bedürfen meist zur Erhaltung ihrer Gebrauchsfähigkeit laufender Wartung, ... Die Bedeutung der Wartung für den Abnehmer der Anlage zeigt, daß nicht die einzelnen Wartungsarbeiten als solche, sondern der bei sachgerechter Ausführung eintretende Erfolg, nämlich Erhaltung des möglichst wenig störanfälligen Zustandes der Anlage geschuldet wird. ...

Vertraglich geschuldet ist jedoch nicht schlechthin die störungsfreie Funktion der Anlage während der Vortragszeit.

(Vorliegend wurde) die vertraglich geschuldete vorbeugende Wartung dadurch nicht erbracht, daß sie sechs Monate unterblieb. ... Wird das Wartungsintervall auf sechs Monate ausgedehnt, läßt sich nicht mehr von vertragsgerechter Wartung sprechen.

Die ... unterbliebenen Wartungsarbeiten ließen sich (auch) später nicht mehr nachholen. Sie wurden vielmehr durch Zeitablauf unmöglich. Denn gerade für vorbeugende Wartungsarbeiten ... ist das Zeitmoment so wichtig, daß insbesondere bei einer ständig benutzten Anlage die in einem späteren Wartungszeitraum vorgenommenen Arbeiten die früher unterlassenen nicht auszugleichen vermögen.

Die Gewährleistungsrechte des Werkvertrages stehen der Minderung nicht entgegen. Denn zu einer Abnahme ... im Sinne von § 640 BGB kam es bei den unterbliebenen Wartungsarbeiten nicht."

Folgerungen für die Praxis

Das Urteil beschäftigt sich zum einen mit der Frage, welche Rechtsfolgen bei nicht ordnungsgemäßer Erfüllung beziehungsweise ordnungsgemäßer Erfüllung von Wartungsverträgen eintreten können. So wird klargestellt, daß die allgemeinen Vorschriften über Leistungsstörungen auch im Werkvertragsrecht bis zum Zeitpunkt der Abnahme des Werkes mit der Folge Anwendung finden, daß bei teilweiser Nichterbringung von Wartungsleistungen die Vergütung gemindert werden kann. Hierbei sind die Vorschriften über die (teilweise) Unmöglichkeit der Leistung gemäß § 323 ff. BGB heranzuziehen, weil die Wartungsleistungen infolge der Bedeutung des Zeitmomentes nicht nachholbar sind. Wird also ein vertraglich festgelegtes Wartungsintervall nicht eingehalten, so stellt dies gerade keine den Gewährleistungsregeln unterfallende Schlechtleistung, sondern eine Nichtleistung dar.

Für die Praxis weit wichtiger ist jedoch die Kernaussage des Urteils, wonach (Computer)-Wartungsverträge einheitlich als Werkverträge zu klassifizieren sind. Da mit der Zuordnung von Wartungsverträgen zu den einzelnen Vertragsarten (Werk- oder Dienstvertrag) im Hinblick auf die unterschiedlichen Gewährleistungsvorschriften einschneidende praktische Konsequenzen verbunden sein können, sind die dahingehenden Beurteilungen durch die Rechtsprechung nicht zu unterschätzen.

Wenngleich bisher der überwiegende Teil der Rechtsprechung eine diesem Grundsatzurteil aus dem Jahre 1976 entsprechende Wertung vornimmt, so kann und darf daraus nicht ohne weiteres der Schluß gezogen werden, daß die Beurteilung von Wartungsverträgen nach Werkvertragsrecht ohne weitere Differenzierung so eindeutig ist, daß daran auch in Zukunft kein Zweifel bestehen wird. Vielmehr wird bereits jetzt - vor allem von seiten der einschlägigen Literatur - die Auffassung vertreten, daß es sich bei einem Wartungsvertrag um einen gemischten Vertrag handelt, der aus werk- und dienstvertraglichen Elementen besteht (so beispielsweise Thomas Heymann in Computer und Recht 1991, S. 525 ff.).

Dementsprechend ist bei auftretenden Leistungsstörungen danach zu unterscheiden, ob die Pflicht zur ordnungsgemäßen Wartung oder zur Instandsetzung verletzt worden ist. Da bei letzterer letztlich ein bestimmter Erfolg im Sinne der Wiederherstellung des ordnungsgemäßen Zustandes einer Anlage geschuldet ist, handelt es sich diesbezüglich um eine werkvertragliche Ausgestaltung des Vertrages mit der Folge, daß bei nicht ordnungsgemäßer Instandsetzung die Regelungen der §§ 633 ff. BGB Anwendung finden.

Ist demgegenüber die Pflicht zur Wartung verletzt, ist die jeweilige Leistungsstörung nach den Vorschriften des Dienstvertragsrechtes zu beurteilen. Diese Einordnung von Instandhaltungsverpflichtungen beruht auf der Erwägung, daß allein die Untersuchung beziehungsweise vorbeugende Beseitigung, also die Tätigkeit als solche geschuldet ist.

Begründet wird diese Auffassung unter anderem mit dem Argument, daß der Unternehmer im Regelfall nicht verschuldensunabhängig dafür haften soll und will, daß die Anlage fehlerfrei läuft (so Heymann, a. a. O.).

Es bleibt abzuwarten, inwieweit sich die Rechtsprechung in Zukunft dieser differenzierten Betrachtungsweise anschließen wird. Jedenfalls sollte im Hinblick auf die unterschiedlichen Rechtsfolgen fehlgeschlagener Werk- und Dienstverträge bei Abschluß von Instandhaltungsverträgen eine eindeutige Festlegung dessen erfolgen, was vertraglich geschuldet ist.

Nur so kann letztlich eindeutig beurteilt werden, ob ein bestimmter Leistungserfolg (dann Werkvertrag) oder nur die Tätigkeit selbst (Dienstvertrag) Vertragsgegenstand ist.

Sachverhalt

Die Parteien streiten über die rechtliche Einordnung eines zwischen ihnen abgeschlossenen (Zahn-)Behandlungsvertrages, welcher das Anfertigen und Anpassen von Kronen und Verblendbrücken zum Gegenstand hat.

Die Klägerin ist der Auffassung, es handele sich um einen Werkvertrag und macht nunmehr Ansprüche gegen die Beklagten vor dem Hintergrund geltend, daß der angeblich vereinbarte Erfolg, die Verschönerung des Gebisses, nicht erreicht worden ist.

Wesentlicher Inhalt der Entscheidung

Kriterien für die Abgrenzung von Werk- und Dienstverträgen.

Rechtliche Wertung durch das Gericht

"Bei dem auf das Anfertigen und Einpassen der Kronen ... gerichteten Behandlungsvertrag handelt es sich um keinen Werkvertrag, sondern um einen Vertrag über Dienste höherer Art im Sinne der §§ 611, 627 BGB. Entscheidend für diese rechtliche Einordnung ist, daß die Beklagten einen bestimmten Behandlungserfolg nicht garantieren konnten. Auch beim Zahnarztvertrag verspricht der Arzt in aller Regel nur die sachgerechte Behandlung des Patienten. ... Er kann dagegen nicht zusagen, den letztlich vom Patienten gewünschten Enderfolg herbeizuführen. ...

Ob seine Behandlung zu dem erhofften Ergebnis führt, hängt nämlich nicht nur von seiner ärztlichen Tätigkeit ab. Ausschlaggebend für den Eintritt des letztlich erstrebten Erfolges einer Behandlung sind vielmehr auch Faktoren, die der Arzt nur beschränkt beeinflussen kann. ...

Das gilt auch im vorliegenden Fall. Die Klägerin hat nicht behauptet, daß die Beklagten das Gelingen der Behandlung ausnahmsweise fest zugesagt und für das Ausbleiben des Erfolges hätten einstehen wollen. Etwas derartiges ergibt sich auch nicht aus den besonderen Umstän-

den. Selbst ... wenn es sich ... um eine nur aus kosmetischen Gründen durchgeführte Zahn-
behandlung gehandelt ... (hat), macht dies die Behandlung nicht zur Werkleistung. Denn es
liegt auf der Hand, daß die Beklagten auch dann den erstrebten Erfolg als sicher versprechen
konnten. ..."

Folgerungen für die Praxis

Gegenstand dieses Urteils ist die Abgrenzung von Dienst- und Werkverträgen am Beispiel
des Zahnbehandlungsvertrages. Der Grund dafür, daß an dieser Stelle kein Urteil mit Bezug
zur Instandhaltung angeführt werden kann, ist darin zu sehen, daß die Rechtsprechung im
Gegensatz zur Literatur das Abgrenzungsproblem Dienstvertrag/Werkvertrag bei der Instandhaltung zugunsten eines Werkvertrages mit den entsprechenden Rechtsfolgen entschieden hat. Beim Zahnbehandlungs-Vertrag finden die Gutachter allerdings feine Unterschiede -
dies müßte und wird wohl auch bald für Instandhaltungsverträge gelten. Der Grund: Bisher
kennen offensichtlich die Richter den Unterschied Wartung, Inspektion, Instandsetzung
nicht. Sie sprechen sogar von einem "Vollwartungsvertrag" - was immer das sein mag angesichts der Definition in DIN 31051.

Gleichwohl lassen sich die zum Zahnbehandlungs-Vertrag entwickelten, aufgezeigten Kriterien und Grundsätze auf die Instandhaltungspraxis übertragen.

Danach ist für die Zuordnung zu einem der benannten Vertragstypen allgemein entscheidend,
ob ein bestimmter Erfolg vereinbart wurde. Sofern dies nicht ausdrücklich geschehen ist,
muß der jeweilige Vertrag unter Berücksichtigung der entgegenstehenden Interessen beider
Vertragsparteien ausgelegt werden, wobei darauf abzustellen ist, ob der Auftraggeber be-
rechtigterweise davon ausgehen durfte, daß der Vertragspartner für den Erfolg der Tätigkeit
einstehen will.

Wird dies verneint und ist demnach nur die Tätigkeit als solche geschuldet, handelt es sich
um einen Dienstvertrag mit der Folge, daß der Besteller bei Nichterreichen des gewünschten
(aber nicht vereinbarten) Erfolges keine Schadensersatz- oder Gewährleistungsansprüche
gemäß §§ 633 ff. BGB geltend machen kann.

Lediglich bei schuldhaft (anders als bei §§ 633 ff. BGB vom Besteller zu beweisen!) fehlerhafter Durchführung der Tätigkeit als solcher kann gegebenenfalls ein Anspruch aus positiver Vertragsverletzung angenommen werden.

Kommt es also dem Unternehmer beziehungsweise Instandhalter letztlich gerade auf den
Eintritt des Erfolges einer Tätigkeit (zum Beispiel Wiederherstellung eines ordnungsgemäßen

Maschinenzustandes = Instandsetzung) an, sollte dies ausdrücklich in den Vertragsvereinbarungen aufgenommen werden.

Begnügen sich dagegen die Vertragspartner mit einer allgemein gehaltenen Formulierung wie "Geschuldet ist die Instandhaltung der Maschine", so kann sich dies zu Lasten des Auftraggebers auswirken, wenn eine spätere rechtliche Auslegung zu einer Einordnung als Dienstvertrag führt. Die Folge sind in diesem Fall verkürzte beziehungsweise schwer durchsetzbare Ansprüche bei fehlerhafter Leistung.

Sachverhalt

Der Kläger, ein Zahnarzt, hat für den Beklagten zwei Kieferprothesen sowie verschiedene Goldkronen fertigen lassen und diese anschließend angepaßt. Hierfür verlangt er nunmehr im Klagewege das berechnete Honorar, welches der Beklagte unter Hinweis auf die Mangelhaftigkeit der Vertragserfüllung nicht zu zahlen bereit ist. So sei ihm selbst ein materieller Schaden dadurch entstanden, daß er aufgrund unzulässiger beziehungsweise gesundheitsgefährdender Beimengen in dem für die Kronen verwendeten Gold einen weiteren Zahnarzt in Anspruch habe nehmen müssen.

Wesentlicher Inhalt der Entscheidung

Gewährleistungsansprüche und Verjährung beim gemischten Vertrag.

Rechtliche Wertung durch das Gericht

"Der auf eine zahnprothetische Behandlung gerichtete Vertrag ist grundsätzlich Dienstvertrag; denn zahnärztliche Leistungen sind grundsätzlich Dienste höherer Art. Ein Arzt verspricht regelmäßig nur die sachgerechte Behandlung des Kranken, also seine ärztliche Tätigkeit, nicht aber den gewünschten Erfolg, die Heilung des Kranken. ... Das Gewährleistungsrecht des Werkvertrages gilt aber bei derartigen Verträgen insoweit, als eine spezifische zahnärztliche Heilbehandlung nicht vorliegt, sondern es sich nur um die technische Anfertigung der Prothese handelt.

... die technische Anfertigung einer Prothese (ist) keine Heilbehandlung ... Hierbei geht es vielmehr um ein Werk im Sinne der §§ 631 ff. BGB; ... Eine Leistung, die wesentlich durch die Anwendung medizinisch-wissenschaftlicher Erkenntnisse bestimmt würde ..., was auf Dienste höherer Art schließen ließe, ist hierzu ... (nicht erforderlich). ... Auch wenn der Zahnarzt die Prothese selbst nicht anfertigt, haftet er deshalb nach den §§ 633 ff. BGB dafür, daß die Prothese einwandfrei gefertigt ist. ...

Die zahnprothetische Behandlung bleibt ... (aber) insgesamt Dienstvertrag. Nur die Gewährleistung für die technische Herstellung der Prothese richtet sich nach dem Recht des Werkvertrages. Für die spezifisch zahnärztlichen Verrichtungen gelten hingegen auch insoweit die Vorschriften des Dienstvertrages. ...

Soweit es sich um die technische Herstellung der Prothese handelt, gilt die sechsmonatige Verjährungsfrist des § 638 Abs. 1 BGB; im übrigen aber die normale Verjährungsfrist von 30 Jahren (§ 195 BGB). ..."

Folgerungen für die Praxis

Nicht immer ist ein Vertrag nur einem Vertragstypus zuzuordnen. Dies gilt nicht nur für den Beispielsfall des Behandlungs-Vertrages, sondern auch und gerade für den Instandhaltungsvertrag, der sich häufig auf mehrere einzelne Vertragsleistungen bezieht.

Dies hat zur Folge, daß bei Auftreten von Leistungsstörungen das Recht des Vertragstypes anzuwenden ist, dem die in Frage stehende Leistung zugeordnet werden kann. Bei der Suche nach möglichen Anspruchsgrundlagen für Schadensersatz- und Gewährleistungsansprüche muß also exakt danach differenziert werden, welche Pflichten konkret verletzt worden sind. Handelt es sich demnach um einen dem Werkvertragsrecht zuzuordnenden Leistungsgegenstand wie etwa im Falle der Instandsetzung, so können die regelmäßig für den Besteller im Vergleich zum Dienstvertragsrecht günstigeren Regelungen der §§ 633 ff. BGB zur Anwendung gelangen.

Allerdings birgt diese rechtliche Einordnung auch insoweit eine Gefahr in sich, als die Ansprüche aus dem Werkvertragsrecht im Unterschied zum Dienstvertragsrecht gemäß § 638 BGB der kurzen Verjährung unterliegen, so daß der Besteller Gefahr läuft, diese gegebenenfalls nicht mehr gerichtlich durchsetzen zu können.

Im Hinblick darauf, daß - wie das Urteil hervorhebt - in einem sogenannten gemischten Vertrag verschiedene Anspruchsgrundlagen und damit auch Verjährungsfristen zum Tragen kommen können, empfiehlt sich bereits bei Vertragsabschluß beziehungsweise der Festlegung der Vertragsgegenstände eine rechtliche Bewertung der jeweiligen Leistungen. So kann gewährleistet werden, daß etwaige kurze Verjährungsfristen rechtzeitig Berücksichtigung finden.

Sachverhalt

Der Kläger nimmt die Beklagte auf Schadensersatz in Anspruch, weil sein Personenwagen einen Lagerschaden am Motor erlitten hat, der auf eine von der Beklagten ca. drei Wochen zuvor durchgeführte Inspektion mit Ölwechsel sowie Ersatz des Ölfilters und der Ventilschaftkappen zurückzuführen ist. Der am 30. Januar 1982 erhobenen Klage hält die Beklagte entgegen, daß die Schadensersatzansprüche nunmehr verjährt seien.

Wesentlicher Inhalt der Entscheidung

Verjährung von Schadensersatzansprüchen aus einem mangelhaft durchgeführten Werkvertrag (§ 635 BGB), Abgrenzung von engen und entfernten Mangelfolgeschäden.

Rechtliche Wertung durch das Gericht

"Der Bundesgerichtshof hat die Verjährungsvorschrift des § 638 Abs. 1 Satz 1 BGB, die für den Schadensersatzanspruch wegen eines Mangels die kurze Frist von sechs Monaten seit der Abnahme des Werkes vorsieht, nicht nur auf den Mangelschaden angewendet. Zur zweckgerechten Anwendung des § 638 BGB hat er in den Regelungsbereich dieser Vorschrift auch gewisse nächste "Mangelfolgeschäden" einbezogen, die mit dem Werkmangel "eng zusammenhängen". ...

Nach den Feststellungen des Berufungsgerichts ist der im Zusammenhang mit dem Ölwechsel verursachte Schaden zwar an einem anderen Rechtsgut des Bestellers, dem Fahrzeugmotor, eingetreten. Er ist jedoch als unmittelbar und eng auf der Mangelhaftigkeit der geschuldeten Werkleistung beruhend erachtet worden, weil der durch unzureichende Schmiermittelwirkung verursachte Motorschaden die typischerweise auftretende, zwangsläufige Folge des mangelhaften Werkes war, dessen Zweck das Berufungsgericht ohne Rechtsverstoß darin gesehen hat, durch ausreichende Schmierung Schäden der eingetretenen Art am Motor zu verhindern. Ein derartiges Werk wird nicht nur unmittelbar am Motor selbst durchgeführt, seine mangelhafte Durchführung wirkt sich darüber hinaus in einem engen

Zusammenhang im Motor aus. Eine ordnungsgemäße Schmierung dient ausschließlich der Erhaltung der allgemeinen Funktionsfähigkeit des Motors.

Soweit durch die mangelhafte Durchführung der in Auftrag gegebenen Arbeiten die Funktion des Motors beeinträchtigt worden ist, hat das Berufungsgericht ohne Rechtsfehler einen unmittelbaren und engen Zusammenhang zwischen der mangelhaften Werkleistung und dem Motorschaden angenommen mit der Folge, daß für die Verjährung eines darauf gestützten Schadensersatzanspruches die kurze Sechsmonatsfrist des § 638 BGB gilt. ..."

Folgerungen für die Praxis

Das Urteil des Bundesgerichtshofs befaßt sich mit der Frage, inwieweit die aus einer mangelhaft erbrachten Werkleistung folgenden Schadensersatzansprüche der kurzen Verjährungsfrist des § 638 BGB unterliegen.

So hebt das Gericht hervor, daß nicht nur die am Werk selbst auftretenden Mängel (sogenannte Mangelschäden) der sechsmonatigen Verjährungsfrist unterliegen. Hinsichtlich der an sonstigen Rechtsgütern des Bestellers eintretenden Schäden (Mangelfolgeschäden) ist danach zu differenzieren, ob ein enger Zusammenhang mit der Werkleistung besteht, die eine entsprechende Anwendung der kurzen Verjährungsfrist rechtfertigt. Dies ist nach der Definition des Gerichts im allgemeinen dann anzunehmen, wenn der eingetretene Schaden die "typischerweise zwangsläufig auftretende Folge" des mangelhaften Werkes ist beziehungsweise die mangelhafte Werkleistung sich zwangsläufig in dem Mangelfolgeschaden niederschlägt.

Wenngleich diese Abgrenzung nicht nur für den Laien, sondern auch für den Juristen infolge des allgemein gehaltenen Abgrenzungskriteriums im Einzelfall sehr schwierig sein kann, muß jedoch anhand der bislang von der Rechtsprechung entschiedenen Fälle versucht werden, eine relativ sichere Zuordnung vornehmen. So wurden beispielsweise in einem eine mangelhafte Kühlanlage betreffenden Fall die an dem Kühlgut entstehenden Schäden ebenfalls als unmittelbarer, der kurzen Verjährungsfrist unterliegender, Mangelfolgeschaden beurteilt.

Für die Unternehmen, die gerade im Bereich der Instandhaltung durchzuführende Arbeiten an Fremdfirmen vergeben, ist die rechtliche Einordnung des jeweiligen Schadens von entscheidender Bedeutung, da - wie der vorliegende Fall zeigt - je nach Art des Schadens ein unverzügliches Handeln beziehungsweise eine sofortige Klageerhebung geboten sein kann. Wird nämlich die kurze Frist des § 635 BGB versäumt, kann dies dazu führen, daß ein dem Grunde nach bestehender Anspruch nicht mehr durchgesetzt werden kann. Dies gilt unabhängig davon, wann der betreffende Mangel entdeckt worden ist, denn die kurze Verjährung beginnt bereits im Zeitpunkt der Abnahme der Werkleistung.

Demzufolge erscheint es dringend geboten, die erbrachten Werkleistungen unmittelbar auf mögliche Fehler zu untersuchen.

Das Abwarten bis zum Schadenseintritt kann - jedenfalls im Bereich des Werkvertragsrechts - zu weitreichenden Konsequenzen führen.

15. Bundesgerichtshof
   Quelle: BGHZ 58, Seite 306 ff.
   Stichwort: Verjährung

Sachverhalt

Die Beklagte hat im Auftrage der Versicherungsnehmerin der Klägerin in deren Werk zwei Schachtöfen von Gas- auf Ölfeuerung umgestellt. Ca. vier Jahre später kam es durch einen Bruch eines Ölzuleitungsrohrs zu einem Brand, der u.a. zu einem großen Schaden am Brennofengebäude führte.

Die Klägerin hat als Feuerversicherung der Auftraggeberin zunächst diesen Schaden ersetzt und macht nunmehr (ca. acht Jahre nach dem Brand) Schadensersatzansprüche aus übergegangenem Recht gegen die Beklagte geltend. Diese beruft sich auf Verjährung.

Wesentlicher Inhalt der Entscheidung

Abgrenzung von Mangelschaden, nahem und entferntem Mangelfolgeschaden, Verjährung von Schadensersatzansprüchen (pVV).

Rechtliche Wertung durch das Gericht

"(Nach Auffassung des Berufungsgerichts sind) vertragliche Ansprüche ... verjährt, weil bei Klageeinreichung ... die nach § 638 BGB für Bauwerke maßgebende fünfjährige Verjährungsfrist seit der Abnahme des Werkes ... bereits abgelaufen (ist). ...

Das Berufungsgericht hat zwar die abstrakten Rechtsgrundsätze, nach denen der Schadensersatzanspruch aus § 635 BGB von dem aus positiver Vertragsverletzung abzugrenzen ist, in seinem Urteil zutreffend wiedergegeben. .... Das Berufungsgericht hat diese ... aber auf den konkreten Fall fehlerhaft angewendet. ....

Es geht hier um den Brandschaden, der infolge des Bruchs der Ölleitung an den Werksgebäuden entstanden ist. Der Schaden betrifft also nicht unmittelbar das Werk der Beklagten, das heißt die Umstellung der beiden Brennöfen. ... Der diesem Werk unmittelbar anhaftende Schaden war der Bruch des Zuleitungsrohres. Um die Beseitigung dieses Schadens geht es hier nicht.

Entscheidend ist, ... daß der hier eingeklagte Schaden an einem anderen Rechtsgut ... als dem Werk der Beklagten, nämlich an den Werksgebäuden ... entstanden ist. Ein solcher Schaden steht im Sinne der erwähnten Rechtsprechung nicht in engem und unmittelbarem Zusammenhang mit dem fehlerhaften Werk der Beklagten. Es handelt sich vielmehr um einen ausgesprochenen Mangelfolgeschaden.

Es liegt hier auch keiner der Fälle vor, in denen der Senat aus besonderen Gründen einen "engen und unmittelbaren Zusammenhang" bejaht hat, zum Beispiel weil sich das fehlerhafte Architektenwerk ... erst in einem weiteren Werk, dem Bauwerk, verkörpert ("realisiert") ... oder weil es sich um Schäden handelt, die unmittelbar durch die Vorbereitung oder Durchführung der Mängelbeseitigung am Werk entstanden sind. ...

... Es bleibt daher dabei, daß der durch den Mangel des Werkes der Beklagten an einem anderen Rechtsgut ... verursachte Schaden ein mit dem Werk der Beklagten nicht mehr eng und unmittelbar zusammenhängender Schaden, sondern ein entfernterer Mangelfolgeschaden, das heißt ein Schaden aus positiver Vertragsverletzung ist, für den die allgemeine 30jährige Verjährungsfrist des § 195 BGB gilt."

Folgerungen für die Praxis

Aus diesem Urteil geht hervor, daß für die Abgrenzung von nahem und entferntem Mangelfolgeschaden das Kriterium des "engen und unmittelbaren Zusammenhangs" zwar allgemein anerkannt ist, dessen Anwendung auf den praktischen Fall infolge der generalklauselartigen Begriffsbestimmung schwierig ist.

Wenn - wie vorliegend - sogar zweitinstanzliche Gerichte eine vom BGH nicht bestätigte rechtliche Einordnung treffen, liegt es auf der Hand, daß selbst unter vergleichender Heranziehung der bisher von der Rechtsprechung entschiedenen Fälle der in der Praxis betroffene Unternehmer sich nicht auf seine eigene Wertung verlassen kann.

Um letztendlich völlig sicher zu gehen, daß etwaigen Schadensersatzansprüchen nicht infolge des Eingreifens der kurzen Verjährungsfrist des § 635 BGB die Verjährungseinrede entgegengesetzt wird, sollte in jedem Fall bei beziehungsweise nach Abnahme eines Werkes eine Überprüfung hinsichtlich Funktionstauglichkeit, ordnungsgemäßer Werksleistung etc. erfolgen.

Sachverhalt

Auf der Grundlage eines Werkvertrages hat der Kläger für den Beklagten eine Dachgaube erstellt. Gegenüber der mit der Klage geltend gemachten restlichen Werklohnforderung in Höhe von 4058,34 DM hat der Beklagte die Aufrechnung erklärt. Die zur Aufrechnung gestellte Gegenforderung des Beklagten beruht auf dem Umstand, daß die vom Kläger erbrachte Werkleistung mangelhaft war und der Beklagte zur Beseitigung des Mangels einen Betrag von über 4250 DM aufwenden mußte.

Wesentlicher Inhalt der Entscheidung

Auswirkungen der vorbehaltlosen Abnahme eines Werkes auf die Gewährleistungs- und Schadensersatzansprüche.

Rechtliche Wertung durch das Gericht

"Die vorbehaltlose Abnahme hat ... nicht zum Untergang des Schadensersatzanspruches des Beklagten geführt.

Der nach § 640 Abs. 2 BGB eintretende Rechtsverlust erstreckt sich nur auf die unter §§ 633, 634 bestimmten Ansprüche, nicht aber auch Schadensersatzansprüche nach § 635 BGB. ...

Das folgt nicht nur aus dem eindeutigen Gesetzeswortlaut, sondern ist auch interessengerecht. ... Im Hinblick auf die im Werkvertragsrecht geltende klare Teilung zwischen den verschuldensunabhängigen Ansprüchen der §§ 633, 634 BGB (die allein in § 640 Abs. 2 BGB genannt werden) und dem ein Verschulden voraussetzenden Schadensersatzanspruch des § 635 BGB besteht kein Anlaß, dem das Werk rügelos abnehmenden Besteller auch den Schadensersatzanspruch zu nehmen und damit den Unternehmer auch von den Folgen *schuldhafter* Vertragsverletzung freizustellen. ...

Die erforderlichen Nachbesserungskosten sind hier ein zu ersetzender Schaden. ... Er (der Aufwand) ist erforderlich, um den am Eigenheim des Beklagten durch die mangelhafte Dachgaube eingetretenen Schaden wieder zu beheben. ...

Die Revision macht geltend, § 635 BGB gewähre Schadensersatzansprüche nur "statt der Wandlung oder der Minderung", setze also das Bestehen der gemäß § 640 Abs. 2 BGB untergegangenen Rechte gerade voraus. Dabei läßt sie außer acht, daß die dort getroffene Regelung auf der Zweiteilung in verschuldensabhängige ... und ein Verschulden voraussetzende Ansprüche ... beruht. Daraus ergibt sich, daß der verschuldensabhängige Schadensersatzanspruch des § 635 BGB auch dann bestehen bleiben soll, wenn die aus §§ 633, 634 BGB folgenden Ansprüche gemäß § 640 Abs. 2 BGB erlöschen. ...

Ist das Recht des Bestellers auf Nachbesserung oder Minderung ... untergegangen; kommt nur noch der Schadensersatzanspruch zum Tragen, soweit ... dessen Voraussetzungen gegeben sind."

Folgerungen für die Praxis

Wenngleich es hier schwerpunktmäßig um den aus § 635 BGB folgenden Schadensersatzanspruch geht, auf welchen die Vorschrift des § 640 Abs. 2 BGB keine Anwendung findet, wird doch deutlich, welche Auswirkungen eine Abnahme auf den Nachbesserungsanspruch des § 633 BGB sowie auf die Gewährleistungsrechte des § 634 BGB haben kann. In diesen Vorschriften ist bestimmt, daß dem Besteller im Falle der Mangelhaftigkeit des Werkes grundsätzlich ein Anspruch auf Wandlung (= Rückabwicklung des Vertrages) oder Minderung (= Herabsetzung des Werklohnes) zusteht, sofern er zuvor dem Unternehmer eine Frist zur Mängelbeseitigung gesetzt hat unter der Androhung, daß er das Werk nach Ablauf der Frist ablehnen wird.

Etwas anderes gilt gemäß § 640 Abs. 2 BGB allerdings dann, wenn der Besteller das Werk in Kenntnis eines Mangels abnimmt, ohne sich die genannten Rechte vorzubehalten.

Dabei ist unter Abnahme nicht nur die körperliche Entgegennahme des Werkes zu verstehen, sondern vielmehr zusätzlich dessen Billigung als vertragsgemäße Leistung durch den Besteller. Da diese Anerkennung des Werkes auch durch schlüssige Handlung erfolgen und damit gegebenenfalls schon in der bloßen Hinnahme des Vertragsgegenstandes liegen kann, muß der Vorbehalt im Sinne von § 640 Abs. 2 BGB ausdrücklich vom Besteller zum Ausdruck gebracht werden.

Geschieht dies nicht oder ist ein ausgesprochener Vorbehalt in einem späteren Prozeß nicht zu beweisen, verliert der Besteller seine aus §§ 633, 634 BGB folgenden Ansprüche.

Zwar verbleibt ihm, wie das Urteil deutlich hervorhebt, in diesem Fall der Anspruch auf Schadensersatz und in diesem Rahmen auch ein Anspruch auf Ersatz der Mängelbeseitigungskosten, doch setzt dies neben einer Fristsetzung im Unterschied zu § 634 BGB zusätzlich ein Verschulden des Unternehmers in bezug auf die Mangelhaftigkeit voraus, was nicht immer gegeben beziehungsweise zu beweisen ist!

Daraus folgt, daß sich jeder Fremdleistung vergebende Unternehmer beziehungsweise Instandhalter der Wirkung einer Abnahme bewußt sein sollte, um zum Erhalt etwaiger Ansprüche einen Vorbehalt aussprechen zu können. Ferner sollte darauf geachtet werden, daß dies später, beispielsweise durch Zuziehung von Zeugen oder durch schriftliche Bestätigung, nachgewiesen werden kann.

Sachverhalt

Die Parteien streiten darüber, ob zwischen ihnen aufgrund des § 10 Abs. 1 Satz 1 AÜG ein Arbeitsverhältnis als zustandegekommen gilt.

Der Kläger, ein gelernter Schlosser, schloß im Jahre 1980 mit einer - im folgenden als Streithelferin bezeichneten - Firma einen Arbeitsvertrag ab. Diese beschäftigt - ohne besondere Erlaubnis nach dem AÜG - ca. 150 Arbeitnehmer, welche vorwiegend in Fremdfirmen eingesetzt werden. So wurde auch der Kläger ausschließlich in der Instandhaltungsabteilung im Werk der Beklagten tätig, welche als Unternehmen der Automobilindustrie zur Durchführung von Instandhaltungsarbeiten fortlaufend Fremdmitarbeiter einsetzt.

Nachdem der Kläger auf der Grundlage des mit der Streithelferin abgeschlossenen Arbeitsvertrages ca. sieben Jahre für die Beklagte tätig war, vertritt er nunmehr die Auffassung, daß zwischen ihm und der Beklagten ein unbefristetes Arbeitsverhältnis zustandegekommen ist.

Wesentlicher Inhalt der Entscheidung

Abgrenzung zwischen Werkvertrag/Arbeitnehmerüberlassungsvertrag: Folgen unerlaubter Arbeitnehmerüberlassung.

Rechtliche Wertung durch das Gericht

"... Nach ... § 9 Nr. 1 AÜG sind Verträge zwischen Verleihern und Entleihern sowie zwischen Verleihern und Leiharbeitnehmern unwirksam, wenn der Verleiher nicht die für eine gewerbsmäßige Arbeitnehmerüberlassung ... erforderliche ... Erlaubnis besitzt. Für diesen Fall ... gilt nach ... § 10 Abs. 1 AÜG ein Arbeitsverhältnis zwischen dem Entleiher und dem Leiharbeitnehmer als zustandegekommen. Der Eintritt dieser gesetzlichen Fiktion setzt mithin voraus, daß nach dem Inhalt der vertraglichen Vereinbarungen ... der Tatbestand der gewerbsmäßigen und damit erlaubnispflichtigen Arbeitnehmerüberlassung vorliegt, daß es sich also ... nicht ... um einen Werk- oder Dienstvertrag handelt, in dessen Rahmen der

Arbeitnehmer lediglich als Erfüllungsgehilfe seines Arbeitgebers in dem Betrieb des Dritten tätig wird. ....

Über die rechtliche Einordnung des Vertrages entscheidet der Geschäftsinhalt und nicht die von den Parteien gewünschte Rechtsfolge oder eine Bezeichnung, die tatsächlich dem Vertragsinhalt nicht entspricht. ...

(Die) ... Auslegung der schriftlichen ... Verträge und ihre Würdigung als gemischte Dienst- und Werkverträge ... begegnet für sich allein keinen rechtlichen Bedenken. Danach hat sich die Streithelferin in diesen Verträgen gegenüber der Beklagten verpflichtet, bestimmte ... Werk- und Dienstleistungen mit eigenem Personal zu erbringen, die hierzu notwendigen Handlungen selbst zu organisieren und die zur Vertragserfüllung von ihr einzustellenden Arbeitskräfte selbst zu beaufsichtigen. Dem entsprechen auch die vertraglichen Regelungen über die Haftung der Streithelferin. ...

... Zur Würdigung der praktischen Durchführung der zwischen der Beklagten und der Streithelferin abgeschlossenen Verträge bedarf es einer Gesamtbetrachtung aller für die rechtliche Einordnung der Vertragsbeziehungen wesentlichen Umstände.

... Zu Unrecht hat das Landesarbeitsgericht allein aus der Tatsache, daß die Streithelferin im Betrieb der Beklagten durch Bauleiter vertreten war, gefolgert, der Kläger habe seine Arbeiten nicht ausschließlich nach Weisungen der Beklagten ausgeführt. ...

Wenn die Bauleiter der Streithelferin dem Kläger - wie dieser vorgegeben hat - viele Jahre hindurch keine Weisungen in bezug auf seine Arbeitsleistung erteilt haben, sondern dies ... der Beklagten ... überließen, so deutet das darauf hin, daß der Kläger ... zur Arbeitsleistung überlassen worden ist. ...

... Zur rechtlichen Einordnung (bedarf es jedoch) näherer tatrichterlicher Feststellung über (die) ... praktische Durchführung, die zwischen den Parteien streitig ist. ..."

Folgerungen für die Praxis

Das Urteil zeigt grundlegende Kriterien auf, nach denen im Rahmen eines drittbezogenen Personaleinsatzes Arbeitnehmerüberlassungs- und Werkverträge voneinander abzugrenzen sind. So ist unter anderem nach den Festlegungen des Gerichts darauf abzustellen, ob der Unternehmer beziehungsweise Entleiher die zur Erreichung des wirtschaftlichen Erfolges notwendigen Handlungen nach eigenen betrieblichen Voraussetzungen organisiert, ob er für die Herstellung des geschuldeten Werkes gegenüber dem Drittunternehmen verantwortlich ist und ob die zur Ausführung des Vertrages eingesetzten Arbeitnehmer den Weisungen des

Unternehmers unterliegen und damit dessen Erfüllungsgehilfen sind. Nur soweit dies bejaht werden kann, handelt es sich um einen Werkvertrag.

Das Gericht hebt deutlich hervor, daß die Bezeichnung des zwischen Auftraggeber und Auftragnehmer geschlossenen Vertrages nicht entscheidend ist. Neben der Ausgestaltung der vertraglichen Verpflichtungen ist vor allem die praktische Durchführung des Vertrages von Bedeutung. Widerspricht diese den vertraglichen Festlegungen, so ist sie vorrangig für die Zuordnung zu einem Vertragstyp heranzuziehen.

Daraus folgt, daß ein Unternehmen, welches Instandhaltungsaufträge an andere Firmen vergibt, den Folgen der unerlaubten Arbeitnehmerüberlassung nicht schon dadurch entgehen kann, daß es die entsprechende vertragliche Vereinbarung als Werkvertrag bezeichnet. Maßgeblich ist, daß die vertraglichen Festlegungen - nach den genannten Kriterien - denen eines Werkvertrages entsprechen und daß vor allem die Vertragsdurchführung mit diesen Bestimmungen konform ist.

Ist dies nicht der Fall, so riskieren die Unternehmen bei der Fremdvergabe von Instandhaltungsleistungen einen unerwünschten Personalzuwachs, wenn das verleihende Unternehmen nicht über die erforderliche Erlaubnis zur Arbeitnehmerüberlassung verfügt.

Wenngleich vorliegend diese Rechtsfolge infolge der Rückverweisung an das zuvor mit der Entscheidung befaßte Gericht nicht im Urteil ausgesprochen wurde, zeigt doch die Klageerhebung als solche (Klage auf Feststellung des Bestehens eines Arbeitsverhältnisses) die Bedeutung einer eindeutigen Vertragsabgrenzung auf. Soweit es sich danach um Arbeitnehmerüberlassung handelt, muß sich das Unternehmen vom Vorliegen der Erlaubnis beim Auftragnehmer überzeugen.

Sachverhalt

Der Kläger, ein Tontechniker, klagt auf Feststellung, daß zwischen ihm und dem beklagten Rundfunk ein unbefristetes Arbeitsverhältnis besteht.

Auf der Grundlage eines mit einer Verleiherfirma H abgeschlossenen Arbeitsvertrages war der Kläger über Jahre hinweg ausschließlich für den Beklagten in der Weise tätig, daß er nach einem durchgehenden dreimonatigen Einsatz beim Beklagten jeweils eine einmonatige Zwangspause einlegte, in welcher er bei der Verleiherfirma Telefondienst versah. Diese verfügt über die nach § 1 AÜG erforderliche Erlaubnis zur Arbeitnehmerüberlassung.

Der Kläger ist der Auffassung, daß sein Einsatz beim Beklagten infolge der Überschreitung der in § 1 Abs. 2 AÜG in Verbindung mit § 3 Abs. 1 Nr. 6 AÜG (alte Fassung) normierten dreimonatigen Höchstgrenze eine unzulässige Arbeitsvermittlung darstelle, die gemäß § 13 AÜG zur Begründung eines Arbeitsverhältnisses zum Beklagten geführt habe.

Wesentlicher Inhalt der Entscheidung

Abgrenzung von Arbeitnehmerüberlassung und Arbeitsvermittlung, Vermutungswirkung des § 1 Abs. 2 AÜG, Folgen unerlaubter Arbeitsvermittlung.

Rechtliche Wertung durch das Gericht

"... Der Sinn der Regelung des ... § 13 AÜG ... erschließt sich erst, wenn man sie im Zusammenhang mit ... § 1 Abs. 2 AÜG betrachtet. ... Diese gesetzliche Vermutung bedeutet, daß unter den genannten Voraussetzungen die Überlassung des Arbeitnehmers an einen Dritten als Zusammenführung des Arbeitnehmers mit dem Dritten zur Begründung eines Arbeitsverhältnisses (Arbeitsvermittlung ...) angesehen wird. ...

Die Vermutung des ... § 1 Abs. 2 AÜG muß sich dann auch im Rahmen des ... § 13 AÜG auswirken mit der Folge, daß in diesen Fällen durch die vermutete Arbeitsvermittlung auch ein Arbeitsverhältnis zwischen dem Arbeitnehmer und dem Dritten, dem er zur Arbeitsleistung überlassen worden ist, als zustande gekommen gilt, aus dem nach ... § 13 AÜG gesicherte arbeitsrechtliche Ansprüche des Arbeitnehmers ... erwachsen. ...

Dem Landesarbeitsgericht ist auch darin zuzustimmen, daß die Arbeitsvermittlungsvermutung des ... § 1 Abs. 2 AÜG hier eingreift, weil gegen die in ... § 3 Abs. 1 Nr. 6 AÜG a. F. normierte dreimonatige Einsatzbegrenzung verstoßen worden ist.

Im vorliegenden Falle wurde der Kläger turnusmäßig nach jeweils dreimonatigem Einsatz bei dem Beklagten für jeweils einen Monat aus dessen Betrieb zurückgezogen. Dieses turnusmäßige Aussetzen der Arbeit bei dem Beklagten ist jedoch nicht als rechtserhebliche Unterbrechung der Überlassung der Klägers in dem Sinne zu werten, daß damit die jeweils vorangegangene Überlassung ihren Abschluß gefunden hätte und mit der Wiederaufnahme der Tätigkeit des Klägers ... ein neuer Überlassungsfall mit neu anlaufender Dreimonatsfrist beginne.

... (der) Gesetzeszweck gebietet es, kurzfristige Unterbrechungen des Arbeitseinsatzes unberücksichtigt zu lassen, wenn eine Gesamtbetrachtung ergibt, daß die wiederholte Überlassung desselben Arbeitnehmers der Deckung eines längerfristigen Arbeitskräftebedarfs dient. ...

Eine Unterbrechung ist unerheblich, wenn zwischen dem vorangegangenen Einsatz des Leiharbeitnehmers und seiner weiteren Überlassung an denselben Entleiher ein enger sachlicher Zusammenhang besteht. ... Hierbei kommt es insbesondere auf Anlaß und Dauer der Unterbrechung sowie auf die Art der Weiterbeschäftigung an ...

... Für die einzelnen Überlassungsfälle gab es (vorliegend) keine unterschiedlichen Einsatzgründe ...; vielmehr sollte ein Dauerbeschäftigungsbedarf abgedeckt werden. ..."

Folgerungen für die Praxis

Das Gericht hebt in seiner Entscheidung hervor, daß das Eingreifen des Vermutungstatbestandes des § 1 Abs. 2 AÜG nicht dadurch vermieden werden kann, daß kurzzeitige Unterbrechungen der Überlassung an denselben Entleiher erfolgen. Ergibt sich nämlich aus einer Gesamtbetrachtung des Arbeitseinsatzes, daß die wiederholten Überlassungen an denselben Entleiher der Deckung eines längerfristigen Arbeitskräftebedarfs dienen sollen, so handelt es sich um (vermutete) private Arbeitsvermittlung.

Diese ist zwar seit der Gesetzesänderung im Jahre 1994 nicht mehr generell unzulässig, kann jedoch nur mit einer speziell auf die Vermittlungstätigkeit ausgerichteten Erlaubnis zulässig betrieben werden.

Handelt der Vermittler ohne eine solche Erlaubnis und damit unzulässig, so kann auch dies - ähnlich wie die unerlaubte Arbeitnehmerüberlassung - weitreichende Folgen haben.

Das Urteil stellt diesbezüglich noch auf den seit dem 1. April 1997 nicht mehr geltenden § 13 AÜG ab, aus dem es im Falle der unerlaubten Arbeitsvermittlung ein Arbeitsverhältnis kraft gesetzlicher Fiktion zwischen Entleiher und Leiharbeitnehmer ableitet.

Mit dem Wegfall des § 13 AÜG ist hinsichtlich der Folgen einer unerlaubten Arbeitsvermittlung allein auf das Arbeitsförderungsgesetz (AFG) abzustellen. Hier ist in § 24 a AFG bestimmt, daß (sämtliche) Vereinbarungen mit einem Arbeitsvermittler keinen Bestand haben, sofern dieser nicht über eine betreffende Erlaubnis verfügt. Folglich ist weder der Arbeitsüberlassungsvertrag (beziehungsweise Arbeitsvermittlungsvertrag) noch der zwischen Verleiher und Arbeitnehmer geschlossene Arbeitsvertrag wirksam.

Da nach allgemeiner Auffassung die Vorschrift des § 24 a AFG keine Auswirkungen auf das Verhältnis zwischen Entleiher und Arbeitnehmer hat, wird die Wirksamkeit eines möglicherweise entstandenen Arbeitsverhältnisses zwischen diesen Personen nicht berührt.

Hervorzuheben ist an dieser Stelle, daß ein Arbeitsverhältnis nicht nur durch einen abgeschlossenen Arbeitsvertrag entstehen kann. Vielmehr ist bei langfristiger Erbringung der Arbeitsleistung an den Entleiher von einem faktischen Arbeitsverhältnis auszugehen.

Die Unternehmer sollten daher darauf achten, daß die zulässige Überlassungsfrist von jetzt zwölf (statt früher - wie im Urteil - drei) Monaten nicht beziehungsweise nicht wiederholt überschritten wird. Anderenfalls riskieren sie einen möglicherweise unerwünschten Personalzuwachs, denn nach dem oben Gesagten wird bei Überschreiten des angegebenen Zeitraumes vermutet, daß Arbeitsvermittlung betrieben wurde mit der Folge, daß regelmäßig der Leiharbeitnehmer in einem Arbeitsverhältnis zum Entleiher und nicht zum Verleiher steht.

19. Oberlandesgericht Düsseldorf
Quelle: Entscheidungssammlung Schmidt-Salzer, Strafrecht IV.2.10
Stichwort: Ordnungswidrigkeit gemäß § 130 OWiG

Sachverhalt

In dem Betrieb eines Bauunternehmers wurde im Rahmen einer Überprüfung einer Baustelle die Verletzung von Unfallverhütungsvorschriften festgestellt. Der Unternehmer kümmert sich im wesentlichen um die kaufmännische Seite seines Unternehmens und hat sich darauf verlassen, daß die richtige Ausrüstung der Baustelle durch seinen Sicherheitsbeauftragten gewährleistet gewesen ist. Daß die den Arbeitern zur Verfügung stehenden persönlichen Schutzausrüstungen auch getragen und benutzt werden, ist in seinen Augen eine Angelegenheit des Sicherheitsbeauftragten gewesen.

Wesentlicher Inhalt der Entscheidung

Verletzung von Überwachungspflichten.

Rechtliche Wertung durch das Gericht

"Bei der Fülle der ihm (dem Unternehmer) obliegenden gesetzlichen Pflichten und Aufgaben auf allen Gebieten der gewerblichen Betätigung ist er jedoch häufig praktisch außerstande, diese selbst im einzelnen wahrzunehmen. In diesem Fall hat er die Überwachung des Betriebes auf Einhaltung solcher Verpflichtungen durch fachkundige Dritte vornehmen zu lassen. Wird der Rahmen einer bestimmten Größenordnung oder Betriebsstruktur überschritten, so kommt für den Inhaber nur noch die Verletzung der Aufsichtspflicht nach § 130 OWiG ... in Betracht, soweit er an den Verstößen selbst nicht mitgewirkt und auch von ihnen keine Kenntnis erlangt hat.

Die Bestellung eines Sicherheitsbeauftragten im Sinne von § 719 RVO reicht jedenfalls nicht aus, um den Unternehmer zu entlasten. Der Sicherheitsbeauftragte hat nach dem Gesetz nur die Aufgabe, den Betriebsinhaber bei der Unfallverhütung zu unterstützen, nicht aber mit Weisungsbefugnissen verbundene Aufsichtspflichten zu übernehmen oder Verantwortung anstelle des Unternehmers zu tragen."

Folgerungen für die Praxis

Im vorliegenden Fall verläßt sich der Unternehmer darauf, daß er mit der Bestellung von Sicherheitsbeauftragten seine Aufgaben hinsichtlich Arbeitsschutz erfüllt habe. Arbeitsschutz ist jedoch nicht Sache der Beauftragten. Die Beauftragten haben lediglich unterstützende Funktion, das heißt Beratungs- und Hinwirkungsrechte. Die Verantwortung für den Arbeitsschutz im Unternehmen verbleibt alleine bei den Führungskräften. Hier geht es wieder darum, daß allen Mitarbeitern auf allen Hierarchieebenen vorgegeben werden muß, welche Aufgaben sie im Arbeitsschutz zu erfüllen haben. Um den einzelnen Mitarbeitern deutlich vor Augen zu führen, welche Aufgaben sie im Bereich des Arbeitschutzes wahrzunehmen haben, sind genaue schriftliche Aufgabenbeschreibungen notwendig. Mit der Unterzeichnung der Aufgabenbeschreibung kann gleichzeitig eine Verbindlichkeitserklärung auf Einhaltung aller festgelegten Aufgaben abgegeben werden.

Sachverhalt

Ein Zylinder, der bei der Produktion von Chlornitrobenzol (CNB) als Zwischenlagerbehälter diente, mußte wegen Reparatur- und Wartungsarbeiten zunächst geleert und dann gereinigt werden. Zum Abscheiden des gelösten CNBs gab es in dem Werk eine spezielle Anlage, die allerdings aus Gründen der Arbeitserleichterung nicht genutzt wurde. Das hatte zur Folge, daß erhebliche Mengen CNB in den naheliegenden Fluß geleitet wurden. Der Betriebsführer und sein Stellvertreter wurden wegen Gewässerverunreinigung gemäß § 324 StGB verurteilt.

Wesentlicher Inhalt der Entscheidung

Verletzung von Organisationspflichten einschließlich Aufsichts- und Überwachungspflichten bezüglich der Einhaltung erlassener Organisationsrichtlinien und Organisationsanweisungen.

Rechtliche Wertung durch das Gericht

"Der Angeklagte ... war als Betriebsleiter im Rahmen dieses Verantwortungsbereiches ... für den Gewässerschutz verantwortlich.

Ferner waren für die Reinigung maßgebend die von dem angeklagten Betriebsführer selbstverfaßte Betriebsanweisung sowie die dargestellten und beschriebenen Regeln, die sich im Laufe der Zeit mit Kenntnis und Billigung des Angeklagten für die Reinigung herausgebildet hatten. Aufgrund dieser Umstände wußte er auch, wie die Reinigung dieses Behälters in seiner Abwesenheit vorgenommen werden würde.

Obwohl der Betriebstechniker die Restmenge an CNB vor dem Spülvorgang nicht vollständig abließ, und damit gegen die Betriebsanweisung verstieß, haftet der Betriebsführer auch für dieses Fehlverhalten. ... Denn dieses Fehlverhalten beruhte ganz offensichtlich auf einem Gewöhnungsprozeß und damit auf einer unzureichenden Überwachung. Die vollständige Entleerung der Vorlagebehälter ist ganz offensichtlich auch schon bei den vorangegangenen Spülvorgängen nicht strikt beachtet worden. Wie mangelhaft die Überwachung überhaupt gehandhabt worden war, ergibt sich aus dem Umstand, daß … ein langjähriger Schicht-führer, die von dem angeklagten Betriebsführer verfaßte Betriebsanweisung noch nicht ein-mal kannte. Darüber hinaus war diese Betriebsanweisung für den konkreten Reinigungs- und Spülvorgang … viel zu ungenau und zu global, da sie für alle möglichen Behälter und Apparate galt und für zwei verschiedene Betriebe konzipiert war. Angesichts der Tatsache, daß … ein wassergefährdender Stoff gelagert wird, hätte der Betriebsführer die hier notwen-dig werdenden Reinigungs- und Wartungsarbeiten detailliert beschreiben und dabei auch an-geben müssen, in welcher Weise die vollständige Entleerung dieser Behälter sicherzustellen und die Wiederverwertung der Restmenge an CNB vorzunehmen war.

Der angeklagte Betriebsführer hätte bei Erfüllung dieser Verpflichtung auch die Entstehung der dargestellten ungeschriebenen Regeln, die überdies eklatant gegen die anerkannten Re-geln der Technik verstießen, verhindern können. Aufgrund all dieser Umstände bleibt der Angeklagte für die begangenen Verstöße gegen die allgemein anerkannten Regeln der Tech-nik bei der in seiner Abwesenheit vorgenommenen Reinigung und Wartung des Zylinders verantwortlich.

Der angeklagte Stellvertreter trat als Urlaubsvertreter des angeklagten Betriebsführers in des-sen Verantwortungsbereich ein. Er kannte den gesamten Ablauf des Spülvorganges. Er hat bei seinen täglichen Rundgängen auch die Vorbereitungen zur Reinigung und sodann auch den tatsächlichen Spülvorgang wahrgenommen. Er hat den Ablauf, so wie er vorgenommen wurde, gebilligt und damit auch dafür die Verantwortung übernommen.

Bei diesem … abgesetzten CNB konnte es sich nur um eine vorher aus dem Zylinder nicht abgelassene Restmenge von CNB handeln. Er hätte deshalb sofort … und nicht erst später anordnen müssen, daß die kleine fahrbare Schikane von dem abgesetzten CNB leergeräumt wird."

Folgerungen für die Praxis

Hier liegt ein Verstoß gegen sämtliche übliche, von der Rechtsprechung geforderten Organi-sationspflichten vor. Anweisungs-, Auswahl- und Überwachungspflichten wurden nicht oder nur unzureichend wahrgenommen. Hier liegt wieder eine "Organisationsabstinenz" vor, die ein solches Fehlverhalten der Mitarbeiter fördert. In jedem Unternehmen muß klargestellt sein, daß Anweisung, Auswahl und Überwachung die Sicherheit im Arbeitsschutz im Unter-nehmen erhöht und nicht dazu dient, Mitarbeiter zu drangsalieren. Hier fehlt nur noch seitens der Hauptbeschuldigten der vermeintlich entlastende Satz, man habe doch nur kreativ sein wollen und dem wirtschaftlichen Zwang dienen wollen. In jedem Unternehmen, in dem die Unternehmensphilosophie die Organisation nicht anerkennt, können solche unakzeptablen Verstöße erfolgen.

21. **Bundesgerichtshof**
Quelle: Neue Juristische Wochenschrift, Rechtsprechungsreport
1989, Seite 339 ff.
Stichwort: Regreß gemäß § 640 RVO

Sachverhalt

Die Klägerin, eine Berufsgenossenschaft, verlangt von dem Beklagten Ersatz der Aufwendungen, die sie aus Anlaß des tödlichen Arbeitsunfalles ihres Versicherten F. erbracht hat. Der Beklagte war Leiter der Montagearbeiten an einem Sporthallendach.

F. bohrte auf dem Dach dieser im Bau befindlichen Sporthalle Löcher in eine Stahlzarge. Im Rahmen dieser Arbeiten stürzte er durch die offene und nicht abgesicherte Shedlichtöffnung auf den Hallenboden ab, wobei er sich tödliche Verletzungen zuzog.

Wesentlicher Inhalt der Entscheidung

Grobe Fahrlässigkeit wegen Verletzung von Aufsichtspflichten.

Rechtliche Wertung durch das Gericht

"Nun ist zwar ... nicht jeder Verstoß gegen eine UVV schon für sich als schwere Verletzung der Sorgfaltspflicht anzusehen. Im Streitfall fällt bei der Bewertung des objektiven Schweregrades der Pflichtwidrigkeit jedoch erheblich ins Gewicht, daß der Beklagte ... gegen eine UVV verstoßen hat, die sich mit Vorrichtungen zum Schutz der Arbeiter vor tödlichen Gefahren befaßt und somit elementare Sicherungspflichten zum Inhalt hat.

Der Verstoß des Beklagten gegen diese UVV ist zudem auch deshalb besonders gravierend, weil der Beklagte nicht etwa nur unzureichende Sicherungsmaßnahmen getroffen, sondern von den vorgeschriebenen Schutzvorkehrungen völlig abgesehen hat, obwohl die Sicherungsanweisungen eindeutig waren.

Weiter vermag auch eine große Erfahrung einen Monteur nicht sicher davor zu bewahren, bei Bohrarbeiten am ungesicherten Rande eines hohen Flachdaches das Übergewicht zu bekommen oder aus anderen Gründen abzustürzen. Nicht zuletzt deshalb gelten Unfallverhütungsvorschriften für alle Beschäftigten ohne Rücksicht auf ihre mehr oder weniger große

Berufserfahrung; sie sollen vor typischen Gefährdungen eines Gewerbes schützen und nicht Erfahrungsdefizite ausgleichen.

Dem Beklagten, der als verantwortlicher Leiter der Montagearbeiten die einschlägigen UVV kennen mußte, ist ... auch subjektiv ein gegenüber einfacher Fahrlässigkeit gesteigerter Schuldvorwurf zu machen. Sein objektiver Pflichtenverstoß gegen § 12 Abs. 1 Nr. 1 der UVV "Bauarbeiten" hat schon ... ein derart großes Gewicht, daß er bereits deshalb den Schluß auf ein auch subjektiv beträchtliches Verschulden des Beklagten nahelegt.

Es kommt erschwerend hinzu, daß der Beklagte .... vor Beginn der Montagearbeiten mit seinen Vorgesetzten ausdrücklich über das Anbringen von Abfangnetzen gesprochen hat, solche Netze dann aber nicht hat installieren lassen, weil keine vorrätig waren. ...."

Folgerungen für die Praxis

Der vorliegende Fall zeigt deutlich auf, daß trotz Bewußtsein über die Gefährdung nicht entsprechend gehandelt wurde. Die entsprechenden Tätigkeiten waren einige Tage vor dem geplanten Datum durchzuführen, man unterhielt sich vor Durchführung der Tätigkeiten über die notwendigen Schutzmaßnahmen, ergriff diese aber nicht.

Offensichtlich war in diesem Unternehmen unklar, wo die Prioritäten zu setzen sind, bei Sicherheit der durchzuführenden Arbeiten oder bei Terminprioritäten.

Dies passiert oft, solange es keine erklärte Politik der Unternehmensleitung gibt, daß Arbeitsschutzbelange unbedingten Vorrang haben vor wirtschaftlichen oder zeitlichen Interessen. Es fehlt am vorbildhaften Vorleben der Führungskräfte, die von oben nach unten dafür sorgen müssen, daß diese Unternehmenspolitik zum Arbeitsschutz im Unternehmen umgesetzt wird. Wenn es hier kein Bewußtsein gibt, wenn es kein Vorleben der Konsequenzen aus diesem Bewußtsein gibt, wird man leicht alle anderen Interessen den Arbeitsschutzinteressen voranstellen.

Sachverhalt

Der Arbeiter E. war damit beschäftigt, in einem, entgegen den Bestimmungen in den einschlägigen Unfallverhütungsvorschriften, völlig ungesicherten Teil eines ausgehobenen Grabens Rohrleitungen zu verlegen. Der Angeklagte hat währenddessen die Baggerarbeiten in diesem Teilabschnitt fortgesetzt, obwohl das zunächst ausgehobene Teilstück mit unzureichenden Mitteln verbaut worden war. Außerdem lagerte er entgegen den Unfallverhütungsvorschriften den Erdaushub unmittelbar am Grabenrand ab. Der Arbeiter E. kam bei der Durchführung dieser Arbeiten ums Leben.

Wesentlicher Inhalt der Entscheidung

Verletzung von Organisationspflichten.

Rechtliche Wertung durch das Gericht

"Der Angeklagte unterließ es, dafür Sorge zu tragen, daß der nicht entsprechend § 28 Abs. 1, UVV "Bauarbeiten", abgeböschte Leitungsgraben ..., gemäß Abs. 2 der genannten Vorschrift in Verbindung mit DIN 4124 ordnungsgemäß so verbaut wurde, daß eine Gefährdung der übrigen mit den Arbeiten Beschäftigten ausgeschlossen war.

Dem Angeklagten, der ... diejenige Person an der Baustelle war, der über besondere Tiefbauerfahrungen verfügte, hätten als Fachmann die einschlägigen Unfallverhütungsvorschriften bekannt sein müssen. Er mußte für ihre Einhaltung Sorge tragen. Er kann sich demgegenüber nicht mit Erfolg darauf berufen, daß der Verbau des Grabens nicht Gegenstand des ihm erteilten Auftrages gewesen sei und er im übrigen die Baggerarbeiten und die Ablagerungen des Aushubs auf Anweisung des E. vorgenommen habe.

Er hätte vielmehr gegenüber den anderen Beteiligten auf unbedingte Einhaltung der den ordnungsgemäßen Grabenverbau betreffenden Regeln drängen müssen und ihm erteilte, den Unfallverhütungsvorschriften entgegenstehende Anweisungen nicht befolgen dürfen. Keinesfalls durfte er sich lediglich darauf beschränken, den übrigen an der Arbeit Beteiligten, insbesondere auch E., das Betreten des Grabens zu untersagen beziehungsweise sie zum Verlassen der Grube aufzufordern.

Ohne Rücksicht auf den Inhalt der getroffenen Vereinbarungen hätte er, nachdem er erkannt hatte, daß ein ordnungsgemäßer und stufenweise fortschreitender Verbau weder vom Material noch von der Sachkunde der am Bau Mitarbeitenden her gewährleistet war, die Arbeiten notfalls abbrechen müssen."

Folgerungen für die Praxis

Der vorliegende Fall zeigt auf, daß es bei der arbeitsteiligen Gesellschaft nicht nur darum geht, den eigenen Arbeitsbeitrag am Gesamterfolg zu betrachten, sondern daß es auch darum geht, das Zusammenwirken der einzelnen Beiträge am Gesamterfolg zu koordinieren. Es müssen daher im Rahmen des Managements Kooperationsregelungen (Koordination) für die Beteiligten an einem Auftrag dieses spezifischen Unternehmens festgelegt werden. Im Rahmen von Managementsystemen ist es ganz selbstverständlich, daß es bei Abweichungen von Plänen einen iterativen Neudurchgang im Planungsablauf geben muß, damit alle Beteiligten wieder ihre Interessen einbringen können.

Darüber hinaus muß jeder die Auswirkungen seiner eigenen Tätigkeiten auf die anderen beteiligten Gewerke zu jedem Zeitpunkt des Projektablaufes mitbetrachten. Selbst wenn im eigenen Bereich alles ordnungsgemäß erfolgt, kann es doch dazu führen, daß aufgrund des Zusammenwirkens verschiedener Gewerke beziehungsweise Unterauftragnehmer an einem Projekt es insgesamt zu einer Vernachlässigung der Verkehrssicherungspflichten kommen kann.

Sachverhalt

Der Kläger nimmt die Beklagte auf Schadensersatz in Anspruch, weil er anläßlich von Repa-
raturarbeiten von einem vom Kläger erstellten Gerüst gefallen ist, das unter Mißachtung einschlägiger Unfallverhütungsvorschriften und DIN-Normen (hier UVV VGB 37, DIN 4422
Ziffer 9.1) erstellt worden war.

Wesentlicher Inhalt der Entscheidung

Schuldhafte Schadensverursachung wegen Nichtbeachtung einschlägiger Normen.

Rechtliche Wertung durch das Gericht

"Daher hat der Unternehmer der Gerüstbauarbeiten das Gerüst so zu erstellen, daß für andere ... nach Möglichkeit keine Gefahren entstehen können. Im Rahmen dieser Verpflichtung
hat er die Unfallverhütungsvorschriften der zuständigen Berufsgenossenschaft und hier insbesondere die den Anhang der UVV VGB 37 bildenden DIN 4422 Teil 1 zu beachten. Die
Unfallverhütungsvorschriften enthalten den von der zuständigen Behörde kraft öffentlicher
Gewalt festgesetzten Niederschlag der in dem betreffenden Gewerbe gemachten Berufser-
fahrungen und stellen für den Unternehmer bindende Weisungen dar, die er kennen und die
er ausführen muß. Der ... Schutz gilt gleichermaßen für eigene Arbeitnehmer wie für be-
triebsfremde berechtigte Personen.

Handelt ein Unternehmer einer Unfallverhütungsvorschrift zuwider, die eine bestimmte Be-
triebsgefahr ausschließen soll, so wird, wenn an der Gefahrenstelle ein Unfall eintritt, vermutet, daß durch die Nichtbeachtung der Unfallverhütungsvorschrift eine Bedingung des
Unfallerfolges gesetzt worden ist.

Der Beklagte hat den Nachweis zu führen, daß keiner der ausgeführten Verstöße gegen die
Unfallverhütungsvorschrift für den Absturz des Klägers ursächlich war, der Unfall vielmehr
auf eine andere ... Ursache zurückzuführen ist.

Die Nichtbeachtung der Unfallverhütungsvorschriften begründet auch in aller Regel den Vorwurf der Fahrlässigkeit. Die festgestellten Verstöße des Beklagten gegen die Unfallverhütungsvorschriften rechtfertigen nach Ansicht des Senats die Feststellung, daß der Beklagte grob fahrlässig gehandelt hat. Grobe Fahrlässigkeit setzt einen objektiv schweren und subjektiv nicht entschuldbaren Verstoß gegen die Anforderungen der verkehrserforderlichen Sorgfalt voraus; die erforderliche Sorgfalt muß in ungewöhnlich hohem Maße verletzt, und es muß dasjenige unbeachtet geblieben sein, was im gegebenen Fall jedem anderen hätte einleuchten müssen. Diese Voraussetzungen sind hier gegeben."

Folgerungen für die Praxis

Von dem Gericht wird die Frage behandelt, inwieweit ein Unternehmen verpflichtet ist, Regelwerke, die DIN-Normen und Unfallverhütungsvorschriften zu beachten. Gleiche Forderungen ließen sich für andere technische Regelwerke, wie VDE-, VDI-Normen, Empfehlungen und ähnliche erheben.

Die erste wesentliche Folgerung des Gerichtes ist, daß aus der Verletzung einschlägiger technischer Normen die Vermutung resultiert, daß die Nichtbeachtung der Norm ursächlich für den eingetretenen Schaden ist. Das bedeutet, daß nicht, wie üblich, dem Geschädigten, sondern dem Unternehmen, das gegen die Norm verstoßen hat, die Beweislast dafür obliegt, daß die Nichtbeachtung der Norm nicht ursächlich für den Schaden geworden ist.

Dies ist letztlich eine Umkehr der Beweislast im Hinblick auf die grundsätzlich dem Geschädigten obliegende Kausalität zwischen schädigendem Verhalten und eingetretenem Schaden. Die Nichtbeachtung von Normen geht also über die übliche Beweislastumkehr hinaus, die sich in der Regel darauf beschränkt, dem beklagten Unternehmen die Beweislast dafür aufzuerlegen, daß der Schaden nicht schuldhaft verursacht worden ist.

Darüber hinaus folgt aus der Urteilsbegründung, daß die Nichtbeachtung von Unfallverhütungsvorschriften in der Regel den Vorwurf der Fahrlässigkeit, im konkreten Fall sogar den Vorwurf der groben Fahrlässigkeit, rechtfertigt. Hierzu stellt das Gericht fest, daß Unfallverhütungsvorschriften "bindende Weisungen" an die Unternehmen darstellen, also immer beachtet werden müssen.

Ähnliche Forderungen werden für DIN-Normen erhoben, da sie den Stand der für die betroffenen Fachkreise geltenden Regeln der Technik widerspiegeln (Bundesgerichtshof in BGHZ 103, 338; Oberlandesgericht Karlsruhe, Versicherungsrecht 1984, 1174 ff.).

Wie wichtig die Sicherstellung der Beachtung von Regelwerken für ein Qualitätsmanagementsystem im Unternehmen ist, zeigt die Überlegung, welche Konsequenzen eintreten, wenn Schadensfälle eintreten, die möglicherweise auf die Nichtbeachtung von Regelwerken zurückzuführen sind.

Hier sind die Unternehmen verpflichtet, neben dem Nachweis mangelnden Verschuldens auch die fehlende Ursächlichkeit zu beweisen. Dabei sind an diesen Nachweis strenge Anforderungen zu stellen. Letztlich muß das Gericht davon überzeugt werden, daß es dem Unternehmen gelungen ist, eine den technischen Normen vergleichbare oder höhere Sicherheit auch ohne Beachtung der Normen zu erreichen. Ein solcher Nachweis wird in der Regel nur schwer zu führen sein.

Daher ist es um so wichtiger, in dem Qualitätsmanagementsystem Vorgehens- und Verfahrensweisen festzulegen, die die Beachtung der einschlägigen Normen sicherstellen. Dies erfordert neben Vorgaben zur Sammlung von Regelwerken und zur Ausgabe der jeweils aktuellen Normen an die betroffenen Organisationseinheiten notwendigerweise auch Prüfmaßnahmen, die die Einhaltung der Forderungen aus den Normen sicherstellen.

Soweit die Vorgaben aus externen Normen in interne Verfahrensanweisungen übertragen werden, gibt das Qualitätsmanagement-Element 5 "Lenkung der Dokumente" Hinweise darauf, wie solche internen Anweisungen zu verwalten sind. Danach sind die Verfahren zur Änderung von Dokumenten zu beschreiben sowie Festlegungen zur Überprüfung und Genehmigung solcher Änderungen an internen Unterlagen festzulegen.

Letztlich ist durch das Qualitätsmanagementsystem festzustellen, daß nicht-aktuelle interne Dokumente eingezogen werden. Nur auf diese Weise kann sichergestellt werden, daß mit aktuellen Regelwerken gearbeitet wird.

Vorbemerkung

Der folgende Fall betrifft ein Urteil des Europäischen Gerichtshofes aus dem Jahre 1994, welches sich mit der Auslegung des Begriffes des Betriebsteilüberganges im Rahmen des Artikel 1 I der Richtlinie 77/187/EWG des Rates vom 14. Februar 1977 zur Angleichung der Rechtsvorschriften der Mitgliedstaaten über die Wahrung von Ansprüchen der Arbeitnehmer beim Übergang von Unternehmen, Betrieben oder Betriebsteilen befaßt.

Diese Richtlinie sowie die vor Eintritt festgelegte Auslegung ist auch von den bundesdeutschen Gerichten - namentlich bei der Auslegung der Vorschrift des § 613 a GBG - zu berücksichtigen. Die genannte Vorschrift bestimmt zum Schutze der Arbeitnehmer bei Betrieb- beziehungsweise Betriebsteilübergängen unter anderem, daß der Arbeitnehmer vom neuen Unternehmen übernommen werden muß oder er aber das Recht hat, dem Übergang des Verhältnisses zu widersprechen und vorerst beim bisherigen Arbeitgeber zu bleiben. Eine weitere zentrale Schutzbestimmung ist in dem Kündigungsverbot des § 613 Abs. 4 BGB zu sehen, wonach weder der bisherige noch der neue Arbeitgeber den Arbeitnehmer aus Anlaß des Betriebs(teil-)übergangs kündigen können.

Im Hinblick auf diese gegebenenfalls einschneidenden Konsequenzen im Falle der Wertung eines Sachverhalts als Betriebsübergang sorgte die als Christel-Schmidt-Urteil bekanntge-wordene Entscheidung des EuGH bislang für Aufsehen, weil sich danach gerade für out-sourcende Unternehmen gewisse Risiken ergeben.

Mit einer Entscheidung vom 11. März 1997 hat der Eintritt diese weitreichende Rechtsprechung aufgegeben, doch sollen anhand des Christel-Schmidt-Urteils Bedeutung und Konsequenzen einer sich wendenden Auslegung des Begriffs des Betriebs(teil-)überganges durch die Rechtsprechung aufgezeigt werden.

Sachverhalt

Die Klägerin, Frau Christel Schmidt, war bei einer Sparkasse als Reinigungskraft für die Räumlichkeiten einer Filiale beschäftigt. Da die Sparkasse die Reinigung an ein anderes Unternehmen, welches bereits die meisten anderen ihrer Gebäude säuberte, vergeben wollte, kündigte sie der Klägerin. Diese sollte das Angebot des Reinigungsunternehmens, sie als Reinigungskraft zu beschäftigen, wegen der schlechten Arbeitsbedingungen nicht annehmen und erhob daher Kündigungsschutzklage.

Das mit dieser Klage befaßte Arbeitsgericht hat den Europäischen Gerichtshof um Beantwortung der Frage ersucht, ob Reinigungsarbeiten, wenn sie vertraglich an eine Fremdfirma vergeben werden, ein Betriebsteil sein können und ob dies auch dann gilt, wenn die Reinigungsarbeiten von nur einer einzigen Arbeitnehmerin erledigt wurden.

Wesentlicher Inhalt der Entscheidung

Auslegung des Begriffs des Betriebsteilübergangs.

Rechtliche Wertung durch das Gericht

"Die Richtlinie gewährt nach dem genannten Art. 1 Abs. 1 namentlich auch dann Schutz, wenn die Übertragung nur einen Betrieb oder einen Betriebsteil ... betrifft." Der Schutz gilt dann für die in diesem Unternehmensteil beschäftigten Arbeitnehmer, da ... das Arbeitsverhältnis inhaltlich durch die Verbindung zwischen dem Arbeitnehmer und dem Unternehmensteil gekennzeichnet wird, dem er zur Erfüllung seiner Aufgaben angehört.

Überträgt ein Unternehmer durch Vertrag einem anderen Unternehmer die Verantwortung für den Betrieb einer Dienstleistungseinrichtung seines Unternehmens, zum Beispiel die Erledigung der Reinigungsaufgaben und übernimmt der letztgenannte damit die Arbeitgeberpflichten gegenüber den dort beschäftigten Arbeitnehmern, so kann der Vorgang in den Anwendungsbereich der Richtlinie fallen.

... die Tatsache, daß der in diesem Fall übertragene Tätigkeitsbereich für das übertragene Unternehmen nur von untergeordneter Bedeutung ist und nicht in einem notwendigen Zusammenhang zum Unternehmenszweck steht, (kann) nicht zum Ausschluß dieses Vorgangs vom Anwendungsbereich der Richtlinie führen.

Daß die betreffende Arbeit vor der Übertragung von einer einzigen Arbeitnehmerin ausgeführt wurde, genügt ebenfalls nicht, um die Anwendung der Richtlinie auszuschließen. ...

Der Einwand ..., daß keine Vermögensgegenstände übertragen worden seien, greift nicht durch. ... Nach der Rechtsprechung des Gerichtshofes ... ist die Wahrung der Identität der wirtschaftlichen Einheit das entscheidende Kriterium für die Antwort auf die Frage, ob es sich um einen Übergang ... handelt. Nach dieser Rechtsprechung ergibt sich die Wahrung der Identität u.a. daraus, daß dieselbe oder eine gleichartige Geschäftstätigkeit vom neuen Inhaber nach der Auslegung des Gerichtshofes für den Begriff des Betriebsteilübergangs allein das Kriterium der Wahrung der Identität der wirtschaftlichen Einheit maßgebend ist, wobei unter anderem darauf abzustellen ist, ob dieselbe oder eine gleichartige Geschäftstätigkeit weitergeführt beziehungsweise wieder aufgenommen wird. Die Übertragung materieller Betriebsmittel ist dennoch zwar ein für den Betriebsübergang sprechendes wichtiges Indiz, jedoch nicht zwingende Voraussetzung.

Hätte der Gerichtshof diese Rechtsprechung aufrechterhalten, wären die Folgen für outsourcende Unternehmen unter Umständen immens gewesen, weil dann auch das bloße Auslegen von Tätigkeitsbereichen wie zum Beispiel der Instandhaltung, die Voraussetzungen eines Betriebsteilüberganges und damit des § 613 a BGB erfüllt hätte. Im Zusammenhang mit dem Betriebsübergang stehende Kündigungen wären also nicht möglich gewesen. Darüber hinaus wäre der Auftragnehmer zur Übernahme von Arbeitskräften verpflichtet gewesen, sofern sich diese mit einem Übergang des Arbeitsverhältnisses einverstanden erklärt hätten.

Diese Gefahr scheint nunmehr durch das jüngste Urteil des Gerichtshofes gebannt, wonach nur dann ein Betriebsteilübergang vorliegt, wenn der neue Auftragnehmer den vorhandenen Betrieb tatsächlich übernimmt, wozu auch die Übernahme materieller wie unmaterieller Betriebsmittel gehört. Solange also weder Geräte und betriebliche Einrichtungen noch besondere Fachkenntnisse, Patente etc. an einen Dritten übertragen werden, drohen Auftraggeber wie Auftragnehmer nicht die aus § 613 a BGB folgenden Risiken. Dies gilt jedenfalls, solange und soweit der Europäische Gerichtshof nicht eine erneute Kehrtwendung betreffend seiner Auslegung des Begriffs des Betriebsteilüberganges vornimmt.

Folgerungen für die Praxis

Nach Bekanntwerden des Urteils des EuGH gab es einige Zeit Befürchtungen, daß nunmehr das Outsourcen für die kostenbewußten Unternehmen unmöglich geworden sei. Zu diesem Thema gab es Seminare, Veröffentlichungen und heiße Diskussionen. Hier kann nur geraten werden, das Outsourcen auch immer rechtlich zu werten - vor allem die sich wandelnde Rechtsprechung zu verfolgen und gegebenenfalls zu beachten.

Sachverhalt

Der Angeklagte, welcher Geschäftsführer einer T-GmbH ist, hatte sich vertraglich gegenüber der F verpflichtet, diese umweltgefährdende Quecksilberbeize (Falisan) ordnungsgemäß entsorgen zu lassen. So übergab er das Falisan an die O, die es jedoch nicht selber entsorgte, sondern - in Kenntnis des Angeklagten - an einen Exportkaufmann weiterveräußerte. Dieser ließ das Falisan abholen und nach Polen transportieren, wo es gelagert wurde. Da jedoch Falisan in Polen nicht zugelassen ist und als Abfall gilt, wurde es schließlich wieder in die Bundesrepublik Deutschland zurückgebracht.

Wesentlicher Inhalt der Entscheidung

Vorwurf der fahrlässigen umweltgefährdenden Abfallbeseitigung gemäß § 326 Abs. 1 Nr. 3 StGB wegen Verletzung von Auswahl- und Überwachungspflichten.

Rechtliche Wertung durch das Gericht

"Angesichts der ... beschriebenen Sach- und Rechtslage ist zu entscheiden, welche Sorgfaltspflicht denjenigen trifft, der einen anderen mit der Entsorgung von im Sinne des § 326 Abs. 1 Nr. 3 umweltgefährdenden Abfall beauftragt. Für die Beantwortung dieser Frage kommt es nicht darauf an, ob der Auftraggeber "Abfallbesitzer" ist. ... Das Maß der Sorgfalt, das er aufwenden muß, um dem Vorwurf der Fahrlässigkeit und damit der eigenen strafrechtlichen Haftung für eine vom Auftragnehmer (oder wiederum dessen Auftragnehmern) begangene tatbestandsmäßige Form der Abfallbeseitigung zu entgehen, hängt davon nicht ab. § 326 StGB ist kein Sonderdelikt, das nur vom "Abfallbesitzer" begangen werden könnte...

Demgemäß unterliegt jeder Auftraggeber gleichgültig, ob er "Abfallbesitzer" ist oder die Beseitigung von Abfall für andere übernommen hat und seinerseits delegiert, denselben Anforderungen an die objektiv zu erbringende Sorgfalt.

Seine Sorgfaltspflicht bezieht sich insbesondere auf die Auswahl des mit der Abfallbeseitigung zu beauftragenden Unternehmens, das ... bestimmten Zuverlässigkeitskriterien entsprechen muß. ...

Der Auftraggeber genügt seiner Pflicht nicht schon dadurch, daß er mit der Entsorgung ein Unternehmen betraut, das überhaupt Abfallbeseitigung gewerblich betreibt ... und in allgemeiner Form ... ordnungsgemäße Erledigung zusagt. Ihn trifft vielmehr eine darüber hinausgehende Erkundigungspflicht; er hat sich davon zu überzeugen, ob das in Aussicht genommene Unternehmen zu der angebotenen Abfallentsorgung tatsächlich imstande und rechtlich befugt ist.

... Der Umstand, daß die Firma O das Falisan nicht selber entsorgt, sondern ihrerseits weitergegeben hat, spricht dafür, daß sie ... die dafür notwendigen Anlagen oder Einrichtungen nicht besaß. Danach hätte der Angeklagte sie fragen müssen. Im Fall einer bejahenden Antwort wäre er gehalten gewesen, von ihr den Nachweis oder zumindest eine verbindliche und überprüfbare Bestätigung darüber zu verlangen, daß die Entsorgungsanlage ... geeignet und behördlich zugelassen sei.

Hätte ihm die Firma ... dagegen mitgeteilt, daß sie ... das Falisan ebenfalls weiterzugeben gedenke, dann wäre er verpflichtet gewesen, den von ihr in Aussicht genommenen Abnehmer zu erfragen und sich in gleicher Weise über dessen Bereitschaft, Eignung und Befugnis zur Entsorgung des Falisans zu vergewissern."

Folgerungen für die Praxis

Das Urteil befaßt sich im wesentlichen mit der Frage, welche Sorgfaltsanforderungen an ein Unternehmen zu stellen sind, welches die ihm obliegenden beziehungsweise vertraglich übernommenen Verpflichtungen auf andere überträgt. Wenngleich die Ausführungen des Gerichts einen eindeutig abfallrechtlichen Bezug haben, lassen sie sich doch verallgemeinern und auf die verschiedenen Fallgestaltungen in der Praxis übertragen.

Danach gilt generell, daß sich - originäre wie vertraglich übernommene - Sorgfaltspflichten nicht vollständig delegieren lassen. Vielmehr wandeln sich die primären Pflichten im Falle der Übertragung auf Dritte in sekundäre Sorgfaltspflichten um, so daß Auswahl- und Überwachungspflichten für das auftragvergebende Unternehmen entstehen.

Sollen also einzelne Bereiche eines Unternehmens ausgegliedert und Fremdauftragnehmer eingeschaltet werden, müssen bereits im Vorfeld des Vertragsschlusses bestimmte Kriterien aufgestellt beziehungsweise erarbeitet werden, denen der potentielle Auftragnehmer entsprechen muß. Das Erfüllen dieser Kriterien muß vor Vertragsabschluß geprüft und die Überprüfung dokumentiert werden. Nur so kann ein Unternehmen im Falle eines Falles nachweisen, daß es seinen Auswahlpflichten in ausreichendem Maße nachgekommen ist.

Gleiches gilt in bezug auf die Überwachung des Auftragnehmers hinsichtlich der ordnungsgemäßen Erfüllung der ihm übertragenen Aufgaben. Aussagen zu Art und Umfang der danach bestehenden Auswahl- und Überwachungspflichten lassen sich an dieser Stelle jedoch nicht treffen, weil sich dies nach dem Maß etwaiger Gefahren sowie sonstiger Umstände des Einzelfalles bestimmt.

Festzuhalten bleibt aber, daß ein Unternehmen mit der Übertragung von Sorgfaltspflichten nicht aus jeglicher Verantwortung entlassen ist, was gerade im Bereich des Strafrechts zu weitreichenden Konsequenzen führen kann. Hier haften Unternehmensleitung und Mitarbeiter persönlich.

12. Abkürzungsverzeichnis

a. a. O.	-	am angegebenen Orte
AFG	-	Arbeitsförderungsgesetz
AGB	-	Allgemeine Geschäftsbedingungen
AGBG	-	Gesetz zur Regelung des Rechts der allgemeinen Geschäftsbedingungen
ArbSchG	-	Arbeitsschutzgesetz
ArbSichG	-	Arbeitssicherheitsgesetz
ArbStättV	-	Arbeitsstättenverordnung
AtG	-	Atomgesetz
AÜG	-	Arbeitnehmerüberlassungsgesetz
BAG	-	Bundesarbeitsgericht
BetrVG	-	Betriebsverfassungsgesetz
BGB	-	Bürgerliches Gesetzbuch
BGH	-	Bundesgerichtshof
BGHZ	-	Entscheidungssammlung des BGH in Zivilsachen
BImSchG	-	Bundes-Immissionsschutzgesetz
c. i. c.	-	culpa in contrahendo (Anspruchsgrundlage)
DruckbehV	-	Druckbehälterverordnung
DV	-	Datenverarbeitung
DVGW	-	Deutscher Verein des Gas- und Wasserfaches
EStG	-	Einkommensteuergesetz
EU	-	Europäische Union
FAZ	-	Frankfurter Allgemeine Zeitung
ff.	-	fortfolgende
GefStoffV	-	Gefahrstoffverordnung
GewO	-	Gewerbeordnung

GSG	-	Gerätesicherheitsgesetz
HGB	-	Handelsgesetzbuch
HOAI	-	Honorarordnung für Architekten und Ingenieure
Kap.	-	Kapitel
KrW-/AbfG	-	Kreislaufwirtschafts- und Abfallgesetz
LG	-	Landgericht
NJW	-	Neue Juristische Wochenschrift
OLG	-	Oberlandesgericht
OLGZ	-	Entscheidungssammlung des OLG
OwiG	-	Ordnungswidrigkeitengesetz
ProdHaftG	-	Produkthaftungsgesetz
pVV	-	positive Vertragsverletzung (Anspruchsgrundlage)
QM	-	Qualitätsmanagement
RVO	-	Reichsversicherungsordnung
SGB	-	Sozialgesetzbuch
StGB	-	Strafgesetzbuch
UVV	-	Unfallverhütungsvorschriften
VDE	-	Verband Deutscher Elektrotechniker
VGB	-	Verband gewerblicher Berufsgenossenschaften
VOB	-	Verdingungsordnung für Bauleistungen
WHG	-	Wasserhaushaltsgesetz

13. Sachregister

14.   Weiterführende Literatur

Die Literatur zur Instandhaltung ist ebenfalls sehr umfangreich. Es sollen daher nur die Bücher erwähnt werden, mit denen die Verfasser regelmäßig arbeiten. Dies ist keine Wertung, sondern nur ein Hinweis auf einige weiterführende Bücher.

Adams, H. W./Francke, H./Slaghuis, H.: Lückenlose Organisation und Dokumentation, Der Weg zum IH-Handbuch, Instandhaltung, Juni, August, Oktober 1993

Adams, H. W./Theußen, U.: Outsourcing mit rechtlichen Gefahren - Hintertüren schließen durch richtige Vertragsgestaltung, Instandhaltung, Juli 1995, S. 28 ff.

Biedermann, H. (Hrsg.): Optimale Instandhaltungssoftware für Ihr Unternehmen, TÜV-Verlag, Köln 1992

Biedermann, H.: Erfolgsorientierte Instandhaltung durch Kennzahlen, TÜV-Rheinland, Köln 1985

Brocker, H.: Integriertes Instandhaltungssystem. TÜV-Rheinland, Köln 1987

Erdmann, W.: Kriterien zur Bestimmung zweckmäßiger Instandhaltungsstrategien, In FB/IE, Heft 3/1971 REFA, Darmstadt 1971

Francke, H./Slaghuis, H.: Instandhaltungshandbuch, Loseblattwerk, ORFA-Verlag, Kreuztal 1993

Francke, H./Slaghuis, H.: Zeitdatenermittlung und Leistungsentlohnung in der Instandhaltung. ORFA-Verlag, Kreuztal

Francke, H.: Arbeitsvorbereitung im Rahmen der Instandhaltung steigert die Effektivität, Maschinenmarkt, 91. Jg. (1985), S. 1631 - 1633

Francke, H.: IH-Organisation im Wandel der Zeit, Instandhaltung, Verlag Moderne Industrie, Dezember 1992

Francke, H.: Managementaufgaben des Instandhalters, REFA-Nachrichten, 4/August 1992

Francke, H.: Moderne Instandhaltungsorganisation, Praxishandbuch für den Betriebsleiter 2/1989

Francke, H.: Planung und Steuerung in der Instandhaltung, Engel (Hrsg.), Handbuch des Industrial und Systems Engineering, Moderne Industrie, Landsberg 1988

Grothus, H.: Die total vorbeugende Instandhaltung, Dorsten 1974

Grothus, H.: Ein integriertes Management-Informationssystem für die Instandhaltung, VDI-Zeitschrift, o. Jg. (1980), Nr. 122, S. 204 - 210

Grothus, H.: Kostengünstige Instandhaltungs-Organisation, Ein Informationssystem auf Micro-Computer bringt neue Möglichkeiten, Management-Zeitschrift, 51. Jg. (1982), Nr. 7/8, S. 299 - 306

Grothus, H.: Planung und Steuerung der Instandhaltung mit Personal-Computer, 2. Österreichisches Instandhaltungs-Forum, EDV-Unterstützung in der Instandhaltung, 10. und 11. April 1986, Salzburg, Tagungsband I, S. 54 - 113, Salzburg 1986, hier S. 65 ff.

Grothus, H.: So planen und steuern Sie Ihre Instandhaltungskosten, Produktion, Jg. (1983), Nr. 51/52, S. 11 - 12

Grothus, H.: Wo landen Ihre Instandhaltungskosten '84, Instandhaltung, o. Jg. (1984), H. 1, S. 8 - 10

Haker, W.: Erstellung eines Instandhaltungshandbuches, Dr. Adams und Partner, Lehrunterlage REFA Fachausschuß Instandhaltung

Jabs, R./Kalaitzis, D.: Angebote einholen - Outsourcing senkt Kosten im Bereich der Instandhaltung, Maschinenmarkt, Würzburg 100, (1994) 9, S. 40 - 43

Jabs, R./Kalaitzis, D.: Entscheidung zwischen Eigen- und Fremdinstandhaltung, Hartung, P. (Hrsg.): Unternehmensgerechte Instandhaltung; Enningen (1993), S. 59 - 71

Jabs, R./Kalaitzis, D.: Outsourcing in der Instandhaltung - Nutzenpotentiale noch nicht erschlossen - Auch in der Instandhaltung steigen die Kosten, Mittelständische Wirtschaft, 15. Jahrgang (1993), S. 32 - 33

Kalaitzis, D./Finke, G.: Instandhaltung beginnt am Bildschirm - CAD-Einsatz in der Instandhaltung, Instandhaltung, o. Jg. (1986), H. 3, S. 10 -12 und H. 4, S. 12 - 13

Kalaitzis, D./Kneip: Outsourcing in der Instandhaltung, TÜV-Rheinland, Köln 1997

Kalaitzis, D./Weber, J.: Einsatz der EDV in der Instandhaltung, Praxiskonzepte EDV-gestützter Instandhaltung, hrsg. v. W. Männel, Köln 1987

Kalaitzis, D./Weber, J.: Grundanforderungen an eine entscheidungsorientierte Kosten- und Leistungsrechnung, Buchführung, Bilanz, Kostenrechnung, o. Jg. (1985), Nr. 8, S. 265 - 274

Kalaitzis, D.: (Hrsg.): Instandhaltungs-Controlling - Führungs- und Steuerungssystem erfolgreicher Instandhaltung, Köln (1990)

Kalaitzis, D.: Höhere Flexibilität und geringere Kosten - wie Outsourcing die Wettbewerbsfähigkeit verbessert, Blick durch die Wirtschaft, Nr. 17, 25. Januar 1994, S. 7

Kalaitzis, D.: Meinungsspiegel zum Thema Outsourcing, Outsourcing BFuP, Heft 4 (1994)

Klein, W.: Optimale Planung und Steuerung der Instandhaltung, Analyse und Gestaltung des Informationswesens, TÜV-Rheinland, Köln

Männel, W./Mexis, N. D.: Anti-Instandhaltungs-Strategie, II. Ursachen für das Wachstum von Instandhaltungs- und Schwachstellenkosten, Chemie-Technik, 13. Jg. (1984), Nr. 4, S. 86 - 97

Männel, W.: Anlagenausfallkosten, Instandhaltung - Grundlagen, hrsg. v. H.-J. Warnecke, Köln 1981, S. 627 - 637

Männel, W.: Anlagenwirtschaft, Organisation der, in: Handwörterbuch der Organisation, hrsg. v. E. Grochla, 2. Aufl., Stuttgart 1980, Sp. 65 - 78

Männel, W.: Die Stellung der Instandhaltung im Rahmen der Anlagenwirtschaft, Instandhaltung - Ein Managementproblem der Anlagenwirtschaft, 2. Arbeitsbericht des Arbeitskreises "Anlagenwirtschaft" der Schmalenbach-Gesellschaft e.V., Köln 1978, S.17 - 61

Männel, W.: Die Wahl zwischen Eigenfertigung und Fremdbezug - Theoretische Grundlagen - Praktische Fälle, 2. Auflage, C.E. Poeschel Verlag, Stuttgart (1981)

Männel, W.: Eigen- oder Fremdreparatur?, Maschine und Manager, o. Jg. (1972), H.1/2, S. 32 - 40

Männel, W.: Einzug in Forschung und Lehre - Instandhaltung ist eine Aufgabe für die Wissenschaft, Instandhaltung, o. Jg. (1985), H. 5, S. 24 - 31

Männel, W.: Erfassung, Planung und Kontrolle der Instandhaltungskosten (Teil I und ll), Der Betrieb, 37. Jg. (1984), H. 13, S. 677 - 682 und H. 14, S. 730 - 733

Männel, W.: Erfassung, Planung und Kontrolle der Instandhaltungskosten, Vortrag im Rahmen des Seminars "Instandhaltung in der Industrie" an der Technischen Akademie Esslingen, Dez. 1984

Männel, W.: Wahl zwischen Eigen- und Fremdinstandhaltung, Nürnberg (1984)

Männel, W.: Wechselwirkungen zwischen Anlagenwirtschaft, Planung und Unternehmenserfolg, Der Betrieb, 35. Jg. (1980), S. 2145 - 2150

Männel, W.: Wirtschaftlichkeitsanalyse zur Beurteilung der Vorteilhaftigkeit der Fremdinstandhaltung, Der Betrieb, 34. Jg. (1981), H. 35, S. 1733 - 1738

Männel, W.: Wirtschaftlichkeitsfragen der Anlagenerhaltung, Wiesbaden 1968

Mexis, Nikolaus D.: Betriebliche Methoden zur Erfassung und Auswertung von Instandhaltungsdaten zur Schwachstellenbekämpfung, Instandhaltung - Grundlagen, hrsg. v. H. J. Warnecke, Köln 1981, S. 151 - 226

Mexis, N. D.: Zahlen Sie für anderer Leute Fehler? - Schwachstellen - Bekämpfungskosten sind keine Instandhaltungskosten, Instandhaltung, o. Jg. (1985), H. 5, S. 32 - 36

Mittelviefhaus, C./Gumm, P.: Strategien und Entscheidungskriterien für die Eigen- bzw. Fremdinstandhaltung: VDI-ADB Jahrbuch 94/95, VDI-Verlag GmbH, Düsseldorf (1994)

REFA-Mappe Instandhaltung, REFA-Fachausschuß Instandhaltung, REFA, Darmstadt 1989

REFA-Methodenlehre des Arbeitsstudiums und REFA-Methodenlehre der Planung und Steuerung, Carl Hanser Verlag, München

Schmid: Zur rechtlichen Zulässigkeit von Qualitätssicherungsvereinbarungen, Qualität und Zuverlässigkeit (QZ) 39 (1994), S. 894 ff.

Schulte/Küffner, G.: Instandhaltungs-Management der 90er Jahre, Frankfurter Allgemeine Zeitung

Schulte, W.: Fundament erfolgreicher Instandhaltung, Wartung und Inspektion, TÜV-Rheinland, Köln 1988

Sicherheit durch Betriebsanweisungen, Arbeitsgemeinschaft der Metall-Berufsgenossenschaften, Carl Heymanns Verlag, Köln 1992

Slaghuis, H.: Tätigkeitskatalog für Wartung und Inspektion, ORFA-Verlag, Kreuztal 1989

Warnecke, H.-J. (Hrsg.): Handbuch Instandhaltung Band 1 TÜV-Rheinland, Köln 1992

Warnecke, H.-J. (Hrsg.): Instandhaltung - Grundlagen, Köln 1981

Warnecke, H.-J.: Handbuch Instandhaltung, Band 1: Instandhaltungsmanagement, 2., überarb. Aufl., Verlag TÜV-Rheinland, Köln 1992

Werner, G.-W./Heyne, W.: Bedienungs- und Instandhaltungsanleitungen, VEB-Verlag Technik, Berlin 1989

Werner, R.: Instandhaltung, Anlagentechnik für elektrische Verteilungsnetze, Band 12, VDE-Verlag GmbH

Verlag TÜV Rheinland

Viktoriastraße 26 • 51149 Köln
Telefon 02203 / 9 11 80-0 • Telefax 02203 / 1 54 11
Internet: http://www.tuev-
rheinland.de/verlag/home.htm
EMail: verlag@tuev-rheinland.de

Das zukunftssichere Unternehmen

Herausgeber: Heinz W. Adams

Johannsen/Krieshammer †/Adams

Was der Qualitätsmanager vom Recht wissen muß

Mit 25 Beispielen aus der Rechtspraxis

3. aktualisierte und erweiterte Auflage

Verlag TÜV Rheinland

Dirk Johannsen / Gerd Krieshammer † /
Heinz W. Adams

Was der Qualitätsmanager vom Recht wissen muß

Mit 25 Beispielen aus der Rechtspraxis
(Reihe Das zukunftssichere Unternehmen,
hrsg. von Heinz W. Adams)
3. aktualisierte und erweiterte Auflage 1997
16 x 24 cm, gebunden, 338 Seiten
DM 98,-/SFR 89,50/OES 715,-
ISBN 3-8249-0395-4
Bestell-Nr. 90395

Das Buch behandelt zunächst den Begriff Qualität im Rechtssystem. Der Qualitätsfachmann wird die Ausführungen zum Fehlerbegriff und zu den strafrechtlichen Bestimmungen besonders sorgfältig lesen. Die sich daraus ergebenden Folgerungen für die Praxis im Unternehmen werden behandelt und die Verantwortlichkeiten klar zugeordnet. Daß man ihnen nicht durch sporadische Aktionen, sondern nur durch systematisches Handeln gerecht werden kann, wird mit großer Sachkenntnis bis hin zur „gerichtsfesten" Organisation dargestellt. Diesen grundsätzlichen Teil schließt ein Kapitel ab, das die Rolle der Mitbestimmung in diesem Zusammenhang behandelt.

Das Buch wird jedoch für den Qualitätsfachmann besonders lesenswert durch die Kommentare zu sorgsam ausgewählten Urteilen in 25 Fällen, die von Verletzung von Organisationspflichten über Produktmängel bis zu Versäumnissen bei der Produktbeobachtung reichen. Auszüge aus den einschlägigen Gesetzen beenden die Darstellung.

Das Buch zeichnet sich durch eine auch für den Nichtjuristen verständliche Gedankenführung und Sprache aus. Hervorzuheben sind seine klare Gliederung und die vorzügliche Typographie. Ein sehr empfehlenswerter Text.

Prof. W. Masing zur 1. Auflage in: QZ 41 (1996) 9

Verlag TÜV Rheinland

Viktoriastraße 26 • 51149 Köln
Telefon 02203 / 9 11 80- 0 • Telefax 02203 / 1 54 11
Internet: http://www.tuev-
rheinland.de/verlag/home.htm
EMail: verlag@tuev-rheinland.de

Dirk Johannsen/Alfred Schneider/Ulrike Theußen

Was der Manager vom Arbeitsschutzrecht wissen muß

Mit 25 Beispielen aus der Rechtspraxis
(Reihe Das zukunftssichere Unternehmen,
hrsg. von Heinz W. Adams)

1996, 16 x 24 cm, gebunden, 296 Seiten
DM 78,-/SFR 71,-/OES 569,-
ISBN 3-8249-0359-8
Bestell-Nr. 90359

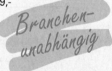

Wie in den benachbarten Gebieten des Umweltschutzes, der Qualitätssicherung und des Werkschutzes erkennt man zunehmend auch im Arbeitsschutz, daß bei der Steigerung der Wirkungsfähikeit nur effektives Management noch ein erhebliches Stück weiterbringt. Den vorhandenen hoch entwickelten technischen Maßnahmen wird in diesem Fall eine gute Organisation überlagert. Sie verbindet Einzelfallregelungen zu einem System.

Die Struktur von Arbeitsschutzmanagement-Systemen in Unternehmen wird im wesentlichen geprägt von den Anforderungen an eine „gerichtsfeste" Organisation. Somit müssen Manager in den Unternehmen über die Grundsätze des Arbeitsschutzrechtes Bescheid wissen, um diese Managementsysteme richtig konzipieren zu können.

»Was der Manager vom Arbeitsschutzrecht wissen muß« gibt dem Manager, den die volle Verantwortung im Arbeitsschutz trifft, das notwendige Rüstzeug an die Hand.

Eine unschätzbare Hilfe für die Praxis ist die Auswertung von 25 Urteilen zum Arbeitsschutz. Die richterliche Bewertung hierzu zeigt die rechtlichen Konsequenzen für die Betriebe, und damit auch für die verantwortlichen Manager, auf.

Bestellung / Fax-Antwort an (02203) 911 80 80

❏ Ja, ich/wir bestelle(n) ____ Ex.
»Was der Manager vom Arbeitsschutzrecht
wissen muß« (Bestell-Nr. 90359)
zum Preis von DM 78,-/SFR 71,-/OES 569,-
zzgl. Versandkosten.

**Verlag TÜV Rheinland
Frau Quickert-Menzel
Viktoriastraße 26**

51149 Köln

Firma
....

Branche
....

Ansprechpartner
....

Telefon
....

Telefax
....

Strasse
....

PLZ/Ort
....

Datum/Unterschrift

E3997